识干家

企業閱讀　學以致用

产品开发管理
方法·流程·工具

从作坊式到规范化

任彭枞◎著

中华工商联合出版社

图书在版编目（CIP）数据

产品开发管理方法·流程·工具：从作坊式到规范化/任彭枞著．—北京：中华工商联合出版社，2018.7

ISBN 978-7-5158-2372-0

Ⅰ.①产…　Ⅱ.①任…　Ⅲ.①产品开发－企业管理　Ⅳ.①F273.2

中国版本图书馆 CIP 数据核字（2018）第 133977 号

产品开发管理方法·流程·工具：从作坊式到规范化

作　　者： 任彭枞
责任编辑： 于建廷　效慧辉
责任审读： 郭敬梅
封面设计： 仙　境
责任印制： 迈致红
出版发行： 中华工商联合出版社有限责任公司
印　　刷： 北京宝昌彩色印刷有限公司
版　　次： 2018 年 10 月第 1 版
印　　次： 2018 年 10 月第 1 次印刷
开　　本： 710mm×1000mm　1/16
字　　数： 570 千字
印　　张： 33
书　　号： ISBN 978-7-5158-2372-0
定　　价： 168.00 元

服务热线： 010－58301130
团购热线： 010－58302813
地址邮编： 北京市西城区西环广场 A 座 19－20 层，100044
http：//www.chgslcbs.cn
E-mail：cicap1202@sina.com（营销中心）
E-mail：gslzbs@sina.com（总编室）

导读

笔者从事企业产品研发管理10多年，历经企业产品开发、项目管理、大项目管理、项目管理办公室（PMO）、部门管理、事业部管理等多个角色。10多年来深入接触了不下300家制造型企业，了解和积累了非常多的实际一手资料，同时对研发管理解决方案也有比较深入的了解和实践。

产品研发管理是很难找到“一招鲜，吃遍天”规律的，原因有很多，不同公司研发的产品不一样，研发的规模不一样，研发的类型不一样（按库存/OEM/ODM等），又涉及多专业多部门，不同公司产品研发管理水平也不一样，遇到的问题也不尽相同，研发人员又有一定的个性，这也是众多企业研发管理高层感觉研发比较难管理的原因。

本书结合超过300家快速成长型企业的实际研发管理方法，总结快速成长型企业常见的研发管理的问题，创新提出新的产品开发流程设计方法（参见本书第四章产品开发过程及后续章节各领域的设计流程）。同时，通过大量表格的方式总结很多解决方案，更简单、更实用，强调“实战”，力图让读者可借鉴、可学习、可快速上手。

本书第一章研发管理体系简介概括性地介绍企业研发管理过程中的问题，常见的管理体系特点、条件和可能存在的问题，笔者根据多年经验列出快速成长型企业产品研发管理比较容易实现的提升路径图。通过该路径图，可以比较直观地查看企业研发管理应该先做哪些基本的事情，夯实基础后再从哪些方面逐步提高、改善。

第二章企业及研发组织、第三章研发物料及BOM管理、第四章产品开发过程、第五章产品文档管理、第六章结构设计、第七章硬件设计、第八章软件管理、第九章测试管理、第十章工艺管理、第十一章问题及工程变更管理系统介绍了提升路径图中近期应该改善的内容。其中第六章至第十章则详细介绍了各专业领域的常见的问题，核心流程，核心流程活动，各专业领域一些典型的业务管理方法，核心文档模板应该怎么编写、怎么审核，常见的问题及对策等。

第十二章研发项目管理、第十三章6大技术评审、第十四章4大业务决策评审、第十五章需求管理介绍了提升路径图里中期应该改善的内容。

第十六章市场管理、第十七章研发绩效介绍了提升路径图里远期应该改善的内容。第十八章其他专题主要介绍一些研发管理过程中的专题业务，如标准化、产品平台和重用 CBB、研发过程知识管理、技术规划、产品创新、产品定价、采购和供应商管理等。第十九章研发 IT 系统支撑介绍了 PLM 系统的一些概念、常见功能、选型方法、与 IPD 的关系等。

凡事都有两面性。没有管理、流程和 IT 系统无法提高研发管理水平。管理过细、流程过多、IT 系统过细反而会抑制研发效率和质量。中间的“度”在哪里？本书没有重点介绍那些创新理论，而是注重效果和实践，提出和解决问题，力图帮助快速成长型企业产品研发管理找到“0”和“1”之间的那个平衡点，同时也希望帮助这些企业找到产品研发管理改进的方向。

这是一个互联网时代，传统企业产品研发管理需要适应和改变。简洁、行之有效、以用户为中心、替用户做选择、快速迭代、流程简化、研发工程师之间的充分沟通和自学习等能力，这是笔者认为的未来企业研发管理的几个关键点，本书也力求简洁地描述企业研发过程中的流程、问题和建议的解决方案。

本书适合快速发展型企业的研发管理、产品管理和一线产品研发人员阅读。希望本书能为中国众多快速成长型企业从“中国制造”转型“中国创造”的过程中，提高产品研发管理水平和能力贡献一点绵薄之力。

最后笔者借此机会感谢第一家供职公司的领导，他带笔者进入这个行业，指导笔者从全局的角度观察企业和研发管理运作方式，特别是培养了笔者独立思考的能力。

目录

第五章　产品文档管理

第六章　结构设计

第七章　硬件设计

第八章 软件管理

第九章 测试管理

第十章 工艺管理

第十一章 问题及工程变更管理

第十二章　研发项目管理

第十三章　6大技术评审

第十四章　4大业务决策评审

第十五章 需求管理

第十六章 市场管理

第十七章 研发绩效

第十八章　其他专题

第十九章　研发 IT 系统支撑（PLM）

第一章

研发管理体系简介

产品开发的目标是：多（提高产品占有率），快（提高产品开发效率，缩短产品开发时间，加快上市效率），好（提高产品质量，提高客户满意度，减少产品后期出现的问题），省（更低的产品研发成本，减少产品开发浪费），准（创新，满足细分市场客户需求，提高产品命中率），提高新产品收益，以及组织级的研发能力。

1.1 企业研发管理问题概述

1.1.1 产品开发过程中的问题和对策

企业产品开发面临的常见挑战有：市场竞争激烈，技术发展迅猛，产品越来越复杂，产品生命周期大幅度缩短，成本压力越来越大，人才短缺，需要更多的创新，国际化营销和研发。

产品开发过程中常见的问题和对策如表 1－1 所示。

表 1－1 产品开发过程中常见的问题和对策

序号	问题	原因	对策
1	新产品上市后不适合市场的需求，或者没有竞争力	◇缺乏系统、正确的研发理念； ◇缺乏前瞻性、有效的产品规划，“拍脑袋”做产品，没有产品平台规划、没有系列化的开发产品，被动响应市场和竞争； ◇以结果为导向，没有以市场为导向，缺乏对产品能否取得市场成功的深入分析，产品开发团队不对产品的市场成功负责，“闭门造车”式的产品研发；	基于市场的创新，产品开发团队对产品的市场成功负责

续表

序号	问题	原因	对策
1	新产品上市后不适合市场的需求，或者没有竞争力	◇没有设立优先级评估标准，产品和技术开发项目缺乏合理的先后顺序。市场急需的产品与技术不能及时开发成功	
		◇没有做好客户需求调研及市场预测，客户需求收集与分析理解的细致程度不够，或者想当然地理解客户需求，设计没有满足顾客需求，产品开发过程中需求经常变更导致产品设计多次修改； ◇产品没有明确的市场定位，没有特色和卖点，开发出来的产品没有市场； ◇在开发实现前没有明确的定义产品概念	◇充分的市场调研，从客户角度来定义需求。明确产品对客户的差异化价值，在项目任务书中明确产品的目标客户和竞争定位。 ◇实施需求管理流程
		成本太高，超出预期。缺乏对产品开发项目的费用和盈利分析	◇开发过程中做好成本管控； ◇采用 DFM（Design for manufacture，面向制造的设计），良好的可生产性是以经济的成本生产为前提； ◇采用标准件、优选件、CBB、归一化，尽量采用已有的标准部件进行组合； ◇信息、资源共享、技术共享与重用，避免重复开发，选用标准的产品平台，模块化设计
2	产品开发周期长，投入市场时间太晚	◇职能化特征明显的组织架构阻碍跨部门协作，没有形成真正的项目团队，协调和沟通困难； ◇部门之间缺乏配合，影响上市后的客户满意度	建立跨部门的 PDT 团队，减少沟通和协调工作，提高沟通效率
		◇问题和缺陷没有及时解决，导致不断修改，测试和试生产时间比计划投入时间长； ◇技术重用差，缺乏 CBB（Common Building Block，共用模块）与经验、教训的积累及共享机制	建立 CBB 库，提高重用，减少产品开发问题和缩短开发时间
		◇技术开发和产品开发没有分开，缺乏技术规划与运作机制； ◇技术难题无法解决，技术上存在障碍，关键技术无法突破	产品开发和技术开发分离

续表

序号	问题	原因	对策
2	产品开发周期长，投入市场时间太晚	◇不规范、不一致、随意、接力式/串行的产品开发流程和方法，没有衡量指标，没有文档，依赖英雄； ◇流程不够完整，没有规定各个部门的活动，没有覆盖整个产品生命周期； ◇开发过程中管理有问题，概念和计划未充分考虑就急忙投入详细设计，后期频繁修改	◇建立可裁剪的产品开发流程体系； ◇实施并行开发工程
		关键人员离职，很多工作需要较长时间才能衔接	建立开发规范，完善文档管理
		◇同时投入开发的产品与技术开发项目太多，超出资源许可的范围。项目普遍延期严重，项目质量不理想，重点项目资源得不到保证； ◇项目管理薄弱，效率低，包括进度、质量、成本、风险等计划和任务无法及时完成	◇建立合理的项目组织、项目计划、监控流程； ◇提高项目管理能力
3	研发浪费严重，投资产品不赚钱	◇缺乏产品战略及规划，没有从市场出发建立项目选择标准，选择项目更多的靠领导“拍脑袋”，随意性大； ◇没有明确的产品立项活动	建立产品平台、产品线战略
		◇立项“拍脑袋”，没有完整的分析和评审； ◇在开发过程中缺乏业务决策评审。缺乏项目筛选机制，没有对项目的投资回报进行有效的分析和评估； ◇缺乏决策评估团队，导致低价值项目占比过高	以投资的观点评审项目里程碑（DCP），及早取消不应继续的项目
		项目缺乏资源（人力、技术）的保障	◇运用产品组合分析方法，确定产品的优先顺序； ◇在项目之间合理分配资源
4	产品开发质量时好时坏	◇未建立或实施技术审核制度，技术评审不规范，评审要素缺乏持续完善，甚至没有评审； ◇产品出现大量问题和缺陷	◇建立技术评审体系，及早发现问题，持续完善评审要素，减少问题的重复发生； ◇保证足够的测试时间，形成经验问题库

续表

序号	问题	原因	对策
4	产品开发质量时好时坏	大量采用新器件、新模块和新技术	稳定 CBB 库，提高产品质量
		技术不过关，不稳定	有效的技术开发管理、研究、储备可靠先进的技术
5	产品开发团队士气不高	项目经理领导能力不足，执行比较随意，长官意识明显	选拔合格的项目经理，发展领导能力
		缺乏对项目组的关注，沟通不足	领导层、中层和执行层各层面充分沟通
		◇评价不合理，激励不到位，缺乏有效的研发绩效考核和激励机制； ◇人员流动性大	有效的评价与激励机制
		◇团队合作氛围不好； ◇产品开发过程中各角色之间存在职责不清晰现象； ◇缺乏有效的培养机制，研发人员的职业化素质不足	◇明确产品开发过程中每个阶段和节点的职责，关键交付物； ◇持续培训和团队建设，形成团队合力

1.1.2 研发各层级人员的问题汇总

研发各层级人员的问题汇总如表 1－2 所示。

表 1－2　研发各层级人员的问题汇总

序号	主题	内容
1	高层	◇每年研发投入不少，但是产品总是不能按照预定的计划推向市场； ◇公司资源究竟投到什么地方？重点项目的资源有没有有效保障？ ◇研发人员离职对公司和项目冲击很大，如何固化公司的知识库？ ◇如何量化评估研发项目和研发人员的绩效； ◇如何把研发工作量化管理，缺乏有效的数据支撑
2	中层	◇研发项目计划失控，无法按照预定要求完成； ◇项目组人员忙闲不均，工作不透明； ◇任务布置不下去，员工反馈工作很忙，但不知道在忙什么？ ◇研发项目信息不透明，布置下去的工作不能天天盯着，无法实时监控； ◇过去犯过的错误重复犯，缺乏经验、教训的积累； ◇缺乏量化数据，绩效考核缺乏客观依据

续表

序号	主题	内容
3	一线员工	◇自己做多做少没区别，做得多领导也看不见，很委屈； ◇同时承担多个项目的工作，如何安排好自己的工作时间； ◇如何做好每天的工作记录和工作总结，保证每天进步一小步？ ◇如何继承其他人的意见，避免犯同样的错误？ ◇如何让领导在评价自己的绩效时有客观的历史数据参考

1.1.3 优秀的研发体系特征

笔者走访多家研发型的企业，总结比较优秀的企业研发体系常见的特征包括对客户需求理解透彻，恰当的产品定位，集成的、结构化的、并行的产品开发流程，完善的项目管理机制，良好的设计能力和技术储备，全方位的质量保障和监控机制，顺畅的跨部门协同清晰、明确、有前瞻性、切合实际的产品战略和产品规划，平台化、系列化的产品开发模式（技术预研、平台、技术规划、技术开发与产品开发分离），产品线与资源线并重，研发经验、教训积累与分享，老中青比例较合适的研发团队，有较好的人才梯队建设等。

1.2 IPD体系介绍

IPD集成产品开发体系，早期由H公司从IBM引入大获成功，从此在很多中国企业中引入。IPD关注以下要素：

（1）组织管理：职业化的人才梯队；

（2）市场管理：基于市场的创新、产品开发，产品开发是投资行为；

（3）流程管理：结构化流程、跨部门团队；

（4）产品管理：异步开发与重用，技术与产品开发分离。

图1－1描述了IPD的流程管理框架。

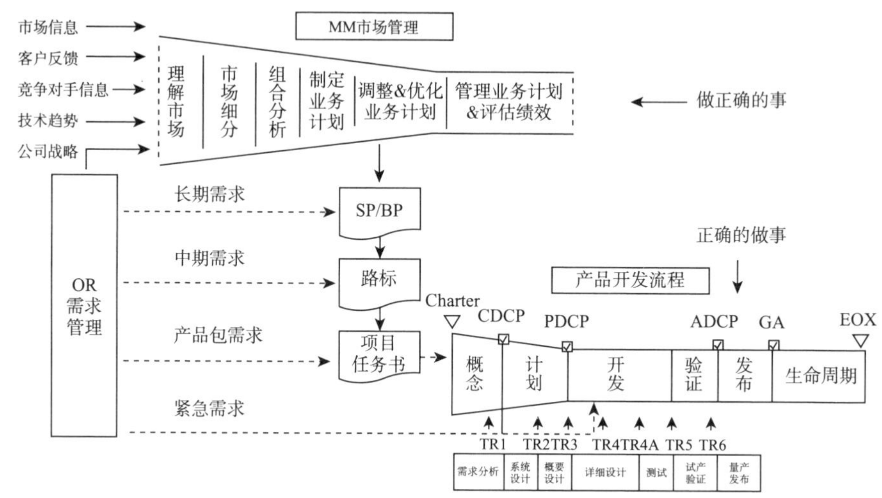

图1-1 IPD的框架

1.2.1 IPD体系的7个特点

（1）产品开发是一项投资行为，IPMT代表公司进行产品开发项目的投资分析和决策，优化投资组合管理。从投资的角度看研发，通过市场分析，把握客户需求，结合公司发展战略和能力、市场规划、市场需求优先级，对企业重点发展领域和产品投资优先级进行分析和决策。集中资源重点突破，坚持“压强”原则，把有限资源集中投资在关键、最有前途的项目上，保证企业利益的最大化。重视投资决策评审，在产品开发过程中设立决策评审点，提前发现问题，避免投资浪费，及时砍掉无前途的项目。重视核心技术，尽可能提前识别出核心技术点，提高对核心技术的重视程度，进行突破攻关。通过以上行动保证投资符合公司的战略要求。

（2）基于市场的研发，产品开发必须满足客户需求，而不是凭空推出自己认为是好的产品，杜绝“闭门造车”，着眼于一开始就把事情做正确。

（3）平台化开发，所谓产品平台，就是一系列共用技术要素及这些要素组成的产品技术平台。可以把产品体系结构划分为技术要素、模块、平台和具体的产品，根据产品体系结构对各个层次进行异步开发，保证开发效率和产出的质量。CCB是实现平台开发的手段之一。

（4）跨部门协作，产品开发绝不仅是研发部门的事情，需要市场、研发、采购、生产、财务等所有职能领域的跨部门协同。跨部门小组对最终结果负责，通过协同开发，充分调动企业的各方资源，提高开发效率。

（5）结构化流程，将产品开发划分为若干阶段，明确各阶段的输入输出准则，关键控制点，统一产品开发的术语。

（6）技术开发和产品开发分离。

（7）职业化人才梯队。

注：难点在于在非结构化和过于结构化之间取得平衡，同时保证开发流程的效率和指导性。明确哪些角色和部门应当参与产品开发过程，什么时候参与、任务有哪些、输入和输出。进行开发阶段划分，过程中设置评审点（里程碑点），高层和技术专家参与开发过程。

1.2.2 IPD 适用的 6 种条件

（1）产品或项目多，员工按各自习惯的做法做项目，研发定义的产品不赚钱甚至亏钱的项目多。

（2）企业研发规模相对比较大，人员急速扩张，没有统一的工作方法。

（3）行业进入稳定发展期，产品没有太多的新技术、新创新。

（4）长周期的项目，指产品投入开发到退市的周期，研发周期长、投入大，短则半年、长则数年的项目，上市后的产品存活周期也比较长。

（5）产品技术相对成熟，产品比较稳定。

（6）平台化开发，在研发“R&D”中偏“D”的产品开发。

1.2.3 IPD 推行可能存在的 14 个问题

IPD 的一些理念很好，也能对企业的管理水平和产品开发有一定的帮助，但是要清醒地认识到 IPD 不是灵丹妙药。公司生意不好，靠 IPD 是很难就变好的。IPD 等管理手法适用于企业所处行业发展不错，企业自身发展也比较快的公司。IPD 也不能决定企业的产品战略发展方向，只能是用一套规范的方法保证、确定研发的产品按照流程研发出来。另外，IPD 也不能替代人，企业管理能力的核心是人。

案例分析：B 公司（著名飞机公司）、H 公司（著名电信设备公司，IPD

引入中国的始祖)、O公司（著名手机公司）的成功与这些优秀企业的IPD体系关系并不大，更多的是企业自身对市场敏锐的判断，抓住了机会。

H公司更是一个特例，所处行业是一个高门槛、高利润、市场容量巨大，过去20年急速增长的行业，同时是一个B2B的市场，短时间内很难再找到一个类似的行业。至于H公司手机业务获得的成功，笔者认为本质上跟IPD没太大关系。

笔者认为H公司手机业务获得眼前的成功主要是砍掉了依附于运营商的“机海”战术，这需要非常大的勇气，反面的案例是L公司。同时H公司有运营商业务作为基础，一直坚持全球化运营，坚持技术路线，具备核心优势，如芯片、安卓系统的优化、指纹技术、节电技术等。也经历了早期几款产品的“失败”，碰到了一个“爆款”（指纹+大屏），才逐步找到B2C消费者业务模式的感觉。这几个关键点都和IPD管理手法没有太大的关系，IPD帮助H公司实现“规模化作战”及决策做某一款产品后，提高该产品研发的质量和效率。

直到近几年H公司手机业务仍然面临市场上很多个强大的对手。利润低、“不会”宣传、渠道建设、互联网营销等问题仍是H公司面临的挑战。

IPD管理体系实际推行过程中可能会出现的问题：

（1）标准的流程不适用于具体企业，没有根据企业的实际情况进行充分的定制，导致流程没有可操作性。

（2）制定了一套流程，但成为“一堆A4纸”存了起来，没有落实和执行，也没有不断地改进。

（3）只有跨部门流程，却没有跨部门团队和各功能部门组织能力支撑，包括PDT（Product Development Team，产品开发团队，下同）职位职责定义不清楚，缺乏合理的绩效指标。PDT不是一个真正的PDT，并没有贯穿产品开发的全过程。产品线和资源线之间的关系没有定义清楚，PDT经理没有充分授权，无法调动资源。PDT成员大部分来自研发，市场、采购、财务、生产和服务参与度不够。参与PDT工作前缺乏全面深入的培训，尤其是项目管理、跨部门沟通技能。PDT成员年轻，缺乏流程开发经验。

（4）对企业内部人员提出了新的要求，尤其是产品管理人员。实际情况是做技术的人很难转变为做管理的人，技术类研发人员通常缺乏相应的管理培训和管理技能，处理问题时习惯于以技术为导向，不太注意站在市场、用户角度考虑产品研发。项目经理不具备足够的能力和权威管理跨部门项目组，导致项目运作困难。任命不具备能力的工程师做系统工程师。

（5）流程管理部门制作流程、制度和模板，各专业部门不参与。

（6）流程范围仅聚焦在研发部门，绝大部分企业把产品开发的成败归结于研发部门。

（7）没有时间严格执行结构化流程，研发人员认为项目交期太紧，没有时间严格走流程。

（8）要写太多文档，研发人员认为大部分时间花在写模板上，没有时间做开发。

（9）没有足够的资源执行流程，每人身兼数职或项目经理负责远超于正常水平数量的项目。

（10）没有产品数据管理方案，如物料和 BOM 管理，产品开发过程中的图纸和文档管理方案，对产品数据管理难以有直接的支持和效果。

（11）决策层、管理层和专家介入不当，要么介入太多，要么介入太少。介入太多，不能充分调动项目组成员的积极性和责任心，或者因为决策层、管理层的影响力导致决策层、管理层提出的绝大多数建议被采纳。介入太少，又不能充分发挥决策评审和技术评审的作用，也影响项目质量。

（12）过于重视流程，忽略了核心技术对产品和项目的影响，核心技术在关键路径上，应当提前进行技术开发。

（13）由于成本和范围的因素导致顾问公司没有持续跟进，由于公司内部人员的变动过快，导致制定的流程体系没有在新的项目上有效执行。

（14）没有 IT 工具落地。

随着消费者越来越个性化，消费品的新产品上市成功率越来越低，通过改善流程和内部决策准确性的方法来提升赢率的边际收益越来越低。可能多付出几倍的成本，赢率也就提升 1% ~2%，不如把精力放在拼速度、对市场的快速反应、提高产品核心竞争力上，让决策更加简单，让客户声音离产品更近，让更贴近市场的人更有决策权，承担相应的风险和收益。

对于快速成长型企业，产品的战略远比开发流程重要。少而精的核心人员比建立一支“人多不干事”的重型团队重要。相比过多、过细的技术评审，人员的创造力更重要，同时应该做好数据管理的基础性工作。又好又卖座的产品是由热爱产品的天才开发出来的，在人群中，天才是少数，庸才是多数。识别好、选拔对这些产品天才，给他们足够的授权，设计好结果导向的激励措施，远远比搞细致的流程、评审、绩效体系重要。

1.3 快速成长型企业研发提升方向

1.3.1 研发能力提升路径图

快速成长型企业产品研发管理的关注点和中大型企业是有区别的，管理不能一口吃成胖子，需要逐步提高。那快速成长型企业成长的过程中，应该如何逐步提高产品研发管理水平，是否有大致的成长路线图可供学习参考？针对这个问题，笔者根据多年经验列出一个简单的提升路径图，如表 1－3 所示，便于读者快速查看关注的内容。表 1－3 也是本书的框架，读者可有针对性地选读部分章节。

表 1－3 研发能力提升路径图

	近期	中期	远期
综合	研发组织（跨组织团队）	◇研发组织（弱矩阵式组织） ◇业务决策评审	◇研发组织（强矩阵式组织，技术走向管理） ◇人才培养机制 ◇研发绩效
效率	物料和 BOM 管理	◇市场管理 ◇项目管理 ◇产品开发流程（并行工程，跨部门协同，系统工程） ◇技术预研与平台规划 ◇CBB	需求管理
质量	◇产品开发流程（概念到发布） ◇产品文档管理 ◇工程变更管理	◇技术评审，同行评审 ◇研发流程深化应用 ◇产品开发流程（支撑流程，生命周期管理，设计规范，工艺管理，测试管理）	◇市场管理 ◇供应商协同 ◇认证和合规管理 ◇测试及问题跟踪
成本	◇物料和 BOM 管理 ◇新物料引入流程	产品成本管理	—

续表

	近期	中期	远期
创新	—	◇技术平台管理 ◇需求管理	创新管理
IT	◇物料管理 ◇BOM 管理 ◇核心流程管理 ◇技术文档管理 ◇工程变更管理 ◇设计工具集成 ◇ERP 集成	◇项目管理 ◇需求管理 ◇测试管理	工艺管理

注：本表格的各项主题是大致划分的，有些主题适用于多个领域，但只放在相对有代表性的一个区域。

我们利用前面介绍的 IPD 框架图，来介绍这些主题在 IPD 框架图中所处的位置，如图 1－2 所示。

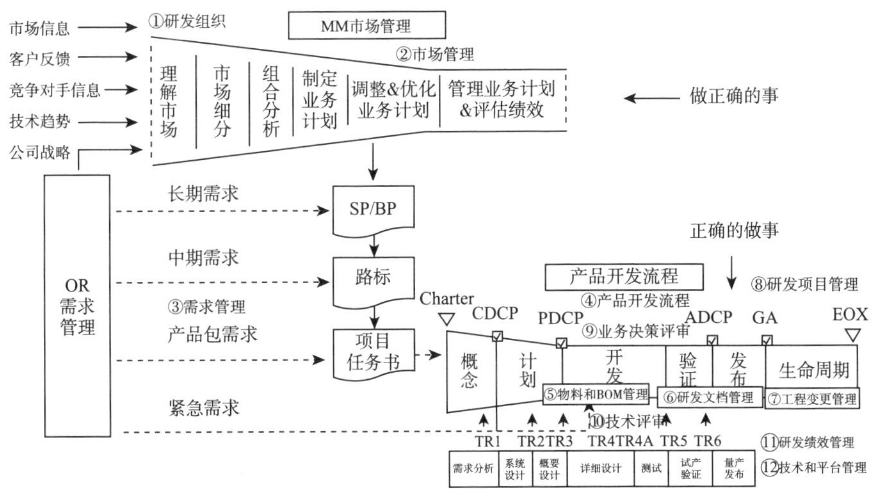

图 1－2　提升主题在 IPD 框架图中所处的位置

1.3.2　研发能力提升的方法汇总

笔者汇总一些研发能力提升的策略和方法，如表 1－4 所示。

表1－4　研发能力提升方法汇总

序号	主题	主要内容
1	降低产品成本	减少产品数量，减少产品开发费用。加强成本意识，开发过程中关注产品成本。DFM，良好的可生产性是以经济的成本生产为前提。采用标准件、优选件、CBB、归一化，尽量采用已有的标准部件进行组合。信息、资源共享、技术共享与重用，避免重复开发，选用标准的产品平台，模块化设计。提高质量，降低质量损失。降低原料、物料的消耗，考虑全生命周期的成本
2	提高产品质量	设计过程中质量保证，严格的技术评审，规范测试过程，减少产品缺陷，从优选器件中选择器件，基于产品平台的研发模式，尽量采用成熟的技术（货架技术），减少制造缺陷，及时记录、跟踪、解决问题
3	提高产品开发效率	把握源头、减少需求变更，提高项目前期（需求、设计）周期与投入，提高项目管理效率，压缩产品开发周期，并行研发，减少返工，提高开模一次通过率，逆向研发，平台化研发，技术开发与产品开发分离，化解技术风险，研发知识库持续积累，减少资源瓶颈，转变观念（从改变员工到寻找合适的人），外包也是一个非常不错的选择

第二章

企业及研发组织

产品开发各部门的职责内容如表2－1所示。

表2－1　产品开发各部门的职责内容

序号	角色	工作内容
1	市场与规划	◇市场分析、竞争分析、需求调研和管理、早期发货、营销策划、上市计划、推广和销售（渠道和直销）、市场领域评审； ◇确保客户的需求能及时满足，对需求建立跟踪机制，并对需求实现进行验证，定期评估执行的绩效，根据市场需求及时调整战略规划
2	研发	◇产品创意与概念设计、项目管理、需求管理、系统和子系统设计、测试、变更、工艺、研发领域技术评审； ◇计划：市场/产品/技术预研、产品规划； ◇开发：技术预研、平台开发、产品开发； ◇测试：制定产品测试标准、测试验证； ◇支持：产品制造、市场导入； ◇管理：项目管理、评审、人力资源、供应商、专利申报、技术培训
3	项目管理	项目管理活动，包括项目计划和控制、干系人管理、资源管理、沟通管理等
4	采购	供应商选择、认证和管理、新物料选型、执行采购、质量管理、采购领域评审
5	质量	组织进行质量目标设定、质量策划、质量管控
6	财务	目标成本管理、研发费用管理、财务分析、盈利分析
7	制造	订单预测与计划、制造策略与计划、制造调度控制、试制、新产品导入、订单履行、订单发货货运、制造领域评审
8	技术服务/售后	安装、维护、产品维修、问题解决、服务成本预测、客户服务策略与计划、服务领域评审

2.1 研发组织架构

通常企业会有几种架构模型，如职能型和矩阵型，如表2－2所示。

表2－2 企业组织架构模型

组织类型	描述	优点	缺点
职能型组织（功能型组织）	每个职能部门的成员具有相同的技能和职能，仅对自己的职能经理负责，适合生产和销售标准产品的企业	职能分工，成本高效，专业化，技能提升	不注重客户或项目，人们强烈忠诚于自己的部门。跨部门合作困难，效率低
矩阵型组织	项目经理对项目结果负责，职能经理为项目提供资源，共同为公司和项目的成功贡献力量，适合需要不断推出新产品的公司	资源共享，有助于员工技能提升，注重客户，并能真正向客户负责	双层汇报关系，沟通和协调复杂，员工的绩效考核办法比较复杂，资源经理和项目经理的权力平衡
项目型组织	项目成员在同一时间内全部投入一个项目，仅对自己的项目经理负责，适合以项目为主要业务的企业，如建筑业、咨询业等	项目经理是项目的真正领导人，效率高	项目间缺乏人员和知识的交流和共享，对项目成员来说，缺乏一种事业的连续性和保障

近些年越来越多的企业逐渐认识到产品开发不仅仅是研发部门的工作，同时企业的研发组织趋势是更大规模、更细分工、更加专业、更多地区，导致更多的职能部门、更少的直接沟通机会、更狭窄的视野、更本位，结果工作效率不高，靠部门间信息的频繁传递来连接整个过程，无人监督全过程，无人对全过程负责，忽视客户满意度，组织臃肿。矩阵式架构相对扁平化，能够较好地解决这些问题，同时激发小团队的效率，所以企业采用矩阵型架构越来越多。

（1）弱矩阵的特点是项目局限在研发内部，项目经理类似项目协调员，关键项目决策仍需职能经理做出，部门间容易埋怨和相互责备，如图2－1所示。

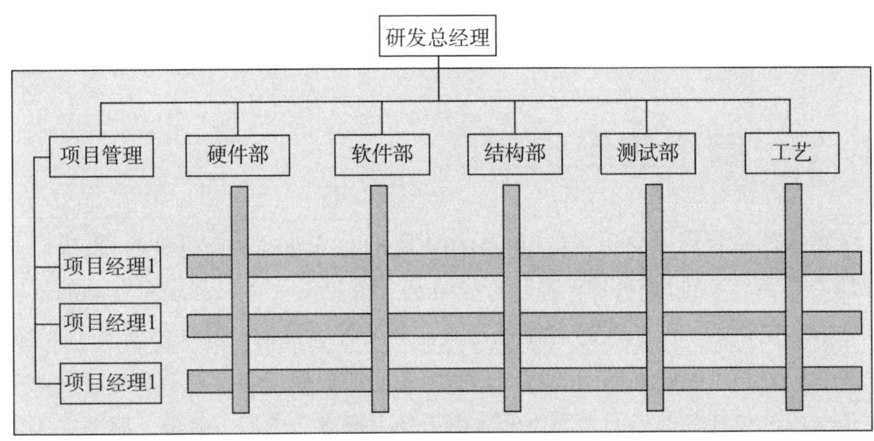

图 2－1 弱矩阵组织架构

（2）强矩阵的特点是项目经理关注整个产品开发过程，对项目的人、财、物有绝对的领导权，项目成员代表职能部门对项目进行承诺，绝大多数企业的项目经理均由资深的工程师兼任，如图 2－2 所示。

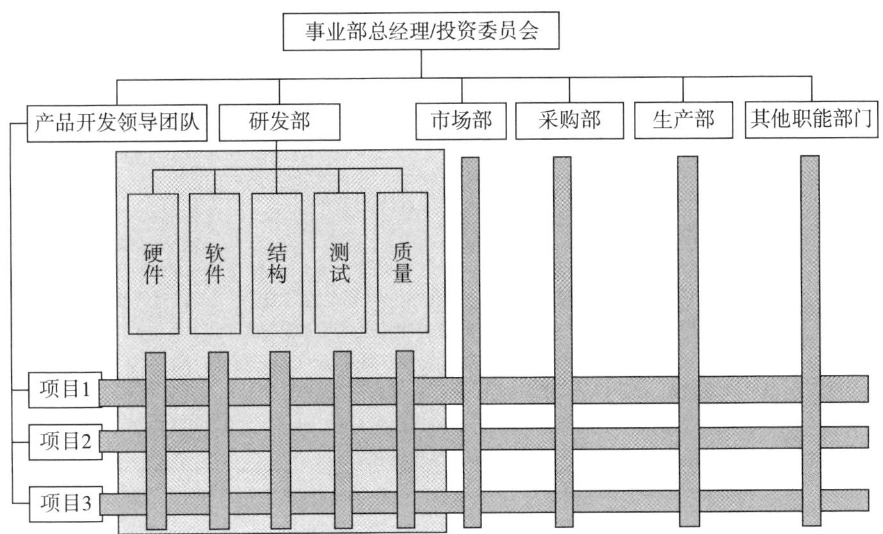

图 2－2 强矩阵组织架构

2.2 两个跨组织团队

集成产品管理团队 IPMT（Integrated Product Management Team，集成产品管理委员会，下同），负责产品投资决策和业务决策评审，制定企业总的战略和发展方向，对各产品线的运作进行指导和监控，推动产品线、研发、市场、销售、服务和供应链等部门的协作，制定企业的业务计划，对新产品进行业务决策。成员包括各部门的最高主管，由市场、研发、销售、财务、服务、人力资源等高层组成。

产品开发团队 PDT 关注的重点是执行工作，把产品推向市场。IPMT 给 PDT 下发项目任务书，要求交付产品。IPMT 考虑生意，PDT 把关和实现产品技术。PDT 有两个重要角色：产品经理和项目经理。产品经理建议由掌管职能部门的人承担，不能仅仅是协调工作的一般人员，需要对产品最终表现承担责任。项目经理建议由某个专业领域非常擅长的人转岗或者合理分配时间担任。

IPMT、PDT 的关注点如表 2－3 所示。

表 2－3　IRB、IPMT、PDT 的关注点

	主要关注点	参与人员
IPMT 集成产品管理团队	◇我们的战略是否正确？我们的技术是最先进的吗？下一个大规模的商业机会是什么？ ◇我们在每个细分市场上应建立何种竞争优势？我们怎样才能打入新市场？怎样才能使我们的产品系列得到最大的回报？ ◇我们应把哪些公司合并进来？我们应与哪些公司发展战略联盟？ ◇现有的项目组合中有哪些项目应当放弃？我们应把哪些资源从一个项目转到另一个项目中去？ ◇替代产品推向市场时是否已制定了旧产品的停产计划？ ◇我们是否确信产品系列可以互相兼容和支撑？ ◇我们是否有合适的技术人员和资源	公司的总经理、副总经理级别、公司的技术总监、研发总监、财务总监、市场总监、采购总监、制造总监等
PDT	◇在实现产品的进度、成本和质量目标方面，我们还应做什么？ ◇我们需要 IPMT 做出哪些决策？ ◇我们有无足够的人力和资源，在不降低产品功能的条件下准时完成产品开发？ ◇我们有无能力确保产品支持某种功能	公司的采购、开发、生产、质量、财务、市场、营销和客服人员等

2.3 部门与职责

2.3.1 研发管理部9大职责

研发管理部设立的目标是结合公司实际情况优化研发流程，规范研发过程，同时提高研发质量和效率，保证各个部门之间有效的协作，确保产品数据作为公司的技术资产有效地保留和传承。提供资料开发和翻译服务，为产品开发和市场推广提供有效支持，负责产品认证工作。

研发管理部9大职责如表2-4所示。

表2-4 研发管理部9大职责

序号	职责	职责内容
1	研发绩效管理	收集并统计研发绩效管理的基础数据，为研发绩效管理提供量化数据
2	流程制定与优化	负责产品开发流程体系涉及的所有流程和PLM系统中所有与研发相关的工作流程的制定和持续优化，包括主流程、各级子流程、文件模板等
3	流程引导与培训	根据各部门需求开展流程普及培训，项目各阶段引导PDT成员按流程开展各项活动，如果有需要，则开展正式培训
4	标准化	负责维护产品、软件、物料、BOM相关规则，含编码、命名、描述、版本规则及审核发布流程
5	参与项目管理、过程审计	◇根据项目状况引导工程师对项目进行关闭、暂停、恢复等操作，并对项目进行该操作的条件进行审核； ◇每周定期对项目计划、交付件、流程执行情况等进行例行审计，输出审计报告
6	组织并参与TR评审	◇检查技术评审的准入条件，组织技术评审的过程，并参与技术评审； ◇监督评审过程的流程符合性，跟踪评审的遗留问题解决情况

续表

序号	职责	职责内容
7	组织研发质量回溯	◇实时关注项目状况，观察是否存在重大质量隐患，如果发现隐患则及时启动质量回溯； ◇当接到客户/内部质量投诉、发生较大质量事故时组织质量回溯。质量回溯前收集数据、分析问题发生的原因，并给出初步的纠正预防措施，然后召集质量回溯会议。输出质量回溯报告，并跟踪问题解决情况，直到问题关闭
8	产品资料开发与翻译	◇负责新产品资料开发，在研发工程师提供的初稿基础上完成中英文用户手册、快速安装指南的优化与翻译，并根据测试意见、客户反馈等进行必要的修改； ◇根据市场部门的资料需求，在研发工程师协助下，负责用户手册的开发。翻译客户所需的生产工艺、品质、维修手册等资料，整理、维护已有的用户手册
9	PLM 系统维护	◇针对 PLM 系统进行操作培训，对各个部门提供 PLM 系统操作中出现的问题进行答疑，并解决用户由于对系统的理解、基本设置造成的问题。发现并收集 PLM 系统的缺陷（含易用性方面的需求），并提交供应商修改。 ◇根据公司的实际情况，提出新的功能模块提交供应商开发，或提交 IT 部门进行二次开发

2.3.2 产品/项目管理部 4 大职责

产品/项目管理部 4 大职责如表 2－5 所示。

表 2－5　产品/项目管理部 4 大职责

序号	职责	职责内容
1	前期策划	参与前期投资机会研究，参与前期项目策划的方案选择，参与可行性论证和评审
2	组织新项目立项	根据产品需求，确定待开发研究项目，申请立项、组织立项前的各项准备活动，负责组织立项会议并输出《项目任务书》，下达项目任务书，指定项目经理
3	项目过程管理	项目质量与进度管理，资金与资源管理，监控与报告，过程中的沟通协商，项目移交、验收，编写总结报告
4	技术支持	项目前期研究、试验与可行性分析，与客户进行技术交流并提供技术支持，起草技术协议

2.3.3 角色间沟通要素

角色间沟通要素如表 2-6 所示。

表 2-6 角色间沟通要素

序号	沟通角色	沟通内容
1	IPMT 和 LPDT，LMT 项目经理	项目任务书/合同，可衡量的项目目标，项目组授权，核心组成员，项目资金和资源的批准，DCP 交付件的讨论和决策，项目风险计划，项目状态，项目问题（变化）
2	IPMT 和功能部门经理	资源计划，能力，可获得性，资源分配
3	项目经理和功能部门经理	项目计划活动/工作任务、资源需求，资源可获得性与分配，项目、功能部门和资源问题
4	项目经理和项目组成员	项目任务书/合同，可衡量的项目目标，项目沟通与管理，项目计划内容与资源需求，项目计划活动/工作任务分配及状况，项目风险计划，团队决策，项目、功能部门和资源问题
5	功能部门经理和项目组成员	授权团队代表功能部门并做出承诺，技能培养与培训，功能部门支持

2.4 理想的企业组织架构

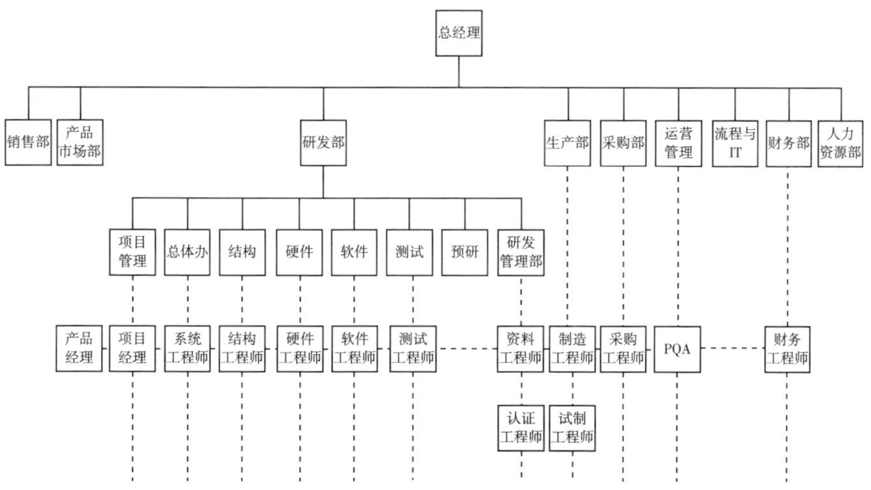

图 2-3 单一产品线组织架构

2.4.1 单一产品线

这种管理模式的特点包括：

◇专职的产品经理，产品开发和市场合二为一，需要授权产品经理为“小总经理”，否则产品经理可能形同虚设；

◇专职的项目经理，研发部内部设立项目管理部的原因是很多企业项目经理都是由资深工程师兼任，或者项目助理文员跟进，往“专职”靠近一步。未来可逐步由产品经理负责；

◇研发管理部统筹研发管理、流程执行、资料开发和认证等工作；

◇公司级的PQA，若无法实现，短期可将PQA放在研发管理部下面。

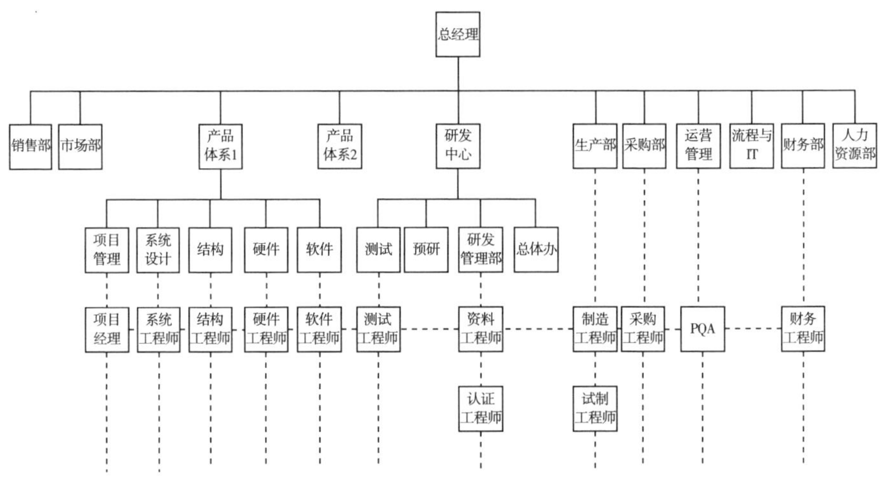

图2-4 多产品线组织架构

2.4.2 多产品线

这种管理模式的特点包括：

◇可支持多产品体系，产品体系总监实际上就是大产品经理；

◇项目经理和产品经理合二为一；

◇将结构、硬件、软件工程师均划拨给对应的产品体系，使“产品体系总监”更具资源控制权；

◇每个产品体系增加系统设计部门，提高产品系统设计能力；

◇因为多产品体系，所以总体办划归到公司级的研发中心，提高公司级产品重用；

◇市场部转为单纯市场推广、信息收集职能；

◇若产品体系过多，可以在所有产品体系和研发中心上架设一层研发副总裁；

◇研发人员相对更有积极性，但过于强调研发人员的“单兵”能力，不利于研发人员的成长。

2.4.3　产品经理组织的优缺点

产品经理组织的优缺点如表 2－7 所示。

表 2－7　产品经理组织的优缺点

优点	缺点
◇产品营销组合要素得到较好的协调统一； ◇对市场上的问题进行快速反应； ◇弱项产品不会被忽视； ◇培养锻炼了管理人才	◇与职能部门容易产生矛盾和摩擦； ◇产品经理的能力要求很强； ◇管理费用提高； ◇产品经理的项目性质导致关注短期效益； ◇产品经理难站在总部的角度考虑问题

2.4.4　产品线职责

产品线承接公司在本产品线的经营目标，对本领域的经营指标、投入产出、持续发展、市场成功负责，整合利用一切内外部资源，自主研发与开放合作相结合，把握市场节奏，最大限度地追求本领域的商业成功，创造商业价值。

产品线管理本产品线的客户需求、产品和技术开发、品牌管理、市场策略等产品全流程，包括生命周期、质量、成本等要素。分析竞争对手，捕捉市场机会，负责本领域的解决方案、产品规划和对外合作，市场拓展及产品销售。管理本产品线预算，提高资源配置效率，支撑并促成 IPMT 关于产品规划、业务目标及业务策略及时、快速、正确地决策。针对 IPMT 关于产品发展规划和业务目标及业务策略的决策，快速有效地运作实施。对本产品线的产品定价提供决策支撑，对本产品线的商务授权和经营利润负责，保证公司业务变革在本产品线的成功。

2.5 技术走向管理

2.5.1 技术人员的特点

技术人员常见的特点包括：

■专业素质高，工作严谨，追求精确；

■不愿意遵守规则，一旦遵守，又死心塌地；

■自尊心强，易情绪化，易防卫，IQ 高，忽略 EQ；

■不愿意求人，怕得罪人，爱单干，相对内向，蔑视权威，人际能力不足；

■埋头拉车，拘泥于细节，性格比较执着，追求完美，容易忽略全局；

■喜欢求新，追逐技术前沿，好奇心强，喜欢折腾，技术导向性强，市场、质量、时间意识不足；

■不善于沟通，不愿意表达自己的真实想法；

■喜欢非黑即白；

■串行处理工作；

■专注执行；

■流动意向明显。

2.5.2 管理人员的要求

管理人员的要求如表 2－8 所示。

表 2－8　管理人员的要求

序号	要求	主要内容
1	充满使命感	保持持久的工作热情和高度负责任的工作态度，自我激励和激励他人，挑战自我，追求卓越，不会“小富即安”
2	宽广的胸怀	以事业成功为重，做到求大同存小异。包容地处理来自于他人的不同意见甚至冲突。清楚地知道反对自己的人的优点是什么，有哪些值得肯定与学习的地方，自己青睐的人有哪些缺点需要改进
3	良好的品德	不能以权谋私、生活腐化，对公司发牢骚、讲坏话，必须自律，先管好自己
4	开阔的视野和结构性思维能力	看到问题的本质并抓住工作的重点，不光要盯住“短木板”，解决眼前的问题。建立机制以防范问题的能力，避免“头痛医头、脚痛医脚”。看清整体与局部的关系，抓住战略机会与战略制高点
5	均衡发展的管理能力	善于“救火”，更善于“防火”。不能重业务轻管理，提高综合管理能力。除熟悉业务外，还须具备系统的财务、人力资源、运营管理、组织运作等管理知识与技能及较高的职业素养
6	善于学习	只有学习型的组织才能从容地面对高度不确定的商业环境，学会在实战中进行总结与举一反三。人是有记忆的，但组织没有记忆，采取有效措施保证个体的经验在组织内传播与共享。建立一个系统以保证案例中所蕴藏的经验与教训在组织内进行有效的复制

2.6　人才培养机制

2.6.1　技术研发人才培养机制框架

优化技术研发人员专业能力标准，开展技术研发人员专业能力素质评估，盘点能力差距。对应能力标准，将部门人员设立三级标准，分别是没有达到要求、基本达到要求、达到或超越目标要求。建立系统的技术研发培训课程体系，根据能力差距制定技术研发人员培训计划，列出月度培训计划，落实培训计划，提升员工能力，定期进行培训效果评估。

案例分析：专业能力标准示例，如表 2-9 所示。

表 2-9　专业能力标准示例

序号	维度	行为描述
1	市场敏感	对市场变化动态高度关注，对市场趋势敏感感知，按照市场趋势调整工作思路及方向的能力
2	客户导向	以客户（包括内部客户和外部客户）为所有活动的中心，始终密切关注客户的需求和想法，为客户提供服务并致力于客户满意，最终建立长期良好的客户关系，从而使集团受益
3	创新求进	开辟新的学习渠道，获取新信息、新工具、新方法，产生有价值的想法，并使用这些想法来研发新技术能力
4	整合资源	通过组织和协调，对企业内部分割的资源和企业外部可以利用的资源进行整合和优化，并通过对资源的有效管理与配置，使资源使用率最大化
5	项目管理	能够规划、执行、监控项目全过程，协调和整合资源，在进度、质量与财务等方面实现项目目标的能力
6	沟通协调	内部员工之间或与外部合作者之间交换信息、分享思想及感情的过程，并影响和产生实质的行动或结果。从整体利益最大化角度出发，协调处理内、外的人际关系、冲突和矛盾，促成共赢合作
7	问题解决	针对已发生的问题，采取合理的方法，并克服障碍和阻力，圆满解决问题
8	自我管理	准确认识自身能力，不断给自己设定更高、更新的目标，进行自我驱动与激励，时刻保持工作激情和积极心态，成功完成工作任务
9	PLM 知识	熟悉 PLM 平台的概念、日常操作
10	产品开发流程	熟悉公司的产品开发流程，了解开发过程中的注意点和难点

2.6.2　快速培养人才计划

快速培养人才计划如表 2-10 所示。

表 2-10　快速培养人才计划

序号	主题	内容
1	制定培养目标	如半年内，加入培养计划的研发人员 80% 能够胜任项目经理角色
2	确定培养对象选择原则	有着强烈的成长愿望，对技术和研发品质执着追求，员工自愿加入，项目导师代表公司对培养对象的发展提供必要的支持，培养对象在遇到项目管理问题时，应首先向项目导师求助

续表

序号	主题	内容
3	明确能力要求、责任和绩效期望	公司明确提出对项目经理的能力和知识技能的要求，包括解决问题、项目管理、沟通协调、团队管理等能力要求和 PLM 使用等技能要求。公司明确提出对项目经理的职责和绩效期望，包括对项目周期管理、项目质量、项目成本、知识分享等的绩效期望
4	制定培养计划和定期考核	导师与参与者共同研讨制定阶段性的培养计划，定期回顾计划执行情况，并进行阶段性考核和最终考核，考核结果将决定是否成为项目经理

2.6.3 如何培养产品经理

企业常见的产品管理问题包括缺乏合格的产品经理，缺乏有效的组织及流程体系，过于依赖部分好的产品经理。产品经理一般需要项目管理（含团队合作）能力占 35%、业务能力占 20%、技术能力占 15%、个人影响能力占 15%、沟通及处理冲突能力占 15%。培养的方法建议考虑：

◇周边部门锻炼，如市场部、服务部、制造部等，提高产品全流程意识和技能；

◇参加相关知识和技能培训，特别是提高软技能，如情绪控制能力、领导力、团队沟通等能力；

◇通过在产品经理/PDT 经理助理等岗位上进行培训，获取经验；

◇与一些资深经理探讨、学习；

◇自我批评总结，不断学习总结，改正错误；

◇敢于压担子，充分授权，明确责权利。

案例分析：产品经理需要承受压力。

二战时期，艾森豪威尔视察阵地，一个大兵在挖战壕，他问大兵："你还好吗？"对方答道："好个鬼，这简直不是人过的日子，哪里像你们当官的过得好！"大兵的抱怨让艾森豪威尔停住脚步，他把大兵带到他的指挥部，让大兵充分了解他每次决策一件事情的痛苦和带来的危险，当他把这些事情和大兵讲完后，大兵马上和他说："将军，我能回去继续挖战壕吗？"

2.6.4 项目经理应该具备的7大能力

项目经理存在的一些常见的问题：

◇事无巨细、事必躬亲、亲力亲为，沉于事务性工作，不能抓住重点，自己太累；

◇缺乏狼性，成功欲望不足，开拓性、侵略性不足，多半扮演了一个保姆、管家的角色。缺乏警察与工头的个性，危机意识与警觉性不够；

◇管理太软，对下属不敢严加管理，太仁慈，不能做“魔鬼”；

◇激励和沟通能力差，不善于交流协调，经验不足，对周边部门的推动不够，缺乏号召力，个性上欠缺领袖魅力；

◇不能提前预测问题和风险。

项目经理能力要求如表2－11所示。

表2－11 项目经理能力要求

序号	主题	描述
1	综合能力	综合素质高，不一定是技术专家或管理专家，但知识面要广，思路要开阔。协调和沟通能力强，善于调用资源，包括项目外部资源的利用与内部资源的调配。总是能记住项目的总体目标
2	业务/技术知识	了解业界相关的技术、公司愿景和核心业务，理解业务决策的含义，了解业务决策的影响。具有沟通价值的能力，能从客户的角度看问题，具有项目管理技能，如计划、风险、问题管理能力
3	分析/谈判技能	强大的分析能力，能够解决不同业务部门间的分歧，能够建立良好的人际关系
4	想象力	富有想象力，创造性思维，从客户的角度考虑问题
5	领导力/个人品质	很强的领导力，具备推行流程的能力，具备一定的幽默感，勇于、乐于接受变革
6	团队建设技能	组建团队的能力，对整个团队的管理，建立关系的能力
7	远见、创造性	有远见，创造性思维，有创造能力

2.6.5 如何培养项目经理

一个能弥补和解决问题的项目经理是合格的，但还不够优秀。是否优秀则主要是看他能在多大程度上提前识别并消除风险。风险未被及时识别或妥善处理就会转换成问题。项目经理的培养方法包括：

◇体系驱动与牵引；

◇周边部门锻炼，提高全流程意识和技能；

◇参加内外部项目经理知识和技能培训；

◇批评与自我批评，总结，改正错误；

◇资源池集中培养，挑选、培养、考核；

◇“师父带徒弟”，通过在项目经理助理等岗位上进行培训，获取经验；

◇与一些有想学习的项目经理进行探讨；

◇赋予充分的责权，敢于压担子。

第三章

研发物料及 BOM 管理

3.1 物料编码管理

3.1.1 物料编码常见的9个问题

物料编码是物料管理最基础的业务，好的编码体系能让研发工程师快速定位、重用物料、减少重码和降低库存。编码也是企业信息化的基础，所以重要性不言而喻。

物料编码常见的问题：

（1）没有物料编码体系，使用图号标识物料。这种情况管理比较少见，但是不少企业确实还停留在这个阶段；

（2）编码里体现了过多的非物料本身的信息如版本、供应商等信息；

（3）研发不给编码，由生产部门给编码。生产部门给编码最常见的结果就是无论是新物料还是可以重用的物料，都给新编码。这样导致大量的一物多码，同时导致大量的库存；

（4）按照产品类别分类，每个产品类别下有一套物料分类体系。有多个产品线的企业应该尽可能在公司层面统一给编码；

（5）分类标准不统一，标准化程度低；

（6）物料名称和规格填写随意性大，不统一；

（7）物料分类不清晰；

（8）物料扩展不够用；

（9）物料编码规则过多，长度不统一。

3.1.2 物料编码6大原则

制定物料编码方案需遵循以下几大原则：

（1）唯一性：每个物料只有唯一编码，保持一种分类方法并在系统的各组成部分中保持一致。唯一性是物料编码方案的基本要求，唯一性意味着可能变化的信息不能体现在编码中，如使用公司信息、供应商、客户等信息；

（2）简单性：编码结构应尽可能简单，长度尽量短，可节省阅读、填写、抄录的时间和存储空间，应尽量使用数字，不建议使用字母，以提高输入的效率，并减少其中的错误机会，编码里不应该有过多的信息体现；

（3）稳定性：在编码时要考虑物料编码变化的可能性，尽量保持编码的稳定性，物料编码所体现出的含义不会发生大的变化；

（4）可拓展性：物料编码应有一定的可拓展性，保证编码使用和更改方便；

（5）规范性：编码的结构及编码的编写格式应当统一，编码的长度统一；

（6）分类性：按照物料的属性、物料的数量合理分类，物料编码承载少量分类信息，分类的目的主要是为了合理分配码段，并不是为查询。

常见的编码做法有流水码和分类码两种，表3－1是两种编码模式的优劣势。

表3－1　流水码和分类码的优劣势

原则	流水码	分类码
唯一性	可以完全保证“一物一码”	当需编码的新物料过多时，可能出现码段不足的情况
简单性	编码无含义，业务人员理解和使用较困难	易出现编码过长的现象，增加使用难度
稳定性	编码与物料属性不关联，稳定性强	长期使用中稳定度不够，会受到其他因素变更的影响
可拓展	编码方法有很强的拓展性	通过流水编码部分保证一定的拓展空间

总体来说，笔者建议使用分类码。分类编码的好处是编码长度相同，降低物料编码的难度，能让新编码简单、易记，有利于未来物料编条码的数字化，常见的物料编码分类是采用“大类＋中类＋小类＋流水码”。笔者经历过的企业中大部分企业属于这种编码划分方式，也有部分企业不需要大类，直接采用“中类＋小类＋流水码”的方式，如表3－2所示。

表 3－2　物料编码分类

序号	大类 1 位（可选）	中类（2 位）	小类（2 位）	流水码（4 位）
1	成品			
2	半成品	装配		
		包装		
		PCBA		
3	电子类	电阻	贴片电阻	
			插装电阻	
4	结构类	标准件	螺栓	
			螺钉	
		结构件		
		五金件		
		塑胶件		
5	原材料	板材	薄钢板	
			中厚钢板	
		型材	圆钢	
		管材		
		电线电缆		
6	辅助材料	辅助材料	油漆	
		包装	包装箱	
			塑料袋	
7	工具/工装	刀具		
		工位器具		
8	备品备件			

■部分企业把结构类和电气类物料划到原材料里，也有部分企业类似目前的建议分类；

■原材料划分亦有按铜材、铝材和钢材划分（材料价格敏感型建议此类划分）；

■包装件有放在结构类里的，也有放在原材料里的，也有单独作为一类；

■不同的企业类型需要调整中类和小类的层次，如以板卡产品为主的企业则侧重电子类物料，结构类为主的企业则侧重结构类物料；

■成品和半成品的分类由于不同的产品差异过大，不展开描述；

■规模大、集团化的企业管理要求高，需要更多考虑物料的可拓展性；

■除标准中规定的，其余特殊符号不准使用，大写罗马字母中的 I、Q、O 不能使用。

案例分析：某工程机械装备企业编码前和编码后示例如表 3－3 所示。

表 3－3　某工程机械装备企业编码前和编码后示例

	物料编码	物料说明	计量单位	大类	小类
现状	D2850－50000	蒸发风机 24V 风量 500cm3/h	台	N/A	N/A
修改后	61020－00001	蒸发风机 24V 风量 500cm3/h	台	电器件	风机

案例分析：

某企业电容物料编码示例 40 10 104 5 03 0 2，第一码、第二码是大类，第三码、第四码是电容分类，第五码、第六码、第七码是容量，用数字来表示，单位为 PF，第八码是额定电压，用数字表示，第九码、第十码是封装代码，第十一码是电容精度，第十二码是流水号用来区分不同的供应商物料。请问，这种编码合理吗？

笔者认为除了第一至第四码有效外，其他的都不用，该案例把物料的属性混淆到编码上。

案例分析：

某企业电阻物料编码示例 01NP－ABCT－XX－D1D2，第一码、第二码是大类，第三码是电阻分类，第四码是功率，第五码、第六码、第七码是阻值，第八码是电阻精度，第九码、第十码是外型及包装形式，第十一码、第十二码是外形尺寸。请问，这种编码合理吗？

笔者认为该编码体系有以下几个问题：

■数字和字母混合；

■太多物料属性放在编码里，而且是用字母来表示，输入效率低，容易出错；

■编码时需要非常熟悉编码规则。

3.1.3 物料编码调整的 5 个风险

物料编码引入或者调整的风险包括：

（1）需要改变所有相关作业人员的习惯，项目实施难度加大。下游物料采购、物料出入库、生产发货等涉及的单据都需要调整；

（2）所有物料数据的期初导入，需要进行新旧物料编码的转换；

（3）新系统中，所有关于物料数据的核对需要用到旧系统的数据时，需要人工转换核对；

（4）部分物料编号已印制在对应的实物上，需要进行统一规范；

（5）旧图纸因物料编码的改变需重新出图。

3.1.4 先有图还是先有料

很多企业物料编码申请是在图纸全部设计完成之后，进入试生产阶段才开始给物料编码，这是一种典型的先有图再有料。有些企业则是先申请物料编码，再进行设计，那这两种模式的各自优缺点有哪些呢？如表 3－4 所示。

表 3－4　先有图还是先有料的优缺点

	优点	缺点
先画图再申请料	编码申请时，有图纸作为评审参考，提高评审质量	未进行设计前评审，可能审核时才发现零部件重复设计
先申请料再画图	◇符合先规划再设计的理念，避免重复设计； ◇产品组件规划比较清晰； ◇减少“一物多码”，保证物料引入的合理性	◇设计过程中可能因方案变化，导致废号； ◇复杂的产品实际运作情况下可能会变成一个给号的流程，达不到管控的效果。原因是在没有图纸的阶段，无法发挥审核的作用

建议除复杂的产品自制件采用先画图再申请物料的做法，标准件、外购件、电子元器件都应采用先申请料再画图的做法。不管选择哪种做法，都应该在设计之前多查询和搜索，在评审的时候进行审核，保证物料引入的合理性，以减少重复工作。

3.2 物料分类与属性

3.2.1 物料分类6大原则

下面是物料分类的一些原则，特别是自制件，不同的产品划分规则弹性很大。分类的目的是为了重用，自制件里如果重用性过低，是不建议分类太细的。

（1）自制件分类细分程度需要与实际结合，不是越细越好；

（2）为便于分类维护和使用，建议分类节点的层级不超过4级，每个分类的子类6～10个左右；

（3）相对稳定，在比较长的时期满足业务需求，不需要频繁调整；

（4）分类节点名称尽可能保证互不相同，以免产生误解及误放；

（5）分类属性数量需适中，应区别于零部件的常规属性，选择若干个最能描述和体现物料特征的属性作为分类属性；

（6）对同一物料不同归属分类节点的情况，建议建立特殊物料分类的优先级约束规则，规范物料分类细则的方法，从业务层面（设计单元）规定其归属。

3.2.2 物料属性描述规范

（1）表达式中允许用“空格”或横杠“-”来表示间隔，但一定要保证所有的“空格”或横杠“-”都是英文半角状态；

（2）规格描述规范统一，如电容，功率描述规定为1/4W一种写法，而不是0.25W；

（3）不得出现全角字符，不能出现冒号、分号、引号、撇号、句号、逗号等特殊字符；

（4）一般情况下，英文字母一律采用大写半角（特殊说明的除外）；

（5）整数值要求小数点保留到整数位，正确写法是：1u/50V，错误写法是：1.0u/50V；

(6) 小数值要求小数点保留到有效数字位，正确写法是：0.1，错误写法是：0.10；

(7) “频率”为 Hz，(大写 H，小写 z)；

(8) 电流单位“安培”用大写字母“A”表示，“毫安”用“mA”(小写 m，大写 A)；

(9) 交流用 AC 表示，直流用 DC 表示，均为大写，必须写在数值的前面，如 DC220V；

(10) 乘号“×”用“*”(星号)代替；“*”是英文半角状态，如螺钉 GB818 M3*8；

(11) 表示温度的℃符号，用大写英文字母“C”代替；如 85℃，可以写成 85C。

3.3 物料相关流程及规范

我们分结构料和电子料两个方面来介绍。结构料的引入流程一般相对简单，设计工程师发起申请，主管审核通过后即可以给料号。电子料的引入流程较复杂，不同的企业管理颗粒度也不一样，笔者提供几种物料引入流程示例。

3.3.1 电子料引入流程示例 1

电子料引入流程示例 1 如表 3-5 所示。

表 3-5 电子料引入流程示例 1

编号	活动名称	活动描述	负责岗位
1	物料申请	针对由于设计优化、新项目及国产化要求，创建新电子物料导入需求，选择分类、填写相关属性	硬件工程师
2	设计审核	从产品设计层面确认物料规格是否合理	硬件主管
3	物料审核与选型	确认新规格物料的制造商、技术规格及具体的物料属性	器件工程师

续表

编号	活动名称	活动描述	负责岗位
4	物料商务评估	由商务评估员负责联系供应商，并对供应商做出评估，主要评估因素包括：采购周期、批量投产日期、是否符合认证要求、是否符合 RoHS 要求、停产风险、供应商可替代性、厂家实力、价格是否有优势，可上传商务评估报告，作为审核通过的依据。备选的供应商提供样品及规格书	采购认证工程师
5	商务确认	依据上传的商务评估报告，采购经理审核该商务评估是否通过	采购经理
6	规格审核	对器件工程师选型及采购认证工程师商务确认工作的复审。审核新规格物料是否符合器件的发展方向及公司的器件选用原则。一般此时给料号	专家委员会
7	器件库维护	库管理员对已正式编码的物料维护器件库	器件工程师
8	物料测试	测试器件单体，测试人员依照电子件测试规范逐项测试样品，并记录测试数据，完成测试报告。在不具备测试条件的情况下，要求供应商提供测试报告，无法进行单体测试的物料，可以不上传单体测试报告	器件工程师
9	物料承认	新零部件申请人负责签订物料承认书，器件工程师输出《物料认可书》，关联物料和《物料认可书》《规格书》《测试报告》	硬件工程师

3.3.2 电子料引入流程示例2

电子料引入流程示例2如表3－6所示。

表3－6 电子料引入流程示例2

编号	活动名称	活动描述	负责岗位
1	物料申请	针对由于设计优化、新项目及国产化要求，创建新电子物料导入需求	硬件工程师
2	规范性评估	物料填写是否符合公司要求规范	器件工程师
3	物料审核	从产品设计层面确认物料规格是否合理	硬件主管
4	商务评估	确认规格物料的供应商、交期、价格等信息。提供样品及规格书	采购认证工程师
5	正式编码填写	给申请的物料正式编码	

3.3.3 电子料替代失效流程

电子料替代失效流程如表3－7所示。

表 3-7 电子料替代失效流程

编号	活动名称	活动描述	负责岗位
1	物料替代失效申请	供应商发布物料停产通知，研发使用的物料出现故障，器件失效，或归一化等原因发起替代失效申请	硬件工程师
2	物料替代失效分析	分析物料是否可以替代或失效	硬件工程师
3	替代测试	替代物料进行测试	测试工程师
4	修改设计文件	修改 BOM 和对应的物料状态信息	硬件工程师
5	库存、计划处理	根据研发工程师的意见处理库存和在制品	PMC

3.3.4 物料选型规范

（1）首先选用物料数据库中已有器件，如物料数据库无满足要求的器件，则可根据实际使用要求在供应商供货清单范围内按优选顺序选择符合要求的器件；

（2）如供应商供货清单资源仍不能满足要求，或由于性能、质量、成本、货期等因素，需要引入新的品牌，应按新器件引入流程要求引入。获得批准后，器件工程师将新品牌信息补充维护到供应商供货清单中，方可选用；

（3）新产品器件选用应至少 2 个以上品牌，原则上不能只选一家；

（4）尽量选择通用器件，即制造商大规模量产的标准产品或推荐选用产品，且有多家制造商具备的生产能力；

（5）不用或少用专用器件，即器件的制造商唯一且无可替换产品或需要按单生产的特殊规格器件，以及需定制的非标准器件；

（6）满足适用原则，所选器件满足应用条件即可；

（7）满足应用条件的情况下，优先选择国产器件；

（8）选择供应渠道多的器件；

（9）降额设计要适中。

3.3.5 物料来料检验

物流来料检验的内容一般包括：尺寸规格，功能、参数测试，外观检查包装情况、产品外形与样品是否一致、损伤（划伤、破损），安规测试，其他如实配、上锡、试验（阻燃、耐温等），异常描述。

3.4 物料BOM管理专题

3.4.2 物料管理3个关键指标

（1）优选率：对某一个产品BOM中优选物料与所有物料的比率；

（2）替代率：具有相同规格并可以完全替代的物料数目占所有物料的比率；

（3）复用率：复用物料占所有物料的比例。

3.4.2 物料优选规则6个指标

很多公司希望把物料的库存和价格信息从ERP中提取出来给研发工程师，希望在选择物料的时候能够尽量选择有库存的和价格较好的物料。但是这是把选择权交给了研发工程师，实际上难以保证选择的物料是最优的。

建议的做法是应该设立器件工程师，不定期对物料库进行优选规则的评判。研发工程师只需要根据物料的优选规则选择最优的物料即可。在BOM审核的时候，需要检查选择的物料是否是最优的物料。一般从以下6个方面的指标来综合评判物料的优选规则，如表3－8所示。

表3－8　综合评判物料的优选规则的指标

序号	主题	内容
1	物料成本	竞争性评估，招标价格比较，成本分析，供应商早期介入
2	性能规格	器件发展趋势，新技术、新器件引入，器件规格，器件设计开发，技术断裂点
3	质量可靠性	质量可靠性技术标准，全流程器件可靠性保障体系，单板硬件可靠性设计，高温可靠性解决方案

续表

序号	主题	内容
4	可采购性	优选，归一化，物料、单板、模块、平台归一化，替代，货期，生命周期导入、成长、成熟、饱和、衰退、退出，物料风险
5	可制造性	插装器件表贴化，小型化器件引入，器件集成与模块化设计，简洁化设计
6	社会责任（节能环保）	器件功耗评估，低能耗器件引入，关键器件低能耗应用方案，无铅环保器件引入

3.4.3 BOM 介绍及形成过程

BOM 为英文 Bill Of Material 的缩写，也叫物料清单或产品结构清单，即生产某一产品需使用材料的清单，它是描述产品生产加工工序和每个工序所需物料、数量及工艺损耗的重要工艺文件，是研发部门最重要的基础数据。

在产品的整个生命周期中，根据不同部门对 BOM 的不同需求，主要存在几种 BOM：设计物料清单 EBOM、制造物料清单 MBOM 等。

EBOM 主要是设计部门产生的数据，产品设计人员根据客户订单或者设计要求进行产品设计，生成包括产品名称、产品结构、明细表、汇总表、产品使用说明书、装箱清单等信息，这些信息大部分包括在 EBOM 中。EBOM 是工艺、制造等后续部门的其他应用系统所需产品数据的基础。

MBOM 是制造部门根据已经生成的 EBOM，对工艺装配步骤进行详细设计后得到的。主要描述了产品的装配顺序、工时定额、材料定额，以及相关的设备、刀具、卡具和模具等工装信息，反映了零件、装配件和最终产品的制造方法和装配顺序，反映了物料在生产车间之间的合理流动和消失过程。MBOM 也是提供给计划部门的关键管理数据之一。

BOM 的形成过程如表 3－9 所示。

表 3－9　BOM 的形成过程

序号	主题	主要工作
1	搭建顶层 EBOM	系统工程师在 PLM 系统中搭建产品顶级 EBOM 框架
2	搭建结构 EBOM	结构工程师根据前期设计和编码申请情况编制结构 BOM，或由 3D 设计图生成结构 EBOM，结构部门经理审核

续表

序号	主题	主要工作
3	搭建硬件 EBOM	◇根据前期设计，将 PCB 和原理图分别从硬件设计工具中导出制成原理图 EBOM，制作单板 EBOM，或由硬件设计工具集成自动在 PLM 系统中生成原理图 EBOM； ◇审核单板 EBOM； ◇修改调整原理图 EBOM； ◇将生产资料包发送给工厂、驻厂工程师、采购人员（电子档）
4	整合产品 EBOM	整合电子、结构 EBOM，制作产品顶级 EBOM、分层（电子、包装、结构、装配），再次确认 EBOM 的正确性
5	EBOM 审核	EBOM 评审和生产资料发布流程
6	MBOM 编辑与审核	如果企业 EBOM 和 MBOM 分开，则增加该环节。工艺人员在 EBOM 的基础上制作并审核 MBOM
7	发布到 ERP 系统	由 PLM 系统将 EBOM/MBOM 自动发送到 ERP 系统

第四章

产品开发过程

IPD产品开发流程通常包括产品开发袖珍卡、阶段流程、结构设计、外观设计、硬件设计和软件设计子流程，操作指导书，工作模板。特点是结构化、并行化、集成化。梳理产品开发流程的目的是企业研发人员可以参考流程进行产品开发，避免遗漏。

产品开发流程一般分6个阶段：概念、计划、开发、验证、发布和生命周期，如表4-1所示。通常前两个阶段需要确定需求、规格、方案，难度较大，后面四个阶段难度相对较小。很多企业因为前两个阶段水平不够或者投入时间不够导致后面大量的设计更改。

表4-1 产品开发各阶段的主要工作

序号	阶段	主要工作
1	概念	明确产品需求，关注开发什么
2	计划	系统设计或者概要设计，关注如何做
3	开发	详细设计及内部测试
4	验证	测试部门进入测试，包括客户验证、第三方验证和供应链认证
5	发布	产品小批量生产，爬坡生产，量产，产品上市
6	生命周期	产品优化

产品开发流程梳理的另一个目的是不希望一个人从头干到尾，不是每个活动都需要高水平的研发人员去做。高水平的人通常不愿意干低水平的事情，而且高水平的人干了低水平的事情对于企业而言投入产出比就低了。建议企业列出不同人员等级负责的活动清单，形成各个级别人员的标准，可以对研发人员进行认证，达到某个级别就大概知道能负责哪些事情。

4.1 流程设计原则

4.1.1 设计方法：瀑布和迭代

典型生命周期模型包括瀑布模型和迭代模型。瀑布模型由于酷似瀑布闻名，该模型通过强制提供文档来确保每个阶段都能完成任务，实际上往往难以做好。想象一下，我们去买衣服的时候，售货员给我们出示一本厚厚的服装规格说明，我们会是什么样的感触。所以瀑布模型在过程能力上有天生的缺陷，问题一般到最后才会暴露出来。迭代模型类似小型的瀑布式项目，所有的阶段都可以细分为迭代。每次迭代产生一个可以发布的产品。在某种程度上，迭代是一次完整地经过所有工作流程的过程，包括需求收集、分析设计、实施和测试等环节，如图 4－1 所示。

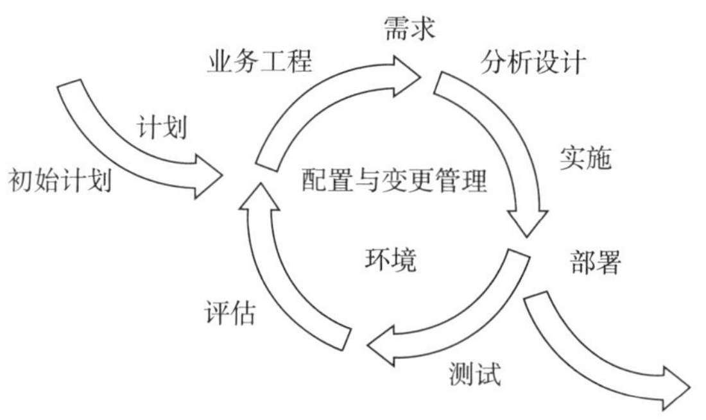

图 4－1　迭代模型

迭代模型和瀑布模型的最大的差别在于风险的暴露时间上，不管开发团队经验有多丰富，都很难预知所有的风险。瀑布模型一般有许多风险直到已准备集成系统时才被发现。而迭代模型能在生命周期中尽早发现和避免风险，计划会更趋精确，如图 4－2 所示。

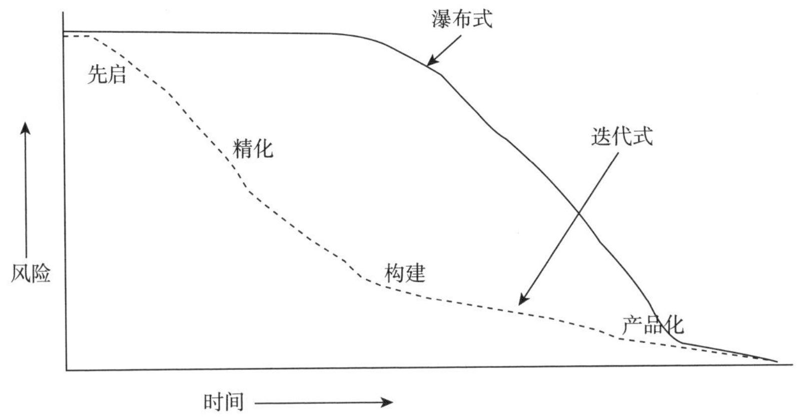

图 4-2　风险的暴露时间

IPD 产品开发流程可视为典型的瀑布式模型。但是随着互联网时代的兴起，产品开发特别是软件产品开发追求以用户为中心、快速迭代、流程简化、研发工程师之间的充分沟通和自学习等能力，同时因为软件修改比较容易，所以软件产品大多采用敏捷迭代模型。产品开发未来的趋势是敏捷迭代模型。

IPD 产品开发流程敏捷迭代可考虑从两个角度实现，一是在 TR2～TR4A 流程中实现敏捷，引入敏捷思想和实践。二是从一个产品中多个需求的串行开发转变到基于小需求包的并行开发。要求需求管理、版本规划、跨部门协同的实践更加充分。全流程角度减少需求等待时间，最高限度的缩短上市时间，更聚焦客户价值。

由于绝大多数快速成长型企业仍以瀑布式开发为主，故本书主题还是以 IPD 产品开发流程为示范，仅在软件管理章节加入迭代（敏捷开发）部分的内容介绍。

案例分析：互联网公司开发产品的“快”。

某游戏公司 Q 率先推出了一款“吃鸡”游戏，三天后同行 W 公司开发出类似游戏，一周后 T 公司也开发出类似的游戏。这些公司把 996（早 9 点到晚

9点，6天班）变成了724（7天24小时）。在互联网时代，最快推出的产品的公司往往“赢者通吃”，产品推出稍晚就需要花费几何倍数的推广成本，还不一定能达到效果。

4.1.2 流程设计原则

流程不能期望完美，要足够简单，在结构化和非结构化之间需要保持平衡，效率和质量之间也需要保持平衡。

■互联网时代一切崇尚极致的简单，尤其是快速成长型企业的研发人员变动也非常快，所以建议流程用简单的工具设计，研发人员能一眼看明白，最好零基础的人能一眼看明白。两个简单的原则是 Don't make me think，Keep it simple and stupid（KISS）；

■能够一张图显示整体；

■流程并不是越全越细越好，能够快速展示重点活动，非重点活动另行展示；

■不要花里胡哨，也不要密密麻麻。

4.2 研发6大阶段流程概述

笔者提供的一种简单流程设计画法如图4-3所示。

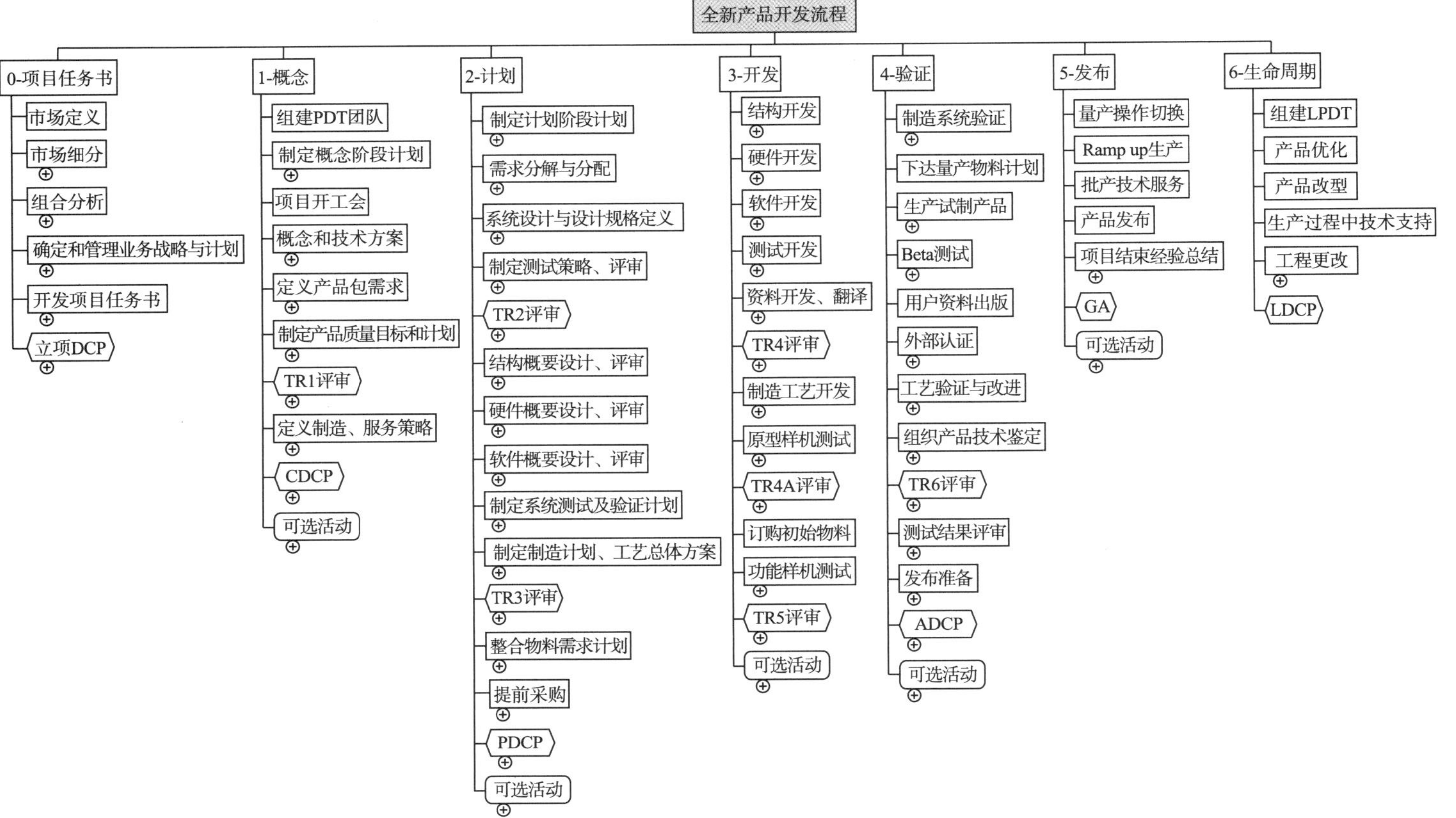

图4-3 全新产品开发流程

4.2.1 流程活动概要介绍

流程活动概要介绍如表 4－2 所示。

表 4－2 流程活动概要介绍

<table>
<tr><th>序号</th><th>开发阶段</th><th>目标及关注点</th><th>主要活动</th></tr>
<tr><td rowspan="3">0</td><td rowspan="3">项目
任务书</td><td>◇细分目标市场和客户是谁？
◇细分目标市场的特征，应用场景及客户问题和期望是什么？
◇技术、标准和产品的支撑能力如何</td><td>◇市场定义、市场细分
◇组合分析</td></tr>
<tr><td>◇产品应用场景是什么？
◇产品初始需求包含哪些？
◇产品的差异化特点、成本、关键竞争力</td><td>制定和管理业务战略与计划</td></tr>
<tr><td>◇如何保证实现产品？
◇营销目标是什么，如何实现？
◇如何提供产品服务？
◇产品投资是否会盈利？
◇关键里程碑？谁负责开发</td><td>◇重点活动：开发项目任务书
◇立项 DCP 评审</td></tr>
<tr><td>1</td><td>概念</td><td>◇目标：对产品机会的总体吸引力及是否符合公司的总体策略做出快速评估。
◇关注：主要关注于分析市场机会，包括估计的财务结果、成功的理由及风险，确定备选方案</td><td>◇组建 PDT 团队
◇制定概念阶段计划
◇项目开工会
◇概念和技术方案
◇重点活动：定义产品包需求
◇制定产品质量目标和计划
◇重点活动：TR1 评审（产品包需求评审）
◇定义制造、服务策略
◇重点活动：概念决策评审 CDCP</td></tr>
</table>

续表

序号	开发阶段	目标及关注点	主要活动
2	计划	◇**目标**：定义产品规格和制定项目计划。 ◇**关注**：清晰定义产品及竞争优势，理解业务计划，制定项目计划及资源计划，开发最终的产品方案	◇制定计划阶段计划 ◇需求分解与分配 ◇系统设计与设计规格定义 ◇制定测试策略、评审 ◇**重点活动：TR2 评审（设计规格评审）** ◇结构概要设计、评审 ◇硬件概要设计、评审 ◇软件概要设计、评审 ◇制定系统测试及验证计划 ◇制定制造计划、工艺总体方案 ◇**重点活动：TR3 评审（概要设计方案评审）** ◇整合物料需求计划 ◇前采购 ◇**重点活动：计划决策评审 PDCP**
3	开发	◇**目标**：产品包开发。 ◇**关注**：评审市场及客户需求，设计和集成满足产品规格的产品，准备和构建，确保产品具有可制造性	◇结构开发 ◇硬件开发 ◇软件开发 ◇测试开发 ◇资料开发、翻译 ◇**重点活动：TR4 评审（详细设计评审）** ◇制造工艺开发 ◇**重点活动：原型样机测试** ◇**重点活动：TR4A 评审** ◇订购初始物料 ◇**重点活动：功能样机测试** ◇**重点活动：TR5 评审**
4	验证	◇**目标**：验证产品，发布最终的产品规格及相关文档。 ◇**关注**：审视市场及客户需求，审视产品发布计划。形成最终的产品规格，确保制造准备就绪，形成最终的发布过程文档，验证供应商，验证制造工艺	◇制造系统验证 ◇下达量产物料计划 ◇生产试制产品 ◇**重点活动：Beta 测试** ◇用户资料出版 ◇外部认证 ◇工艺验证与改进 ◇组织产品技术鉴定 ◇**重点活动：TR6 评审（转生产评审）** ◇测试结果评审 ◇发布准备 ◇可获得性决策评审 ADCP

续表

序号	开发阶段	目标及关注点	主要活动
5	发布	◇**目标**：发布产品，具备量产能力。 ◇**关注**：验证供应/制造，服务准备计划，评估市场发布计划并进行必要的修改	◇量产操作切换 ◇Ramp up 生产 ◇批产技术服务 ◇**重点活动：产品发布** ◇项目结束经验总结 ◇**重点活动：GA 确认**
6	生命周期	在产品稳定生产到产品生命终结期间对产品进行管理，制定产品过渡策略	◇组建 LPDT ◇产品优化 ◇产品改型 ◇生产过程中技术支持 ◇工程更改 ◇生命终止决策评估 LDCP

4.2.2 核心监控要点

核心监控要点如表 4－3 所示。

表 4－3 核心监控要点

序号	主题	内容
1	项目管理	◇关注项目优先级清单表； ◇初步列出项目大阶段里程碑时间； ◇列出合理的项目计划，并经过评审
2	概念阶段	◇概念和技术方案非常重要，定义关键功能和可选方案； ◇关键物料风险评估
3	计划阶段	◇阶段开始时准备系统测试计划，及准备相关测试工具； ◇原理图设计可能在本阶段或者在详细设计的早期开始
4	开发阶段	◇确定详细设计说明书各部门工作负责人及完成时间，以及相互配合的接口要求； ◇编辑物料清单时应该注明哪些物料不能修改或更换，尽量使用已有的物料； ◇软件建议模块详细设计和模块单元编码由不同的工程师完成，有助于检查详细设计及编码的可读性； ◇尽早进行测试用例的设计

续表

序号	主题	内容
5	验证阶段	制造系统验证需要生产工程师和工艺工程师参与，尽早验证，不要在转量产时才做
6	发布阶段	市场发布计划和准备工作需仔细筹备

4.3 6大阶段流程-项目任务书阶段

规范和管理研发项目的立项及项目的启动流程，确保研发项目的目标是明确的，满足客户需求，资源配置充分，减少不充分立项导致的损失。如表4-4所示。

表4-4 项目任务书阶段流程

编号	活动	活动描述	负责岗位	输出
1	市场定义、市场细分	获得产品市场信息，包括市场部、研发部通过市场开拓活动主动获得的产品信息，以及公司任何职能部门，或客户，或代理商提供的有价值的信息，提交给市场部进一步的调研和分析	市场部	市场评估报告
2	组合分析	◇市场部经过市场判断评估后确定有立项要求，编写《项目可行性分析报告》。 ◇市场业务人员获取市场信息后，联系客户获得更多需求、背景信息及技术要求，做好市场调研，判断已有的研发和生产条件是否可以满足，将相关需求汇总给研发部进行研发评估。市场调研分析应该包含以下内容：客户需求、产品功能需求、市场机会、目标市场分析、竞争对手分析、法律法规或行业要求客户报价，当客户要求产品报价时，需要同研发部协商后，完成给客户报价。 ◇市场调研分析活动非常重要	市场部	项目可行性分析报告

续表

编号	活动	活动描述	负责岗位	输出
3	制定和管理业务战略与计划	◇研发部根据市场部提供的信息进行研发能力的评估，主要包括技术可行性分析，研发资源（人力需求、交期），研发成本和设备等。初步确定研发项目团队，根据内部项目的优先级确定项目研发进度，时间表关注大阶段的里程碑时间。 ◇研发总监应该维护项目优先级，以及项目大阶段里程碑时间清单表	PDT 经理 市场部 研发总监	产品业务计划
4	开发项目任务书	◇PDT 经理编写初步的项目任务书，市场部完善项目任务书。 ◇市场部召集相关人员召开立项评审会，包括研发部和市场部项目成员，若有后续生产的项目，还要生产及 QA 部门项目成员参加。 ◇市场部描述项目任务书内容，参与者提出意见，市场部负责记录和汇总评审意见，确定评审结论。 ◇如果客户要求产品报价时，根据人力和设备评估起草报价，并提交市场部进行最终报价	PDT 经理 市场部 研发总监	项目任务书
5	立项 DCP	市场总监将完成的项目任务书交 IPMT 评审，IPMT 需要结合公司战略发展要求和市场竞争情况、评审意见决定是否立项。如果同意，签字确认。IPMT 将项目任务书交给研发总监，由研发总监负责成立项目组并列出详细的研发计划	总经理	立项决策评审报告

4.4 6 大阶段流程 –概念阶段

规范和管理研发项目在概念阶段的流程，确保对客户的理解是充分的和完整的，为后续的设计和优化阶段确定明确的方向，为项目测试验收提供依据。如表 4 –5 所示。

表 4－5　概念阶段的流程

编号	活动	活动描述	负责岗位	输出
1	组建 PDT 团队	研发总监选择和落实完成该产品概念阶段任务所需的 PDT 成员，主要包括 PDT 经理和核心组成员，必要的项目外围组成员。确定项目名称和代号	研发总监 PDT 经理	
2	制定概念阶段计划	项目经理根据标准项目计划制定项目详细开发计划，确定各步骤的人员和时间，制定计划时需保证项目成员有较充足的时间参与。按照模板要求创建项目管理问题跟踪表，开始对项目进行跟踪记录	PDT 经理	项目计划 项目管理问题跟踪表
3	项目开工会	◇项目经理根据项目任务书中人员配置召集项目成员，召开项目启动会议。启动会意义非常重要，需要包括项目成员所在职能部门主管参加。 ◇启动会的一般议程有：阐述项目目标、项目任务书宣读和接受仪式、核心团队人员任命和相互介绍、前期工作回顾、阶段交付件介绍、项目计划和进度要求、个人和团队激励机制、资源承诺书。 ◇根据要求创建项目管理目录	PDT 经理	
4	概念和技术方案	◇进行行业标准及产品应用标准等标准化的调查研究，研究外部的产品、元器件和制造工艺技术，对竞争对手的技术方案进行调研分析。进行技术方案的可行性调查研究，对硬件、软件和系统等进行初步的可行性设计与调研。对关键功能提出不同设计的概念，提出并评估融入概念的产品、元器件、制造工艺等的多种技术选择。 ◇整理各类概念，形成产品可选方案列表，该表应该包括概念说明、成本评估、技术瓶颈等。从资源、成本、技术难度等维度评估各个部分的可选方案，进行排列组合组成系统，去掉不可能组合，对剩余组合分别进行评估，选择最优系统组合。 ◇进行知识产权的可行性调查研究，与系统工程师共同检查项目所采用概念、技术涉及的专利权和法律知识，并安排对在项目中的新概念、发明、新方案、新造型等进行专利申请。 ◇根据项目具体需要，视情况由研发代表与采购代表共同决定是否需要引入关键供应商参与概念形成过程并参与产品开发	系统工程师	产品概念可选方案

续表

编号	活动	活动描述	负责岗位	输出
5	定义产品需求	◇根据前期的市场需求、立项材料、可行性分析报告、以前类似产品的经验、教训等对即将开发的新产品的技术需求进行分析，转化为产品研发需求，描述产品功能，定义产品的系统需求，同时提出产品的认证要求与成本要求。 ◇产品需求分为内部和外部两个部分的需求，外部需求主要指客户的需求，内部需求为产品开发相关部门对该产品的要求，如产品的可制造、可测试、可安装、可服务、可维护、可使用性等需求，以及结构方面和生产方面的需求等。 ◇整合这些技术层面的需求，解决有冲突的需求、去掉冗余的需求，将描述不清楚的需求确定化	系统工程师	产品需求
6	制定产品质量目标和计划	◇本阶段流程活动执行时进行质量活动的引导、审计和培训。 ◇结合本产品的质量要求，制定本产品要达到的质量目标，按规定的测量和统计方法收集产品质量目标值，并进行评估。 ◇进行本阶段的交付件审计，跟踪审计问题至关闭，协调各功能领域的 QA 活动。完成产品质量月报，组织缺陷分析和质量回溯	质量代表	产品质量目标和计划
7	技术评审 1（TR1）	◇TR1 重点关注产品需求的完备性及选择的产品概念。 ◇PDT 经理申请召开 TR1 评审会，研发总监确定项目评审小组并指定项目评审主持。 ◇PDT 经理提前将 TR1 交付物发给各评审委员进行提前审阅。 ◇进行 TR1 评审：PDT 经理进行项目情况简单介绍，展示项目管理问题跟踪表，评审委员对产品需求规格说明书和项目管理问题提出疑问，项目成员进行解答，评审小组根据评审检查表的要求为项目打分，评审小组确定是否通过该阶段评审。评审内容包括评估产品设计需求是否充分映射产品包需求，确保产品需求的技术可行性及产品概念的有效性，判断本阶段的交付件描述是否明晰而足以指导产品规格的设计，评估部件重用计划	PDT 经理	TR1 评审要素表 TR1 评审报告

续表

编号	活动	活动描述	负责岗位	输出
8	定义制造、服务策略	◇制造代表负责组织进行产品生产制造方面的考虑，如生产场所、质量、物流、生产测试、表面贴装、订单履行、库存、制造成本、原材料供应、生产组织方式、是否使用外部单位等，包括初始生产产品、小批量生产和批量生产等环节。 ◇针对产品的特性，分析产品的可行性服务计划，确定售后服务方式	制造工程师	产品制造策略
9	概念决策评审 CDCP	◇PDT 经理介绍评审材料，IPMT 成员根据业务决策评审表提出详细问题，PDT 成员解答。通过，会签并形成会议纪要，进入下一阶段。不通过，终止相关活动。 ◇落实评审修改意见	PDT 经理	CDCP 评审检查表 CDCP 评审报告

4.5　6 大阶段流程 – 计划阶段

规范和管理研发项目设计阶段的工作程序、工作职责、工作方法，以确保项目设计分析的完整性和准确性。如表 4 – 6 所示。

表 4 – 6　计划阶段流程

编号	活动	活动描述	负责岗位	输出
1	制定项目阶段计划	组织 PDT 成员共同讨论制定项目计划阶段项目计划，为计划阶段工作提供指导	PDT 经理	项目计划
2	需求分解和分配	在系统架构设计基础上，设计团队分析产品包需求，将需求分解成结构、硬件、软件子系统，需求分解要确定某些特殊需求如何由结构、硬件和软件组合实现。需求分配要清晰地决定需求的哪些部分由结构实现，哪些部分由硬件实现，哪些部分由软件实现，定义清楚它们之间的接口	系统工程师	总体设计方案

续表

编号	活动	活动描述	负责岗位	输出
3	系统设计与设计规格定义	系统工程师组织需求分析人员编写产品规格书，可重用相似项目的详细客户规格和设计方案。系统工程师整理和审核产品规格书，并进行会议讨论	系统工程师	产品规格书
4	制定测试策略、评审	总体设计方案完成评审后测试部门进行产品测试策略设计，为新产品的设计开发制定产品测试的关键技术、测试环境、工具设备、测试方法的一系列策略。一般包括：测试过程裁剪，样机测试的质量目标（测试进度、测试工作量、测试用例效率、测试生产率、测试覆盖率、测试用例的通过率等），测试重点（包括重点测试对象和重点测试用例），测试对象依赖关系分析及措施，回归测试策略，测试停止准则	测试工程师	测试策略
5	技术评审 2（TR2）	◇在计划阶段对产品设计规格的评审。TR2 重点关注产品设计需求到产品设计规格的完备性。 ◇PDT 经理申请召开 TR2 评审会，研发总监确定项目评审小组并指定项目评审主持。 ◇PDT 经理提前将 TR2 交付物发给各评审委员进行提前审阅。 ◇进行 TR2 评审：PDT 经理进行项目情况简单介绍，展示项目管理问题跟踪表，评审委员对 TR2 交付物和项目管理问题提出疑问，项目成员进行解答，评审小组根据评审检查表的要求为项目打分，评审小组确定是否通过该阶段评审	PDT 经理	TR2 评审要素表 TR2 评审报告
6	概要设计	系统工程师以产品可选方案列表为基础，根据业务功能和限制条件确定可行的方案，并考虑功能重要性和价值，筛选概念方案，和各专业工程师（硬件、软件、结构、EMC 等）合作，按照概要设计说明书文档模板要求，编写概要设计文档，包括系统概要设计、硬件概要设计、软件概要设计、结构概要设计等	系统工程师	概要设计说明书
7	结构概要设计	结构概要设计包括结构整体方案说明，结构概要设计，包装设计方案，主要加工工艺性分析，整机可装配性设计及走线工艺要求，共用模组和共用零件、新配件说明，可采购性及成本分析，技术指标及性能测试清单	结构工程师	结构概要设计说明书

续表

编号	活动	活动描述	负责岗位	输出
8	硬件概要设计	确定关键模块、定义功能模块框图及模块接口	硬件工程师	硬件概要设计说明书
9	软件概要设计	分析概念方案，描述采用的编译环境、仿真环境、模块结构图、软件模块接口等，填写软件概要设计说明书	软件工程师	软件概要设计说明书
10	制定系统测试及验证计划	◇按照产品规格说明书起草系统测试计划，对测试工具进行提前准备。针对规定的测试特性，描述测试的总体概要方法、所需的主要活动、技术和工具。 ◇测试计划内容应包括：项目类别、功能模块列表、测试方法、测试应该达到的标准、测试通过的准则、测试暂停和恢复的条件。根据测试工作量给出测试资源需求，包括设备、环境、人员需求，安排测试进度计划。 ◇测试设计内容包括详细的测试用例，说明本测试用例对测试过程的约束要求，并说明为完成测试而需对系统操作的详细步骤。一般包括测试需求，测试用例设计，测试进度计划（包括关键里程碑和 WBS 计划，工具开发计划等），测试资源计划（包括人力资源、环境资源、工具等），测试的风险分析和控制计划，测试用例管理，测试的交付件（包括测试报告、测试工具、测试代码等）	测试工程师	产品测试和验证计划
11	制定制造计划、工艺总体方案	工艺分析、制定工艺路线、工艺流程、工艺防护要求、加工控制方式、确定关键工序、需要的工装、进行生产测试和风险分析	工艺工程师	工艺方案
12	技术评审 3（TR3）	◇TR3 是在计划阶段对概要设计的评审，确保设计规格已经完全、正确地在概要设计中得到体现。TR3 的结果将作为开发阶段的后续详细设计活动是否继续投入资源的根据。 ◇研发总监成立项目评审小组，确定成员，指定项目评审主持。 ◇PDT 经理提交硬件概要设计说明书、软件概要设计说明书、系统测试计划、FAE 计划、物料审核报告，发给评审委员提前评审。 ◇进行 TR3 评审：PDT 经理进行项目情况简单介绍，展示项目管理问题跟踪表，评审委员对 TR3 交付物和项目管理问题提出疑问，项目成员进行解答，评审小组根据评审检查表的要求为项目打分，评审小组确定是否通过该阶段评审	PDT 经理	TR3 评审要素表 TR3 评审报告

续表

编号	活动	活动描述	负责岗位	输出
13	整合物料需求计划	◇根据概念设计结果确定关键元器件，由研发采购组选择关键器件的物料及供应商，选择关键元器件时应该首先考虑现有的物料及供应商，研发采购应该咨询现有供应商，并评估是否有可供物料。 ◇研发采购应该与采购部沟通，确认物料可用性（是否停产、是否有不良记录），索取样品并按要求提供物料承认书。硬件组和测试组按设计要求评估物料承认书和样品，并填写物料审核报告，如果需要，引入新供应商，但需按照新供应商选择流程执行，咨询供应商背景、供货能力、供货品质信息，同时索取样品和承认书	采购工程师	供应商分析报告 物料承认书 物料审核报告
14	提前采购	长周期物料执行提前采购，如国外进口物料、关键物料等	采购工程师	长周期物料采购计划
15	计划决策评审 PDCP	◇PDT 经理申请召开计划决策评审会。 ◇PDT 经理介绍评审材料，IPMT 成员根据业务决策评审表提出详细问题，PDT 成员解答。通过，会签并形成会议纪要，进入下一阶段。不通过，终止相关活动。 ◇落实评审修改意见	PDT 经理	PDCP 评审检查表 PDCP 评审报告

4.6 6 大阶段流程 – 开发阶段

4.6.1 结构开发

结构开发如表 4 – 7 所示。

表 4－7　结构开发

编号	活动	活动描述	负责岗位	输出
1	外观设计	根据市场要求设计出产品外观，产品外观包含造型、颜色、面板图案、显示要求等	工业设计工程师	效果图丝印图
2	结构详细设计、评审	◇基于分配到结构的需求和规格进行结构设计，设计包括造型、模具详细设计图纸、接插件及相关电缆、PCB尺寸及定位尺寸、EMC屏蔽措施方案等，完成设计后，由项目经理组织结构设计评审； ◇设计过程中需要与硬件保持同步，任何修改都必须及时通知对方	结构工程师	结构详细设计说明书3D图纸
3	手版制作、验证、评审	◇结构工程师负责联系打样厂家，跟踪并处理打样过程中的出现的问题，打样完成后由结构工程师确认效果，如结构组装的合理性、装配工艺的可操作性、可制造性等； ◇对手板进行检验，检查其是否符合设计图纸的设计要求。将结构件与相关的硬件如单板硬件进行组装测试，并记录有关材料、表面、尺寸、强度等相关方面的问题，跟踪和解决本阶段出现的问题（缺陷）； ◇根据《手板测试报告》修正原有设计问题，并结合组装原型机中发现的相关结构件或硬件问题而进行的更改，对原有设计进行修订； ◇启动手板评审活动，准备评估资料，并提交样机及相关文档，评审能否进行开模	结构工程师	手版测试报告 手版评审报告
4	零件加工、检测、改进、验证	将规格书提供给采购，协助采购监控整个模具的设计及制造。配合采购部门考察模具厂，整理图纸供模具厂进行预报价，确认零件制造方案、模具结构方案	结构工程师	
5	包装需求分析	提供制作宣传资料所需要的素材	结构工程师	包装需求说明
6	包装设计、评审	设计整机的包装方案，提交纸箱、贴纸、丝印等的设计图纸	结构工程师	包装图 包装设计检查单
7	包装打样、验证	联系包装供应商打样、送样并确认	结构工程师	纸箱样品报告

4.6.2 硬件开发

硬件开发如表4－8所示。

表4－8 硬件开发

编号	活动	活动描述	负责岗位	输出
8	硬件详细设计	系统设计人员组织编写详细设计说明书，确定相关配合部门如结构和软件的工作负责人及完成时间，以及相互配合的接口要求	硬件工程师	硬件详细设计说明书
9	硬件原理图设计、评审	◇硬件工程师根据硬件概要设计说明书对硬件模块进行原理图设计，用到新物料时进行物料编号申请及物料审核，生成原理图文件和物料清单（BOM）。 ◇硬件工程师负责对新物料样品进行功能验证，完成物料审核报告。确认新物料规格后交给硬件测试组的物料认证工程师进行物料认证及可靠性验证，并由物料认证工程师更新物料审核报告。注明哪些物料不能修改或更换，若物料需要实验测试和验证，则待认可后再进行申请物料编号，尽量使用已有的物料。 ◇硬件原理图完成设计之后，由项目经理组织原理图评审会议。原理图由硬件标准化审核员、硬件设计主管、硬件职能主管分别就标准化、原理及总体逐步评审，项目经理负责对评审结果进行跟踪，组织完善原理图的设计及硬件详细设计说明书的更新。 ◇原理图设计要确定各器件的连接关系，以及器件的图号、型号、参数、封装等内容，并且使用工具对原理图进行规则检查。 ◇原理图总体评审原则上不应该超过3次，超过3次需要停止设计并进行整顿，将评审通过的原理图初步生成物料清单	硬件工程师	原理图
10	PCB设计、评审	◇硬件工程师根据硬件原理图、结构图、硬件详细设计说明书进行PCB板设计，完成设计之后，由项目经理组织PCB板评审会议，由硬件标准化审核员、硬件设计主管、硬件职能主管进行逐步评审，项目经理负责对评审结果进行跟踪，组织完善PCB板的设计及硬件详细设计说明书的更新。 ◇PCB板设计应该考虑工艺边、Mark点、测试点等工艺要求	硬件工程师	PCB设计说明 PCB投板评审要素

续表

编号	活动	活动描述	负责岗位	输出
11	单板制作、调试	◇将评审通过的 PCB 板设计图纸发出制板，制板时需要填写制板要求文件。该文件包括 PCB 板文件名（产品名称 + PCB 板版本信息 + 发板日期）、制版数量、PCB 板尺寸、PCB 板材料、层数、责任工程师的联系电话、要求完成制板的日期、是否加急等。 ◇应提前 2 ~3 天通知 PCB 板供应商，便于供应商安排，从而保证 5 天后收到 PCB 板	硬件工程师	单板试制报告 单板调试记录 单板生产说明文件
12	硬件集成及测试、评审	◇根据硬件单元测试大纲和硬件详细设计说明书的描述，起草硬件单元测试要求，为后续样机调试和样机测试提供测试参考依据。对原型样机进行单元测试，测试完成提交硬件单元测试报告。 ◇由硬件测试工程师根据试制完成的时间编写可靠性测试计划，提交给硬件测试组组长评审并提出可靠性测试的申请，经批准后执行可靠性测试。 ◇产品没有新的关键器件则关注产品的软件功能，否则还要增加产品的加速寿命试验等测试	硬件工程师	硬件测试报告

4.6.3 软件开发

软件开发如表 4 –9 所示。

表 4 –9 软件开发

编号	活动	活动描述	负责岗位	输出
13	软件详细设计、评审	◇软件工程师根据软件概要设计说明书划分的模块和定义的接口开始详细设计。 ◇逻辑复杂的功能模块需要流程图的应该在软件详细设计说明书中进行描述，并在源代码中指明该模块的设计描述参见详细设计说明书。软件详细设计至少应该定义接口的参数、内部的有关操作和全局变量等	软件工程师	软件详细设计说明书
14	编程	◇完成完整软件详细设计说明后，可以参照编码规范开始对各个模块单元进行编码。 ◇建议模块详细设计和模块单元编码由不同的工程师完成，有助于检查详细设计及编码的可读性	软件工程师	软件源代码

续表

编号	活动	活动描述	负责岗位	输出
15	代码走查	代码完成后在项目组内部进行走读	软件工程师	
16	单元测试	◇完成编码后由软件设计人员自行测试，并依据软件单元测试评审表完成代码自查。 ◇进行单元测试时需要填写单元测试记录表格，记录其测试过程和环境，包括所有的硬件、软件环境和配置、测试用例和测试结果	软件工程师	软件单元测试报告
17	软件集成测试	◇以软件设计概要说明书、各个模块单元工作正常的源代码为输入，熟悉软件描述、规格和约束、各个模块的层次结构和接口规范。 ◇搭建软件模块集成调试环境，嵌入式软件此时可能还缺乏运行实体，借助软件模拟环境、调试器等进行集成测试。填写集成测试记录表格，记录其测试过程和环境，包括所用的硬件、软件环境和配置、集成测试结果、集成过程发现的问题和需要的修改，如接口或详细设计的修改	软件工程师	软件集成测试方案 软件集成测试用例 软件集成测试报告

4.6.4 测试开发

测试开发如表 4－10 所示。

表 4－10 测试开发

编号	活动	活动描述	负责岗位	输出
18	测试方案设计、评审	测试代表安排各专业测试工程师，根据技术解决方案、详细设计说明书编写系统测试详细方案，编写自动化测试工具的详细方案，编写生产测试用单板、整机测试详细方案	测试工程师	测试方案
19	开发测试工具	◇如果需要测试工具软件，由上位软件工程师根据系统测试计划和产品规格需求说明书负责设计和编码，调试自动化测试工具代码，编写自动化测试工具操作说明书。对于底层软件的硬件模块测试要求，底层软件设计时就要考虑编写测试模块代码。 ◇制作、调试、验证测试环境，调试单元测试、系统测试代码，调试生产测试用单板、整机测试代码	测试工程师	

续表

编号	活动	活动描述	负责岗位	输出
20	测试用例设计、评审	◇测试工程师根据系统测试计划和产品规格需求说明书进行测试设计工作，完成测试用例，确认测试用例除对功能测试用例描述外，还应该包括对健壮性、性能、压力、可靠性、安全性测试用例进行描述。正常输入包括普通用例和临界状态用例，非正常输入必须包含正向超出、负向超出和其他特殊要求等各种用例。 ◇由用例设计者进行自查，然后由同组其他工程师进行交叉审查，最后由测试主管完成总体审查。 ◇详细设计阶段开始就可以进行测试用例的设计	测试工程师	测试用例

4.6.5 资料开发

资料开发如表 4－11 所示。

表 4－11　资料开发

编号	活动	活动描述	负责岗位	输出
21	资料开发、翻译	◇编写技术文档、操作手册、使用手册参考文档、在线支持文件/资料等，如有需要将技术资料翻译成合适的语言。 ◇确认资料开发翻译是否具有准确性、可用性、可读性	资料工程师	产品用户操作手册 产品安装手册 产品维修手册

4.6.6 制造工艺开发

制造工艺开发如表 4－12 所示。

表 4－12　制造工艺开发

编号	活动	活动描述	负责岗位	输出
22	工艺路线设计、工艺文件设计	◇根据产品技术规格要求、工艺设计总体方案的指导，设计制造工艺，确定制造工艺流程及关键控制工序，对制造工艺流程中各个工序进行工艺设计，在工艺设计时必须考虑工序能力、工序效率、工序成本、工艺重用性等因素。 ◇对结构和电子详细设计进行必要的工艺指导及审核，使其符合可制造性需求	工艺工程师	工艺路线 产品工艺文件
23	工装设备准备、工艺布局设计、检测方案	◇设计和开发在生产过程中使用的测试装备，确定标准/非标准测试装备，测试夹具和测试程序。 ◇根据产品技术规格要求、工艺要求和初始样机制作情况制定生产、制造所需要的测试、生产治具、工具、测试仪器等必需设备。 ◇在试产准备过程中通过熟悉产品完成产品制造系统验证方案和产品一致性验证方案。对产品在制造系统方面和产品一致性方面进行评估，用生产线试生产（该生产线就是用来生产新产品的生产线，以便评估生产线），完成试产规划报告为生产初始产品做好准备	工艺工程师	技术检测方案 工序控制方案 试制准备检查表
24	材料定额/工时定额	计算各种材料消耗定额，编制材料消耗工艺定额明细表和汇总表。计算劳动消耗工艺定额（即工时定额），提出人员需求计划	工艺工程师	材料定额 工时定额

4.6.7　样机制作与测试

样机制作与测试如表 4－13 所示。

表 4－13　样机制作与测试

编号	活动	活动描述	负责岗位	输出
25	订购原型样机物料	◇研发采购工程师联系供应商申请需求物料的样品，采购申请先提交给设计工程师进行审查，将无法提供的物料提交给采购部，由采购工程师统一采购。 ◇对于交期较长的物料采购工程师应征得硬件工程师同意才可采购替代物料。 ◇硬件工程师准备 PCB 文件和制板要求，提交采购申请单给研发采购工程师，安排 PCB 板供应商进行制作	PDT 经理	

续表

编号	活动	活动描述	负责岗位	输出
26	样机焊接、装配、调试	◇硬件工程师根据提交的样品制作申请领取样机物料，清点完毕后按照 BOM 进行焊接，样机焊接和制作时填写样机制作调试记录表，记录过程中发现的问题及解决建议。焊接完成后应首先完成功能调试。调试完成后，硬件工程师应该完成生产过程指引，提交给研发生产支持工程师了解产品的生产制程。 ◇剩余的物料退回研发仓，分 2 台样机给软件工程师进行调试，其余样机留硬件工程师调试	PDT 经理	样机制作调试记录表 生产过程指引
27	驱动软件和应用软件装载调试	◇由底层软件工程师提供驱动软件装载到样机中配合样机调试，并在硬件用户接口上输出调试结果。 ◇由软件测试工程师按照软件确认测试用例对软件功能进行测试，并负责统计软件的功能缺陷率，完成软件确认测试报告。软件测试工程师负责起草产品说明书，涉及硬件部分由硬件工程师提供，售后服务信息由售后服务部工程师提供。 ◇系统产品需要进行集成测试	软件工程师	软件确认测试报告 产品说明书
28	原型样机测试	◇根据测试方案、测试用例和测试计划针对所需测试的原型样机进行功能、性能的验证测试，验证产品是否符合原先规定的功能，测试完成后需提交测试报告	测试工程师	预测试报告 原型样机测试报告
29	技术评审 TR4A	◇对产品技术上的成熟度进行评估，确保所有存在的问题和风险都进行了评估，并生成了相应的改进计划，以保证供应和制造能力足以支撑初始产品生产活动。对原型样机测试结果、遗留问题及风险、改进计划进行评审，判定原型样机的成熟度是否进入功能样机测试。 ◇根据 TR4A 评审的产品版本所具有的功能和性能规格判断该版本是否适合启动 BETA 测试。对采购和制造能力进行基线化，保证足以支撑初始产品生产	PDT 经理	TR4A 评审要素 TR4A 评审报告
30	订购初始物料	开始订购小批量物料，准备试产和小批量生产	采购工程师	
31	功能样机测试	进行型式测试，硬件工程师进行失效问题、安规试验、EMC 等专业测试，测试后出具型式测试报告。在型式测试同时，物料认证工程师对新物料进行物料确认测试，对物料最终规格进行确认检查	测试工程师	型式测试报告

续表

编号	活动	活动描述	负责岗位	输出
32	技术评审5（TR5）	◇TR5是在发布给客户前对项目整体状态在设计稳定性和技术成熟度方面的独立评估活动。TR5的目的是确保产品符合预期的功能和性能要求，满足前期确定的产品包需求，保证产品在试制前功能和性能方面的问题均已发现和解决。 ◇检查初始产品的规格是否符合计划阶段产品规格的要求，制造过程是否影响产品的功能、可靠性和性能规格。 ◇TR5是进入验证阶段的必要和充分条件，完成TR5表明小批量初始产品生产和销售已经准备就绪	PDT经理	TR5评审要素 TR5评审报告

4.7 6大阶段流程-验证阶段

小批量试产阶段为大批量生产前的可靠性验证和试产验证阶段，是为有量产订单的产品而服务的，如表4-14所示。

表4-14 验证阶段

编号	活动	活动描述	负责岗位	输出
1	制造系统验证	◇由制造工程师提出产品的可制造性评估需求，联系生产项目工程师，由生产项目工程师负责召集生产部门的制造工程师、工艺工程师和测试工程师参加会议。 ◇制造工程师提供评估素材，样机2台、PCB板2套、PCB文件、BOM、生产过程指引文件，制造工程师提交可制造性评估报告。 ◇PDT经理召集举行产品试制会议，参与者为市场组、采购部、SQE、硬/软件测试组、生产支持组、生产项目组、生产PC、QA、生产工艺部、整机装配部和生产测试部，会议的内容包括：确认研发提交给生产项目组的相关生产文件列表及时间，培训时间，物料完成采购的时间，测试设备完成采购和调试的时间，生产工艺文件完成的时间，计划安排试生产的时间	制造工程师	生产资料包

续表

编号	活动	活动描述	负责岗位	输出
2	下达生产物料计划	◇在 TR5 后，物料计划工程师根据市场代表滚动刷新并经市场相关部门评审通过的要货计划，按照相关计划操作流程录入预测、排产计划、下达物料采购计划（包括 PCB、结构件、外购设备、软件）、制定物料半成品加工计划。以后每两周根据调整的市场要货计划滚动刷新生产物料计划。 ◇到发布阶段后期及时检查生产物料的齐套性，启动生产	制造工程师	
3	生产试制产品	◇与研发及相关部门进行积极、及时的沟通，收集记录试产过程中的所有相关信息，在试产完成后及时提供详细、准确的过程报告。 ◇研发提供最新版本的生产文件归档清单，生产项目工程师根据清单获取 Gerber 文件、BOM、生产过程指引。 ◇研发项目工程组下达采购试产物料 PO，采购部负责根据 PO 按照时间和要求采购物料，并负责跟踪进度。生产项目组根据研发项目工程组的要求安排生产计划，协调生产物料计划组进行试制物料准备，安排供应商品质工程师 SQE 进行物料的品检，确认所有关于物料品质的客户文件。 ◇培训准备，知识培训，工艺测试设备准备，执行小批试产。 ◇试产效果评估，生产部门统计生产数据，包括不良率、各工序的合格率和各工序的数据记录，生产部门召集项目经理、工艺及 QA 对小批试产进行总结，并完成试产评估报告，项目经理组织项目成员分析试产评估报告，试产问题跟踪。 ◇项目经理组织会议针对试产总结中的问题提出解决方案，制定改善行动计划，并负责改进措施在产品设计中的实施	制造工程师	试产报告
4	BETA 测试	统筹安排客户服务人员、测试人员、研发人员、试制人员进行客户现场测试，对 BETA 测试发现问题的解决进度进行跟踪，最终保障问题的解决在客户现场得到验证	测试工程师	客户试用报告
5	用户资料出版	收集整理资料在测试、出版等各方面的情况，评估用户资料内容能否满足客户使用的要求，评估资料出版、印刷能否满足量产需求	资料工程师	

续表

编号	活动	活动描述	负责岗位	输出
6	外部认证	统筹外部系统认证工作，负责提交认证所需的文件。系统工程师提出外部系统认证的需求，测试工程师进行前期准备，包括设备调试和协助认证资料的准备。与外部测试单位对认证的测试方法进行沟通，协助外部认证单位工程师进行认证测试	认证工程师	认证证书
7	工艺验证与改进	总结工艺准备阶段工作，总结工艺、工装在试制中验证情况，对下一步改进工艺、工装的意见和对批量生产建议，反馈和改进设计问题	工艺工程师	工艺总结
8	组织产品技术鉴定	根据公司确定的生产能力需求，在试制工艺方案的基础上，设计批产工艺方案，修改、新编工艺规程，改进、新增工艺装备	工艺工程师	鉴定报告
9	技术评审 6（TR6）	◇PDT 经理申请召开 TR6 评审会。 ◇研发总监成立项目评审小组，确定成员，指定项目评审主持。 ◇PDT 经理提交测试计划与报告、物料审核报告，发给评审委员提前评审。 ◇进行 TR6 评审：项目经理进行项目情况简单介绍，展示项目管理问题跟踪表，评审委员对 TR6 交付物和项目管理问题提出疑问，项目成员进行解答，评审小组根据评审检查表为项目打分，评审小组确定是否通过该阶段评审。 ◇若通过评审，则验证阶段结束。 ◇如果没有确定的客户订单则项目视为结束，由 PDT 经理申请挂起项目，有客户订单再开始验证阶段的试产	PDT 经理	TR6 评审要素 TR6 评审报告
10	测试结果评审	对测试结果进行评估	测试工程师	测试总结
11	发布准备	◇产品准备评估：评审产品各个方面的技术，包括产品成熟度、质量、可靠性等，明确没有解决的问题，评估风险，制定风险规避活动计划，按优先等级解决问题，分析 BETA 测试反馈，并为产品发布评估产品准备就绪情况如产品是否可操作和稳定、是否满足规定需求和规格、是否符合规定的成本目标等。 ◇市场准备评估：根据产品的目标市场和定位，制定相应的市场宣传策略，宣传媒体的计划（行业杂志、相关网站等），自有专门针对性宣传资料	PDT 经理	发布计划 价格策略

续表

编号	活动	活动描述	负责岗位	输出
11	发布准备	的策划（如演示稿、展板、彩页、海报、专刊、其他特性宣传品）。制定宣传内容的重点和试点客户计划。 ◇制造准备评估：审视所有的制造方面的输出，明确尚未解决的问题并评估风险，制定风险缓解行动计划。评估面向发布的总体制造准备完成程度，产品能否在不同的地点按照要求的质量批量生产，制造的基础架构能否运作（生产线设备、测试设备、工艺路线、操作指导、培训等）。制造工艺是否经过测试与验证，制造人员是否受过维护与解决生产线问题的培训等。 ◇采购准备评估：明确所有采购方面尚未解决的问题并评估风险，制定风险缓解行动计划，评估面向发布的总体采购准备完成程度，是否能通过不同的供应商采购到符合质量要求的供批量生产的零部件，采购系统是否是可操作的和稳定的以支持器件订购等。 ◇资料准备评估：明确所有的文档尚未解决的问题并评估风险，制定风险缓解行动计划，评估面向发布的总体测试准备完成程度，审视所有产品文档、在线帮助，检查准确度，变更及修正材料。 ◇订单履行评估：明确订单履行方面尚未解决的问题并评估风险，制定风险缓解行动计划。评估面向发布的总体订单履行方面的准备完成程度，如产品能否在各地合适地配置和订购，有没有合适的培训与帮助来支持订货问题。客户订单是否可以精确转化为制造订单，零部件的库存是否充足，可以满足预期的需求。运作机制是否可以满足发货。 ◇销售准备评估：明确产品包的与销售相关尚未解决的问题并评估风险，制定风险缓解行动计划。评估面向发布的总体销售准备完成程度，现场销售人员是否得到充分的培训来支持产品包销售，销售人员是否了解产品的特性/功能/好处，他们是否能利用知识在竞争中胜出，是否有销售人员进行配置、定价并提供客户快速报价的支撑机制。 ◇技术支持准备评估：明确技术支援未解决的问题并评估风险，制定风险规避活动计划并评估为产品发布评估技术支援方面全面的准备就绪情况。技术文档是否可以满足批量要求，技术支持的同事是否经过安装支持和故障排除的培训，是否明确了要打的补丁及其优先级	PDT 经理	发布计划 价格策略

续表

编号	活动	活动描述	负责岗位	输出
12	可获得性决策阶段评审 ADCP	◇PDT 经理申请召开可获得性决策阶段评审会。 ◇PDT 经理提交试产评估报告和测试报告，发给评审委员提前评审。 ◇进行 ADCP 阶段评审：PDT 经理进行项目情况简单介绍，展示项目管理问题跟踪表，评审委员对产品需求规格说明书和项目管理问题提出疑问，项目成员进行解答，评审小组根据评审检查表为项目打分，确定是否通过该阶段评审。 ◇若通过评审，经总经理签字确认可进入项目结束阶段，同时准备进行批量生产	PDT 经理	APCP 评审要素 APCP 评审报告

4.8 6大阶段流程－发布阶段

发布阶段如表4－15所示。

表4－15　发布阶段

编号	活动	活动描述	负责岗位	输出
1	量产操作切换	制造流程已经被验证，初始产品被成功地生产出来，生产线被成功地转移到制造操作人员，逐渐放大产能到量产规模，并维护生产线直至制造结束时间	制造工程师	
2	Ramp up 生产	◇在切换后的生产线上建立批量生产能力。 ◇订购制造需要的物料，测试采购系统并监控供应商绩效，下载面向生产的产品文档、制造指导书等，培训生产操作与测试人员，监控质量、生产周期，并提升流水线人员的技能。 ◇通过生产线人员参与讨论识别瓶颈与问题从而加快学习过程，明确解决办法、变通方法与长期的解决方案。 ◇重新平衡生产线，如果有必要，增添新设备	制造工程师	

续表

编号	活动	活动描述	负责岗位	输出
3	批产技术服务	了解产品生产过程的状况，分析存在的问题，进一步完善工艺和质量控制措施	工艺工程师 制造工程师	
4	产品发布	◇完成所有的发布材料最终稿，所有营销类资料开发完成后，发送给所有的营销人员。 ◇培训销售人员，使他们对产品的功能、性能及其他交付有足够了解，支持他们以后的销售活动，以便让他们在发布日能够开始销售。向各个分销渠道发货，使得在 GA 点之前各个销售渠道能够满足部分客户的发货要求。 ◇获得准入证，准备媒体发布，完成培训资料的准备，准备好正式的发布申请，向外界正式公布产品及 GA 日期，发布新闻	PDT 经理	发布准备情况对照检查表
5	项目结束经验总结	◇市场部主导完成项目总结报告，内容包括项目获得的成果，包括技术、商务市场、项目管理的成果，项目中发现的问题和产品的未来改善机会。 ◇研发部总结归纳问题跟踪表，并记录到公共问题库中。 ◇PDT 经理召集项目成员及其他项目相关人员（有后续量产任务则包括采购代表、生产代表和 SQE 代表）召开项目总结暨关闭会议，释放项目成员。总结会议主题包括项目总结报告内容分享、量产物料采购注意事项（认可的物料型号及供应商）、量产文件确定	PDT 经理	项目总结报告
6	GA	◇PDT 经理制定归档文件清单，检查归档文件版本是否为最新，文控中心管理员检查归档文件是否与归档文件清单相符合。 ◇里程碑点 GA（一般可获得性）标志着发布阶段的结束，通知所有利益相关人产品已达 GA 点	PDT 经理	

在 GA 日期之后，IPMT 要成立一个生命周期管理团队（LMT）来代替 PDT 继续负责在产品的整个生命周期内监管产品，PDT 随后将被解散。

4.9 各代表关注点及主要活动

4.9.1 市场代表关注点及主要活动

市场代表关注点及主要活动如表 4－16 所示。

表 4－16 市场代表关注点及主要活动

序号	阶段	主要活动
1	概念	市场概况、环境分析、总体策略、细分 & 目标市场，需求确认、产品定位、竞争分析，分析成本 & 费用、预测销量盈利分析，上市策略和计划，营销资料计划
2	计划	
3	开发	目标细分市场衔接，上市计划的执行进展，培训进展，营销资料进展，定价、配置器、准入、品牌宣传进展
4	验证	完成整套营销资料，上市策略活动评估，目标细分市场衔接，完成目标市场培训，完成定价、配置器、准入认证、品牌宣传，服务 & 支持，渠道管理，产品发布
5	发布	

4.9.2 财经代表关注点及主要活动

财经代表关注点及主要活动如表 4－17 所示。

表 4－17 财经代表关注点及主要活动

序号	阶段	主要活动
1	Charter 开发	对项目的概念进行经济可行性方面的审视，项目所属产品未来 3～5 年损益预测。本项目对产品线的收入贡献、利润贡献。项目开发费用预测，设定目标制造毛利率、目标成本
2	概念	项目在收益、成本方面的目标承诺，项目所属产品未来 3～5 年损益预测。本项目对产品线的收入贡献、利润贡献。项目开发费用预测，目标制造毛利率、目标成本承诺
3	计划	

续表

序号	阶段	主要活动
4	开发	项目在费用、成本方面的执行及达成情况，项目研发费用执行情况分析，目标成本层层分解，目标成本达成情况
5	验证	项目目标的达成情况，PDCP/ADCP 主要财经指标对比及偏差原因分析，项目开发费用预算执行分析、回溯，目标成本达成情况审视
6	发布	
7	生命周期	经营分析与指标监控，盈利情况、成长性、创新能力分析，跟踪目标达成情况，协助 IPMT 综合掌握市场、生产、服务运作绩效，及时进行相关运营管理决策

4.9.3 测试代表关注点及主要活动

测试代表关注点及主要活动如表 4－18 所示。

表 4－18 测试代表关注点及主要活动

序号	阶段	主要活动
1	概念	参与项目启动和制定概念阶段计划，参与市场需求分析与验证，负责收集可测试方面的需求，共同开发产品需求和产品概念并进行技术评审 TR1，初步制定测试策略，参与概念决策评审材料，参与测试计划编写，参与概念决策评审
2	计划	确定、分配、增加外围测试人员，参与制定计划阶段计划，参与技术评审 TR2，参与制定集成测试计划方案，可测试性设计，测试专利申请，完成测试工具概要设计，参与技术评审 3，制定测试项目计划，参与计划决策评审
3	开发	测试工具详细设计与开发，协助、监督单元测试，集成测试工作开展，生产测试设备设计、开发，参与技术评审 TR4，领导系统设计验证（原型样机），参与技术评审 TR4A，系统集成测试（功能样机），确定 BETA 测试用户，参与技术评审 5
4	验证	系统验证测试，BETA 测试，参与技术评审 TR6，认证测试，测试结果评估，参与可获得性决策评审材料 ADCP
5	发布	参与网上问题的跟踪验证，协助设备升级，收集客户新的需求，参与重点客户的招标测试、技术支持，参与发布产品和公布 GA 日期

4.9.4 采购代表关注点及主要活动

采购代表关注点及主要活动如表 4－19 所示。

表4-19　采购代表关注点及主要活动

序号	阶段	主要活动
1	概念	◇提出可采购性需求、确保需求纳入产品需求并被准确完整地转化为设计需求，定义可采购需求，识别关键物料（包括新物料、老物料、自制产品、定制件、合作产品、外购物料等重要物料）。 ◇制定关键物料采购策略，供应商前期介入管理，涉及外包合作项目，确定外包、合作策略，启动供应商寻源，启动关键器件的供应商选择。分析关键物料技术质量及商务风险，并制定风险规避计划和措施，配合系统工程师进行竞争对手物料选型和成本分析，启动定制件流程
2	计划	◇确保可采购性需求被准确完整地转化为设计规格和概要设计，跟踪关键物料选用风险，完成新物料的选型，关注原型机、小批量的申购。 ◇参与可采购性需求分解分配，与PDT确定关键物料的需求量、目标成本及时间。概念阶段启动的寻源组织运作，协调物料专家团启动商务谈判，制定供应商选择方法和选择标准，已有关键物料降成本，跟踪关键物料风险及规避措施进展，新增加物料寻源/供应商选择，供应商前期介入管理，参与TR2评审，向产品线提供物料货期信息，对于长货期物料需要让PDT做出提前采购决定，对于已完成的寻源，启动编码申请，关注原型机、小批量物料的申购，参与TR3评审
3	开发	◇确保物料的可采购性，重点关注非优选器件、生命周期后期物料、停产物料、高价物料，跟踪关键物料可用性、可采购性信息，与PDT保持紧密联系，反馈物料供货信息。 ◇更新采购问题清单，更新关键及备选供应商名单，新增器件需求的寻源，对于已完成的寻源，启动编码申请，根据需求与供应商进行商务谈判，完成单板BOM清单评审，可采购性目标审视，跟踪采购风险及规避措施的落地，参与TR4评审，完成新物料的认证，价值供应商管理，解决物料的质量问题，参与TR4A评审，价值供应商成果验收、协议归档，参与TR5评审
4	验证	解决验证阶段出现的来料质量问题，前期风险及重大遗留问题的跟踪解决，检视所有影响产品量产的物料问题已经关闭，跟踪量产后的需求计划已发布，推动关键器件替代测试，落实批量物料采购计划，协调采购相关部门，按计划采购生产物料，保证产品量产后的物料供货，参与TR6评审，评估产品目标成本是否达成，分析降成本机会点，总结验证阶段采购工作，拟制ADCP评审材料采购部分，向IPMT采购成员汇报
5	发布	确保物料风险及问题已关闭，达到量产水平，关注后续需求已做滚动计划，达成成本和可采购性目标，落实批量物料采购计划，落实降成本措施，达成目标成本，解决供货、成本、质量的问题
6	生命周期	持续供货保障、物料生命周期管理和降成本，物料采购降成本工作，解决供货问题，推动物料替代测试，停产物料供货保障，协助改版决策，批量物料质量问题处理及组织索赔，关注及刷新产品终止计划，确保采购物料与需求计划一致性，避免呆死料

4.9.5 制造代表关注点及主要活动

制造代表关注点及主要活动如表 4 – 20 所示。

表 4 – 20 制造代表关注点及主要活动

序号	阶段	主要活动
1	概念	提出可供应/制造需求，确保需求纳入产品需求并被准确完整地转化为设计需求，制定供应/制造和订单履行策略，制定概念阶段项目计划，定义可供应/制造需求，制定供应/制造策略，制定订单履行策略，参与 TR1 评审
2	计划	确保可供应/制造需求被准确完整地转化为设计规格和概要设计，制定供应/制造和订单履行计划、工艺和装备总体方案、物料需求计划
3	开发	◇确保可供应/制造需求被正确完整地实现，设计、开发制造工艺和生产测试设备，完成试制准备，下达相应阶段物料计划，生产初始产品，输出 PCB 设计工艺要求。 ◇参与整机试装，制定生产测试方案（含单板/整机/老化方案），输出测试装备规格书，下达原型机物料计划，参与 TR4 评审，输出制造系统验证方案，生产作业文件拟制，测试环境准备，下达初始产品物料计划，生产资源（含人员、场地、仪器等）准备，输出生产可测试性验证报告，参与报价模板/配置手册评审，参与 TR4A 评审，承担新产品试制验证，制造系统验证，下达 RAMP UP 物料计划，设置并验证订单履行环境，部分测试装备开发，参与 TR5 评审
4	验证	◇开展制造系统验证，确保产品可供应/制造性得到验证并达到既定目标，完成新产品试制验证，输出验证报告，生产文件正式归档，测试装备正式验收，关闭试制验证暴露的问题，下达生产物料计划，完成对生产人员的产品知识培训，根据需要开发维修装备，参与 TR6 评审
5	发布	完成订单环境建立，向生产环境切换，进行 RAMP UP 生产，修改 BOM 状态属性
6	生命周期	制造绩效监控参与 EOX DCP 评审，提供供应链库存/成本等分析发布 EOX 通知，组织最后一次生产进行版本切换活动资源释放，清理剩余生产物料/环境/夹具设备

4.9.6 服务代表关注点及主要活动

服务代表关注点及主要活动如表 4 – 21 所示。

表 4－21　服务代表关注点及主要活动

序号	阶段	主要活动
1	概念	制定并分解目标服务成本，提出低服务成本关键需求，参与 TR1 评审，制定客户服务策略，参与 CDCP 评审
2	计划	参与 TR2 评审，规划资料和早期培训需求，制定客户服务计划，制定服务准备对照检查表，参与 PDCP 评审
3	开发	服务准备，BETA 验证准备，参与 TR5 评审
4	验证	实施 BETA 验证，参与 TR6 评审，技术服务准备评估，参与 ADCP 评审
5	发布	发布服务交付件，经验、教训总结
6	生命周期	组建生命周期团队，输出产品生命绩效管理目标，总结服务绩效管理，确认和反馈修正措施执行结果，提供 EOS 评估信息及 EOS 建议，制定 EOS 策略/公告，服务完成情况检查，EOS 执行情况总结

4.9.7　PQA 关注点及主要活动

PQA 关注点及主要活动如表 4－22 所示。

表 4－22　PQA 关注点及主要活动

序号	阶段	主要活动
1	概念	制定质量目标和产品质量计划，参与产品业务计划和 E2E 进度计划的评审，组织进行度量分析，对质量目标的达成情况进行监控，完成产品质量月报，进行本阶段流程执行过程中质量活动的引导和培训，负责组织、协调 TR1 评审，保证 TR 有效执行，关注产品质量问题并进行质量风险评估，进行本阶段的交付物审计，跟踪审计问题至关闭，跟踪本阶段的所有质量问题至关闭
2	计划	优化产品质量计划，参与产品业务计划和 E2E 进度计划的评审，组织进行度量分析，对质量目标的达成情况进行监控，完成产品质量月报，进行本阶段流程执行过程中质量活动的引导和培训，负责组织、协调 TR2、TR3 评审，保证 TR 有效执行，关注产品质量问题并进行质量风险评估，进行本阶段的交付物审计，跟踪审计问题至关闭，跟踪本阶段的所有质量问题至关闭，确保产品质量策略和计划很好地向各个功能领域 QA 分解，协调各功能领域的 QA 活动，组织缺陷分析和质量回溯活动
3	开发	监控产品质量计划，组织进行度量分析，对质量目标的达成情况进行监控，完成产品质量月报，进行本阶段流程执行过程中质量活动的引导和培训，负责组织、协调 TR4、TR4A、TR5 评审，保证 TR 有效执行，关注产品质量问题并进行质量风险评估，进行本阶段的交付物审计，跟踪审计问题至关闭，跟踪本阶段的所有质量问题至关闭，协调各功能领域的 QA 活动，组织缺陷分析和质量回溯活动

续表

序号	阶段	主要活动
4	验证	监控产品质量计划，组织进行度量分析，对质量目标的达成情况进行监控，完成产品质量月报，进行本阶段流程执行过程中质量活动的引导和培训，负责组织、协调 TR6 评审，保证 TR 有效执行，关注产品质量问题并进行质量风险评估，进行本阶段的交付物审计，跟踪审计问题至关闭，跟踪本阶段的所有质量问题至关闭，协调各功能领域的 QA 活动，组织缺陷分析和质量回溯活动
5	发布	审核产品质量是否达到发布的要求，完成产品质量月报，协调各功能领域的 QA 活动，组织缺陷分析和质量回溯活动
6	生命周期	组织缺陷分析和质量回溯活动

4.9.8 质量管理代表关注点及主要活动

质量管理代表关注点及主要活动如表 4－23 所示。

表 4－23 质量管理代表关注点及主要活动

序号	阶段	内容
1	概念阶段、计划阶段	先期质量策划，技术评审，定期质量报告及纠正措施
2	开发阶段	外购外协过程质量控制，确认特性矩阵和关键特性，DFMEA，编制检验计划和标准，策划及准备测试方法/设备，检验首件模具，样品检验和试验，样机测试/可靠性测试，技术评审，定期质量报告及纠正措施
3	验证阶段	模具、夹具、检具验证，小批量检验，小批量测试，技术评审，定期质量报告及纠正措施
4	发布阶段	模具、夹具、检具验收，批量检验，批量产品抽样测试，技术评审，定期质量报告及纠正措施

4.10 产品开发过程专题

4.10.1 总体设计

在总体设计的设计初期，所处的状态可以类比于处在十字路口而又看不清楚路在何方，这个时候需要多方探索、综合论证。在进行总体设计方案论证过程中需要由具备各方面技术能力的系统设计人员组成系统设计组，对系统方案进行论证说明，向相关决策人员解释各种设计方案，同时需要有具备相关决策能力的人员根据相关的论证说明进行决策。

一项开发计划应当至少将10%～15%的资源投入到总体设计阶段。如果低于这一标准，将很可能导致无法对客户群做出准确把握。如果该项开发计划含有许多创新或实验的成分，那么这一百分比还应当适度提高。

以下是总体设计方案应该重点关注的内容：

◇在把握系统设计全局的同时关注系统设计的技术细节，系统设计方案是高层设计，但是高层设计不等于可以不关注系统实现的细节，在不影响进度的条件下，尽可能关注实现细节。因为对子问题的设计如果存在问题，那么整个系统的设计也不会完美；

◇不放过任何可能，在技术的论证过程中，对任何可能的思路都要进行充分的分析和论证，避免将隐患埋藏在这些可能中；

◇在开发中存在历史系统的情况下，对历史系统进行全面的分析可以帮助系统设计人员理解新系统的设计，同时明确从历史系统中可以继承和需要摒弃的内容；

◇能够进行深入分析和测试的内容尽量提前做实际的工作，总体设计不是仅仅靠思考来解决的问题，能够通过测试（仿真测试或者实际测试）来获取数据的测试一定要进行，实际的数据是设计最可靠的依据；

◇尽可能多收集数据，收集的数据包括和设计相关的各个方面，包括专利、历史系统的数据、技术发展趋势、标准的进展结论、标准的确定过程等；

◇集体讨论，进行尽可能多的过程分析评审，集体讨论是脑力激荡的过程，过程分析和评审是通过每一小步的控制来实现总体控制的有效方法。在系统论证的过程中需要进行重复收放的节奏控制，“放”是分头研究，“收”是集中讨论；

◇具体的方案给出若干选项，在可能的方案中通常没有绝对优或劣，对可能的方案都要给出若干选项，进行优缺点比较；

◇选择能最好满足所建立标准的解决方案，通常要确定选择的标准和原理，对以往的相关的老产品的解决方案的描述、评价；

◇为相互冲突的目标和方案做出优先级划分，明确权衡点，对优先级的划分是需要项目管理人员参与的工作，优缺点比较是决策的基础；

◇为验证设计输出满足设计输入的要求，制定产品设计功能的验证测试及试验方案；

◇明确需要的资源（人、财、物、时间）及费用；

◇提高设计文档的质量，形成的报告要有详细内容的表述，包括设计思路的清晰表达、风险预测、平衡点的选择等，设计文档是将所有经过思考的内容落实到纸面的工作产品，这些记录有利于后续的深入分析，同时也是解释前面问题的依据；

◇对模糊的内容做出量化，这方面是最难做到的，也是容易忽视的，例如系统的质量特性，要对系统的质量特性进行数据刻画，同时对达到该目标的可能途经进行分析。

验证总体设计方案的标准有：系统方案、系统设计与需求的一致性（可通过系统模型），系统方案与系统设计间的一致性，定义清楚各大模块间的接口，系统性能满足需求，模块划分合理，模块的输入输出接口定义恰当，充分考虑到模块的可重用性，模块细节描述清晰，可否直接用于开发。

4.10.2 流程裁剪原则

流程不是越细化越好，处于快速变化或者交期很短的行业，需求和产品变化非常快，产品生命周期短，流程结构化就不宜过于细化。企业研发规模比较大、产品比较复杂，涉及比较多的专业领域，流程可以细致一些，避免跨部门的沟通效率低，提高产品研发的质量。

（1）流程裁剪内容，如表 4－24 所示。

流程裁剪的目的是防止研发流程过度结构化，根据项目大小的不同，选择最优的流程和决策机制。

表 4－24 流程裁剪内容

序号	类型	裁剪内容
1	新产品项目	◇DCP 裁减规则：PDCP、量产采购决策评审（纯软件项目除外）、ADCP 不能删减； ◇TR 裁减规则：不能对已有的 TR 进行删减或者合并
2	衍生类项目	◇DCP 裁减规则：PDCP、量产采购决策评审（纯软件项目除外）、ADCP 不能删减； ◇TR 裁减规则：TR3、TR5、TR6 不允许删减

续表

序号	类型	裁剪内容
3	升级类项目	◇DCP 裁减规则：量产采购决策评审（纯软件项目除外）、ADCP 不能删减； ◇TR 裁减规则：TR3、TR6 不允许删减
4	变更类项目	◇DCP 裁减规则：DCP 可选； ◇TR 裁减规则：TR6 不能删减

（2）裁剪流程，如表 4－25 裁剪流程。

表 4－25　裁剪流程

序号	主题	内容
1	提出	项目经理、开发代表、PQA、项目管理工程师提出，PQA 负责召集相关人员进行讨论确定
2	批准	对流程的裁减活动最终由 PQA 落实于该项目的《产品质量目标与计划》中，并且得到项目经理审核、研发管理部经理的批准。对交付件的裁减活动最终落实于该项目的《项目交付件清单》中，并且得到项目经理审核、研发质量部经理的批准
3	变更	在项目执行的过程中如果产生对流程和交付件清单的变更，按照设计变更流程进行处理，并最终落实于《产品质量目标和计划》的变更

4.10.3　并行工程

传统的开发流程特点：

◇信息流动是单向的，设计、制造过程中缺乏必要与及时的信息反馈，各环节配合不够紧密，设计制造不能一次成功；

◇基于图纸的设计，较多地依赖工程师的经验和试验数据；

◇缺少必要的产品开发、仿真工具，不能及早完善地考虑制造过程中质量控制等问题；

◇设计和工艺串行；

◇工艺设计完成前生产处于等待状态，生产准备时间较短，导致生产加工十分紧张，设备闲置时间较长；

◇产品的版本管理和变更管理手段落后，“孤岛”方式工作，集成手段差。

并行工程的目的是提高全过程（包括设计、工艺、制造、服务）中全面的质量，降低产品全生命周期中的成本（包括产品设计、制造、发送、支持、报废等成本），缩短产品研制开发周期（包括减少设计反复，降低设计时间、生产准备时间、制造时间、发送时间等）。

并行工程的方法有全三维设计，协同设计，MBD（Model Based Definition，基于模型的工程定义），流程并行，流程并行工程如图4－4所示。

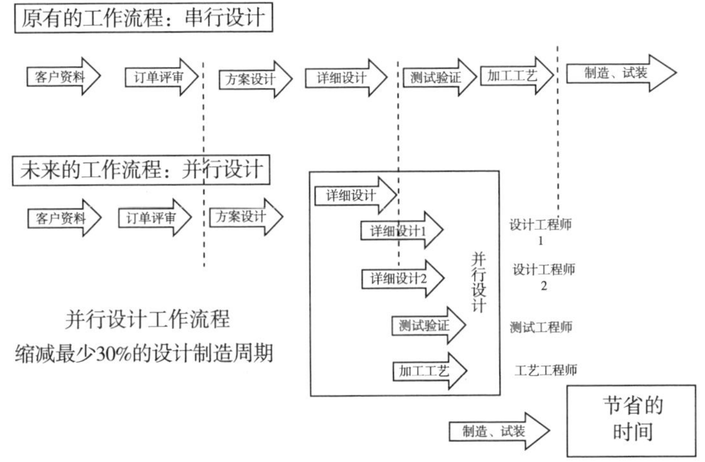

图4－4　并行工程

案例分析：某客车整车厂设计与工艺并行示例如表4－26所示。

表4－26　某客车整车厂设计与工艺并行示例

序号	设计	工艺
1	前期调研	工艺人员参加调研
2	任务书编辑、评审	工艺人员参加设计任务书评审
3	编制项目计划	编制并行工艺保证计划（包括工装计划及工艺审查计划等）
4	总体方案设计	根据需求进行总体方案设计
5	总体方案评审	工艺人员参加方案设计评审
6	2D图设计	和设计人员沟通对设计结构装配工艺性进行协调，试制工艺方案设计
7	钣金车试制	必备工装样板，设计制作及钣金车试制记录
8	钣金车评审	钣金结构工艺性汇总及工艺方案验证
9	总装车试制	总装车试制过程跟进及试制记录

续表

序号	设计	工艺
10	样车评审	产品工艺性实施情况汇总，试制工艺方案的验证，形成产品工艺性审查报告
11	产品试验、整改图样	试生产工艺方案（工艺卡片、作业指导书清单、工艺路线、工艺流程图、产品定额），大型工装设计任务书的编制，产品成本分析，工艺装备制作
12	产品试生产	试生产记录，试生产工艺方案确认，批量投产工艺调整方案

4.11 研发主要支撑流程

研发主要支撑流程一般包括配置管理流程，产品认证流程，专利申请流程，外协管理流程，供应商物料认证流程，新供应商认证，问题、缺陷跟踪流程，物料描述变更流程，物料申请和维护流程，BOM 发布流程，FAE 流程等。

4.11.1 配置管理流程

配置管理流程如表 4－27 所示。

表 4－27 配置管理流程

编号	活动	活动描述	输出
1	分配人力资源	◇项目立项，IPMT 给项目组分配人力资源，指定项目级 CMO。项目负责人组建配置管理团队，并于项目开工会上正式任命； ◇组织级 CMO 在配置库系统中给项目分配独立的空间	
2	项目团队培训	项目开工会结束，视情况由项目级 CMO 组织项目组成员进行配置管理知识的培训。参与项目配置管理过程的所有成员，针对不同的角色，对配置管理培训内容不同，例如项目组成员只需培训过程中与职责对应活动内容，以及配置管理工具的使用	

续表

编号	活动	活动描述	输出
3	识别配置项	项目负责人、系统工程师、项目级 CMO 对项目中可能有的工作产品进行识别，并列入《配置项清单》，在识别配置项时，可直接参照《配置项清单》中的建议。遵循统一的命名规则，明确配置项纳入配置管理的时间及责任人	配置项清单
4	建立配置库	设置配置库的目录架构，配置库的目录架构，标识出项目组员对配置库目录的操作权限，一般建议项目内的权限尽量宽松	
5	制定、评审配置管理计划	配置管理计划的制定由项目组 CMO 负责，项目负责人及系统工程师协助完成，配置管理计划主要包含资源、命名规范、配置库目录、访问权限、基线、发布、备份、变更控制等	配置管理计划
6	配置审计	根据审计计划，执行配置审计，配置审计的目的是为了保证纳入基线之前的配置项的一致性和完整性，配置审计的人员一般为 SE、QA、项目级 CMO 等	配置管理检查单
7	持续提交配置项	在项目整个生命周期内，各成员按配置管理计划提交配置项，同时由项目组 CMO 提醒各成员	
8	定期报告配置管理过程执行	项目级 CMO 在执行配置管理日常工作的同时，应报告过程的执行情况。通过上述相关的过程数据，给项目提供参考，项目组 CMO 通过分析配置管理过程相关数据，拟写《配置管理工作报告》向项目组 CMO 的上一级行政主管汇报	配置状态报告
9	执行产品交付审计	◇在项目交付前，项目级 CMO 将配置项整理，提交由组织级 CMO、客户代表、QA、项目负责人、SE 等人员组成的审计组进行交付审计，产品交付审计使用《配置审计检查单》进行检查，对交付审计结果中的不合格项，项目负责人进行关注、项目级 CMO 跟进解决，QA 对不合格项的纠正情况进行检查。 ◇交付配置审计结束后，项目级 CMO 将审计后的所有配置项及产品包整理发送给组织级 CMO。同时，项目级 CMO 将配置库内相关人员的权限收回。项目级 CMO 将交付审计产品包提交给组织级 CMO；组织级 CMO 并将其归档，同时将配置库备份	配置审计检查单 配置管理工作报告

4.11.2 产品认证流程

产品认证流程如表4－28所示。

表4－28 产品认证流程

编号	活动	活动描述
1	提交、批准认证申请	根据产品说明书编写认证申请书，并经过签审
2	签订认证合同、PO	付费申请
3	功能样机准备、网上申请及资料准备	◇提交功能样机及相关的资料到实验室； ◇检验样品是否符合标准；型式试验报告
4	第三方认证机构进行测试、出报告、申请证书	◇测试通过后，第三方实验室出测试报告及证书申请书； ◇安排证书费用
5	工厂检查（如有）	审查后如有不符合项，需要马上进行限期纠正。提交纠正预防措施报告，并跟进证书
6	获得报告、证书	索要证书、发票，申请印刷证书标志
7	更新物料和BOM清单	产品变更，增加对应标识
8	申请年检（如有）	

■网上登记后，会在网站上显示需要准备的资料清单。如果申请的类别是第一次申请，则先要取得相应类别的工厂检查报告，再进行下面的认证程序；

■样机一般由硬件工程师准备，在送检实验室之前最好先检测；

■收到样品后，认证工程师注意保存样品，以备以后查验，及时通知结构工程师修改物料清单；

■CCC标志尺寸大小和工程师要确认好，CCC标志有效期为1年，每年进行年效。

认证需要的资料清单如表4－29所示。

表 4 - 29　认证需要的资料清单

序号	主题	内容
1	CCC 认证	◇所需材料（CQC）：CCC 认证申请书、一致性声明、营业执照、加工协议书、商标注册证、商标授权书、工厂检查报告； ◇所需材料（SET）：CCC 认证申请书、一致性声明、原理图、关键元器件清单、送检的样品要有序列号，贴纸上原则上不允许有 CCC 标志； ◇备案资料：填写“印刷/模压标志申请书”并加盖公章，提供认证证书复印件，提供带有 CCC 标志图案和工厂代码、产品型号的铭牌样品一式四份，没有铭牌的，CCC 标志直接加施在产品本体上需提供设计方案一式两份； ◇年审资料：填写年审申请书
2	CE 认证	原理图、框图、关键元器件清单等
3	UL 认证	线路图/Layout/Label、BOM 表、外壳尺寸图、外壳的厂家和型号、电池厂家和型号等

4.11.3　专利申请流程

专利是指发明、实用新型和外观设计。发明专利是指对产品、方法或者其改进所提出的新的技术方案。实用新型专利是指对产品的形状、构造或者其结合所提出的适于实用的新的技术方案。外观设计专利是指对产品的形状、图案或者其结合，以及色彩与形状、图案的结合所做出的富有美感并适于工业应用的新设计。发明专利权的期限为二十年，实用新型专利权和外观设计专利权的期限为十年，均自申请日起计算。没有按规定缴纳年费的，专利权终止。每年的缴费时间为专利申请日前一个月。

设立专职或者兼职的专利申报员，专职负责公司的专利的申请及日常管理工作。职责包括：

◇定期收集国内外相关的专利信息，尤其是竞争对手的专利信息，并对收集到的专利信息进行整理、分析、预测、做出研究报告；

◇负责对公司员工进行专利知识培训；

◇负责专利申请、专利运营、专利权维持和维护、专利纠纷处理等；

◇负责专利奖励和专利测评，鼓励和支持公司员工的发明创造。

专利申请流程如表 4 - 30 所示。

表4－30　专利申请流程

编号	活动	活动描述
1	提出专利申请	研发工程师在国家知识产权局的网站对工作中涉及的发明创造进行初步检索，对于满足专利性（新颖性、创造性、实用性）的发明创造，研发工程师以发明人或设计人的身份填写《专利申请表》《技术交底书》，提出专利申请
2	对发明创造进行专利性审核	◇发明人或设计人提交《专利申请表》《技术交底书》给其部门经理，部门经理根据接收的材料，对发明创造是否具备新颖性、创造性、实用性进行审核； ◇希望按发明申请的专利，需要召开由发明人、所在部门经理、专利申报员参加的专利申请会议讨论。会议召开前发明人需提供《发明报告书》，说明现有技术问题、新技术内容及效果，并对拟申请专利的技术从技术本身、本公司实施状况、其他公司实施状况、其他公司牵制力方面进行评价。会议的结论以会议纪要的形式记载。确定按发明专利申请的专利，进入专利申请文件撰写； ◇希望按实用新型或外观设计申请的专利，直接进入专利申请文件撰写
3	专利申请文件撰写	◇专利申报员根据《专利申请表》《技术交底书》，撰写专利申请文件，按专利申请的类型，主要的申请文件包括请求书、权利要求书、说明书、说明书附图、摘要、摘要附图、外观图片、简要说明等； ◇专利申报员完成专利申请文件的撰写后，交发明人审核，发明人审核专利申请文件描述的技术内容是否与发明创造一致，审核通过后，交部门经理审批
4	向国家知识产权局申请专利	由专利申报员负责提交给国家知识产权局。具体为：准备专利申请文件一式三份，两份邮寄给国家知识产权局专利局受理处，并跟踪邮件是否签收，一份存档
5	国家知识产权局受理专利申请	通常专利申请文件提交三个月内，国家知识产权局将受理专利申请，并发出《专利申请受理通知书》。填写借款单用于缴纳专利申请费，财务转账后将账单传真给国家知识产权局专利局收费处，并在账单上注明该款项的用途
6	国家知识产权局初步审查阶段	缴纳专利申请费后，国家知识产权局将对专利申请文件进行初步审查。期间，国家知识产权局可能会针对专利申请文件发出《补正通知书》。专利申报员收到《补正通知书》后，根据审查员的要求对专利申请文件进行修改。修改后的专利申请文件交发明人审核，发明人需审核修改后的专利申请文件描述的技术内容是否与发明创造一致。审核通过后，交研发部门审批，由专利申报员负责提交给国家知识产权局。具体为准备补正的专利申请文件一式三份，两份邮寄给国家知识产权局专利局受理处，并跟踪邮件是否签收，一份存档

续表

编号	活动	活动描述
7	国家知识产权局初步审查通过	对于实用新型和外观设计专利，经初步审查，没有发现驳回理由的，国家知识产权局将发出《授予专利权及办理登记手续通知书》。对于发明专利，经初步审查，符合专利法及其实施细则规定的，国家知识产权局将发出《发明专利申请初步审查合格通知书》
8	国家知识产权局实质审查前	专利申报员收到《发明专利申请初步审查合格通知书》后，需要召开由发明人、所在部门经理、专利申报员参加的专利进入实申、国际申请会议讨论，会议的结论以《会议讨论纪要》的形式记载。对于确定要进行实质审查的专利申请，由专利申报员填写《实质审查请求书》《请求提前公开声明》一式两份，一份邮寄给国家知识产权局专利局受理处，并跟踪邮件是否签收，一份存档。同时填写借款单用于缴纳实质审查费，财务转账后将账单传真给国家知识产权局专利局收费处，并在账单上注明该款项的用途
9	国家知识产权局实质审查	缴纳实质审查费后，国家知识产权局将对发明专利的申请文件进行实质审查。期间，国家知识产权局可能会针对专利申请文件发出《审查意见通知书》。专利申报员收到《审查意见通知书》后，针对审查员的疑问撰写《意见陈述书》，有时需要对原专利申请文件进行修改。《意见陈述书》交发明人审核，发明人需审核《意见陈述书》描述的技术内容是否与发明创造一致。审核通过后，交部门经理审批，部门经理对《意见陈述书》描述的内容是否进行专利申请进行批准，由专利申报员负责提交给国家知识产权局。具体为：准备补正的专利申请文件一式三份，两份邮寄给国家知识产权局专利局受理处，并跟踪邮件是否签收，一份存档
10	国家知识产权局实质审查通过	对于发明专利，经实质审查，没有发现驳回理由的，国家知识产权局将发出《授予专利权及办理登记手续通知书》
11	国家知识产权局授权	专利申报员收到《授予专利权及办理登记手续通知书》后，填写借款单用于缴纳专利登记费，财务转账后将账单传真给国家知识产权局专利局收费处，并在账单上注明该款项的用途
12	国家知识产权局颁发证书	缴纳专利登记费后，国家知识产权局将颁发专利证书

4.12 流程常见的问题及对策

4.12.1 流程需要优化的现象有哪些

■开发产品没有一个“统一方法”；

■术语和定义不一致；

■注意力集中在“救火”上；

■过多的澄清会议；

■中层管理人员太多（太多会议）；

■无法估计出资源需求（很忙、没有头绪）；

■进度表不准确；

■无法估计出资源需求；

■小组与小组之间的计划不衔接（对出现问题有不同的理解）；

■过量的任务间的相互依赖；

■对职责理解不够；

■浪费在没有附加值的工作上的时间（协调、重做）。

4.12.2 流程优化的技巧

流程优化的技巧如表4－31所示。

表4－31 流程优化的技巧

序号	主题	内容
1	消除或压缩流程中的等待和传递时间	流程多样化、提高针对性，将串行活动变成并行活动，去除不需要的活动，减少流程步骤，合并内部的界面（环节），调整各环节的地理位置或导入IT应用，压缩每个环节的时间，规定时间期限

续表

序号	主题	内容
2	优化流程中的检查与审核	根据发生错误的概率来决定检查、评审点设置的必要性，取消重复审批点，根据控制对象的风险和金额的大小，进行分层审批，采用窗口式服务
3	减少流程中的返工	提高流程中决策点的透明度，建立经验、教训、共享知识库，规范对流程执行人员的培训，重要活动定义操作规范和模板

4.12.3 流程如何有效推行

■简单，不要复杂难以理解的流程，也不需要制定过多的流程规范；
■抓住主要问题，不要贪大求全；
■研发管理核心人员的支持；
■注意宣传；
■推广团队的稳定性及有效培训；
■纠正预防；
■IT 系统落地。

4.12.4 如何保证流程体系执行的质量

保证流程体系执行的质量如表 4－32 所示。

表 4－32 保证流程体系执行的质量

序号	主题	内容
1	规划管理文档体系	明确定义各样的规范、指导书、Checklist 等文档之间的关系，以及它们的主要作用
2	一次性把事情做好	充分获取和理解各方面输入的资料，弄清楚产品的应用场景，这也是一个对需求理解的过程。要求必须完成前一阶段的工作并为下一阶段工作提供高质量的输入，保证每一阶段的工作都是连续的、正确的
3	严格按照流程要求执行	加深对流程的认识，严格按照流程规定操作而且要提高研发人员责任心。不要总是认为按照流程操作太机械化、不灵活，国际化的大公司就应该机械化，机械化的工作方式能够使犯错误的概率降到最低

续表

序号	主题	内容
4	加强各阶段的评审和监控力度	保证每个阶段的输出质量
5	保证系统分析全面性	对产品的备选方案进行全面检查，形成文档。减少后期工作很多不确定性，不要出现后期推翻之前的结论，或者到后期才发现很多现成的部件或模块由于结构安装布局或供电等原因而无法使用，只能要求重新开发的情况，提高模块或部件的共享性

4.12.5 ODM/OEM 行业 VOC 活动介绍

VOC 是 ODM/OEM 类型项目的典型活动之一，对认证、知识产权、技术功能、测试和物料需求进行评估。一般自主研发项目则没有 VOC 活动。

VOC 交付的内容包括：客户原始需求列表、关键物料风险评估报告、Q&A 问题整理列表。

■项目经理根据立项阶段获得的市场信息进行 VOC；

■按照要求完成客户原始需求列表和规格信息，VOC 应该包括客户对象、收集需求的时间、方式（交谈、邮件、电话或传真等）、责任人、结束的时间和客户确认的时间；

■项目经理组织需求分析人员进行信息分析，并分组提出问题，将问题写入客户原始需求列表的 Q&A 部分。分组为硬件、软件、结构、硬件测试和软件测试；

■项目经理召开需求讨论会，组织需求分析人员对 Q&A 问题进行确认，删除不需要的问题，补充需要核实的问题；

■项目经理将问题发给客户并规定客户回复的时间；

■收到客户回复后，项目经理组织需求分析人员进行理解和消化，确定是否需要开始新一轮的 VOC。

第五章

产品文档管理

强交付，弱流程。强市场，弱文档。追求组织级研发，但核心人才不可替代。

5.1 产品开发阶段文档清单

5.1.1 项目任务书阶段

项目任务书阶段文档管理如表5－1所示。

表5－1 项目任务书阶段文档清单

序号	名称	内容	备注
1	市场评估报告	市场分析、竞争分析、客户分析、目标市场分析、整体战略建议	参见16.6.1
2	项目可行性分析报告	项目目标和范围、理解市场、可行性分析、组合分析和产品策略、产品描述、项目进度和资源、财务评估、风险评估	参见16.6.2
3	业务计划书	市场分析和产品策略、竞争性分析、需求分析、产品概述、执行策略、生产和供货计划、市场计划、客户服务/支持计划、项目进度和资源、风险评估、财务评估、最终建议	参见16.6.3
4	项目任务书	客户需求、产品功能需求、市场机会、目标市场分析、竞争对手分析、法律法规或行业要求、人力和设备需求、交期、评估研发成本	参见16.6.4
5	立项决策评审报告	产品背景简介、评审意见、问题汇总，以及解决计划、责任人、评审结论建议、决策参与人员	参见14.3.3

5.1.2 概念阶段

概念阶段文档管理如表5－2所示。

表5－2 概念阶段文档清单

序号	名称	内容	备注
1	项目开发计划	确定产品开发步骤、人员和时间	
2	产品概念可选方案	目的、产品概述、备选概念及可选技术方案	参见5.2.1
3	产品包需求	概述、市场需求、公司内部需求、设计约束	参见5.2.2
4	关键器件清单	关键物料风险评估报告	参见5.2.3
5	产品质量目标和计划	确定项目应达到的质量目标和文档交付计划	
6	TR1 评审报告	评审基本信息、产品质量评估、评审结论、技术评审过程规范评估、核心组成员会签记录	参见13.3.8
7	产品制造策略	为产品生产拟制制造策略，包括生产场地、原材料供应、质量、物流、生产测试、工艺路线、订单履行、整机包装等	参见10.5.1
8	概念决策评审报告	产品背景简介、评审意见、问题汇总，以及解决计划、责任人、评审结论建议、决策参与人员	参见14.3.3

5.1.3 计划阶段

计划阶段文档管理如表5－3所示。

表5－3 计划阶段文档清单

序号	名称	内容	备注
1	总体设计说明书/总体设计方案	产品可选方案列表，系统设计人员进行整理各类概念，形成产品可选方案列表，该表应该包括概念说明、成本评估、技术瓶颈等	参见5.2.5
2	产品设计规格书	正式描述产品的需求和规格，产品关键功能列表，标识出产品的关键功能	参见5.2.6

续表

序号	名称	内容	备注
3	测试策略	为新产品的设计开发制定产品测试的关键技术、测试环境、工具设备、测试方法的一系列策略	参见9.4.1
4	TR2 评审报告	评审基本信息、产品质量评估、评审结论、技术评审过程规范评估、核心组成员会签记录	参见13.3.8
5	结构概要设计说明书	概述、结构整体方案说明、结构概要设计、包装设计方案、主要加工工艺分析、整机可装配性设计及走线工艺要求、共用模组和共用零件、新配件说明、可采购性及成本分析、技术指标及性能清单	参见6.5.2
6	硬件概要设计说明书	概述、针对需求的具体技术方案、总体技术方案、硬件系统框架说明、各功能单元概要设计说明、整体布局、PCB 板布局、信号完整性分析、关键物料清单、物料成本分析、风险控制	参见7.4.3
7	软件概要设计说明书	概述、设计约束、总体设计、接口设计、系统数据结构、模块定义、安装/运行/配置、软件调试测试方法	参见8.5.2
8	产品测试和验证计划	确定的测试活动的范围、方法、进度和资源，明确测试项、被测特性、测试任务、谁执行任务等信息	参见9.4.2
9	TR3 评审报告	评审基本信息、产品质量评估、评审结论、技术评审过程规范评估、核心组成员会签记录	参见13.3.8
10	供应商分析报告	供应商总体情况、评价指标、等级划分建议等	
11	长周期物料采购计划	描述采购周期超过6周的物料清单	参见5.2.3
12	物料规格书/承认书	描述物料可用性（是否停产、是否有不良记录）	
13	物料审核报告	公司评估承认书和样品，提交该报告	
14	计划决策评审报告	产品背景简介、评审意见、问题汇总，以及解决计划、责任人、评审结论建议、决策参与人员	参见14.3.3

5.1.4 开发阶段

开发阶段文档管理如表5-4所示。

表 5-4 开发阶段文档清单

序号	名称	内容	备注
1	结构详细设计说明书	概述，整机装配设计，内部设计实现，包装装配图和零件图，组装与拆卸，搬运、安装、使用和维护动作模拟分解，零件可制造性分析，存在的风险及措施，需求符合性分析，模组说明，材料表，模具需求	参见 6.5.3
2	3D/2D 图纸	结构详细设计图纸	
3	手版试装报告/手版测试报告	概述（零件号，零件名称，供应商，检验依据，试装/测试人员，地点，日期），试装情况描述，试装结论（认可，临时认可，拒绝）	
4	手版评审报告	评审基本信息、产品质量评估、评审结论、技术评审过程规范评估、核心组成员会签记录	参见 13.3.8
5	包装需求说明	包装风格、形式、色彩、技术要求、材质、规格、印刷文字、运输方式及要求、成本、产品开启方式	
6	纸箱样品报告	客户名称、料号、检验数量、打样次数、单号、检验日期。 检验项目（印刷、掉色、内容、颜色、外观、内外径尺寸、制造尺寸、耐破强度、边压/空箱抗压、结合、裱合、纸板厚度、含水率、RoHS 要求等）、技术规格要求，是否合格	
7	硬件详细设计说明书	概述，各功能模块的详细设计说明，硬件单板主要接口定义、与相关板的关系，单板可靠性综合设计说明，单板可维护性设计说明，单板信号完整性设计说明，EMC、ESD、防护及安规设计说明，单板工艺设计说明，单板结构设计说明，风险管理，附件	参见 7.4.4
8	SCH 文件	原理图图纸	参见 7.4.5
9	PCB 文件	PCB 图纸	参见 7.4.5
10	PCB 制版要求文件	描述 PCB 板文件名（产品名称 + PCB 板版本信息 + 发板日期）、制版数量、PCB 板尺寸、PCB 板材料、层数、责任工程师的联系电话、要求完成制板的日期、是否加急等	参见 7.4.6
11	单板试制报告	试制说明、试制结果判定、试制数据记录、试制问题点记录	
12	单板调试记录	单板硬件/软件功能模块划分、单板硬件各模块调试进度、调试中出现的问题及解决方法、原始数据记录，系统方案/单板方案/器件/原理图/PCB 图/可编程器件修改说明，调试工作阶段总结，调试进展说明，下一阶段调试计划及测试方案的修改	参见 7.4.7

续表

序号	名称	内容	备注
13	硬件测试报告	概述、测试范围、调试测试用例记录、测试总结、测试结果	参见 7.4.8
14	软件详细设计说明书	概述、模块架构、数据结构、算法和逻辑、模块描述、类/对象接口、性能需求、其他需求、安装/运行/配置	参见 8.5.3
15	软件单元测试报告	记录测试过程和环境，包括所有的硬件、软件环境和配置，测试用例和测试结果	参见 9.4.5
16	软件集成测试方案	概述、需求跟踪、测试内容、测试环境、测试用例、测试通过准则、评审报告	参见 9.4.3
17	软件集成测试用例	对软件确认测试环境进行整体描述，包括硬件环境、软件环境和测试环境搭建方法的描述，还包括描述健壮性、性能、压力、可靠性、安全性测试用例	参见 9.4.4
18	软件集成测试报告	记录测试过程和环境，包括所用的硬件、软件环境和配置，集成测试结果，集成过程发现的问题和需要的修改，如接口或详细设计的修改。描述对软件功能进行测试的结果，包括功能缺陷率	参见 9.4.5
19	测试方案	概述、需求跟踪、测试内容、测试环境、测试用例、测试通过准则、评审报告	参见 9.4.3
20	测试用例	用例编号、用例名称、需求描述、测试目的、测试类别、测试对象、用例级别、测试工具、前置条件、测试步骤/测试方法、测试预期结果、测试结果、测试结论、测试工程师、测试日期、备注	参见 9.4.4
21	产品用户操作手册	产品简介、操作前的准备工作、各种功能实现的操作、软件操作等	
22	产品安装手册	安装注意事项、安装前准备工作、安装步骤（使用工具、步骤、提醒）、安装参考说明、技术参数	
23	产品维修手册	产品概述、功能特性、应用环境、工作过程、产品组成、原理分析、构造与维修、故障对照表、技术性能参数、主要零件技术要求与维修标准、维修案例、专用工具	
24	TR4 评审报告	评审基本信息、产品质量评估、评审结论、技术评审过程规范评估、核心组成员会签记录	参见 13.3.8
25	产品工艺文件	工艺流程图、工序流程卡、基本构成表、QC 工程图、物料技术规范书、零件规格承认书、制造作业指导书、测试作业指导书、设备操作指导书、产品维修手册、SMT 制板工艺文件、装配图、产品缺陷不良跟踪列表、程序烧录清单、产品装箱清单、产品标识规范等	参见 10.5.3、10.5.4

续表

序号	名称	内容	备注
26	预测试报告	概述、测试概要、测试结果及发现、测试结论、分析摘要、测试资源消耗	参见 9.4.5
27	原型样机测试报告	同预测试报告	
28	TR4A 评审报告	评审基本信息、产品质量评估、评审结论、技术评审过程规范评估、核心组成员会签记录	参见 13.3.8
29	功能样机测试报告	同预测试报告	
30	TR5 评审报告	评审基本信息、产品质量评估、评审结论、技术评审过程规范评估、核心组成员会签记录	参见 13.3.8

5.1.5 验证阶段

验证阶段文档管理如表 5－5 所示。

表 5－5 验证阶段文档清单

序号	名称	内容	备注
1	生产资料包	制版文件、工程图纸、BOM、成品检验规范、生产加工注意事项、目标程序、测试程序（工厂用）、测试操作指引	
2	试产报告	生产部门统计生产数据，包括不良率、各工序的合格率和各工序的数据记录及总结	参见 12.12.1
3	认证证书	认证证书是指产品、服务和管理体系通过认证所获得的证明性文件，如 CCC、CE、UL、TUV 等	
4	TR6 评审报告	评审基本信息、产品质量评估、评审结论、技术评审过程规范评估、核心组成员会签记录	参见 13.3.8
5	测试总结	测试主要版次、测试内容、测试遗留问题、测试结论、建议	参见 9.4.6
6	发布计划	市场分析、产品定位、发布主题、宣传和推广计划、技术交流会/现场发布会展览会安排、广告宣传计划、技术专刊、宣传光盘、产品（客户、内部各部门）交付件	
7	价格策略	产品市场定位、产品定价、产品收益分析、竞争品牌价格分析	
8	上市决策评审报告	产品背景简介、评审意见、问题汇总，以及解决计划、责任人、评审结论建议、决策参与人员	参见 14.3.3

5.1.6 发布阶段

发布阶段文档管理如表 5－6 所示。

表 5－6 发布阶段文档清单

序号	名称	内容	备注
1	项目总结	项目基本信息，进度完成情况总结，项目质量情况总结，测试工作总结，项目主要成果、经验、教训总结	参见 12.12.3

5.2 系统设计文档模板

5.2.1 产品概念可选方案

产品概念可选方案如表 5－7 所示。

表 5－7 产品概念可选方案

序号	章节	内容描述
1	目的	基于产品需求确定备选概念，并评估、选择及定义概念
2	产品概述	产品定位，系统对外接口
3	备选概念及可选技术方案	◇备选概念 1：备选概念详细描述，使用系统方框图方法，依据系统功能把产品分解成子系统、模块和元件及它们之间的接口部分，并明确各部分应执行的部分功能。产品能力比较，明确现有产品已能提供的能力，并明确和新产品应提供能力间的差距在功能或者性能的比较上，可以分为产品性能、产品技术参数，以及我们能够遵守的公司或者行业规范等要求。审查功能差距，给出解决思路。扩展/重新设计现有元件、模块或子系统，由改良后的替换现有的，改变配置或者完全重新设计系统。这些便成为新系统的备选概念，这些备选概念仍用类似前面的框图表示； ◇备选概念 2：同上，若有多个备选概念，依次描述； ◇评估并选择概念，分析各备选概念的功能/性能、产品成本、上市时间、开发成本、开发资源、客户满意度、质量、可靠性、可服务性、可制造性、可测试性等各维度评估备选概念的优缺点； ◇特别要描述该产品的目标成本，作为 PDT 开发选择的重要依据之一

5.2.2　产品包需求/设计需求模板

产品包需求/设计需求模板如表5－8所示。

表5－8　产品包需求/设计需求模板

序号	章节	内容描述
1	概述	◇产品描述； ◇产品功能和特性，说明产品的卖点功能、特性，说明完成的业务特性； ◇产品开发环境，描述产品结构、硬件、软件、测试的开发环境； ◇产品应用环境，描述产品使用运行环境
2	市场需求	◇外观需求；成本和目标价格需求； ◇功能和性能需求1：说明本功能的目的、实现方法、涉及技术等，本功能所进行的处理过程。 ◇功能和性能需求2…… ◇国际化差异需求，环保需求，用户界面，其他
3	公司内部需求	可采购性需求，可靠性需求，可测试性需求（包括软件可测试性需求、硬件可测试性需求、装备可测试性需求），可制造性需求，可服务性需求，兼容性说明，固件/软件包发布需求，外部接口需求，硬件接口需求，固件/软件接口需求，其他
4	设计约束	需要遵循的标准，硬件限制，固件/软件限制，工艺限制，成本限制，国际化支持，其他

51.2.3　长周期物料采购计划

长周期物料采购计划如表5－9所示。

表5－9　长周期物料采购计划

周期	物料编号	物料名称	物料描述	采购数量	到料日期	备注（工程样机、批量投产）
采购周期6～8周						
采购周期8～10周						
采购周期10周以上						

5.2.4 关键器件清单

关键器件清单如表 5－10 所示。

表 5－10 关键器件清单

物料编号	物料名称	规格描述	批量投产日期	采购周期	最小包装数量	备注

5.2.5 总体设计方案模板

总体设计方案又称总体技术方案、总体设计说明书等，如表 5－11 所示。

表 5－11 总体设计方案模板

序号	章节	内容描述
1	引言	编写目的、术语定义、参考资料
2	概述	技术规格、开发环境、应用环境
3	结构总体设计	◇用户操作界面，人机工程设计，操作指示及标识，状态指示灯等； ◇外部接口，电源接口，其他输入、输出接口等； ◇系统的基本结构组成，整机布局设计，表达出结构概况和相互关系，结构模组选择与规划； ◇安全性设计，安规设计，环境适应性设计，包装设计，安装维护方面的特殊设计，描述可能同其他系统的关系（附件、配件）
4	硬件总体设计	软硬件接口设计，硬件安全设计，Layout 布局设计，硬件框图
5	软件总体设计	◇软件的架构设计，系统启动流程设计； ◇模块划分，列出可能划分的模块名称、功能、发布方式等； ◇系统资源分配，包括内存、定时器等资源分配共享的解决方案； ◇系统调用 API 接口，通信协议，如 BOOT 层、操作系统等协议，软件安全设计，关键用户界面，开机界面，菜单，版本显示等设计，兼容性设计，通信协议/API 等兼容性设计

5.2.6 产品规格书模板

产品规格书模板如表 5－12 所示。

表 5－12　产品规格书模板

序号	章节	内容描述
1	范围	名称、型号、版本、保密代号，定义产品包的名称、商标、型号和版本，说明产品包归属于哪个系列的、归属哪个产品线
2	概述	产品性质、产品开发的历史、标识项目利益相关人、当前和计划的使用地点
3	系统总体设计	◇产品包功能、性能特性、技术参数、遵循的标准：此部分概要说明产品包对外提供的功能特性及相应的性能指标，可以先引用设计需求进行概括描述。定义产品包在提供业务时对外表现的性能指标，所有性能指标需注明出处，如是参照国际标准、国标、竞争对手、理论计算等。定义功耗、电源参数、尺寸、电气特性等技术参数，说明本产品所遵循的国际、国家或行业、企业标准，着重列出本产品需要符合的产品规范、业务或协议标准、接口规范及标准； ◇系统总体结构：用系统方框图描述，说明组成系统的各部分是如何搭配成一个完整系统的； ◇功能实现原理：描述系统是如何运作以实现系统需求的，包括各功能模块的功能描述，各功能模块之间的控制关系、接口关系、信息流向，系统需求中所有功能如何通过这些模块及它们之间的互相关系来实现，逐项描述主要功能特性、业务的实现原理； ◇系统配置：平台配置、硬件配置、初始产品配置清单； ◇系统升级与可扩展性：新版本与原有版本之间的兼容性，客户在升级到新版本时的成本是否较小，平台在业务、系统功能、性能上可扩展性方面的规格定义及设计，在一定时间内能满足部分新功能的开发； ◇系统内外部接口：描述系统外部接口，通过图例说明子系统间接口，并给每个接口赋予唯一的标识号
4	结构设计	◇系统结构配置：定义系统结构主要模块配置，典型应用集成； ◇结构设计标准及外形尺寸：定义结构设计所遵循的标准及规范，以及外观最大尺寸； ◇包装运输设计描述：明确产品基本特征，明确产品预计价值、产品物理化学易损性、产品强度与易损性、包装形式、产品包装防护需求； ◇三防（防霉、防潮、防盐雾）设计描述：完成结构件及其表面防护层的设计选用方案，并对其可行性进行分析，分别说明各种结构件要求使用的材料种类，分别说明不同材料结构件应采用的表面处理方式； ◇IP 防护设计描述：防尘要求，防水要求； ◇结构安全设计描述：说明产品的结构防火外壳、非金属材料的阻燃等级、产品的稳定性和强度、防止结构危险性能、电连续性能，以及电气间隙、标签方案等特性应符合这些标准中的规定
5	硬件设计	◇说明硬件采取的基本设计思路，概要描述为什么采取本方案； ◇硬件配置：描述主要应用中平台的硬件配置； ◇硬件开发平台：介绍硬件开发的环境、工具、编译器、可编程性设计工具

续表

序号	章节	内容描述
6	软件设计	◇说明软件采取的基本设计思路，概要描述为什么采取本方案； ◇软件配置：描述软件配置，包括驱动软件、协议软件、应用软件、工具软件等配置情况，说明编号及简要功能； ◇软件包描述：描述发布时软件包所包含的所有软件的内容，软件载体，软件安装方法，软件开发的环境、工具、编译器、数据库等
7	成本分析	列出主要、关键器件/部件，将目标成本分解到各个独立的项目（分解到关键器件/部件），根据关键器件等价格，计算组成产品的成本
8	规格列表	规格清单部分针对上述部分的系统规格描述、硬件子系统及模块规格、软件子系统及模块规格、结构子系统及模块规格，以简练、专业化的语言，采用列表的形式给出，相当于产品规格书的索引项目列表，作为产品规格更改控制、规格鉴定、市场发布与规格符合度测评的依据，也作为后续软硬件项目的分配需求

5.3 研发文档评审要素

5.3.1 产品包需求文档评审要素

产品包需求文档评审要素如表 5－13 所示。

表 5－13 产品包需求文档评审要素

序号	类型	内容
1	市场代表	◇产品简介、市场定义、产品目标是否清晰、明确？ ◇所有的市场需求、商业需求、内部需求是否已被识别、确定？外部客户需求包括主要客户的接口类型、容量、维护、性能、成本和目标价格等需求。市场需求要涉及国际化差异，明确相关地区的标准、语言、文化的差异。内部需求包括上一版本的特性与规范、公司的客户解决方案对本产品的需求等，客户需求和商业需求（如成本目标和价格）必须包含在产品需求中，客户的所有相关需求得到定义。 ◇关键特性是否满足主要客户提出的核心需求？ ◇竞争对手产品的主要特性公司能否提供？ ◇公司的主要卖点是否能与竞争对手产品竞争？ ◇是否考虑了新产品对老产品市场可能的影响

续表

序号	类型	内容
2	系统工程师	◇需求规范性：产品需求是否清晰并依据产品需求模板进行整理？是否使用了最新的文档模板？文档名称是否正确？目录是否更新？ ◇需求完整性：所有和需求相关的问题是否被记录和进行风险评估？是否已经完成前一版本的可用性问题的分析，并作为可用性需求的输入？是否已经完成目标市场竞争对手产品的可用性分析，并作为可用性需求的输入？需求是否必要？需求信息是否完整，没有遗漏？所有可靠性/可用性需求是否已被识别、确定？需求中的所有需求是否确定优先级？环保需求是否已被识别、确定？包括设备功耗、电磁辐射、静音设计、环保材料选用、结构可拆卸设计、可回用设计等方面需求是已识别？是否定义无故障运行时间、故障恢复时间、安全控制、容火性要求、备份备用？所有的外部认证需求及其应用标准是否都已被识别、确定？ ◇需求一致性：需求描述是否清晰、明确，无二义？需求描述是否前后一致？需求描述是否不存在前后矛盾现象？ ◇需求可行性：每一项需求是否都准确地陈述所要实现的功能？需求是否可行？对关键任务用户交互场景的定义和概念设计是否可行？是否存在风险？系统的设计需求是否有抗反向工程的措施？信息安全需求是否已经考虑
3	客服代表	所有可服务性需求是否已被识别、确定
4	测试代表	所有可测试性需求是否已被识别、确定
5	制造代表	所有可制造性需求（包括工艺约束条件）是否已被识别、确定
6	配置人员	◇检查文档密级的设置是否符合公司信息安全规定？ ◇检查评审对象是否已上传至配置库中

5.3.2 总体技术方案评审要素

总体技术方案评审要素如表 5－14 所示。

表 5－14　总体技术方案评审要素

序号	类型	内容
1	规范性	◇是否使用了公司的最新模板？是否按模板要求撰写文档所有相关内容？ ◇背景、定义、参考资料是否正确描述？ ◇系统方案的设计是否满足研制规范中的要求？ ◇对客户需求、可靠性需求、可测试性需求、可服务性需求、可安装性需求、可制造性需求是否进行了充分的分析论证，并转换为合理可行的技术需求？ ◇系统功能需求、性能需求、质量属性需求、外部接口需求、其他需求定义是否清晰合理

续表

序号	类型	内容
2	方案选择	◇系统方案设计是否与各主要竞争对手采用的方案进行了比较分析（包括优势、劣势、差异性等）？是否提出多个实现方案？ ◇每个实现方案优缺点是否描述清晰，系统方案是否是不同方案的对比分析、综合权衡后优选的结果？ ◇建议选择的方案是否可行，共用硬件与软件的使用在系统总体方案中是否被考虑并得到更新？ ◇是否考虑版本升级时不同版本之间的兼容性？是否考虑对公司已有其他部件的兼容性？系统的兼容性和扩展性设计（包括设备的扩展和升级、与业界主流设备的接口、对国外标准的顺从等）？ ◇系统方案设计中是否考虑了可靠性、可维护性、可安装性、可制造性、防静电、防潮设计、可焊性、机械应力、环保/绿色设计方面的要求
3	系统框架	◇是否描述系统架构设想、设计概念、划分理由等？ ◇系统架构是否满足产品包需求中的功能、性能等目标要求？是否分析并参考业界的主流方案？系统方案的设计是否分析参考了业界的主流技术（包括关键器件的选用、采用的技术标准等）？是否描述了此架构的优点、缺点和风险？ ◇是否定义清楚系统结构图，对系统功能框、数据流定义是否清晰、无二义性？ ◇系统技术重用方面的设计（包括采用现有的模块、通过本项目计划产出的模块、对技术平台的依赖关系、通用电路方面的考虑等）？ ◇模块的划分是否支撑版本功能渐增构建策略？是否符合拆卸、组装要求（高内聚、低耦合）？接口是否定义清晰？是否具备标准的、开放的外部接口或 API？ ◇功能对应是否清晰？系统方案的功能分解是否清晰描述（包括功能分解是否合理、是否建立需求追踪矩阵等）？如果有历史遗留系统、是否考虑清楚遗留系统兼容性和功能等？ ◇系统的工艺结构设计是否全面合理？ ◇产品的系统构成是否有外购件？是否明确相应的成本？是否规划自主替换计划？ ◇成本设计是否合理（包括目标成本的分解、成本设计是否与目标成本保持一致等）
4	可行性	◇从进度、预算和技术角度上看该方案是否可行？ ◇是否仍存在可能不可行的设计部分？ ◇是否存在错误的、缺少的或不完整的逻辑
5	主要技术风险	◇是否分类（结构、硬件、软件）列出系统开发过程中可能存在的技术风险？ ◇是否针对每一个技术风险提出切实可行的应对措施

5.4 研发文档评审

5.4.1 评审专家运作制度

挑选部分资深工程师作为评审专家来评审文档的质量。技术评审专家的要求有：

■关心公司产品的设计质量，有热心推动设计质量的不断提高；

■坚持原则，具有发展的眼光；

■熟悉国内外、行业相关标准、知识产权等；

■熟悉本行业的技术发展、竞争趋势；

■精通所从事领域的专业知识，在所从事领域享有较高声誉；

■从事专业技术类岗位5年以上。

由各个职能部门推举产生，一般每个部门至少推荐1～2个领域专家。由公司发放聘书，给予一定的奖励。

5.4.2 文档评审流程

文档评审流程如表5－15所示。

表5－15　文档评审流程

序号	节点名称	节点内容	工作负责人
1	提交评审	必须填写完成表单中要求的项目并提交表单，跟踪表单的处理情况，及时就反馈的意见与评审成员沟通讨论，提醒各个评审成员及时处理表单等	申请人
2	同行评审	作为评审成员认真阅读交付件，从自己的专业角度出发给出意见或者建议，承认会签意见	同行
3	填写评审意见	作为评审成员认真阅读交付件，从自己的专业角度出发给出意见或者建议，承认会签意见	评审专家

续表

序号	节点名称	节点内容	工作负责人
4	填写评审结论	作为评审成员的一员给出自己的意见，根据各个评审成员反馈的意见和交付件本身存在问题和风险状况，综合给出本次评审结论	评审组长

5.4.3 交付物质量评定标准

把评审问题分成三个问题级别，如表 5－16 所示。

表 5－16　评审问题级别

序号	问题级别	内容描述
1	严重问题	影响产品关键功能/性能，必须改进，否则对产品下一阶段的设计开发工作带来严重偏差
2	一般问题	影响产品非关键功能/性能，必须改进，否则对产品下一阶段的设计开发工作带来偏差
3	提示问题	改进会带来好处，不改进对产品下一步的设计开发工作无影响

常见的严重问题如表 5－17 所示。

表 5－17　常见的严重问题

序号	类型	内容
1	文档类别交付件	◇关键功能，约束条件等描述的缺失，如环境要求、环保要求、生产要求、客服要求等； ◇设计规格、设计方案未能全部体现设计需求； ◇接口定义，关键器件的工作方式描述错误
2	图纸类别交付件	◇结构类：图面实测尺寸不符合所标注比例，图面尺寸标注不全，重点管控尺寸在技术要求中有说明标注方式而图面尺寸标注中未具体标注出重点尺寸，螺柱规格不完全（如未说明是通孔或盲孔），表面之特殊处理位置只在技术要求中文字描述未在视图中清楚定义，组件（或称部件）图面中无具体工序说明及技术要求说明，图面内容或机构明细表项目不全，工艺选择及安排合理性问题（如止裂槽要求封焊，但不要求其他保护）； ◇硬件类：有明确规定的闲置 Pin 脚的处理，但最终没有处理，连线关系错误，封装定义错误，缺少关键器件，没有匹配电阻

常见的一般问题如表 5－18 所示。

表 5－18 常见的一般问题

序号	类型	内容
1	文档类别交付件	关键部分的笔误，文档名称，页码，框图错误
2	图纸类别交付件	◇结构类：部分设计规格（如两对称面折弯高度不一致）导致加工工艺及管控困难，易加工错误，工艺选择合理性（如螺母紧固，采用焊接工艺使加工较困难），可扩大之其他加工成型工艺； ◇硬件类：逻辑芯片的空闲 Pin 没有处理，滤波、去藕电容、一些特殊器件在电路图上的放置没有按照规范绘制

常见的提示问题如表 5－19 所示。

表 5－19 常见的提示问题

序号	类型	内容
1	文档类别交付件	◇文档格式、封面、错字等，文字描述错误。 ◇电路图上电容的容值描述不统一。 ◇对文档里某些描述有疑问

5.4.4 评审度量

PQA 需要记录评审过程数据，进行数据分析，改进评审质量。评审过程数据关注点大致如下：

◇参会人员与缺席人员名单与数量；

◇评审过程问题数据包括当次评审产生的缺陷数量、级别；

◇评审问题改进过程数据包括及时解决率、逾期解决率等，以评审过程确定的解决期限为基准；

◇评审结论数据：一次通过的次数、带着风险通过的次数、不通过的次数。

◇评审用时，包括整个评审过程用时，以及个人评审用时。

专家的度量指标如表 5－20 所示。

表 5-20 专家的度量指标

序号	主题	内容
1	参与率	一个统计周期内实际参加的次数/一个统计周期内累计应该参加的次数
2	缺陷发现率	一个统计周期内发现的有效缺陷总数/一个统计周期内参与的评审总次数。有效缺陷指除被项目组拒绝之外的缺陷
3	评审质量	一个统计周期内各次评审发现的有效缺陷 DI 之和/一个统计周期内参与的评审总次数。DI = (严重问题×3) + (一般问题×1) + (提示问题×0.1)
4	缺陷发现效率	一个统计周期内发现的有效缺陷总数/一个统计周期内投入评审的总时长

专家的奖励措施包括：

■每个受聘的技术专家发放公司特制的专用聘任书，公司承认其技术专家地位；

■对于热心参加技术评审，并且在技术评审过程中发挥了关键作用，预防了可能的重大设计缺陷/质量事故的发生，由质量部定期（每季度）根据各个项目 PQA 上报的评审数据排出前 3 个表现突出的技术专家，发放一定的奖励金，作为质量贡献的鼓励；

■定期（如每季度）公示表现突出的前 3 个评审专家及其奖励内容；

■定期（如每季度）公示各个职能部门的评审质量状况；

■按照季度统计表现突出的前 3 个评审专家由质量部通报给其部门作为关键事件记入当季的考核；

■按照季度统计表现突出的前 2 个部门通报给研发部作为关键事件记入当季的部门考核。

5.5 研发文档评审常见的问题

研发文档评审常见的问题如表 5-21 所示。

表 5－21　研发文档评审常见的问题

序号	主题	内容
1	文档提交不完整	PQA 定期检查，通过 PLM 系统强制提交
2	文档提交不及时	通过 PLM 系统关联任务和交付，里程碑阶段强制检查
3	文档质量不高	模板化、集成化、傻瓜化；文档分类管理，通过 PLM 系统按文档类型自动关联对应审批流程
4	文档变更受控程度低	通过 PLM 系统管理文档版本，文档变更流程
5	文档安全性不高	IT 支持多维度的权限管理

5.5.1　为什么要写文档

很多研发人员不喜欢写文档，对于需要的实现方案通常是负责人邮件或电话跟一些相关人员讨论一下就确定了，很多时候连讨论的会议纪要都没有。

国外的企业研发则非常重视文档，他们认为在脑袋里或心里想的东西是不清晰的、不全面的，以为很正确的方案实际上可能存在致命缺陷，必须把实现方案形成文档才能有效地避免这种问题，而且在写文档的过程中能更加有效地、更进一步整理思路，很多问题能在写文档的过程中发现。

建议所有的过程分析都要形成文档。文档编写过程中建议多使用图表，尽量少用文字。

5.5.2　文档写作基本要求有哪些

■应使用标准模板写作；

■文档封页、页眉、页脚、修订记录、附录、参考文献应完善；

■关键词、摘要、缩略语应完整；

■目录要及时更新；

■通篇文档标题、文字格式、间距应协调美观；

■所有文档模板中的章节只可增加，不可删除；

■编写建议是用来指导文档写作的，在利用完后要及时删除；

■图号置于图形之下，表号置于表格之上；

■应追求图文并茂的效果；

■句子和段落要短；

■使用语言应严谨，不要使用白话；

■采用主动语气；

■不要出现“我们”“你们”“他们”这样的称谓，或“这个”“那个”这样的词，应使用“本××”“该××”“其××”；

■表述清晰，避免引起歧义；

■通篇文档细节上要保持一致；

■必须避免模糊的、主观的术语，减少不确定性，例如也许、大概、可能、界面友好、容易、简单、美观、迅速、有效、支持、许多、最新技术、优越的、可接受的和健壮的。

5.5.3 文档太多怎么办

如果过程规范是适合于本企业的，那么所要求的文档工作量也应该是比较适宜的。员工们抱怨“文档太多了”，可能是因为以前文档写得太少了，一下子不习惯正常的文档工作量。

应该想办法降低写文档的难度，提高写文档的效率。一般方法有：

■花时间与资深工程师讨论和制定出结构良好的文档模板，给出充足的提示和示例。让使用者“依葫芦画瓢”，总比靠自己琢磨怎样写要方便得多；

■提高开发人员的写作能力，练“内功”。学习好的写作方法，不断地练笔，熟能生巧。

第六章

结构设计

6.1 结构设计常见的问题

结构设计领域常见的问题包括：

◇标准件库和通用件库不完善；

◇零部件标准化程度低、模块重用低，标准件通用件没有统一的管理，存放在工程师的个人电脑里，正确性、有效性不能保证；

◇没有专职从事标准化工作的人员，导致零部件的借用混乱，只有老工程师知道哪些可以通用，新员工要很费劲才能找到能通用的零件；

◇产品设计的3D和2D图纸没有关联；

◇研发内部数据共享采用复制的方式，造成一图多物的情况，图纸设计更改时容易改漏；

◇上下游的数据缺乏关联性，不方便查找，如外观设计的图纸没有和相关零部件关联；

◇数据查询不方便，难以通过属性的查询和跨部门数据的查询；

◇难以进行结构和硬件协同设计。

6.2 结构设计流程

结构设计流程如图6-1所示。

结构管理
1-概念
定义产品包需求
结构技术需求
外观设计需求
TR1评审
2-计划
需求分解与分配
结构总体设计说明书/总体设计方案
系统设计与设计规格定义
结构产品设计规格书
TR2评审
结构概要设计、评审
结构概要设计说明书
结构概要设计评审检查表
TR3评审
3-开发
外观设计、评审
效果图
丝印图
实体三维模型
结构详细设计、评审
结构详细设计说明书
结构详细设计评审检查表
3D图
2D图
手版制作、验证、评审
手版试装报告/手版测试报告
结构评审报告
零件加工、检测、改进、认证
包装需求分析
包装需求说明
包装设计、评审
包装图
包装设计检查单
包装打样、验证
纸箱样品报告
TR4评审
原型样机测试
TR4A评审
功能样机测试
TR5评审
4-验证
生产试制产品
产品结构件试产报告
TR6评审
5-发布
项目结束经验总结
产品总结报告
GA
6-生命周期
产品优化
产品改型
生产过程中技术支持
工程更改
工程更改通知单

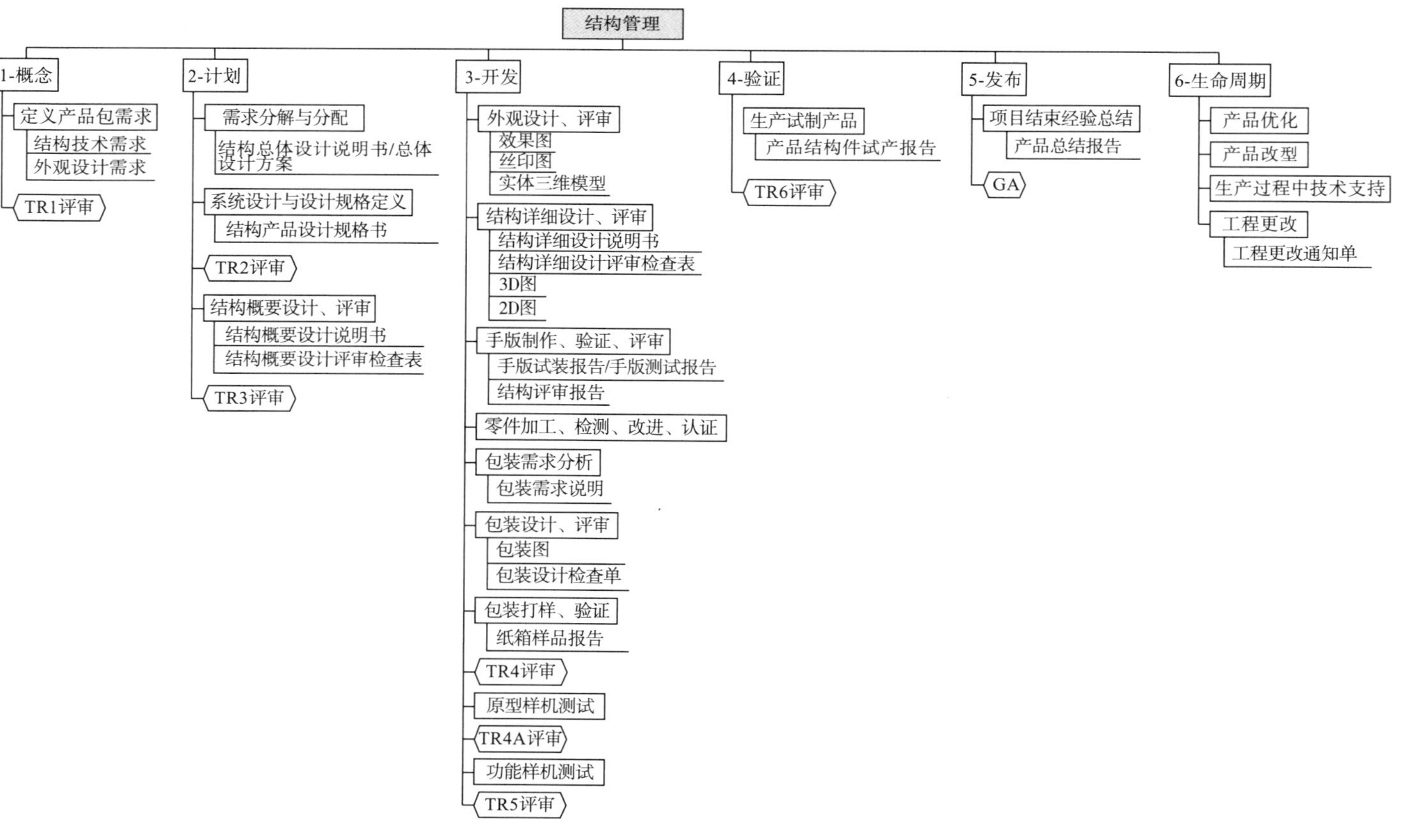

图6-1 结构设计流程

■若开发周期短，包装和结构详细设计可以并行，一般在产品待测试的样机做出来后再进行包装设计；

■零件加工、检测、改进、认证环节进行模具开发。

6.2.1 部分结构设计流程

部分结构设计流程如表6-1所示。

表6-1 部分结构设计流程

编号	活动	活动描述	模板/标准/工具
1	定义产品需求	搜索结合可选概念和技术可选方案，选择并评估结构可选概念，配合系统工程师做产品需求-结构部分	
2	结构详细设计、评审	根据产品规格确定结构整体尺寸，根据《产品结构概要设计》确定内部结构，设计3D图，组织召开评审会，并对会议结论进行记录和评审人员会签输出，出2D图、BOM	结构详细设计说明书、3D、2D、BOM、技术评审表
3	手版制作、验证、评审	根据评审的结果，对设计改进后的结构打样一套，加工回来样品后，对产品进行组装，根据打样验证结果对结构进行修改，并出相关图纸，组织召开评审会，并对会议结论进行记录和评审人员会签输出。评审包括图纸、《试装报告》等，根据评审记录出2D图	打样Checklist、试装Checklist、试装报告、技术评审表
4	配合外部认证	配合认证试验	
6	配合小批量试制	小批量生产跟进	
7	配合量产	生产跟进，解决突发问题	现场不良反馈通知单

6.2.2 包装设计流程

包装设计流程如表6-2所示。

表 6-2　包装设计流程

编号	活动	活动描述	模板/标准/工具
1	包装需求分析	根据结构设计产品的尺寸确定包装的基本尺寸，根据包装的形式和方式考虑产品的可靠性确定包装材料，根据材料特性进行包材结构设计	包装需求说明
2	包装设计、评审	出 2D/3D 图、BOM，提前三个工作日向相关人员发出设计评审会议通知，组织召开评审会，并对会议结论进行记录和评审人员会签	包装评审报告
3	包装打样、验证	◇根据评审的结果对设计改进后的包装材料打样一套，下物料申购单，加工回来样品后，对产品进行组装，对包装材料进行可靠性试验验证。根据产品的特性和实际需要可以选择性的进行试验，例如振动实验（运输实验）、跌落实验。 ◇提前三个工作日向相关人员发放评审通知，同时发放评审资料和评审检查表，要求各评审成员认真填写评审检查表。评审资料包括图纸、《评审报告》《试装报告》《振动实验报告》等	打样 Checklist 物料申购单 包装试装报告 试装 Checklist 包装实验报告 评审检查表
4	生产试制产品	配合小批量试制，小批量生产跟进	
5	量产	配合量产，生产跟进，解决突发问题	现场不良反馈通知单

6.2.3　图纸评审流程

图纸评审流程如表 6-3 所示。

表 6-3　图纸评审流程

编号	活动	活动描述
1	设计	对产品的先进性、可靠性、安全性、经济性以及图样和文件的正确性、完整性、统一性等负全面责任，负责图样及设计文件的设计（编制）和校对
2	校对	负责图样及设计文件的校对
3	工艺	根据公司的设备、技术状况及今后发展方向，对设计图样进行工艺性分析，对产品加工的可能性、经济性和保证实现设计要求负责。对工艺文件的正确性、完整性和统一性负责
4	标准化	对标准化文件（如标准化审查报告、产品标准）进行审核。对图样及设计文件、工艺文件是否符合有关国家标准、行业标准及企业标准规定进行审查

续表

编号	活动	活动描述
5	审核	对设计方案、产品性能、基本结构形式、主要数据、技术条件和关键配合尺寸等的正确性负责，负责规定图样及文件的编制或审核
6	批准	对产品主要性能、主要零部件及文件的正确性负责，对设计文件是否满足技术要求、设计原则的正确和产品技术经济指标的合理性负责，负责零部件、产品总图和规定文件的最终审批

该流程可以拓展以下活动：

■自评：图纸提交前根据图纸评审要素进行自评。

■质量：对最终产品质量直接有关的图纸、技术、工艺文件进行会签。对其正确性及是否保证最终产品的质量指标，对最终产品主要技术指标和技术性能的检验是否有检验手段，检验手段是否可靠、科学负责。

■发布接收：图纸评审通过后发布到哪些相关部门，相关部门接收后流程结束。

6.2.4　打样流程

打样流程如表6－4所示。

表6－4　打样流程

编号	活动	活动描述
1	打样需求	向采购提出数量、时间要求，发起人提供签字后的图纸
2	采购确认	采购只接收专人发出的设计文档或相应签字后的图纸文件，才能启动打样
3	外发打样	3D图纸必须经过结构部负责人审核后才能发放，原则上只能发放零件图。电子文档包括2D、3D、ID造型设计文件和文字性文件。在与供应商签订模具或产品合同以后，复制开模资料，刻录光盘后下发给采购部
4	样品确认、封样	◇五金件必须试装，必须做盐雾测试、机械功能测试，对照图纸确认是否达到技术要求； ◇塑胶件必须试装，做机械功能测试，对照图纸，确认是否达到技术要求； ◇外包装箱封样必须试装，必须做丝印测试、包装运输测试； ◇封样的前提是整机和散件都已达到标准，在封样前必须做完相关测试（如环境/寿命测试、包装运输测试、机械功能测试、安全测试、防暴测试、防尘防水测试等）

6.3 结构设计专题

6.3.1 结构件分类属性

结构件分类属性如表6－5所示。

表6－5 结构件分类属性

序号	属性名称	值	缺省	可选
1	材质	铝、铜、不锈钢、普通钢、尼龙、聚四氟乙烯、电木	铝	是
2	加工方式	机加、钣金	机加	是
3	表面处理	铬化、阳极氧化、镀银、镀镍、钝化、镀锌、喷粉、喷漆	铬化	是
4	尺寸	长×宽×高（mm）		否
5	颜色			是

6.3.2 ODM/OEM 行业结构设计流程

一般是客户给结构设计图，研发部门根据结构设计资料进行工艺评审、生产可行性评估，出具评估报告，客户进行评估报告确认，确认后研发部门进入模具设计活动，设计出模具3D、2D后进行设计评审，内部评审通过后一般再次需要客户确认。客户确认模具图纸资料后开始开模、修模和打样，样品送客户确认，同时进行样品验证，客户确认后进行量产。如表6－6所示。

表6－6 ODM/OEM 行业结构设计流程

编号	活动	活动描述	模板/标准/工具
1	接收客户资料	销售部门得到客户信息，确定需要进行结构设计的，将需求转给结构部门经理，指派项目经理	客户资料

续表

编号	活动	活动描述	模板/标准/工具
2	可行性分析	检阅客户给的资料，与客户沟通，小组内部协同 ID 人员做一些项目的可行性分析。可行性分析主要是工艺、效果图、ID 设计	可行性分析报告 3D、图片、要求、规格
3	客户第 1 次确认	将文件直接让客户确认，或召开评审会议，邀请客户参加（一般参加人员有市场部人员、项目经理、结构设计人员、客户）	
4	立项并开发	客户会给一个比较详细的时间表，开始项目的启动会议，明确任务和分工。结构设计工程师进行 3D 设计	结构设计图档
5	设计评审	项目经理对完成的 3D 图档审核检查一遍，并召集相关的资深人士进行内部评审，评审内容包括功能、可靠性、制造性分析等	
6	客户第 2 次确认	召开正式的评审会议，参加人员包括结构设计人员、制造部门、硬件设计人员、市场部门和客户。评审内容包括功能、可靠性、可量产性等方面需求	3D 和 2D 文档、开模信息
7	开模、打样	组织开模（一般先开软模）并试模，试模验证时发现的任何与结构有关的问题，由项目经理反馈到结构设计部门，结构设计部门再进行分析修改，同时会更新 3D、2D 文件，再重新组织修模、打样、样品验证	模具、样品、样品验证报告
8	客户第 3 次样品确认	客户再次对样品进行确认	

6.3.3 产品结构工艺性审核

新设计和改进设计的产品在设计过程中应进行结构工艺性审查，外来产品图样在首次生产前也建议进行结构工艺性审查。首次投产的产品在满足使用功能的同时，也应符合工艺性要求，以便能用比较经济的方法将其制造出来。产品结构工艺性包括生产工艺性和使用工艺性，生产工艺性即指其制造的难易程度与经济性，使用工艺性即指其在使用过程中维护保养和修理的难易程度与经济性，一般主要考虑产品的种类及复杂程度、产品的产量、现有的生产条件。

产品结构工艺性审核如表 6 -7 所示。

表6－7　产品结构工艺性审核

序号	阶段	内容
1	初步设计阶段的审查	从制造观点审查结构方案的合理性，结构的继承性，结构的标准化与系列化程度，产品各组成部分是否便于装配、调整和维修，主要材料选用是否合理，工艺关键件加工的可能性
2	技术设计阶段的审查	产品各组成部件进行装配的可行性审核，包括装配时避免切削加工或减少切削加工的可行性，高精度复杂零件加工的可行性，主要参数的可检查性和主要装配精度的合理性，特殊零件加工的可行性
3	正式出图设计阶段的审查	各部件是否具有装配基准，是否便于装拆，各大部件拆成平行装配的小部件的可行性，审查零件的铸造、锻造、冲压、焊接、热处理、切削加工和装配等的工艺性

6.4　模具管理

模具制造能力是制造企业的核心技术能力，将直接影响生产的响应速度和精确程度。需要较强的技术能力，要依靠持续的资源投入。对模具供应商的管理应逐步做到规范化、精确化，避免模具开发（包括委外和自制）的周期、精度和可靠性成为阻碍生产的瓶颈。

6.4.1　模具管理面临的挑战

模具管理面临的挑战如表6－8所示。

表6－8　模具管理面临的挑战

序号	主题	内容
1	流程	缺少从产品研发、模具开发、制造、维修、外发设计、制造端到端的模具管理规范化、可控的业务流程支持（正确的人、正确的时间、按正确的方法、做正确的事），改善设计流程成为标准化设计流程，以提升研发效率

续表

序号	主题	内容
2	效率	◇模具进度不易控制，模具公司定期反馈进度及计划（时间间隔导致设计人员不能及时获取当前模具进度问题，设计人员不易看懂进度），外发时更加不易准确获取模具进度； ◇较少采用并行模具开发的方法，使得模具开发周期长、对具体工作人员要求高； ◇沟通时间太多，由于2D图面有时标示不清，设计工程师需要经常应付现场人员的沟通需要； ◇2D图面花费太多时间，现场人员要求图面尺寸需详细标注，造成设计工程师需花费大量时间在2D的图纸上
3	质量	模具未验证，状态未有效维护，造成项目量产产品质量事故
4	成本	供应商新开模具利用率低，资源浪费严重。模具共用率低
5	数据管理	◇缺乏对模图及改模记录的有效管理，过去的模图无法找到（外发），实物与模图不一致（经历改模后），导致复制模的制造出现问题。 ◇模具与产品变更不关联，产品变更后，没有记录相应的模具更改信息
6	人员和经验积累	人员流动频繁，花费太多培训的时间，人员流动频繁对公司是一项很大的负担。设计经验难以传承，如何将设计经验传承，并建立 Know – How 资料库
7	统计分析	业务执行情况数据统计困难，如外发模具制造执行情况、模具数量（状态）等业务执行度指标主要由人工定时统计，费时费力不精确

6.4.2 模具开发流程

模具开发流程如表 6 – 9 所示。

表 6 – 9 模具开发流程

序号		活动	输入
1	前期开发	概念设计	市场需求
2	产品设计	产品 3D 造型设计	客户 2D 产品图
3		产品 CAE	
4		产品 2D 工程图	
5	模具设计	模具 3D 设计	产品 3D 实体
6		模具 2D 工程图	
7		模具 CAE	

续表

序号		活动	输入
8	零件制造	电子 CAD、CAM	模具 3D 实体
9		部件 CAM	
10		工艺文件准备	
11	装配试模		

6.4.3 如何缩短模具交付周期

缩短模具交付周期如表 6－10 所示。

表 6－10 缩短模具交付周期

序号	主题	内容
1	缩短开模时间	提升作业技能，构建标准件库，模块化设计，同步工程，作业引导系统，标准化设计方法，标准化制造方法
2	模具开发流程再造	模具状况看板，及时了解模具制作进度，流水线生产，数控加工

6.5 结构设计输出文档模板

6.5.1 结构总体设计说明书/总体设计方案

结构总体设计说明书/总体设计方案如表 6－11 所示。

表 6－11 结构总体设计说明书/总体设计方案

序号	章节	内容
1	概述	项目介绍，参考资料，术语，特殊说明
2	结构解决方案	◇方案示意图：方案结构示意图、方案简图等，有多个方案时需画出多个方案的示意图； ◇方案说明：说明方案与需求的针对性，列出要在方案设计活动中重点解决的问题，有多个方案时需列出不同方案的说明

续表

序号	章节	内容
3	方案对比及方案分析	◇方案对比及分析：包括方案优缺点、方案周期、成本、风险等； ◇方案分析结果及说明：根据上面的分析得出对比结果，并对方案结果进行说明
4	方案建议	根据前面的分析和对比，给出方案建议
5	其他	方案存在的风险及措施；方案需求符合性分析

6.5.2 结构概要设计说明书模板

结构概要设计说明书如表 6－12 所示。

表 6－12 结构概要设计说明书

序号	章节	内容
1	概述	项目简介、设计背景、设计概要、产品功能、主要的国内外同类产品、国内外同类产品的结构设计分析、设计定位与思路、参考资料、术语、特殊说明
2	结构整体方案说明	◇结构整体方案说明：方案示意图，结构的基本设计思路和环保要求，包括可拆卸性、可回用性及节能要求。说明设计与需求的针对性，列出要在详细设计活动中重点解决的问题。方案符合性分析； ◇结构设计标准及外形尺寸：定义结构设计所遵循的设计标准，描述产品外形的最大外形尺寸及其相关配套尺寸； ◇系统集成效果说明：产品集成、产品与周边及配套设备一起放置时的协调一致性及整体效果进行说明，ID 风格是否与公司产品风格一致做简要说明； ◇装配图：部件级结构关系，要求零部件表达出功能特征，表达出整机布局、空间利用和外观特征； ◇技术难点要点、方案存在的风险及预防措施
3	结构概要设计	结构可靠性设计，工程可安装性设计，EMC 设计，静电放电防护设计，热设计，防尘要求，防水要求，防异物要求，可维护性设计，结构相关的状态指示，定期更换（或清洁）的部分，定期维护的模块部分，结构安全设计，噪声控制设计，三防（防霉、防潮、防盐雾）设计，各结构件的材料应用，各结构件材料的表面防护措施，包装储运设计
4	包装设计方案	◇方案说明：阐述包装方案结构组成，贴纸、包装盒、产品上包含的贴纸，BOM 上包含的包装内容； ◇方案需求符合性分析：说明设计与需求的针对性，列出要在详细设计活动中重点解决的问题

续表

序号	章节	内容
5	主要加工工艺性分析	分析结构件、包装物的可加工性、可装配性
6	整机可装配性设计及走线工艺要求	◇整机装配过程：重要的装配点，给出这些重要装配点的指标要求； ◇走线：说明出线方式、工程布线方面的要求，提出走线路径和空间要求
7	共用模组和共用零件、新配件说明	分析共用模组和共用零件，新配件选用的必要性及合理性
8	可采购性及成本分析	分析可采购性（特别是外购配件），分析结构成本
9	技术指标及性能测试清单	样机开发完成后需进行的相关实验清单

6.5.3　结构详细设计说明书模板

结构详细设计说明书如表 6－13 所示。

表 6－13　结构详细设计说明书

序号	章节	内容
1	概述	项目简介、参考资料、术语、特殊说明
2	整机装配设计	◇装配图和零件图：结构设计功能框图，完全结构关系，详细的整机特征，零件工程图，详细商品化信息； ◇基本尺寸架构设计：基本尺寸、整体关键装配尺寸、外观尺寸要求、尺寸实现方式
3	内部结构实现	◇输出输入功能模块设计：产品整体输入输出，并考虑相关配套设计； ◇其他功能模块设计：如电源尺寸、存储系统、控制系统等逐一结构定义； ◇系统热设计、防尘设计、可靠性设计、可生产性设计、其他设计考虑
4	包装装配图和零件图	◇装配图：单机包装、栈板包装、备件包装； ◇设计说明：说明设计与需求的针对性，设计可靠性分析与校核
5	组装与拆解	工艺装备，组装动作分解图，拆解动作分解图
6	搬运、安装、使用和维护动作模拟分析	搬运、安装、使用、维护

续表

序号	章节	内容
7	零件可制造性分析	工艺分析、工序分析、成本分析
8	存在的风险及措施	
9	需求符合性分析	
10	模组说明	主要确认借用件、新配件选用，定义结构、功能特征等，并列出新器件清单
11	材料表	出结构件 BOM 清单作为附件
12	模具需求	

6.6 结构评审要素

6.6.1 结构技术方案评审要素

结构技术方案评审要素如表 6－14 所示。

表 6－14 结构技术方案评审要素

序号	类型	内容
1	结构技术方案	◇满足用户需求的程度和使用方便性，是否符合人机工程和使用习惯、机器清洁的方便性； ◇产品标准（国标、行标）的符合性； ◇结构概况相互关系和基本性能； ◇产品总体方案设计的正确性、经济性和国内外同类产品水平分析比较； ◇总体布局的合理性、工艺性（加工容易、装配简单、符合大批量生产和加工要求）、可靠性、耐用性、可维修性（维护简单、方便/部件模块化，无螺钉化）及安全与环境保护； ◇基本参数及主要技术性能指标的正确性； ◇新技术、新结构、新材料、新原理采用的必要性与可能性； ◇标准化、系列化、通用化程度、实现标准化综合要求的可能性； ◇是否符合政府有关法令、法规、国际标准与公共惯例； ◇防暴、防尘、防水、产品的噪音问题，产品的散热问题，产品的 EMC、ESD 问题； ◇课题范围合理性、设计功能充分有效性、可靠性设计充分有效性、可生产性、成本可行性、测试方案充分有效性、计划合理性

6.6.2　结构概要设计评审要素

结构概要设计评审要素如表6－15所示。

表6－15　结构概要设计评审要素

序号	类型	内容
1	结构概要设计	◇基本参数及技术性能指标的正确性； ◇设计的工艺性、装配的可行性、主要装配精度的合理性、主要参数的可检查性、可试验性； ◇新技术、新结构、新材料、新原理的实施情况； ◇主要零部件结构的继承性、经济性、工艺性、合理性； ◇设计计算的正确性； ◇特殊外购件、原材料采购供应的可能性，特殊零件外协加工的可行性； ◇标准化程度的落实情况； ◇故障分析及措施； ◇产品成本构成情况

6.6.3　结构详细设计评审要素

结构详细设计评审要素如表6－16所示。

表6－16　结构详细设计评审要素

序号	类型	内容
1	结构详细设计	◇是否具备产品定型的条件； ◇设计改进的正确与完善情况，以及对产品质量的影响； ◇改进部分的工艺性； ◇产品包装、贮存、搬运要求的正确性、合理性与完善性； ◇操作的方便性、宜人性、操作、指示标牌应采用形象化符号，标志合理、齐全是否符合标准规定； ◇产品标准化程度； ◇故障分析与措施； ◇使用说明书的正确与完善

6.6.4 结构图纸评审要素

结构图纸评审要素如表6－17所示。

表6－17 结构图纸评审要素

序号	类型	内容
1	总成图	◇总成图、部件图和新增零件的工程图样是否充分足够； ◇总成图是否标明产品规格、型号、主要技术参数、适用范围、外形尺寸和安装尺寸； ◇总成图是否清楚表达了基本组成部件和零件明细； ◇总成图、部件图是否标注了主要配合尺寸和配合代号； ◇总成图、部件图的配合等级是否协调且符合使用状态要求
2	零件图	◇零件图的视图表达是否清晰完整，反映了零部件的形状； ◇零件的结构设计的可靠性是否充分考虑，适用时得到了验证； ◇零件的结构设计是否能方便经济地加工、制造； ◇零件图是否具有确定零件形状和结构的全部尺寸和公差； ◇零件图有配合要求的尺寸、尺寸公差、形状公差、位置公差、表面粗糙度的要求是否协调； ◇零件技术要求是否充分、清晰； ◇系统图是否清楚表达了产品的基本组成、主要特征、功能关系、信息与过程的流向； ◇原理图是否表达了输入与办出之间的关系，是否清楚表明产品动作及工作程序等功能； ◇接线图上的元器件型号、代号、规格、数量是否符合标准规定

6.6.5 结构手版评审要素

结构手版评审要素如表6－18所示。

表6－18 结构手版评审要素

序号	类型	内容
1	结构评审ID外观曲面	示例：ID确认修改无误，可以实现，细节结构建模调整达成一致意见，各部分工艺已交代清楚
2	ID评审结构外观建模	示例：大面外观与原大面一致，或修改达成一致意见，细节部分无疏漏，分型面确认无误，按键曲面确认，盲点确认
3	结构完成，投模评审	示例：挂绳孔确认，模具纹理，符号确认

6.6.6 产品结构外观设计审核要素

产品结构外观设计审核要素如表6－19所示。

表6－19 产品结构外观设计审核要素

序号	主题	内容
1	外观形态	◇整体尺寸如何，整机置于桌面的稳定性，是否符合手持机要求，把握的舒适性，操作的舒适性（人机工程）； ◇评估外壳空间是否能装得下整个电路结构，各外部接口位置的合理性（包括各接头插入是否干涉），结构空间布局的合理性，是否存在尖角，是否存在夹手现象，是否有提示标识； ◇结构强度是否合理； ◇结构上是否留有升级和扩展空间； ◇整机的稳定性（包括机器本身的自重和机器与桌面的摩擦力）
2	整体加工	◇机器由装配结构如何（由几件组成，如何组装），使用方式如何，是否便于装配、使用和维护； ◇各零件加工工艺性（如是否便于分模、注塑、机加工等）； ◇材料选择是否通用（包括成本），满足需求（包括环保方面、阻燃等），表面处理是否会存在困难； ◇配合面的脱模角
3	各模块使用方便性和功能方面	◇示例：某显示（LCD及镜片）模块是否充分考虑镜片易划花的问题，是否充分考虑显示角度和视线死角，LCD的视角为正负40度，最佳视角为20度，考虑镜片上丝印的难度； ◇外部接口：结构强度、拔插方便性（位置）、防尘防水性、防尘防水性能、接口的防松脱性能等是否达到要求； ◇机壳及产品标识：丝印蚀刻产品名称型号、公司Logo、各操作标识、标识、铭牌、序列号（注意防呆）操作指示，底壳是否有脚垫保护底壳以免划花
4	其他	经济和实用，符合标准化、通用化和系列化要求

6.6.7 结构样品评审要素

结构样品评审要素如表6－20所示。

表 6－20　结构样品评审要素

序号	主题	内容
1	结构样品	◇结构和电缆需要解决的遗留问题是否已经解决？ ◇热测试、噪声测试中的结构问题是否已经解决？ ◇环境测试、安规测试、EMC 测试中的结构和电缆问题是否已经解决？ ◇产品结构包装是否符合设计要求

6.6.8　结构转产评审要素

结构转产评审要素如表 6－21 所示。

表 6－21　结构转产评审要素

序号	主题	内容
1	结构转产	◇试产过程中的结构件问题是否全部解决？ ◇结构相关的所有文档和图纸是否齐全？在小批量过程中发现的问题是否全部解决？ ◇结构是否符合环境测试、安规测试、EMC 测试、散热的要求？ ◇产品是否满足工程安装和服务方面的要求？（恶劣环境、高空作业等情况下尤其应该关注）

第七章

硬件设计

7.1 硬件设计常见的问题

硬件设计领域常见的问题包括：

■没有统一的器件库，研发人员不方便查询和选型；

■原理图和 PCB 板不一致，没有同步更改；

■硬件设计和结构设计（空间尺寸的信息）无法协同研发，缺乏信息共享；

■版本容易出错；

■原理图、PCB 图的签审效率和准确性低。

7.2 硬件设计流程

同研发阶段流程里的硬件开发流程如图 7－1 所示。

■总体设计方案和产品设计规格书一般同步完成，设计方案确定后一般进行关键物料提前采购和备料；

■总体设计方案后一般进行单板总体方案设计；

■硬件概要设计很多公司会省略；

■单板制作、调试活动同时进行物料的采购；

■硬件集成及测试、评审活动包括软硬件联调。

7.2.1 PCB 设计流程

PCB 设计流程如表 7－1 所示。

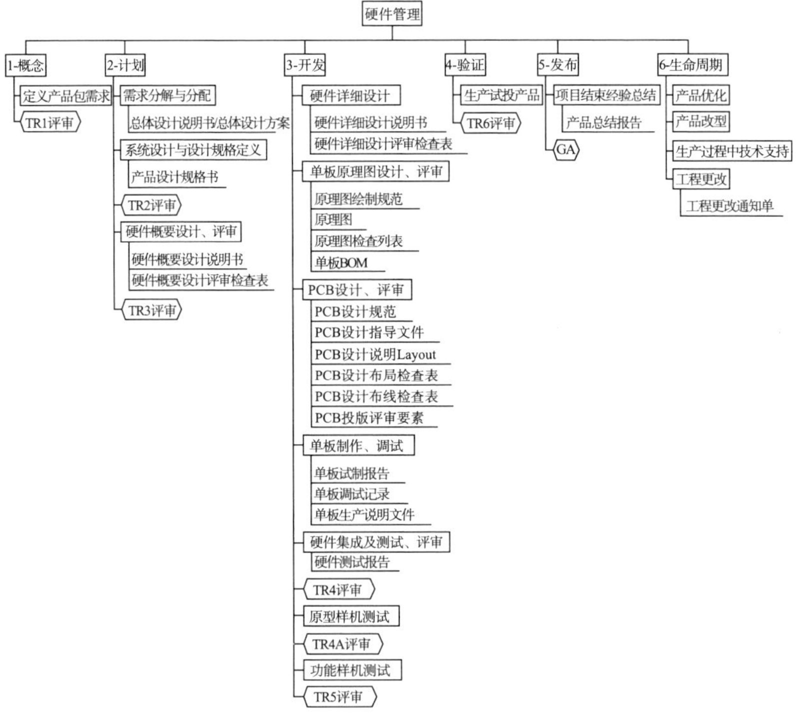

图 7－1　硬件开发流程

表 7－1　PCB 设计流程

编号	活动	活动描述	模板/标准/工具
1	PCB 设计、评审	◇设计文件提供：提供原理图文件和网络表文件及规则驱动，结构要素图文件，EDA 工程师的库路径； ◇预布局建议：基本的布局模块示意，确定端子、端口等结构布局，根据建议确定器件和模块的基本位置和电源、信号流向，考虑工艺生产角度； ◇布局：精确确定结构布局，以结构要素图为标准； ◇布局评审：确定结构、可制造性设计、工艺、生产、可靠性、EMI、EMC、电源布局、信号流向等电气特性，确定布局； ◇布线、布线评审：确定结构、可制造性设计、工艺、生产、可靠性、EMI、EMC、电源布线、地设计、信号流向等电气特性，确定布线； ◇自检：仔细检查 PCB 的细节，按照 PCB 投板评审要素逐一详细检查； ◇复检：按照 PCB 投板评审要素逐一核对，并对相应细节与项目 CAD 人员沟通修改	PCB 审核及规范 PCB 投板评审要素 PCB 设计布局检查表 PCB 设计布线检查表

7.2.2 器件封装设计流程

器件封装设计流程如表 7 -2 所示。

表 7 -2 器件封装设计流程

编号	活动	活动描述	模板/标准/工具
1	器件建库申请	制作封装设计 BOM 表，并下达	
2	建库申请 BOM 表	列出本项目所需要用到的封装器件和实验阶段需要用到的新器件清单	Datasheet
3	资料供给	新建器件封装必须提供完整的资料（包括器件的外型、尺寸和管脚功能），器件管脚数少于 2 的简单规则器件可以不提供资料或自行寻找资料	
4	建库	PCB 封装建库工程师必须具有专业的建库经验和了解器件工艺，根据申请人所提供的资料及结合设计规范严格设计器件封装库，设计的封装应具有良好的可加工性、正确性及美观性。封装一旦入库后应严禁改动，尽量不要更改	建库规范 PCB 封装库命名规则
5	内部评审	为确保器件封装的可加工性、正确性及美观性，设计完的每一个封装必须严格进行检查。封装命名唯一，不能把新建的封装覆盖原来封装。检查封装在库内的唯一性，型号对应封装。检查封装设计的视图（器件封装必须按器件的顶视图来建库，部分特殊器件需要在 PCB 板上开窗安装在底面，一定要有文件说明），应严格按《器件封装库设计检查 Checklist》及配合工艺检查器件封装	器件封装库设计检查 Checklist
6	入库	◇经严格检查的封装库由专人入库，PCB 封装建库工程师共享一个文件，入库专员每天需把库文件同步到服务器； ◇一旦入库的封装库应严格控制修改，如有修改的库必须有修改说明文件	

7.3 硬件设计专题

7.3.1 硬件设计常见风险

硬件设计常见风险如表 7－3 所示。

表 7－3　硬件设计常见风险

序号	类别	风险项
1	设计	封装错误，新技术应用，新器件应用，器件优先等级改变，EMC、热、环境、安规、国际化设计，可制造性设计，新电缆应用，公用基础模块（CBB）成熟度，结构要素图设计错误，新型结构应用、接口、性能、软件限制
2	PCB	PCB 设计可行性，PCBA 加工实现，PCB 设计时间不可控
3	单元、集成和系统测试	测试项的完整性，开发调试环境，测试时间不可控
4	采购	PCB 板采购，器件采购，结构件采购，电缆采购
5	管理	人员变动或者不满足要求

7.3.2 单板硬件程序命名规范

按单板型号划分，如半成品名称＋工位号＋待烧录芯片类型＋程序日期＋后缀名。其中，工位号为待烧录芯片在单板上的工位号，芯片类型如单片机 MCU、Flash 简称 FL，程序日期为硬件程序的编制日期，后缀名为硬件程序的后缀名。按平台划分，如平台＋型号＋程序日期＋后缀名。型号指整机型号，也可以是芯片型号。日期为程序生成的日期，后缀名为硬件程序的后缀名。

如果多个 BOM 共用一个硬件程序，以第一个单板命名。有替代物料时，分别用两个不同的程序，加上芯片名称备注。

7.3.3 PCB 布局及布线要求

PCB 布局及布线要求如表 7－4 所示。

表 7－4 PCB 布局及布线要求

序号	类别	内容
1	布局要求	◇遵照“先大后小，先难后易”的布置原则，即重要的单元电路、核心元器件应当优先布局； ◇布局中应参考原理框图，根据单板的主信号流向规律安排主要元器件； ◇布局应尽量满足总的连线尽可能短，关键信号线最短，高电压、大电流信号与小电流，低电压的弱信号完全分开，模拟信号与数字信号分开，高频信号与低频信号分开，高频元器件的间隔要充分，交叉线最少，过孔最少，地线层和电源层没有连线，高频数字信号的间隔要大，尽量减少电源地层与信号层层距布线； ◇相同结构电路部分，尽可能采用“对称式”标准布局； ◇按照均匀分布、重心平衡、版面美观的标准优化布局； ◇器件布局栅格的设置，一般 IC 器件布局时，栅格应为 50～100 mil，小型表面安装器件，如表面贴装元件布局时，栅格设置应不少于 25mil
2	布线要求	◇关键信号线优先，电源、模拟信号、高速信号、时钟信号和同步信号等关键信号优先布线； ◇密度优先原则：从单板上连接关系最复杂的器件着手布线。从单板上连线最密集的区域开始布线； ◇增加线间距，减少平行走线长度； ◇增加线宽度，降低其特性阻抗； ◇重要信号间可采用平行地线的方法隔离； ◇尽可能少折线，不走 90 度折线； ◇少走过孔； ◇重要线不要走插座脚间穿过，频率高的线也应尽量避免

7.3.4 硬件度量指标

常见的硬件度量指标包括硬件进度偏差率，硬件第一次样机制作完成前缺陷发现数目，硬件遗留缺陷数目，硬件总体设计评审缺陷发现数目，硬件详细设计评审缺陷发现数目，样机、试产测试缺陷发现数目，原理、原理图重用率，构件重用率，PCB 重用率，结构图纸重用率，关键芯片重用率，工艺流程重用率。

7.3.5 硬件开发流程审计示例

（1）审计流程执行情况：

将单板硬件开发流程中的活动分为两类：一类是开发活动必不可少的，不执行，开发便进行不下去，如单板硬件总体设计、单板硬件详细审计、PCB 设计等，这样的活动有 10 个（称 A 类）；另一类是保证开发质量的，如各种评审活动、正规检视、可靠性/可测性/可维护性设计、详细设计阶段考虑单板工艺、结构 EM 设计等，不执行流程也能执行下去，但很可能因此影响开发质量，这样的活动有 20 个（称 B 类）。如表 7－5。

表 7－5　审计流程

产品名称		
单板名称		
	A 类	B 类
执行的活动数	10	20
未执行的活动数	0	5
流程执行情况	100%	81.48%
总体执行情况	86.49%	

（2）流程执行时间如表 7－6 所示。

表 7－6　流程执行时间

序号	**活动阶段**	**所用时间（天）**	**百分比**
1	单板总体设计阶段	10	5%
2	单板硬件详细设计阶段	30	15%
3	投板阶段	20	10%
4	单板硬件调试阶段	35	17.5%
5	单板软件概要设计阶段	20	10%
6	单板软件详细设计阶段	25	12.5%
7	单板软件调试阶段	30	15%
8	系统联调/测试阶段	30	15%
9	单板开发所用总时间（天）	200	

注：各阶段起止时间说明：

■单板总体设计阶段：硬件开发人员接到硬件开发任务书开始，单板总体设计方案评审通过结束；

■单板硬件详细设计阶段：单板总体设计方案评审通过开始，到第一次 PCB 投板申请得到 CAD 室同意为结束；

■投板阶段：指第一次投板时间，以第一次投板申请提交时间为开始，PCB 回板开发人员开始第一次单板调试为结束；

■单板硬件调试阶段：开发人员开始第一次单板硬件调试，到调试结束，包括第二次投板、多次投板的时间及每次的调试时间。如果有单板调试完成，但需等待其他单板完成才能开始系统联调，则要指出等待时间；

■单板软件概要设计阶段：单板总体设计方案评审通过开始，单板软件概要设计方案评审通过结束；

■单板软件详细设计阶段：单板软件概要设计方案评审通过开始，到单板软件编码结束时间为结束，包括编码时间；

■单板软件调试阶段：单板软件调试开始，到调试结束；

■系统联调/测试阶段：系统联调开始，到版本稳定为止。

（3）执行较好的环节：单板软硬件总体设计主要输入是硬件总体设计方案，在单板详细设计阶段考虑单板可测性、可维护性和可靠性，PCB布线经过评审，单板软硬件详细设计报告经过审核并按意见进行修改。

（4）执行不好的环节：单板硬件详细设计时没有考虑单板的工艺、装备和结构设计，关键器件没有替代策略，在单板详细设计阶段没有考虑单板EMC设计。

（5）问题及改进建议如表7-7所示。

表7-7　问题及改进建议

序号	问题	改进建议
1	产品的硬件总体方案没有经过总体组组织正式的评审就开始做单板	由总体组对评审进行控制，产品的硬件总体方案评审报告归档后才能开始单板的开发，保证在以后的产品开发过程中不出现类似情况
2	单板总体设计方案评审滞后于单板的详细设计	项目组在做项目计划时按流程规定的时间顺序来安排活动，将单板总体设计方案放在单板详细设计的前面，然后严格按计划执行
3	流程中规定应有一些输出，如单板可靠性设计报告、可维护性报告、单板工艺结构报告等，在审计过程中被访谈人员反映做过此类活动或在设计过程考虑到这点，但找不到相关正式纪录（纪要、报告等）	项目组按流程做项目计划，工作任务的完成应以相应流程规定的输出报告完成为结束标志

7.4　硬件设计输出文档模板

7.4.1　硬件总体设计方案

硬件总体设计方案如表7-8所示。

表 7－8　硬件总体设计方案

序号	章节	内容
1	概述	名称及版本号，说明本文档对应的硬件 PCB 板的正式名称及版本号
2	系统功能及功能指标	系统总体结构图及功能划分，单板命名，系统逻辑框图，组成系统各功能块的逻辑框图，电路结构图及单板组成，单板逻辑框图和电路结构图，关键技术讨论，关键器件清单，可靠性、安全性和电磁兼容性讨论，硬件测试方案，成本分析
3	单板总体设计	单板尺寸，单板逻辑图及各功能模块说明，单板软件功能描述，单板软件功能模块划分，接口定义及与相关板的关系，重要性能指标、功耗及采用标准，开发用仪器仪表等

7.4.2　单板总体设计方案

单板总体设计方案如表 7－9 所示。

表 7－9　单板总体设计方案

序号	章节	内容
1	概述	◇名称及版本号：说明本文档对应的单板的正式名称及版本号； ◇位置、作用、采用说明：简要说明单板在系统中的位置和主要作用，最好用框图表示（应与产品设计规格书保持一致），采用的标准（与产品设计规格一致，并细化），注意遵循公司所有有关的开发设计技术规范； ◇单板尺寸：说明单板的尺寸（含扣板、特殊器件）和单位，在尺寸要求特别严格的情况下，应说明使用该尺寸的足够理由； ◇开发目标：说明开发该单板的具体目标，具体目标包括面向产品实现产品功能，面向方案包括关键器件或电路的方案选择等，面向试验通过单板的调试过程决定某些可选功能（相关电路和/或软件模块）的增删
2	单板功能描述和主要性能指标	◇单板的功能和性能要求主要来自产品设计规格书，以引用其中的相关内容，并做详细解释，注意区分相关单板的功能划分和性能差异； ◇单板功能描述； ◇单板运行环境说明：需要说明各种可能的物理环境和逻辑环境、软件支持环境等； ◇重要性能指标：单板的主要性能指标和计算过程； ◇单板功耗估算：如果估算的功耗大于系统分配给本板的电源功率，则需要与系统工程师协调商议解决方案

续表

序号	章节	内容
3	单板总体框图及各功能单元说明	说明各硬件单元、逻辑电路的划分，并说明单板软件、业务软件与硬件的支撑关系，建议采用框图和说明文字相结合的方式，需要说明各单元与其他单元的配合接口关系（主要接口类型和信息流向、处理关系）： ◇单板总体框图：对主要业务处理流程和各功能单元间配合关系进行分析说明； ◇功能单元 1/2/3 介绍
4	单板接口定义、与相关板的关系	◇外部接口：详细说明该单板的所有外部接口的设计要求，包括接口名、接口逻辑位置（指与系统中其他哪些模块相连）、接口硬件和软件特性和连接方式等，对模拟接口应说明电压特性、频率特性和负载特性等，对数字接口应说明电平特性、时序特性，必要时可加上某些通信协议特性等，对电源接口应说明电压特性、噪声容限要求、额定功率等； ◇用户接口：详细说明单板的面板上所有与用户有关的接口，包括面板指示灯、光口、以太网口、同轴电缆接口、串口、跳线、拨码开关等； ◇系统接口：单板与本系统外设备的接口，对于需要通过电缆或光纤连接的接口部分请注明，并同时给出对连接电缆性能指标的要求； ◇板际接口：以表格形式列出单板与母板插座信号的位置和定义，并详细说明单板对其他单板接口，包括每一个/组信号与哪块单板相连，输入/输出关系。以波形图的形式说明每组接口的时序，如果接口是标准接口（或其子集），如 PCI，只需给出必要的说明； ◇内部接口：内部接口包括调测接口（如用于下载软件的串行口、测试点等）、设置接口（跳线、拨码开关、复位开关、电源开关等）和显示接口； ◇软件接口：站在软件人员的角度描述所有软件人员需要了解的硬件细节； ◇调试接口：详细说明单板上所有调试用接口，包括调试专用指示灯、跳线、拨码开关、电源保险丝、ISP 接口、软件测试接口、硬件测试点等
5	关键器件选型	考虑单板关键器件的选型（商务条件、技术可行性和供货风险），器件封装类型（选用新接插件要考虑线缆匹配，并进行可装配性分析，与单板工艺设计配套考虑）
6	单板各单元详细说明	◇单板功能单元划分：从系统的角度阐述单板的逻辑实现，提供单板的逻辑框图，划分功能单元，对其中的各单元的功能进行简要说明； ◇单元详细描述：详细描述本单元的功能，给出本单元的功能框图，说明本单元对其他单元接口每个/组信号的详细定义，说明本单元的实现方法，包括使用的芯片、主要电路分析和解释，单元提供哪些自诊断、自测试功能，实际的硬件实现方式、需要哪些软件的支持； ◇单元间配合描述：详细说明采用什么总线、什么工作方式、下挂什么单元。详细说明单元间复位顺序，各单元间的时序关系，单板整体可测试性设计，软件加载方式说明等

续表

序号	章节	内容
7	单板软件需求和概要方案	◇硬件对单板软件的需求，对单板内的所有与硬件可能相关的软件提出配套需求，包括功能需求、性能需求、可测试性、可维护性需求等； ◇业务处理软件对单板硬件的需求可实现性评估； ◇单板软件与硬件的接口关系和实现方案
8	单板逻辑需求和概要方案	◇单板内可编程逻辑设计需求，包括功能需求、性能需求、可测试性、可维护性需求等； ◇单板逻辑的概要方案
9	单板的产品化设计方案	◇可靠性综合设计，单板可靠性指标要求，单板可靠性指标详细设计； ◇单板故障管理设计，主要故障模式和改进措施，故障检测率、隔离率计算、单板复位、断电重启流程等； ◇器件应用可靠性设计，简要说明单板器件过应力防护、降额、容限容差、寿命类器件维护设计方案； ◇EMC、ESD、防护及安规设计说明：包括单板电源、地的分配图，电源和接口电路的 EMC 及安规设计，关键器件和关键信号的 EMC 设计，安规和防护设计，环境适应性和防护设计； ◇单板信号完整性设计说明； ◇单板工艺设计说明：包括 PCB 工艺方案、元器件工艺要求、预计的加工路线、单板装配、配线； ◇单板结构设计：包括拉手条或机箱结构，指示灯、面板开关，紧固件，特殊器件结构配套设计，热设计及监控； ◇单板热设计、单板电源设计、单板可维护性设计、调试计划和方案； ◇其他配套措施：环境适应能力等方面的保障措施，单板调试、安装、使用维护注意事项，对生产维修环节的配套要求
10	附件	◇安规器件清单； ◇FMEA 分析结果

7.4.3 硬件概要设计说明书

硬件概要设计说明书如表 7－10 所示。

表 7－10 硬件概要设计说明书

序号	章节	内容
1	概述	◇产品描述，产品功能和特性，说明产品的卖点功能、特性； ◇产品的开发环境； ◇产品的应用环境

续表

序号	章节	内容
2	针对需求的具体技术方案	◇需求说明：可引用产品包需求文字； ◇约束条件：该项需求的设计约束、可制造性约束、物料约束、各类标准约束等； ◇可实现的技术方案（含可替代方案）：详细描述技术方案，可用原理图、公式、3D 图、仿真等方式体现； ◇多种方案的比较：从实现难度、复杂度、成本、性能指标、风险等方面加以比较，最终方案选择
3	总体技术方案	◇可实现的总体技术方案（含可替代方案）：对各需求的技术方案进行协调汇总，可用原理图、公式、3D 图、仿真等方式体现； ◇多种总体技术方案的比较：从实现难度、复杂度、成本、性能指标、风险等方面加以比较； ◇结论：给出优选方案
4	硬件系统框架说明	◇系统功能框图：系统包括哪些模块，以及各模块间的连接关系； ◇单板功能框图：单板的功能说明和大致布局； ◇单板内外接口说明及系统连线图：详细说明该单板的所有外部接口的设计要求，包括接口名、接口逻辑位置和与系统中其他哪些模块相连，以及使用接插件的类型
5	各功能单元概要设计说明	示例：电源系统、说明系统、子系统的每路电源的设计原理和参考电路
6	整体布局、PCB 板布局、信号完整性分析	◇从整体的角度来考虑产品的设计，在具体设计中需要注意哪些方面； ◇确定系统需要多少块 PCB 板，对每块板 PCB 的结构、布局、层数和关键器件的摆放进行具体的分析； ◇对系统的关键信号和高速信号进行信号完整性分析，分析信号在电路中以正确的时序和电压进行传输，描述其信号质量
7	关键物料清单	列出关键物料、长周期物料清单，并对物料的交期、最小采购数量等信息进行分析
8	物料成本分析	给出典型配置的物料成本和其他配置主要模块的物料成本
9	风险控制	分析项目进行中的风险，并说明应对风险的策略及跟踪管理手段

7.4.4 硬件详细设计说明书

硬件详细设计说明书如表 7－11 所示。

表 7－11　硬件详细设计说明书

序号	章节	内容
1	概述	◇背景：对应的单板硬件正式名称和版本号； ◇单板功能描述：简述单板功能，内容参照单板硬件概要设计方案中的相关章节； ◇单板运行环境说明：说明各种可能的物理环境和逻辑环境、软件支持环境等； ◇重要性能指标：列出单板的主要性能指标，例如处理器性能、缓存容量、端口通信速率等指标； ◇架构详细说明：产品的系统框图，各单板在系统中的位置和作用，主要功能特点，各单板上的功能模块、原理框图、性能指标、采用的标准； ◇关键器件：对单板中的关键器件详细说明其软硬件特性并分析优缺点，如果曾经有多个可选对象，应说明目前选择该器件的原因和不选其他可能性的原因
2	各功能模块的详细设计说明	◇单板功能单元划分：从系统的角度阐述单板的逻辑实现，提供单板的逻辑框图，划分功能单元，对其中的各单元的功能进行简要说明。本节主要描述各单元内部的详细结构和相互之间的接口； ◇单元详细描述：各功能模块详细设计说明，以电源系统设计为例； ◇功能模块详细设计说明：详细描述本单元的功能，给出本单元的功能框图，需要指出电路的设计关键点，对主要的电路应提供局部原理图并进行分析和解释； ◇与其他单元的接口：说明本单元对其他单元接口每个/组信号的详细定义，包括时序说明； ◇实现方式：说明本单元的实现方法，包括使用的芯片、主要电路分析和解释。如果板上有可编程逻辑器件，应在此提供这些可编程器件的内部原理图、外部管脚图（含说明）、功能模块图（含说明）及相关的时序图； ◇关键器件特性指标：需要列出器件的关键特性指标（包括输入、输出信号电平指标，电流指标，功耗，ROHS，封装等）。对单板中的关键器件详细说明其软硬件特性并分析优缺点，如果曾经有多个可选对象，应说明目前选择该器件的原因和不选其他可能性的原因； ◇可测试性说明：单元提供哪些自诊断、自测试功能，实际的硬件实现方式、需要哪些软件的支持，结合生产、维护等给出关键测试点； ◇单元间配合描述； ◇总线设计：说明采用什么总线、什么工作方式、下挂什么单元，需要给出图示和文字解释； ◇时钟分配：说明有什么时钟源、提供给什么单元、时钟之间关系如何； ◇复位逻辑：说明单元间复位顺序、Watchdog 设计、复位单元加载顺序； ◇各单元间的时序关系：说明各单元的信号经过哪些逻辑的处理，符合什么样的时序关系，再输出到另一个单元； ◇单板整体可测试性设计：单板提供哪些自诊断、自测试功能，实际的硬件实现方式、需要哪些软件的支持

续表

序号	章节	内容
3	硬件单板主要接口定义、与相关板的关系	◇板际接口：以表格形式列出单板与母板插座信号的位置和定义，并详细说明单板对其他单板接口，包括每一个/组信号与哪块单板相连，输入/输出关系； ◇系统接口：单板与本系统外设备的接口，对于需要通过电缆或光纤连接的接口部分请注明，并同时给出对连接电缆性能指标的要求； ◇软件接口：对单板软硬件接口部分进行进一步的补充设计描述，如单板片选信号、中断信号、通信端口、寄存器、关键器件分配及说明； ◇大规模逻辑接口：说明单板硬件各单元与大规模逻辑的接口定义、处理信息类型、配套控制方式、接口时序等； ◇调测接口：详细说明单板上所有调试用接口，包括调试专用指示灯、跳线、拨码开关、电源保险丝、ISP 接口、软件测试接口、硬件测试点等； ◇用户接口：详细说明单板的面板上所有与用户有关的接口，包括面板指示灯、光口、以太网口、同轴电缆接口、串口、跳线、拨码开关等
4	单板可靠性综合设计说明	◇单板可靠性指标：参照单板硬件概要设计方案中的内容。本节需要修正单板硬件概要设计方案中的估算数据； ◇单板故障管理设计：主要故障模式和改进措施，故障定位率计算，冗余单元倒换成功率计算，冗余单板倒换流程，单板复位、断电重启流程； ◇器件应用可靠性设计说明：单板器件可靠应用分析结论，器件工程需求符合度分析，单板硬件返修率预计及改进对策，上、下电过程分析，器件可靠应用薄弱点分析，替代容差分析，器件离散性、最坏情况容限分析
5	单板可维护性设计说明	◇单板提供 PCB 和逻辑版本号上报功能的方式； ◇单板支持逻辑、单板软件和数据的加载和配置的方式，包括在线加载和远程加载； ◇单板能通过单板软件完成哪些设置、控制和操作，如工作方式设置、复位、倒换、闭塞、解闭塞、端口自环和单板自环等，硬件部分是如何支撑这些功能的
6	单板信号完整性设计说明	关键器件及相关信息，信号串扰、毛刺、过冲的限制范围和保障措施，其他重要信号及相关处理方案，物理实现关键技术分析
7	EMC、ESD、防护及安规设计说明	单板电源、地的分配图，关键器件和关键信号的 EMC 设计，安规、环境适应性和防护设计
8	单板工艺设计说明	◇PCB 工艺方案，元器件工艺要求； ◇预计的加工路线：描述单板的加工路线，包括单板组装后处理方式（如涂覆等）、老化方式、测试路线等； ◇单板装配：单板的安装及紧固方式，单板上紧固件的种类及可装配性、可操作性、禁布区，小板和大板装配方式、装配空间、紧固方式、装配精度要求； ◇新工艺需求：新工艺应用及其实验安排，并提出对基础工艺平台的要求； ◇配线：说明单板（包括母板）出线的方式，接插件选择

续表

序号	章节	内容
9	单板结构设计说明	拉手条或机箱结构，指示灯、面板开关，紧固件，特殊器件结构配套设计
10	风险管理	分析开发过程中存在的各种影响开发进度的风险，例如关键器件的交货周期、关键技术的实现等，并对之进行分析，给出预防措施
11	附件	安规器件清单，FMEA 分析结果，物料清单编码索引，列出制成板、成品板和软件的编码，便于查询各种清单，参考资料清单，其他重要详细设计信息

7.4.5 原理图和 PCB 图框

原理图和 PCB 图框信息如表 7-12 所示。

表 7-12 原理图和 PCB 图框信息

<table>
<tr><td></td><td colspan="2"></td><td></td><td colspan="6" rowspan="2">（产品代号）</td><td rowspan="2">（单位名称）</td></tr>
<tr><td></td><td colspan="2"></td><td></td></tr>
<tr><td></td><td colspan="2"></td><td></td><td colspan="6" rowspan="3">（材料）</td><td rowspan="3">（名称）</td></tr>
<tr><td>标记</td><td colspan="2">更改单号</td><td>签字、日期</td></tr>
<tr><td>设计</td><td></td><td></td><td></td></tr>
<tr><td>校对</td><td></td><td></td><td></td><td colspan="4">阶段标记</td><td>重量</td><td>比例</td><td rowspan="3">（代号）</td></tr>
<tr><td>审核</td><td></td><td>标审</td><td></td><td></td><td></td><td></td><td></td><td></td><td></td></tr>
<tr><td>工艺</td><td></td><td>批准</td><td></td><td colspan="6">共　　页第　　页</td></tr>
</table>

导出的单板 BOM 包括表 7-13 字段信息。

表 7-13 单板 BOM 字段信息

物料编号	名称	描述	用量	单位	位号

7.4.6 PCB 制版要求

PCB 制版要求如表 7-14 所示。

表 7-14　PCB 制版要求

1	制板文件名			文件大小	
2	机板丝印名称			机板丝印日期	
3	机板类型/材质				
4	机板厚度	1.6mm		机板层数	4 层
5	表面镀层	沉金			
6	阻抗处理	默认、无指明要求			
7	过孔处理	过孔塞阻焊油墨			
8	阻焊油墨	绿色/双面			
9	机板字符/丝印	白色/字体实心/双面，统一线条粗细			
10	环保指令	符合 RoHS，板上标注Ⓟⓑ			
11	拼板方式	拼板 2×3			
12	工艺边处理	上下水平边宽度 6mm，不对称 marking 点，Φ3mm 定位孔			
13	机板尺寸	单板 76×42mm			
14	机板弯曲/曲翘				
15	机板特殊标记	丝印制板企业标记和制板周期（年份/第几周/周期）标记			
16	测试要求	合同确认			
17	制版数量				
18	包装	真空			
19	交货时间/地点				
20	附注	1. 拼板图请回传以便确认。 2. 严格控制板边的精度，防止板边走线开路。			
21	工程联系人	制板		制板日期	
22	工程联络方式	电话		电子邮箱	
23	工程确认	审核		审核日期	

7.4.7　单板调试记录

单板调试记录如表 7-15 所示。

表 7－15　单板调试记录

序号	章节	内容
1	单板硬件	单板硬件功能模块划分、单板硬件各模块调试进度、调试中出现的问题及解决方法
2	单板软件	单板软件功能模块划分及各功能模块调试进度、单板软件调试出现问题及解决方法、下一阶段的调试计划、测试方案修改
3	汇总记录	原始数据记录，系统方案修改说明，单板方案修改说明，器件改换说明，原理图，PCB 图修改说明，可编程器件修改说明，调试工作阶段总结，调试进展说明，下一阶段调试计划及测试方案的修改

7.4.8　单板硬件测试报告

硬件测试一般包括单板系统联调和样机测试，如表 7－16 所示。

表 7－16　单板硬件测试报告

序号	章节	内容
1	概述	◇基本情况介绍：填写测试中针对的机型和测试验证重点； ◇单板模块划分：从调试测试的角度简要说明单板硬件功能模块的划分情况，以及各个模块的功能和相互关系； ◇调试测试组网图：简单描述调试测试的组网图； ◇调试时间、地点及人员； ◇使用仪器和设备
2	测试范围	◇硬件测试主要针对整机外部使用的特性，内部信号测试由硬件开发人员完成； ◇原型机阶段：预测试，对所有功能模块进行测试，对电气参数进行测试如系统信号测试等，对性能进行摸底测试，对可靠性进行摸底测试，对结构进行摸底测试，对提交文档进行验证
3	调试测试用例记录	◇功能部分调试，模块测试用例；信号质量测试用例； ◇失效器件原因分析：描述对关键器件的失效分析结果、可靠性改进和预防措施
4	测试总结	◇测试充分性评价：对本次调试的项目进行总结，包括完成总项数、通过多少项、失败多少项、部分通过多少项及百分比等，对产品实际测试使用的 CASE 在 CASE 库、样机测试用例中的比例说明，对这次测试了的模块的比例说明，测试偏重点的说明； ◇结果及风险分析：对缺陷分布的分析和测试同类产品对情况的分析，分析修改过或未修改，及可能未能测试到的问题带来的问题和危害情况的分析，测试结果的说明； ◇遗留问题报告：遗留问题是指调试过程中发生的，并且在调试报告时仍没有得到解决需要投下一版 PCB 回归测试验证的问题； ◇调试测试经验总结

续表

序号	章节	内容
5	测试结果	测试结论：通过，产品设计符合需求。不通过，产品存在重大缺陷导致产品不符合需求要求。有条件通过，产品部分功能不符合需求或存在部分缺陷，但对后续活动影响不大的情况。需要说明产品的后续处理方式，并进行跟踪

7.5 硬件评审要素

7.5.1 单板软件测试评审要素

单板软件测试评审要素如表 7－17 所示。

表 7－17　单板软件测试评审要素

序号	类型	内容
1	单板升级兼容性测试	与各种硬件版本、以前单板软件的兼容性
2	单板通用功能测试	◇根据本板完成功能的各项要求与指标测试，测试项目是否完备； ◇测试方法是否科学； ◇是否对这些项目进行了测试：单板上电开工、后台复位、带电拔插等； ◇单板内是否有自检功能：如内存自检、邮箱自检、主要接口自检、主要功能器件自检； ◇单板内是否有调试口，是否对调试口进行了测试； ◇单板是否进行了超负荷测试，最大能力是多少，是否满足要求； ◇单板的维护功能是否做了测试； ◇该单板在详细设计中要求的特殊情况是否进行了测试
3	协议功能测试	◇是否可用标准协议测试仪进行测试，测试结果是否满足要求； ◇协议的各种异常情况是否做了完整的测试
4	较复杂的软件	◇是否对程序的主要分支进行了测试； ◇软件是否模块化； ◇对各项功能模块，是否对其功能进行了模拟输入测试； ◇是否进行了单元测试； ◇测试用例是否合理； ◇是否进行了内存占用率的测试； ◇编程是否按照规范； ◇是否进行了静态代码审查

7.5.2 单板硬件测试评审要素

单板硬件测试评审要素如表 7－18 所示。

表 7－18 单板硬件测试评审要素

序号	类型	内容
1	规范性	◇产品名称、型号、版本号、保密代号是否详细、清楚； ◇是否遵守模板要求； ◇资料、文献引用是否正确
2	技术可行性	◇是否具有完备的单板功能说明； ◇是否具有待测试单板正常工作所需环境的详细说明； ◇是否具有完备的 EMC 测试布置图
3	测试完备性	◇是否完备列举了所有应该测试的端口； ◇是否正确将不同端口进行测试类别分类、等级分类； ◇是否完备列举待测试单板可以测试的项目
4	可测试性	◇是否考虑让单板工作在最大 EMI 发射状态； ◇是否考虑寻找最敏感 EMS 受扰状态； ◇是否考虑到特殊测试要求：如对比测试、极限测试等； ◇是否有明确的敏感度判断标准； ◇是否考虑了公司现有的试验条件； ◇是否考虑了出现问题时大致要采取的措施，现象处理手段、工具准备等； ◇是否考虑了意外防护
5	成本周期	是否充分考虑了时间安排

7.5.3 外协评审要素

外协评审要素如表 7－19 所示。

表 7－19 外协评审要素

序号	类型	内容
1	工程资料	◇BOM 是否为本次生产有效版本； ◇器件清单、烘烤要求是否已提供，GERBER 是否为本次生产有效版本； ◇是否有本次生产工艺流程要求； ◇测试平台软件是否已下达，测试是否有作业指导书或专人指导； ◇是否对外协提供电路原理图或维修培训； ◇测试夹具线料及专用耗材是否准备到位，贴片设备及钢网是否到位（含有、无铅切换准备）； ◇作业指导书是否准备

续表

序号	类型	内容
2	品质保障	◇来料检验标准、PCBA 检验标准、异常停线标准是否提供； ◇检验人员是否到位，有无检验标准，是否对人员进行培训； ◇该产品转产前平均直通率及主要问题点是否提供
3	计划商务	◇物料是否正常入库并预先处理（烘烤等）； ◇生产交货计划能否达到交货要求； ◇报价是否完成，生产线体配置是否完成

7.5.4 硬件开发流程实施情况评审要素

硬件开发流程实施情况评审要素如表 7－20 所示。

表 7－20 硬件开发流程实施情况评审要素

序号	类型	内容
1	硬件开发流程实施评审要素	◇单板软硬件总体设计之前是否已有硬件总体设计方案和软件总体设计方案？ ◇单板软硬件总体设计方案是否经总体组组织的评审？是否按照评审意见进行了修改？ ◇是否按照软硬件总体设计方案制定了单板的软硬件测试计划和单板综合测试计划？ ◇单板软硬件的测试计划是否经过了总体组组织的评审？ ◇单板硬件详细设计时是否考虑选用共享电路或提供共享电路，是否考虑单板的工艺、结构、电源设计、EMC 设计、装备设计、可靠性设计、可测试性设计、可维护性设计？ ◇关键器件是否有替代策略？ ◇选用多少非优选器件？有无计算器件的替代率和复用率？ ◇单板的软硬件详细设计报告是否经过评审？单板软硬件详细设计是否按评审意见进行了修改？ ◇PCB 布局、布线是否经过评审？PCB 布局、布线是否按评审意见进行了修改？ ◇软硬件的集成测试计划是否经过总体组的评审？ ◇系统联调测试前是否通过版本申请提交版本

第八章

软件管理

8.1 软件管理常见的问题

软件管理常见的问题如表 8－1 所示。

表 8－1 软件管理常见的问题

序号	类型	内容
1	人员、组织	软件开发团队的管理职责不清晰，人员流动频繁，人员工作安排不合理
2	数据	◇没有集中、唯一、长期正确的软件管理平台，如 VSS、SVN、Rational Clear Case 等； ◇软件数据和其他产品数据分散管理； ◇软件管理相关的文档，以及软件本身输出质量不高； ◇软件配置管理有待提高，嵌入式软件与 PCBA、系统软件之间的关联关系不清晰
3	流程	◇软件开发规范与方法、过程控制有待提高； ◇软件需求没有统一管理； ◇软件开发缺乏足够的系统分析； ◇软件开发过程缺乏明显的阶段评审； ◇开发的软件缺乏足够的测试，导致软件质量不高； ◇没有全面的变更流程和问题跟踪流程； ◇软件与其他专业的协同有待改善； ◇开发周期出现严重拖期

8.2 软件管理流程

软件管理流程如图 8－1、表 8－2 所示。

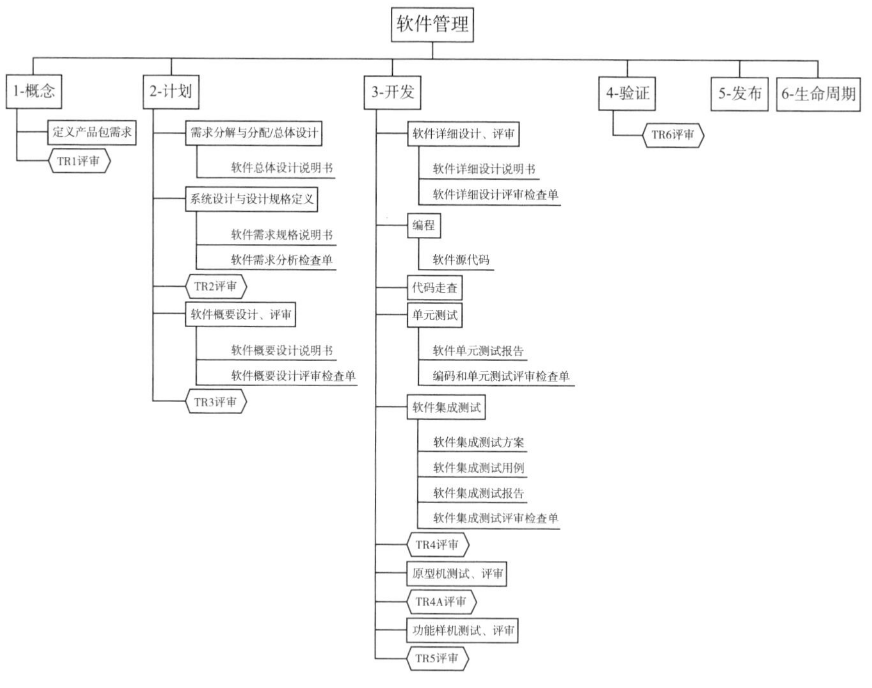

图 8－1　软件管理流程

表 8－2　软件管理流程

编号	活动	活动描述	模板/标准/工具
1	定义产品包需求	探索关键技术的概念，并对其进行评估和优劣势分析，配合 SE 做软件部分可选概念探索和选择，提出软件技术概念的选择建议	产品包需求
2	需求分解与分配/总体设计	产品总体设计，根据已确定的产品包概念、产品包需求进行软件的需求分解和分配，配合 SE 做软件部分分解分配	产品需求分解与分配模板 产品总体方案
3	系统设计与设计规格定义	编写和审核产品技术规格说明书	产品技术规格书
4	软件概要设计、评审	进行软件的架构设计和各模块之间的接口，确认软件同其他相关的外部接口，各模块的主要技术，系统的核心逻辑，关键产品组件或关键功能模块，设计用户操作界面及交互界面	软件概要设计说明书 软件概要设计评审要素

续表

编号	活动	活动描述	模板/标准/工具
5	软件详细设计、评审	◇开发负责人主导，开发工程师实现； ◇编写详细设计说明书； ◇详细描述关键模块的功能； ◇软件工程师编写、审核和确认单元测试用例	软件详细设计说明书 软件详细设计评审检查单
6	编程	完成代码	源代码 《软件编码规范建议》
7	代码走查	◇根据编码规范走查各模块代码及单元测试代码； ◇对功能实现尽可能的逻辑审核，确认与设计的一致性； ◇对代码质量提出建议和意见，填写代码走查单； ◇软件工程师根据代码走查修改意见修改代码，修改后的代码提交由审核人确认问题是否修改	《软件代码走读要素表》
8	单元测试	◇软件工程师根据各个组件或模块选择合适的单元测试方法，如功能测试、模块白盒测试等； ◇对软件模块进行单元测试并记录单元测试结果及发现的缺陷	《软件单元测试报告》
9	集成测试	编写软件集成测试方案，软件工程师对软件系统进行集成测试，缺陷修改	软件集成测试方案 软件集成测试报告
10	配合测试工程师进行SDV测试	软件工程师配合测试工程师进行SDV测试，软件工程师进行缺陷修改	《测试报告》
11	配合测试工程师进行SIT测试	软件工程师配合测试工程师进行SIT测试，软件工程师进行缺陷修改	《测试报告》
12	配合测试工程师进行SVT测试	软件工程师配合测试工程师进行SVT测试，软件工程师进行缺陷修改	《测试报告》

8.3 软件管理专题

8.3.1 软件管理“V 模型”

软件管理“V 模型”如图 8－2 所示。

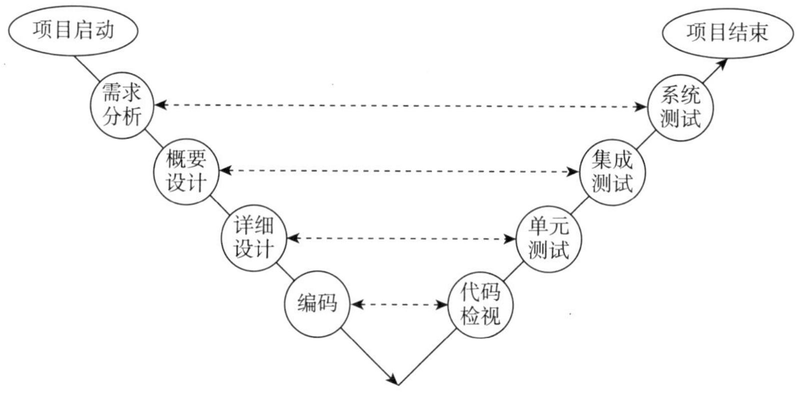

图 8－2 软件管理“V 模型”

在一个软件为主的研发项目中，建议留出至少 20% 的时间用于需求分析，留出至少 20% 的时间用于概要设计和详细设计，编码时间一般不超过项目时间的 40%，留出至少 20% 的时间用于验收测试，专职的技术经理负责根据系统的用例和设计进行编码与代码检查，建立标准的单元测试管理流程和文档体系。

8.3.2 软件概要设计原则

◇总体原则和方法：由粗到细、互相结合、定性分析和定量分析相结合、模型化，考虑系统的一般性、关联性、整体性和层次性；

◇分解协调：分解是指将一个复杂的系统分解为若干个子系统。协调是系统内协调，即根据系统的结构、功能、目标的要求，使各个子系统之间协调配合。在各个子系统局部优化的基础上，通过内部平衡的协调控制，实现系统的整体优化；

◇屏蔽抽象：从简单的框架开始，隐含细节；

◇一致性：统一的规范、统一的标准、统一的文件模式，每个模块应当有一个统一命名的容易理解的名字；

◇编码：由外向内；

◇面向用户：概要设计是对于按钮按下后系统怎么做的简要说明；

◇模块、组件的充分独立性、封闭性；

◇考虑静态结构与动态运行；

◇每个逻辑对象都应当说明其所处物理对象；

◇每个物理对象都有合适的开发人员，并且有利于分工与组装；

◇确立每个构架视图的整体结构，视图的详细组织结构、元素的分组，以及这些主要分组之间的接口；

◇必要的人员储备及培训，软件构架与使用的技术平台密切相关，具体的软件构架人员应当具备使用这些平台的软件开发经验；

◇通过需求功能与设计模块之间的列表对应，检查每个需求功能是否都有相应的模块来实现，保证需求功能的可追溯性和需求实现模块的完整性，同时可以检查重复和不必要的模块；

◇在需求调研分析过程中，对业务处理过程了解完整性和准确性。调查了解清楚所有的业务流程才能设计出适合各流程业务节点用户业务特点和习惯的软件；

◇进行软件概要设计时，要尽量排除业务流程的制约，把流程中的各项业务结点工作作为独立的对象，设计成独立的模块，充分考虑他们与其他各种业务对象模块的接口，在流程之间通过业务对象模块的相互调用实现各种业务。

8.3.3 软件配置与发布

软件配置管理简称 SCM（Software Configuration Management 的缩写），是在团队开发中，标识、控制和管理软件变更的一种管理。

◇专职的配置经理订立与执行软件发布管理计划；

◇建立标准的软件变更管理流程，收集上线系统的缺陷及功能扩展；

◇组建变更控制委员会来审批软件变更请求，必须严格管理上线系统的版本修改，维护人员不得随意更改上线版本，以便保证已修复的缺陷，在系统升级后不会重复出现；

◇采用发布管理工具来管理软件的修改和发布过程，在每次版本更新时都应提交一份详细的发布版本说明，描述在新版本中修复了哪些缺陷、增加了哪些新功能，以便用户顺利进行系统升级。

8.3.4 软件质量保证及审核

软件质量保证方式包括结对编程，保证软件测试时间，配置技术背景的QA，独立于项目组的QA，按阶段进行正式技术评审。软件质量审核流程如表8－3所示。

表8－3 软件质量审核流程

序号	主题	内容
1	SQA审核的启动	◇根据项目SQA计划进行的审核； ◇事件驱动审核，如果有以下警告信息出现，SQA组就应根据实际情况及时加强审核：经常的进度/里程碑的变更，开发者不能或不愿意提供足够和准确的有关项目状态、进度和计划的信息，不断地把应该马上实现的功能推迟到以后的版本中，过多/过少的不一致项或变更请求数量
2	审核准备	◇了解项目软件开发的目标、工作产品，阅读项目的管理文档，熟悉项目所采用的标准和规程； ◇评审项目最近的状态报告，了解产品的完成情况和预示的问题，阅读项目的不合格报告和上一次审核报告； ◇确定审核的重点，剪裁和确定审核检查单
3	现场审核	◇收集与审核目标、审核时间和资源一致的审核证据； ◇审核内容包括项目计划制定、跟踪和监督过程，软件需求分析过程，软件设计过程，编码实现过程，测试过程，产品评审过程，配置管理过程； ◇常采用的现场审核的方法有：与研发人员交谈和询问，查阅有关记录和工作产品，对活动及结果进行验证，常用来证实有疑问的结果，进行现场观察，如观察测试人员是否按照测试规程进行测试； ◇抽样审核，证明其不合格的客观证据，撰写审核报告
4	SQA审核后续活动	跟踪不合格项的纠正，并对纠正情况进行验证关闭。所有不合格项都应该在规定的落实时间内关闭，超过规定时间仍不能关闭的，SQA组将向研发副总报告

8.3.5 软件测试

软件测试方法如表 8－4 所示。

表 8－4 软件测试方法

序号	主题	内容
1	黑盒测试	等价类划分、因果图、边值分析、猜错法、随机数法
2	白盒测试	语句覆盖、判定覆盖、条件覆盖、判定/条件覆盖、条件组合覆盖

一般测试通过标准是：单元功能同设计需求一致，规定的路径覆盖率及覆盖类达到要求，且单元执行正确，所规定的测试手段被使用，且单元执行正确，对残留错误有合法解释或被认可暂留，致命和严重类缺陷为 0，一般类缺陷小于 1% 。

8.3.6 软件度量

软件度量如表 8－5 所示。

表 8－5 软件度量

序号	主题	内容
1	项目度量	理解和控制当前项目的情况和状态，包括规模、成本、工作量、进度、风险、生产率、客户满意度、工作量分布等。生产率指单位工作量所生产的代码量，工作量分布指生命周期每个阶段所占总工作量的百分比
2	软件质量	描述和评价软件质量的一组属性，包括交付质量、缺陷引入率、缺陷移除率、功能性、可靠性、易用性、效率性、可维护性、可移植性、缺陷分布等。交付质量指千行代码缺陷数，缺陷引入率指单位规模内发现的缺陷数，过程的缺陷移除率指项目交付前解决的缺陷数据占总缺陷的比例，缺陷分布指每个阶段发现的缺陷占总发现缺陷的百分比

8.3.7 软件管理改善路径图

笔者认为改善软件管理过程需要首先保证输出的质量，其次要减少“救火”式行为，从“软件是测试出来”向“软件是设计出来”转变。详细的软件管理改善路径如表 8－6 所示。

表 8-6 软件管理改善路径

序号	主题	内容
1	管好软件发布	软件管理平台，软件源代码、目标文件管理，建立源代码和目标文件、嵌入式软件和应用软件关联关系
2	流程和架构管理	软件开发流程梳理，软件问题和缺陷跟踪管理，公共代码开发，设置公共代码开发人员，保证开发代码的质量和文档。设置软件配置员，保证源代码和目标文件的一致性
3	软件需求管理	强化需求评审，需求分析质量直接影响后续的各个工作环节，分别进行全局评审和局部评审，全局评审关注方向、核心竞争力功能，局部评审关注业务流程和操作流程。统一需求来源，使用统一的平台管理需求的分类，设置统一的需求接口人员，合理的过滤，不要立即着手实现
4	软件测试管理	测试和设计同步，包括测试计划、测试用例与功能代码同步。统一管理测试用例，并形成测试用例的更新流程。形成测试用例的 Checklist 和完成测试的 Checklist，统一管理 Bug，建立一个专门的 Bug 管理平台，及时发布已暴露的 Bug 解决方法，避免问题重复出现。测试问题的整理，在例会中总结、分享
5	软件工程管理	增加系统设计比重，公共模块开发，经验分享，连续性检讨和优化

8.4 敏捷软件开发

据业界调查显示，45%的软件特性客户没有使用，一个 50 人的开发团队，每人平均 30%时间用于编码，70%的时间用于与客户和其他成员交流。客户一开始很难想清楚真正要的东西，一般是在过程中逐步发现真正需求的，应该通过不断地向客户交付可用的产品，启发客户逐步发现真正的需求，如图 8-3 所示。

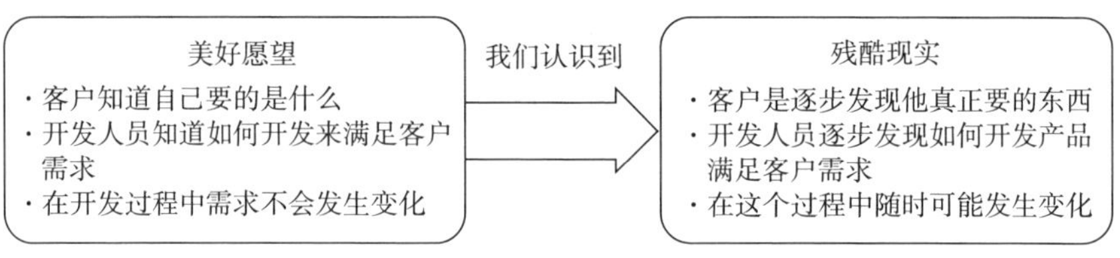

图 8-3 启发客户逐步发现真正的需求

信息时代需求变化更快，企业核心竞争力是快速交付。轻量级的，更能适应变化的敏捷软件开发方法被普遍认可并迅速流行。敏捷开发的特点包括把复杂的问题分解成一系列相对简单的问题，早期的迭代解决风险最高的问题，每次迭代都增加系统的功能并产生一个可运行的结果，每次迭代都包括有测试工作，支持动态联盟和虚拟组织，轻量级的开发过程，基于时间 Just Enough，并行，基于组件的软件工程等。

迭代化开发（敏捷开发）模型和瀑布模型的风险对比如图 8－4 所示，迭代化开发可以提前识别和避免风险。

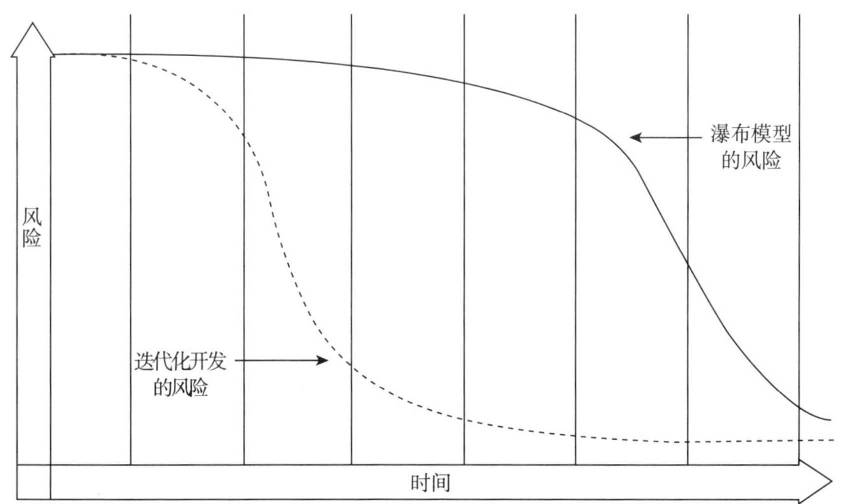

图 8－4　迭代化开发和瀑布模型的风险对比

迭代式开发的关注点随时间而发生变化，如图 8－5 所示。

根据具体项目的规模和复杂度决定迭代的周期，典型的迭代周期一般为 4～6 周。影响迭代周期的主要有以下因素：团队规模、团队的稳定性和软件开发能力成熟度，对迭代流程的熟悉程度，项目大小，项目中技术的复杂度，软件开发的自动化程度，包括管理代码、发布信息、功能/性能测试等。

据统计实施敏捷开发模式 82% 的项目生产率有提高，78% 的项目质量有提高，78% 的项目客户满意度有提高，37% 的项目成本有降低。

8.4.1　敏捷宣言

我们正在通过亲身实践及帮助他人实践，揭示更好的软件开发方法。通过这项工作，我们认为：

个体和交互　　　胜过过程和工具

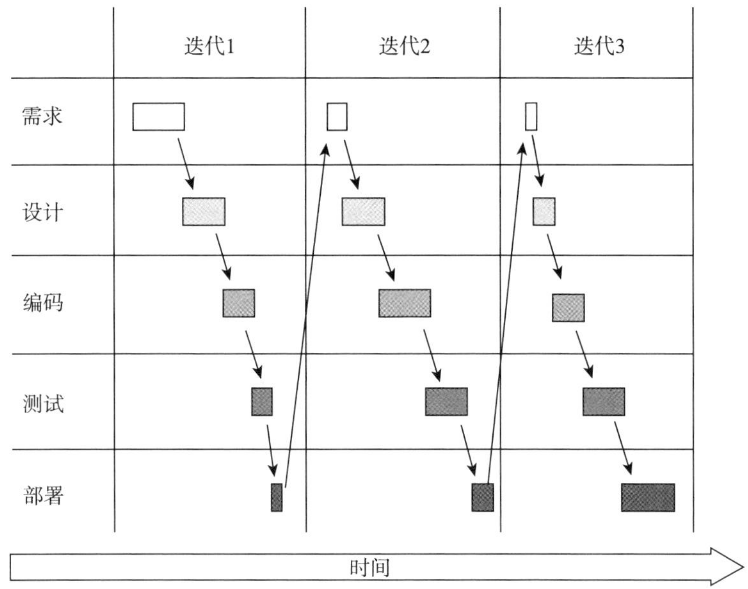

图8－5　迭代式开发的关注点随时间而发生变化

可以工作的软件　胜过面面俱到的文档

客户合作　　　　胜过　合同谈判

响应变化　　　　胜过　遵循计划

虽然右项也具有价值，但我们认为左项具有更大的价值。

敏捷宣言是敏捷起源的基础，由上述4个简单的价值观组成，敏捷宣言的签署推动了敏捷运动。敏捷宣言揭示了一种更好的软件开发方式，启发人们重新思考软件开发中的价值和如何更好地工作。

案例分析：

传统研发如图8－6所示。

图8－6　传统研发

敏捷研发如图 8－7 所示。

图 8－7　敏捷研发

软件更像一个活着的植物，自底向上逐步有序的生长。敏捷开发遵循软件客观规律，不断地进行迭代增量开发，最终交付符合客户价值的产品。

8.4.2　敏捷团队 3 种角色职责

敏捷团队 3 种角色职责如表 8－7 所示。

表 8－7　敏捷团队 3 种角色职责

角色名称	角色定义	角色职责	注意事项	角色人选
Product Owner（产品负责人）	确保 Team 做正确的事	代表利益相关人（如用户、Marketing、用服、管理者等），对产品投资回报负责。确定产品发布计划，定义产品需求并确定优先级。验收迭代结果，并根据验收结果和需求变化刷新需求清单和优先级	除了客户需求之外，内部任务如重构、持续集成环境搭建等也由 PO 纳入统一管理	产品经理、项目经理
Scrum Master（Scrum 教练）	确保 Team 正确地做事	辅导团队正确应用敏捷实践，引导团队建立并遵守规则，保护团队不受打扰，推动解决团队遇到的障碍，激励团队	不命令和控制 Team	项目经理
Team（开发团队）	负责产品需求实现	负责估计工作量并根据自身能力找出最佳方案去完成任务且保证交付质量，向 PO 和利益相关人演示工作成果（可运行的软件），团队自我管理、持续改进	一般由 5～9 名跨功能领域人员组成，坐在一起工作，有共同的目标，共担责任，团队成员严格遵守团队规则	系统设计师、软件工程师、测试工程师

8.4.3　敏捷实践概览

敏捷实践概览如表 8－8 所示。

表 8－8 敏捷实践概览

类型	活动	描述	关键要点	好处
概览	迭代开发	将整个软件生命周期分成多个小的迭代（一般 2～4 周），每一次迭代都由需求分析、设计、实现和测试在内的多个活动组成，每一次迭代都可以生成一个稳定和被验证过的软件版本	每一次迭代都建立在稳定的质量基础上，并作为下一轮迭代的基线，整个系统的功能随着迭代稳定地增长和不断完善。每次迭代要邀请用户代表（外部或内部）验收，提供需求是否满足的反馈。迭代推荐采用固定的周期（2～4 周），迭代内工作不能完成，应当缩减交付范围而不是延长周期	将高技术风险的需求在早期迭代里实现，有助于尽早暴露问题和及时消除风险。提供功能渐增的产品，持续从客户获得反馈，根据反馈及时调整，使最终产品更加符合客户的需要。减少排队，提供更灵活、快速的交付能力，平滑人力资源的使用，避免出现瓶颈
团队	完整团队	敏捷开发中，以 Story 为单位的持续交付要求系统组、开发和测试等跨功能团队进行密切协同，相互独立的功能团队难以应对。完整团队是跨功能领域（需求分析师、设计师、开发人员、测试人员、资料人员等）的人员组成一个团队，坐在一起工作，团队成员遵循同一份计划，服从于同一个项目经理	成员来自多功能领域，团队拥有完成目标所需的各职能成员，坐在一起办公，团队成员无障碍地沟通。团队保持相对稳定非常关键，临时组建的团队生产效率较低	有助于团队成员形成共同目标和全局意识，促进各功能领域的拉通和融合。面对面沟通提升沟通效率，实现团队成员的高度协同，支撑高密度地、持续地、短周期的交付
工作件	产品 Backlog	经过优先级排序的动态刷新的产品需求清单，用来制定发布计划和迭代计划	清楚表述列表中每个需求任务对用户带来的价值，作为优先级排序的重要参考。动态的需求管理而非“冻结”方式，PO 持续地管理和及时刷新需求清单，在每轮迭代前，都要重新筛选出高优先级需求进入本轮迭代。迭代的需求分析过程，而非一次性分析清楚所有需求，只对近期迭代要做的需求进行详细分析，其他需求停留在粗粒度	通过需求的动态管理应对变化，避免浪费。易于优先交付对用户价值高的需求

续表

类型	活动	描述	关键要点	好处
工作件	迭代Backlog	迭代Backlog是团队在一轮迭代中的“任务”（Task）清单，是团队的详细迭代开发计划。当团队接收从产品Backlog挑选出要在本轮迭代实现的需求时，召开团队迭代计划会议，将需求转化为具体的“任务”，每项任务信息包括当前剩余工作量和责任人	“任务”由团队成员自己分解和定义，而不是上级指派，支撑需求完成的所有工作都可以列为任务，任务要落实到具体的责任人，任务粒度要小，工作量大于两天的任务要进一步分解，用小时作为任务剩余工作量的估计单位，并每日重新估计和刷新	将需求分解成更细小的任务，利于对迭代内进度进行精确控制，剩余工作量可用来实时跟踪团队当前进展
	完成标准	基于“随时可向用户发布”的目标制定衡量团队工作是否已完成的标准，由团队和PO形成共识	团队自协商，团队根据项目实际情况来定义完成标准，并严格遵守。一般分为三个层次：Story级别、迭代级和发布级，每个级别都有各自的完成标准	共同协商的完成标准是团队的自我承诺，团队会更认真。准确评估团队工作进展，清晰和明确的完成标准保证了每次迭代是高质量的
管理实践	迭代计划会议	每轮迭代启动前，团队共同讨论本轮迭代详细开发计划的过程，输入是产品Backlog，输出是团队迭代Backlog。迭代计划会议内容包括澄清需求、对“完成标准”达成一致，工作量估计、根据团队能力确定本轮迭代交付内容，细化、分配迭代任务和初始工作计划	通过充分讨论，使团队成员对任务和完成标准理解一致。团队共同参与，促进团队成员更认真对待自己的承诺	充分参与，Scrum Master确保PO和Team充分参与讨论，达成理解一致。相互承诺，Team承诺完成迭代Backlog中的需求并达到“完成标准”，PO承诺在短迭代周期不增加需求（2~4周）。确定内部任务，Team和PO协商把一些内部任务放入迭代中（例如重构、持续集成环境搭建等），由PO考虑并与其他外部需求一起排序

续表

类型	活动	描述	关键要点	好处
管理实践	每日站立会议	每日工作前，团队成员的例行沟通机制，由 Scrum Master 组织，Team 成员全体站立参加，聚焦在下面的三个主题：我昨天为本项目做了什么？我计划今天为本项目做什么？我需要什么帮助以更高效的工作	准时开始，按计划会议制定的时间地点开会，形成团队成员的自然习惯。高效会议，会议限时 15 分钟，每个人都保持站立，依次发言，不讨论与会议三个主题无关的事情（如技术解决方案等）。问题跟踪，Scrum Master 应该记录下所有的问题并跟踪解决	增强团队凝聚力，产生积极的工作氛围，及时暴露风险和问题，促进团队内成员的沟通和协调
	可视化管理	将项目状态（进度、质量等）通过物理实体（如白板、大屏幕）实时展示，让团队所有成员直观地获取当前项目进展信息	物理实体，可视化一定要做到物理上的实体化，大家在公开场所都容易看到、触摸到（存在电脑中的文件不是可视化的）。内容精简、易懂，信息展示一目了然，切实对团队有帮助，切忌贪多求全，难以分辨。实时刷新，延迟的信息拖延问题暴露，降低运作效率	简单，一目了然，降低管理成本，实时状态显示，及时暴露问题。信息同源使团队理解一致，提升团队凝聚力，激励先进，鞭策后进，增强团队进取心
	迭代验收	每次迭代开发结束时举行，通过演示可工作的软件检查需求是否满足客户要求。由 Scrum Master 组织，PO 和用户代表（外部或内部利益相关人）负责验收、Team 负责演示可工作软件	展示“真实”的产品，Team 应在真实环境中展示可运行的软件，判断是否达到“完成”标准。收集反馈，PO 根据验收情况及客户反馈意见，及时调整产品 Backlog	通过演示可工作的软件来确认项目的进度，具有真实性，能尽早获得用户对产品的反馈，使产品更加贴近客户需求
	迭代回顾会议	在每轮迭代结束后举行的会议，目的是分享好的经验和发现改进点，促进团队不断进步，围绕以下三个问题：本次迭代有哪些做得好？本次迭代我们在哪些方面还能做得更好？我们在下次迭代准备在哪些方面改进	会议气氛，Team 全员参加，气氛宽松自由，畅所欲言，头脑风暴发现问题，共同分析根因。关注重点，Team 共同讨论优先级，将精力放在最需要的地方（关注几个改进就够了），会议结论要跟踪闭环：可以放入迭代 backlog 中	激励团队成员，帮助团队挖掘优秀经验并继承，避免团队犯重复的错误，营造团队自主改进的氛围

续表

类型	活动	描述	关键要点	好处
技术实践	用户故事	用户故事是站在用户角度描述需求的一种方式，每个用户故事须有对应的验收测试用例，用户故事是分层分级的，在使用过程中逐步分解细化，典型的描述句式为：作为一个××客户角色，我需要××功能，带来××好处	I-Independent，可独立交付给客户，N-Negotiable，便于与客户交流，V-Valuable，对客户有价值，E-Estimable，能估计出工作量，S-Small，分解到最底层的用户故事粒度尽量小，至少在一个迭代中能完成，T-Testable，可测试	用户故事站在用户视角便于和客户交流，准确描述客户需求，可独立交付单元、规模小，适于迭代开发，以获得用户快速反馈。强调编写验收测试用例作为验收标准，能促使需求分析人员准确把握需求，牵引开发人员避免过度设计
	结对编程	◇两位程序员在一台电脑前工作，一个负责敲入代码，而另外一个实时检视每一行敲入的代码，操作键盘和鼠标的程序员被称为“驾驶员”，负责实时评审和协助的程序员被称为“领航员”； ◇“领航员”检视的同时还必须负责考虑下一步的工作方向，例如可能出现的问题以及改进等	程序员应经常性地在“驾驶员”和“领航员”间切换，保持成员间平等协商和相互理解，避免出现一个角色支配另一个角色的现象。开始一个新Story开发的时候即可变换搭档，以增进知识传播。培养团队成员积极、主动、开放、协作的心态能够增进结对编程效果。实施初期需要精心辅导，帮助团队成员克服个性冲突和习惯差异	有助于提升代码设计质量，研究表明结对生产率比两个单人总和低15%，但缺陷数少15%，考虑修改缺陷工作量和时间都比初始编程大几倍，所以结对编程总体效率更高。结对编程能够大幅促进团队能力提升和知识传播
	测试驱动开发	TDD以测试作为编程的中心，它要求在编写任何代码之前，首先编写定义代码功能的测试用例，编写的代码要通过用例，并不断进行重构优化。TDD要求测试可以完全自动化运行	测试代码和源代码一样都需要简洁，可读性好。测试用例的设计要保证完备，覆盖被测单元的所有功能。每个测试用例尽量保持独立，减少依赖，提高用例的可维护性。当功能单元较大时，为降低难度，可分解为多个更小的功能单元，并逐一用TDD实现	代码同步增长的自动化测试用例，能为代码构筑安全网，保证代码重构的质量。TDD有助于开发人员优化代码设计，提高代码可测试性

续表

类型	活动	描述	关键要点	好处
技术实践	持续集成	持续集成（CI）是一项软件开发实践，其中团队的成员经常集成他们的工作，通常每人每天至少集成一次，每次集成通过自动化构建完成	持续集成强调快速和反馈，要求完成一次系统集成的时间尽量短，并提供完备且有效的反馈信息。自动化测试用例的完备性和有效性是持续集成质量保障。修复失败的构建是团队最高优先级的任务。开发人员须先在本地构建成功，才可提交代码到配置库。持续集成的状态必须实时可视化显示给所有人。大系统持续集成需分层分级，建立各层次统一的测试策略	大幅缩短反馈周期，实时反映产品真实质量状态。缺陷在引入的当天就被发现并解决，降低缺陷修改成本。将集成工作分散在平时，通过每天生成可部署的软件，避免产品最终集成时爆发大量问题

以下是笔者对敏捷开发实践几个关键点的进一步介绍：

（1）每日站立会议。目的是加强团队交流和信息共享，互相了解彼此都在做什么工作、完成了什么任务。每日的信息传递可以让每个人有更多的机会了解整个项目的业务和技术状况。如果在工作中遇到障碍或问题，也可以提出来请求大家的帮助。一般在敏捷团队中，遇到问题建议当场就提出来，或直接去找相关的同事，问他们有没有处理过类似的问题或者提供解决问题的建议。每日站立会议促使每个人在早上就做好一天的工作计划。每个人一天的工作就会有明确具体的目标，直接提高每个人每天的工作效率。每日站立会议最佳的时间是早上上班的时候，例如每天早上9：30按时举行的晨会，解决障碍和问题，沟通一天的工作安排，然后全身心地投入一天的工作中。每日站立会议不是每天的工作报告，也不是项目经理进行工作检查。项目经理应该营造一个安全的会议氛围，让每个人都愿意说出真正发生的事情，就算是昨天遇到技术问题没有任何的工作成果，也应该谅解并给出建议。每日站立会议时可以端杯饮料，很轻松地围成一圈，说说笑笑，会议结束后就开始一天的工作。

（2）迭代Backlog。只有产品主管才能设置迭代的优先级。客户或者开发人员提出新需求或新任务时应该和产品主管及整个团队讨论，明确任务的价值和优先级之后，再决定是否可以把任务放到当前的迭代Backlog上。如果一定要按期完成工作，就得保证产品backlog的完整，并做好估算。哪怕需求信息量很小，有估算也比没估算的好。把估算跟团队生产率合并以后，制定出的计划就更容易执行和实现。

（3）明确短期目标。如果让一个团队做半年的详细工作计划非常困难，但如果是做2周的工作计划是比较容易实现的。假设客户有100件事情要做，但团队在一个迭代（一般是2周左右）中，只能完成20件事情，建议明确告诉客户，一个迭代的时间周期里我们只可以完成20件事情，那么先开发其中20件最有价值的东西。根据项目团队的经验做好一个合理的2周计划应该不难，相对的计划会很准确，而且前面一个迭代的工作量，是这个迭代最好的参照。

迭代结束之后尽快给客户演示工作成果，及早获得用户反馈。同时项目团队在一个迭代结束之后，可以对整个开发的状况进行思考和反省。举行一个回顾会议，客观的讨论前一段时间的工作，总结这个迭代里做得好和不好的地方，不好的地方要能讨论出具体可行的解决办法。敏捷的团队用这种迭代的方式增量的进行工作。小步前进，不停地思考、反省和总结，不停地进行自我调整和完善。让团队一步一步变得优秀，走向卓越。

（4）Scrum Master很重要。敏捷方法需要有一个能力比较强的领导以身作则，一般是Scrum Master，带领着团队向前冲锋，大家齐心协力，以项目的成功作为最高奋斗目标。这样才能发挥敏捷方法的威力，项目才可能获得成功。

实际情况下比较难找到一个既有丰富的需求管理能力，又有权利设置优先级的产品负责人。所以往往要用几个人一起扮演产品负责人的角色，尤其是在大型项目里面，在启动项目的时候，先把团队成员聚到一起，让团队成员对团队实践达成一致。

8.4.4 敏捷软件开发典型7个场景

（1）PO和开发团队对产品业务目标达成共识；

（2）PO建立和维护产品需求列表，需求会不断新增和改变，并进行优先级排序；

（3）PO每轮迭代前，Review需求列表，并筛选高优先级需求进入本轮迭代开发；

（4）开发团队细化本轮迭代需求，并按照需求的优先级依次在本轮迭代完成；

（5）开发团队每日站立会议、特性开发、持续集成，使开发进度真正透明；

（6）PO 对每轮迭代（2～4 周）交付的可工作软件进行现场验收和反馈；

（7）回到第 3 步，开始下一轮迭代。

8.4.5 实施敏捷的 9 个步骤

实施敏捷的 9 个步骤如表 8－9 所示。

表 8－9　实施敏捷的 9 个步骤

序号	步骤	方法	目标	误区
1	思想动员	领导动员讲话，敏捷松土，成功团队现身说法，主管承诺	上下同欲，跃跃欲试，信心满满	领导强压，走过场
2	差距分析	人力技能、代码架构差距、环境和工具分析	技能、代码架构、环境和工具差距清晰化	不重视，投入分析人员能力不足，导致分析不深入，无实际指导意义
3	环境和工具准备	成立环境（配置库、CI 环境、必要硬件）专项改进小组，成立工具选型和开发小组，完成开发环境，代码静态检查，持续集成工具和架构评估检查工具	环境改造完全适应敏捷开发需要，建立与敏捷开发相适应的工具体系	没有投入足够能力的人，关键瓶颈没有识别出来，实际开展的敏捷的时候严重阻碍项目运作
4	敏捷实践技能准备，技术能力准备	根据能力差距，组织系统化培训，可以引进外部资源。执行 Dry Run（模拟练习），积累实践经验。交叉宣讲，检验培训效果，技术实践最好结合代码例子进行。项目开始运行之后继续抓紧人员技能培养工作不放松，在工作中培养高手。围绕重构、测试驱动和持续集成所需要的更高设计和编码能力，进行系列化的培训和研讨，强调实战演练，并在工作中不断锤炼，可以采用一对一帮扶，以及结对轮换等方式	所有人员对敏捷核心实践都有实际应用经验，基本能够运用于实际开发，具备熟练重构、测试驱动和持续集成等活动的关键设计和编码能力	因为进度或者人力原因，准备度不足，导致初期混乱程度激增。只注重敏捷实践的流程和实践的形式，而忽略技术能力的跟上，有形而无实

续表

序号	步骤	方法	目标	误区
5	确定开发过程和准备应用的实践	邀请敏捷专家、骨干、管理者参加，结合环境、工具、人员的准备度和敏捷实践之间的支撑关系，定制开发模型和应用实践	定出适合自己的实践集	试图将敏捷开发机械套在瀑布开发过程上，导致不得其利，反受其害。太过激进，不考虑实际情况，导致实践开展困难，质量长时间上不去，打击信心。过于保守，选择实践太少，效果不明显。过于理论化和完美主义，导致定制的过程和实践不具现实可操作性
6	敏捷实施	严格按照已经定下的开发模型开展，拿不准的实践不要盲目改动，多请专家协助，达成基本一致再改动不迟。出现问题，多讨论，多征集意见，越早暴露问题越好，不要掩饰问题，虚假繁荣。领导要持续关注，排解困难，多肯定，有好的进展及时激励	◇达成开发目标； ◇团队掌握敏捷核心理念和实践，提升团队能力和信心	◇实践出现困难就动摇，对原因未做深度分析就轻易放弃； ◇管理者信心不足，不能给团队以坚定信心，激励太少，团队士气低落。太过激进，对团队成员不适应的情形，耐心不足，招致团队成员内心反抗，推行受阻，认为敏捷能解决所有问题，一旦出现问题都归咎于敏捷
7	回顾评估与调整改进	对实践方法进行效果评估，总结亮点固化到下一次迭代，识别改进点给出改进方案，在下一迭代中试行	针对出现的问题形成可行改进措施，发扬好的思路和方法，让团队保持信心和热情	走过场，总结不深入，关键点遗漏或者改进措施不得力，团队成员带着疑虑和不满进入下轮迭代
8	激励表彰	及时表彰优秀实践方法贡献者、优秀实践执行者，团队合作表现突出者，牵引团队主动、积极、共享和协作，保持团队持续的士气和信心	优秀者得到认可，正确导向得以确立，团队士气高昂	不重视激励，流于形式，树立不了标杆，牵引作用丧失。激励太泛滥，价值贬值，激励效果差

续表

序号	步骤	方法	目标	误区
9	项目结束总结	对整个项目运作进行总结，评估整体敏捷实施效果，形成本产品的敏捷实施推荐模型，逐步推广应用到其他版本	形成适合本产品的敏捷开发模型，培养出敏捷教练	草草收场，推荐模型没有输出或质量差，教练没有培养出来

8.5 软件输出文档模板

8.5.1 软件需求规格说明书模板

软件需求规格说明书模板如表 8－10 所示。

表 8－10　软件需求规格说明书模板

序号	章节	内容
1	简介	◇目的：说明本需求文档描述了哪个产品的软件需求； ◇范围：本节应描述文档所包括和不包括的内容
2	总体概述	本节不描述具体的需求，只是使那些将要描述的具体需求更易于理解。描述影响产品和产品需求的一般因素，由以下几个部分构成： ◇软件概述：描述本软件需求所描述的项目的背景； ◇产品环境介绍：描述的是本产品与其他产品或项目所组成的整体环境。描述每个组件的功能、接口、硬件和外部设备，不进行这些接口的详细描述； ◇运行环境：描述软件的运行环境，包括硬件环境、操作系统及其版本，还有其他的软件组件或与其共存的应用程序； ◇软件功能：概述软件必须实现的和通过用户操作实现的主要功能，只需要进行简要描述。对需求功能进行组织，以便于读者理解，并能指导后续的设计和测试。可以用图表来表示主要需求群组之间的关系。本节内容是具体需求章节的基础； ◇用户特征：列出对用户或系统操作者的要求，如经验、能力、角色等； ◇假设和依赖关系：列出可能影响需求的所有的假设因素（与已知事实相对而言），包括准备使用的第三方或商业组件，操作和开发环境的问题约束等。如果上述假设不正确、没有被告知或者改变了都将对项目产生影响，列出项目对外部条件的依赖，例如重用其他项目的模块等

续表

序号	章节	内容
3	具体需求	本子章节具体描述软件必须满足的各种需求，如功能需求、性能需求、质量属性需求、外部接口需求等： ◇功能需求（需求编号加上简短词汇作为功能需求名）：对每一类功能或有时对每一个单独的功能，必须描述输入、处理、输出方面的需求。这些通常以下面四个子段落来组织。介绍：逐条列出与本特性相关的功能需求，包括项目如何响应预期的错误输入，非法条件和无效输入。需求应该简明、完整、不含糊、可验证、必要的，当需要的信息不确定的时候使用“待定”。输入：对该功能所有输入数据的详细描述，包括输入来源、数量、度量单位、时间要求，包含精度和容忍度的有效输入范围。处理，描述对输入数据所执行的所有操作和如何获得输出的过程，包括规格，输入数据的有效性检测。操作的确切次序：包括各事件的时序，对异常情况的回滚。把系统输入转换到相应输出的任何方法（诸如方程式、数学算法、逻辑操作）。对输出数据的有效性检测。输出：对该功能所有输出数据的详细描述，这个描述包括输出的到何处（如打印机、文件）、数量、度量单位，包含精确度和容忍度的有效输出范围、对非法值的处理、错误消息等。 ◇性能需求：如果有性能方面的需求，在这里列出并解释原理，以帮助开发者理解意图以做出正确的设计选择。精度要求指数据传送的误码率要求，数据的精度要求，数学计算的精度要求。时间特性指平均响应时间，在峰值负载期内，与所规定的响应时间的允许偏离范围、更新处理时间、数据的转换和传送时间等的要求。容量需求指最大的并发用户数或事务数。 ◇外部接口需求：用户接口指对每种人机界面，软件所必须支持的特性，例如如果系统用户通过一个显示终端进行操作，那么应包含要求的屏幕格式，页面规划及报告或菜单的内容，一些组合功能键的用法。软件接口指详细描述与其他系统/模块/项目之间的接口。硬件接口指在此描述软件产品和系统硬件组件之间接口的逻辑特征，也包括支持哪些设备、怎样支持这些设备和协议等。通信接口指详细描述通信接口，如本地网络协议等。按消息/函数内容和格式定义接口
4	总体设计约束	描述可能限制开发人员选择的事项： ◇标准符合性：说明需求所采用的标准或规范的来源。如果项目采用了国际标准，应该说明国际标准及项目与标准的偏离情况； ◇硬件约束：软件在不同的硬件平台运行的需求，如时间相关的约束、内存方面的约束等； ◇技术限制：对使用特定技术的限制，包括接口、数据库、并行操作、通信协议、设计约定、编程规范等
5	软件质量特性	◇详细说明项目任何其他的质量特性，该特性对客户和开发者都非常重要。考虑的方面包括适应性、可用性、正确性、灵活性、交互工作能力、可维护性、可移植性、可靠性、可重用性、可测试性和可用性等； ◇定量的详细描述这些特性，尽可能的可验证。对不同属性之间的重要性加以阐述，如易用性比易学性更重要

续表

序号	章节	内容
6	其他需求	详细说明任何其他客户需求，包括数据库、编码需求、错误处理、测试需求等
7	需求分级	必需的、重要的、最好有的
8	验收准则	确认软件产品满足软件需求的验收准则，包括但不限于验收计划的拟制人、批准人，验收的时间、地点、方式及持续的时间，验收通过的原则，解决验收过程中出现分歧的原则，确认需求得到满足所用的方法

8.5.2 软件概要设计说明书模板

软件概要设计说明书模板如表8－11所示。

表8－11 软件概要设计说明书模板

序号	章节	内容
1	概述	◇目的：说明本需求文档描述了哪个产品的软件概要设计； ◇软件名称：对软件命名； ◇软件功能：描述软件产品的所有功能，可以参考产品包需求； ◇软件应用：描述软件的应用（可直接描述也可以参考其他软件文档）
2	设计约束	本系统应当遵循的标准或规范，软件、硬件环境（包括运行环境和开发环境）的约束，接口/协议的约束，用户界面的约束，软件质量的约束，隐含约束
3	总体设计	◇总体设计说明：基本设计概述和设计思想； ◇系统结构和处理流程：体系结构、系统逻辑结构、功能实现原理、业务处理流程和模块描述，每个模块描述包括本模块结构图与功能实现原理，本模块内外部依赖关系和接口，具体说明确定模块划分和确定模块间的接口关系，描述各模块主要功能及组成关系，并定义模块间通信协议
4	接口设计	◇描述软件系统如何与外部实体一道组成功能实体（一般用图描述），明确软件系统与外部实体的关系接口； ◇描述软件系统与运行平台接口关系，定义软件系统与其他支持系统关系及描述之间相互的影响
5	系统数据结构	软件系统中各模块之间和全局的数据结构定义，数据库定义、标识字段的使用、公共数据表、数据字典

续表

序号	章节	内容
6	模块定义	◇模块 1 描述：名词、功能、部署/运行方式、接口、业务逻辑、子模块； ◇模块 2 描述：同上
7	安装/运行/配置	◇开发环境配置，运行环境的配置，测试环境的配置； ◇安装和卸载：描述软件系统的安装和卸载方法和步骤； ◇运行：描述软件系统启动和停止的方法和步骤； ◇配置：描述软件配置和维护工作的方法和步骤
8	软件调试测试方法	◇系统出错处理设计，补救措施，系统维护设计； ◇调试方法，测试方法

8.5.3 软件详细设计说明书模板

软件详细设计说明书模板如表 8－12 所示。

表 8－12　软件详细设计说明书模板

序号	章节	内容
1	概述	参考软件概要设计说明书，细化本模块功能和接口及部署/运行方式，描述本模块与系统平台和支持库依赖影响关系
2	模块架构	定义模块内各类/对象的关系和通信/控制方式，用一系列图表列出本程序系统内的每个程序（包括每个模块和子程序）的名称、标识符和它们之间的层次结构关系
3	数据结构	定义模块内各类/对象之间通信的数据结构
4	算法和逻辑	定义模块内重要的算法和业务逻辑，必要时提供伪代码
5	模块描述	功能列表： ◇功能 1：给出对该程序的简要描述，主要说明安排设计本程序的目的意义，说明本程序的特点，包括功能、性能、输入项、输出项、算法、流程逻辑、接口、存储分配、注释设计、限制条件、测试计划、尚未解决的问题等。 ◇功能 2：同上
6	类/对象接口	◇类/对象 1：名词、功能、接口、业务逻辑，建议使用 UML 描述，如序列图等； ◇类/对象 2：同上
7	性能需求	时间特性要求，适应性与灵活性，数据容量要求，故障处理要求，并发性要求

续表

序号	章节	内容
8	其他需求	系统运行环境需求，数据同步要求，数据一致性要求
9	安装/运行/配置	安装目录结构，安装程序流程，系统初始化流流程

8.5.4 软件集成测试评审报告模板

软件集成测试评审报告模板如表8－13所示。

表8－13 软件集成测试评审报告模板

序号	章节	内容
1	评审要点	◇升级兼容性测试：与各种硬件版本是否兼容，与以前软件是否兼容； ◇专有功能测试：测试项目是否完备，测试方法是否科学； ◇若单板要完成协议功能，要进行协议测试：是否可用标准协议测试仪进行测试，测试结果是否满足要求，协议的完备性是否进行了测试； ◇对较复杂的软件：软件结构上是否采用标准的小操作系统，软件是否模块化，是否进行了单元测试，是否对程序的主要分支进行了测试，测试用例是否合理，是否进行了内存占用率的测试，是否进行了内存泄漏的测试； ◇编程是否按照规范； ◇是否进行了静态代码审查
2	评审意见	通过或者不通过
3	项目组反馈意见	通过或者不通过
4	评审结论	通过或者不通过

8.6 软件评审要素

8.6.1 软件任务书评审检查要素

软件任务书评审检查要素如表8－14所示。

表 8－14 软件任务书评审检查要素

序号	章节	内容
1	资源和进度	软件项目组关键人员参加吗？开发进度要求可行吗
2	技术内容	◇软件任务书文档内容是否完整和正确？编制符合要求吗？ ◇软件项目的功能描述正确吗？ ◇软件项目的功能分配、设计约束、可靠性、安全性、可维护性、质量保证要求合理吗？ ◇开发环境要求合理吗
3	项目费用	开发经费的初步计划适当吗

8.6.2 软件需求分析评审检查要素

软件需求分析评审检查要素如表 8－15 所示。

表 8－15 软件需求分析评审检查要素

序号	章节	内容
1	资源和进度	◇项目组主要成员是否参加产品需求评审，确保与需求提供者达成共识？ ◇承担需求分析的人员安排合理吗？ ◇软件需求分析按进度完成了吗？ ◇配置管理得到了适当地实施吗
2	需求内容	◇软件需求规格说明书文档内容是否完整和正确？编制符合要求吗？ ◇软件需求说明书、跟踪矩阵是否经过评审？ ◇产品需求到软件需求的跟踪关系是否正确和完整？ ◇需求规格说明与系统要求一致吗？需求规格说明描述清楚且无二义吗？ ◇软件的功能描述完整且正确吗？性能指标定得合理吗？接口描述、数据描述、开发环境、运行环境、可靠性指标符合要求吗？ ◇尽可能地列出了所有的不期望事件及其响应吗？ ◇是否存在计划等其他工作产品与需求变更不一致的情况？如果存在，项目经理是否在周报中对此不一致进行分析，并制定纠正预防措施
3	需求变更	◇需求变更是否获得合法批准（影响分析、CCB 决策）？ ◇需求变更时，项目组关键人员是否对变更的影响进行评估？ ◇当需求变更发生时，是否对受影响的配置项（项目计划、需求文档、项目计划等）做出必要的修订？ ◇当需求变更发生时，受变更影响的文档是否重新基线

8.6.3 软件概要设计评审要素

软件概要设计评审要素如表8－16所示。

表8－16 软件概要设计评审要素

序号	章节	内容
1	资源和进度	◇承担概要设计的人员安排合理吗？ ◇概要设计按进度完成了吗？ ◇配置管理得到了适当地实施了吗
2	依从性	◇概要设计说明书文档内容是否完整和正确？编制符合要求吗？ ◇该文档是否遵循了该项目已文档化的标准？ ◇是否采用了所要求的方法和工具来进行设计
3	功能性	◇概要设计是否覆盖需求，与需求规格说明相一致吗？是否各部分的设计都能追溯到需求说明书的需求？ ◇是否明确设计任务及约束因素？所划分的软件层次结构合适吗？在软件的各层次中，各模块独立吗？数据流的描述正确且完整吗？ ◇业务场景是否充分？模块分解、模块划分是否合理？功能处理是否合理？集成顺序是否合理？ ◇如果项目中使用独立的可重用模块或者开发框架，需要描述在项目中使用它们中的哪部分功能，并且说明为何采用？是否对系统所需的关键技术做了说明？是否进行了设计？是否对系统的开发运行环境进行了说明？是否所有的设计决策都能追溯到原来确定的权衡因素？所继承设计的已知风险是否已确定和分析？是否对数据格式兼容性进行分析？考虑到以后新增较小需求的可能性，要考虑保留一定的扩展余地。业务流程在对用户数据进行操作时，是否考虑业务数据的唯一性、安全性、数据操作的合理性？是否所有的假设、约束、策略和依赖都被记录在文档了？是否对软件概要设计进行了同行评审
4	完整性	◇是否以前的TBD（待确定条目）都已经解决？ ◇是否设计已可支持本文档中遗留的TBD有可能带来的变更？ ◇是否所有的TBD的影响都已经被评估？ ◇可能不可行的设计部分已不存在
5	一致性	◇数据元素、流程和对象的命名和使用在整套系统和外部接口之间的是否一致？ ◇设计是否反映了实际的操作环境（硬件、软件、支持软件）？ ◇是否存在与需求矛盾的现象
6	可行性	◇从进度、预算和技术角度上看该方案是否可行？ ◇是否存在错误的、缺少的或不完整的逻辑

续表

序号	章节	内容
7	数据使用	◇所有符合数据元素、参数及对象的概念是否都已经标准化？ ◇是否还有任何需要的但还没有定义的数据结构，反之亦然？ ◇是否已经描述最低级别数据元素？是否已经详细说明取值范围
8	接口	◇外部接口是否被正确描述？ ◇功能或业务之间的接口是否被准确描述？ ◇是否所有功能的输入和输出都被正确定义？ ◇是否所设计的框架，包括数据流、控制流和接口，都清楚地表达了？ ◇是否准确描述了并发任务直接的任务之间的创建、同步、互斥、销毁等关系？ ◇是否用户界面都被清晰和准确地描述？ ◇在与其他平台的交互协议中，业务流程中是否考虑对外来平台数据的合理性、合法性进行检查，有无保护措施
9	可维护性	◇该设计是否是模块化的？ ◇这些模块是否具有高内聚和低耦合度？ ◇是否已经对继承设计、代码或先前选择工具的使用进行了详细说明？ ◇是否提供操作帮助功能
10	可靠性	◇软件可靠性指标的分解、可靠性和安全性设计符合软件需求吗？软件可靠性和安全性设计准则、指南得到了充分的实施吗？ ◇是否已考虑非正常情况？是否所有的错误情况都被完整和准确地说明？该设计是否满足该系统进行集成时所遵守的约定？ ◇该设计能够提供错误检测和恢复（例如输入输出检查）？对一些关键性操作，是否有提醒确认机制，避免误操作？关键性操作包括手工删除话单、计费数据配置等。 ◇对一些关键性操作，是否有一定的恢复机制？关键性操作主要指手工删除话单、计费数据配置等，可让用户恢复，但要考虑到可恢复机制要占用较多的存储空间和较复杂的处理，因此对于可恢复时间要有一定的限制。 ◇对一些关键性操作，是否有操作日志进行记录，包括操作人、操作时间、操作数据、具体操作等？ ◇数据的处理是否具有可恢复性，当某个话单处理步骤异常，进行恢复后，后续的处理应该能够从断点处继续？ ◇软件处理上，是否有一定的容错能力，能够防止轻度的软件异常？ ◇对异常事件的处理合适吗
11	性能	◇主要性能参数是否已被详细说明（例如实时、速度要求、输入/输出接口等）？ ◇有没有考虑出现性能瓶颈的时候，系统会做出怎样的反应？ ◇是否对数据的规模进行分析，主要是对系统和子系统的数据处理能力、数据承载能力的考虑

续表

序号	章节	内容
12	安全性	◇是否对操作人员进行了分权处理，存在至少三种操作权限：无权、只读、可维护。必须考虑在本系统中应该提供对数据的哪些操作，这些操作如何进行权限划分和权限控制？ ◇操作权限是否可以维护，便于以后功能的扩充不至于对权限造成影响？ ◇用户无权限操作的功能是否明确，是否对用户不可见？ ◇是否考虑数据传递过程中的安全性，主要指有无校验机制，对传递过程中出现的明显错误有无相应处理机制？ ◇是否考虑数据的存储安全性，包括数据的存放周期、数据存放介质能力、多个数据存放点等？数据的存放周期依赖于存储介质的使用周期，如硬盘，超过一定的使用期后应及时更换。 ◇对重大的隐患是否考虑预警功能，包括磁盘空间、数据传送路径等

8.6.4 软件详细设计评审检查要素

软件详细设计评审检查要素如表8－17所示。

表8－17 软件详细设计评审检查要素

序号	章节	内容
1	资源和进度	◇承担概要设计的人员安排合理吗？ ◇详细设计按进度完成了吗？ ◇配置管理得到了适当地实施了吗
2	依从性	◇详细设计的编制符合要求吗？该文档是否遵循了该项目已文档化的标准？ ◇软件详细设计是否进行了同行评审？是否采用了所要求的方法和工具来进行单元设计
3	功能性	◇是否已概要描述了设计单元的所有功能？是否对模块功能进行了详细的描述？ ◇是否全面描述功能组件的功能和相互关系？ ◇是否已描述重要的类/模块、重要的方法、重要的属性、重要的流程、重要的状态迁移？ ◇是否已详细说明开发方法，如开发环境和编译方式等？ ◇所使用的数据结构适合吗？ ◇确定的输入、输出和处理功能正确吗？ ◇是否正确地规定了分支，逻辑没有颠倒？ ◇所使用的算法适合吗

续表

序号	章节	内容
4	一致性	◇数据元素的命名和使用在整个单元和单元接口之间是否一致? ◇所有接口的设计是否互相一致并且和更高级别文档一致
5	数据使用	◇是否所有模块/类的数据结构都被详细说明? ◇是否所有修改共享数据（或文件）的程序都考虑到了其他程序对该共享数据（或文件）的存取权限
6	接口	接口参数在数量、类型和顺序上是否匹配? ◇是否所有的输入和输出都被正确定义和检查? ◇是否传递参数序列都被清晰地描述? ◇是否所有参数和控制标志由已描述的单元传递或返回? ◇是否详细说明了参数的度量单位、取值范围、正确度和精度? ◇共享数据区域及其存取规定的映射是否一致
7	可靠性	软件可靠性、安全性设计准则和指南得到了充分的实施吗? ◇是否执行输入、输出、接口和结果的错误检查? 是否对所有错误情况都发出有意义的信息? ◇对特殊情况返回的代码是否和已规定的全局定义的返回代码相匹配? ◇是否所有的程序异常定义了适当的处理方法? ◇对异常事件的处理完善吗
8	清晰性	◇所有设计对象或过程的目的是否都已文档化? ◇数据流、控制流和接口的单元设计是否已清晰地说明
9	可追溯性	◇是否设计的每一部分都能追溯到其他项目文档的需求，也能追溯到更高级别文档的需求? ◇是否从公司模块库或事业部模块库提取出可用模块? ◇是否列出本模块可能输出的共享模块以准备加入模块化库
10	易测性	是否提供了必要的调试支持要求，例如运行日志、Debug 信息
11	性能	是否模块/类的所有约束，例如过程时间和规模都被详细说明
12	可维护性	单元是否具有高内聚度和低耦合度，例如对该单元的更改不会在该单元有任何无法预料的影响，并对其他单元的影响很小

8.6.5 软件编码和单元测试评审检查要素

软件编码和单元测试评审检查单如表 8 – 18 所示。

表 8－18 软件编码和单元测试评审检查要素

序号	章节	内容
1	资源和进度	◇承担软件实现的人员安排合理吗？ ◇软件实现按进度完成了吗？ ◇配置管理得到了适当地实施了吗
2	编码和测试	◇程序代码与详细设计一致吗？ ◇编程格式符合规定吗？ ◇模块调试结果正确吗？ ◇对异常事件的处理适当吗？ ◇静态检查充分吗？ ◇单元测试用例正确吗？ ◇单元测试指标符合要求吗？ ◇程序单元在修改后，进行了回归测试吗？ ◇是否填写了单元测试记录单

8.6.6 代码走查评审要素

代码走查评审要素如表 8－19 所示。

表 8－19 代码走查评审要素

序号	章节	内容
1	代码走查评审要素	◇代码的注释与代码是否一致？注释是否是多余的？ ◇是否存在超过 3 层嵌套的循环与/或判断？ ◇变量的命名是否代表了其作用？ ◇所有的循环边界是否正确？ ◇输入参数的异常是否处理了？ ◇程序中所有的异常是否处理了？ ◇所有的判断条件边界是否正确？ ◇是否存在重复的代码？ ◇所有的文件名符合文件命名规范，见名知意。 ◇数据库中是否定义有 bit 类型的字段？ ◇常量是否全部大写

8.6.7 软件集成测试评审检查要素

软件集成测试评审检查单如表 8 – 20 所示。

表 8 – 20 软件集成测试评审检查要素

序号	章节	内容
1	资源和进度	◇承担软件集成测试的人员安排合理吗？ ◇软件集成测试按进度完成了吗？ ◇配置管理适当地实施了吗
2	测试过程	◇《软件集成测试报告》的编制符合要求吗？ ◇软件的集成过程适合吗？ ◇测试用例充分吗？适当吗？ ◇测试结果与测试用例的预期结果一致吗？ ◇测试环境与运行环境相容吗？ ◇测试分析过程与结论正确吗？ ◇保存了测试用例、数据及相关程序吗？ ◇进行了必要的回归测试吗？ ◇问题报告单填写准确、清楚吗

8.6.8 软件配置项测试评审检查要素

软件配置项测试评审检查单如表 8 – 21 所示。

表 8 – 21 软件配置项测试评审检查要素

序号	章节	内容
1	资源和进度	◇承担软件配置项测试的人员安排合理吗？ ◇测试计划的安排合理吗？ ◇软件配置项测试按进度完成了吗？ ◇配置管理得到了适当地实施了吗
2	技术内容	◇《软件配置项测试计划》的编制符合要求吗？ ◇《软件产品规格说明》的编制符合要求吗？ ◇对软件功能，性能的测试合理而又全面吗？ ◇测试方案合理且正确吗？测试用例全面吗？合理吗？测试数据全面吗？接口测试正确吗？测试环境选择合适吗？测试环境与运行环境等效吗？ ◇强度测试适当吗？可靠性测试、安全性测试合适吗？测试分析结论正确吗？测试结果分析方法适合吗？测试结果与预期的一致吗？

第九章

测试管理

测试是产品成败的关键要素之一。国内企业研发由于交期或者能力水平原因，对测试普遍不关注，无法保证产品的质量。千万别让客户去发现错误，原本花费 1 元就可以改正的错误，到客户这里可能需要花费 1000 元才能解决。

9.1 测试管理常见的问题

测试管理常见的问题如表 9－1 所示。

表 9－1 测试管理常见的问题

序号	主题	内容
1	测试前	没有详细的测试计划，项目周期中测试周期的时间压缩得过于紧张，测试周期不符合实际需要的测试周期
2	测试中	◇没有按照测试用例所描写的内容和方法去测试； ◇业务人员缺少参与； ◇需求的不完善、不明确导致重复测试较多，通过测试的反馈来完善需求，花费时间较长； ◇研发考虑不全面，依赖测试，一个问题反复更改，设计缺陷导致多次反复集成测试； ◇测试进度难以控制
3	测试后	没有闭环的跟踪缺陷
4	测试过程	◇没有建立测试用例库，不能实现测试用例重用； ◇过分强调监督，培训不够，模板、指导书不够； ◇风险控制能力弱，40% 精力花费在集成和测试上

9.2 测试过程

测试过程如图 9－1 所示。

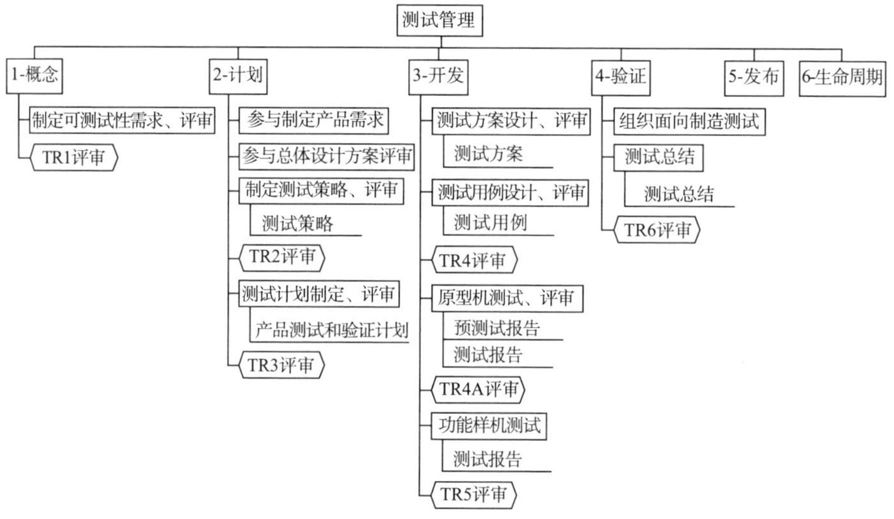

图 9－1　测试过程

◇SIV 测试，系统集成验证 System Integration Verify；

◇原型机测试＝SDV 测试，系统设计验证 System Design Verify；

◇功能样机测试、型式试验＝SIT 测试，系统集成测试 System integration Test；

◇组织面向制造测试、中试产品测试＝SVT 测试，系统确认测试 System Verfication Test；

9.2.1 测试类型或阶段

我们先回顾一下在软件管理章节介绍的 V 模型，如图 9－2 所示。

由此可以看到测试分为三个阶段，如表 9－2 所示。

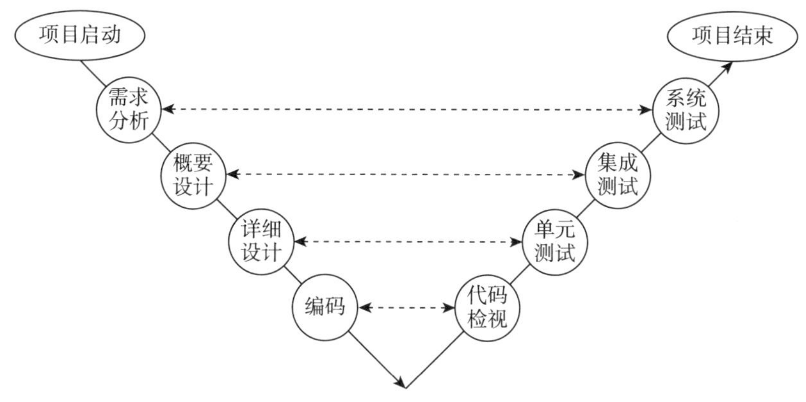

图 9－2　软件管理“V 模型”

表 9－2　测试分为三个阶段

序号	测试阶段	测试类型	执行人员
1	单元测试	模块功能测试，包含部分接口测试、路径测试	开发人员
2	集成测试	接口测试、路径测试，含部分功能测试	开发人员，如果测试人员水平较高可以由测试人员执行
3	系统测试	功能测试、健壮性测试、性能测试、用户界面测试、安全性测试、压力测试、可靠性测试、安装/反安装测试	测试人员

集成测试也是产品最关键的一步测试，如果问题较多就把产品送到测试部，会造成反复测试，从而浪费人力、物力资源，延误工期。系统测试一般指进入测试部预测试和测试。

在确定测试的范围时，一个需要考虑的重要问题是这个产品有多少是可测试的。一个有价值的功能一定是可测试的，如果不能测试，这个功能要么是没有价值，要么是没有描述清楚。制定测试策略时先测试优先级最高的需求，对新的功能及修改旧功能的代码优先进行测试，测试那些最有可能出现问题的地方，关注最终用户最常使用的功能和配置情况，使用等价类划分技术和边界值分析技术来减少测试工作量。

专职的测试经理负责根据系统的需求制定测试计划、设计测试用例，并领导业务人员进行功能验收测试和压力测试，产品开发过程中留出至少 20% 的时间用于验收测试。

9.2.2 测试步骤

测试步骤如表9－3所示。

表9－3 测试步骤

序号	步骤	详细活动
1	测试需求分析和计划	制定测试策略，测试资源规划，测试进度规划，组织形式，角色定义，交付件定义，工作量估计
2	测试方案设计	测试脚本设计，测试用例设计，测试规程设计
3	测试用例编写	测试工具开发，测试脚本编写，测试用例编写
4	测试执行	环境搭建，测试操作
5	测试评估	收集度量数据，测试有效性评估，测试完备性评估，测试效率评估，改进测试，补充测试内容
6	缺陷跟踪	缺陷收集，缺陷分析，修正错误，回归测试
7	测试报告	测试投入汇总，测试结果统计，测试总结和改进建议，问题报告，遗留问题清单

9.2.3 测试活动对照表

测试内容通常包括功能测试、用户界面测试、性能指标测试、负载测试、压力测试、性能测试、稳定性测试、数据接口测试、安全性测试、平台测试、浏览器测试、强壮性测试等。测试活动对照表如表9－4所示。

表9－4 测试活动对照表

序号	测试活动	内容
1	功能测试	本项测试验证系统功能是否符合设计规格要求并且可靠地实现
2	用户界面测试	确保用户界面会通过测试对象的功能来为用户提供相应的访问或浏览功能
3	性能/指标测试	是对响应时间、事务处理速率和其他与时间相关的需求进行测试和评估。验证子系统/系统对外的各项指标是否满足相关国标、规范要求；同时验证子系统/系统能否满足设计规格中对性能的要求

续表

序号	测试活动	内容
4	负载测试	性能测试的一种，使测试对象承担不同的工作量，以评测和评估测试对象在不同工作量条件下的性能行为，以及持续正常运行的能力。评估性能特征，例如响应时间、事务处理速率和其他与时间相关的方面
5	压力测试	性能测试的一种，实施和执行此类测试的目的是找出因资源不足或资源争用而导致的错误
6	容量测试	测试对象处理大量的数据，以确定是否达到了将使软件发生故障的极限。容量测试还将确定测试对象在给定时间内能够持续处理的最大负载或工作量
7	外部接口测试	验证样机对外接口的功能、指标及一致性
8	软件协议一致性测试	从软件方面测试产品对标准、协议的顺从性
9	容限/容错测试	分析子系统内部、外部接口，针对性地设计各种性能、指标等容限/容错测试用例，测试子系统的各种容限是否合理，冗余措施是否合适、全面，对异常操作是否具有保护、告警、恢复能力等
10	电磁兼容性（EMC）测试	为保证系统满足相关的产品 EMC 要求及法令法规要求，在整机 EMC 测试前进行样机的 EMC 预测试，用以验证系统设计的正确性
11	防雷测试	为保证系统满足避免遭受雷击损坏的要求，对样机进行防雷测试，用以验证系统设计的正确性
12	安全测试	对产品进行安全摸底测试，验证或改进产品的安全性，使其达到设计要求
13	热测试	对产品进行热摸底测试，作为验证并改进产品热性能的依据，使其达到设计要求
14	环境测试（包括高低温/湿度等）	对产品进行环境摸底测试，验证或改进产品的环境适应能力，使其达到设计要求，包括低温、高温、温度变化、湿热、水、太阳辐射、大气腐蚀、砂尘、长霉、振动、冲击、碰撞、地震试验等
15	可靠性强化和鉴定测	通过施加高强度的应力来加速暴露产品的问题，通过对问题的定位分析，及早采取纠正措施，从而使产品的可靠性得到增长，包括高加速寿命试验 HALT、高加速应力试验 HAST 等。验证产品的设计是否达到了规定的可靠性要求，仅在需要或用户的要求下进行，不作为转产鉴定的依据

续表

序号	测试活动	内容
16	回归测试	包括对版本修改部分及关联部分的审查和回归测试验证。根据需要对回归修改部分的设计代码或文档进行检视、评审，确保更改的正确性。同时根据改动情况与可能影响范围，确定需要回归测试策略与范畴。此项活动开展根据预算和时间安排及风险因素等进行综合考虑与评估
17	需要的特别测试（如可安装性、可维护性测试等）	由 PDT 来决定为了支持该产品是否可能需要进行其他的测试

9.2.4　测试跟踪矩阵

需求编号应与用户需求说明编号一致，每一条需求应至少被一条（但不限于一条）测试用例所覆盖。每一条测试用例至少被一条（但不限于一条）测试规程所覆盖。规程的编号采用独立标号的方式，一般规则为：项目名称 + 项目测试阶段 + 序号。如表 9 - 5 所示。

表 9 - 5　测试跟踪矩阵

文档	需求编号	测试用例编号	规程编号
需求规格说明书	〈Req 001〉	〈Testcase. C03. 01. 01〉	〈SPEC2324_ SIM01〉
	〈Req 001〉	〈Testcase. F01. 01. 01〉	〈SPEC 2324_ SIM01〉
		〈Testcase. F02. 01. 01〉	〈SPEC 2324_ SIM01〉
	〈Req 002〉	〈Testcase. E01. 05. 01〉	〈SPEC 2324_ SIM02〉
			〈SPEC 2324_ SIM03〉

9.2.5　测试内容及通过条件

测试内容及通过条件如表 9 - 6 所示。

表 9-6 测试内容及通过条件

序号	测试内容	通过条件
1	硬件原型样机	◇满足需求说明书规定，必须达到设计规格书要求； ◇预测试：通过； ◇对所有功能模块、结构、重要的电气参数、性能、可靠性进行测试：全部通过或有已经验证的解决方案； ◇对提交文档进行验证：文档齐备、内容正确和格式符合模板要求
2	硬件功能样机	◇预测试：通过； ◇对所有功能模块、结构、重要的电气参数、可靠性进行测试：全部通过； ◇对性能进行全面测试：全部通过，或有不改动 PCB 板的解决方案； ◇对提交文档进行验证：文档齐备、内容正确和格式符合模板要求
3	硬件小批量试产阶段	◇对所有功能模块、前期问题的修改结果、可靠性进行验证：全部通过； ◇试产报告分析，生产提供直通率数据和试产信息：评估通过； ◇对提交文档进行验证：文档齐备、内容正确和格式符合模板要求
4	软件原型样机	◇所提交文档齐备性与正确性检查：全部通过； ◇系统级（版本信息、人机界面、下载、拷贝、模块功能）每一项功能测试：全部通过； ◇工厂测试程序：全部通过； ◇API 函数接口功能测试、可靠性测试、兼容性测试（输入输出一致）、容错测试、压力测试、性能测试：通过； ◇软件综合（功能）测试：能执行功能
5	软件功能样机	◇所提交文档齐备性与正确性检查； ◇系统级每一项功能测试； ◇工厂测试程序检查； ◇API 函数接口的全面测试，包括功能测试、容错测试、压力测试、可靠性测试、性能测试：通过； ◇软件综合（功能）测试：能执行功能
6	软件小批量试产	◇对所有功能模块进行验证：全部通过； ◇对前期问题的修改结果验证：全部通过； ◇对可靠性进行全面测试：全部通过； ◇试产报告分析（生产提供直通率数据和试产信息）：评估通过； ◇对提交文档进行验证：文档齐备、内容正确和格式符合模板要求

9.2.6 原型样机测试进入和退出标准

原型样机测试进入和退出标准如表 9-7 所示。

表9-7 原型样机测试进入和退出标准

序号	测试内容	通过条件
1	进入标准	◇所有模块（包括硬件、结构、各软件功能模块等）是否都已完成模块级功能规格的实现和验证（开发人员自测试），核心和关键业务功能100%实现并达到预期的质量要求？ ◇硬件环境可用并要求标准，软件正确安装且可执行。样机系统联调是否已完成？ ◇版本测试前需提交完整的产品软件包（不能是单个软件）。 ◇所有模块的设计与测试文档是否已纳入配置管理？ ◇是否已明确样机测试的测试计划和测试用例？ ◇是否已制定样机测试的关键活动的时间安排（如样机测试完成日期、专项测试日期、回归测试日期等）？ ◇样机测试所用的测试工具和实验环境是否已准备好？ ◇缺陷跟踪系统是否建立起来并且能够正常运转？缺陷跟踪系统是否建立起来并且能够正常运转？ ◇产品开发或修改准备提交测试版本在做转测试前，需要开发设计工程师完成必要的自检并输出自测报告或调试报告，并配备软硬件程序配置清单； ◇产品开发版本必须满足各阶段测试输入质量要求，并在对其自检并输出自测报告或调试报告审查后给出结果； ◇对于产品设计开发验证各阶段各类型缺陷Bug，要求开发设计工程师必须给出明确清晰的问题分析原因和改善解决对策，并在缺陷列表和缺陷回馈体现，并自检其有效性； ◇对于满足提交标准的测试版本必须在提交测试申请的同时，配备软/硬件程序版本配置清单说明，交付件必须完成过程审查与归档
2	中断	◇测试环境无法达到标准或无法满足测试的一致性，安装无法正确完成； ◇产品关键业务功能、性能、可靠性发现致命缺陷导致后续测试活动无法继续开展或测试结果不可靠； ◇已修复致命缺陷重现和新发现的致命缺陷导致续功能无法连续实现，或后续测试用例无法实施，或测试结果不可靠； ◇对于提交的版本缺陷报告中的缺陷问题分析原因和改善解决对策描述不清晰或无描述； ◇基本用例有缺陷，中断测试打回； ◇存在安全隐患问题
3	回归	◇致命缺陷修复率必须为100%，重要缺陷修复率不低于85%，缺陷总修复率必须不低于80%的情况下，才能提交新版本测试申请； ◇对于提交的版本缺陷报告中的缺陷问题分析原因和改善解决对策描述不清晰或无描述； ◇对于设计变更或缺陷修复后的验证版本需要提供必要的测试申请说明和操作步骤指导说明，包括环境、条件、配置、步骤、方法、达成目标等

续表

序号	测试内容	通过条件
4	退出	◇所有样机测试计划和活动是否都已成功执行? ◇所有的软件都已开发完毕，功能都已实现? ◇是否所有发现的构建模块问题都被记录在正式的缺陷跟踪系统里了? ◇样机测试阶段中发现的所有致命问题是否都得到了解决，问题的解决情况是否达到 TR5 的要求，并且所有遗留的问题已经找到安排解决计划方案? ◇样机测试发现问题需进行的设计更改（包括需求、规格、配置、缺陷等方面的更改）是否已执行? ◇PDT 宣布所有退出标准都已满足，如未满足，是否列出了获得批准的计划偏差? ◇除因缺陷导致无法实施的测试用例之外，测试覆盖率达到 95%，测试有效性和准确性评审达到 95%； ◇达到各阶段测试质量目标

9.2.7 BETA 测试过程

BETA 测试过程如表 9 – 8 所示。

表 9 – 8 BETA 测试过程

序号	活动名称	活动描述
1	提出 BETA 需求	◇PDT 经理根据项目计划及进度，提出 BETA 测试需求，向项目管理部提交《BETA 测试需求申请单》； ◇《BETA 测试需求申请单》中包含产品相关信息（产品名称、产品描述、产品完成情况），需求提出原因（到达计划时间、客户提出测试需求、其他原因），BETA 测试项目的相关信息（常规性能指标测试、专项测试）申请单须经申请部门/产品线、项目管理部、研发主管等相关人员批准方可生效
2	指定 BETA 测试负责人	◇由产品经理根据产品需要及现有人力资源，制定 BETA 测试活动的负责人； ◇《产品测试与验证计划》中的 BETA 测试部分内容进行更新和细化，包括：测试时间、进度安排、测试纲要、测试规格等。更新的测试计划用于后续的测试活动中
3	更新测试计划，制定测试方案	测试工程师根据《BETA 测试方案模板》制定测试方案。方案制定的过程中，需要与客户方充分沟通，充分考虑测试方案的可行性。通常情况下测试方案包括被测试特性、测试对象分析、测试策略、测试需求、测试方法

续表

序号	活动名称	活动描述
4	寻找 BETA 测试客户	市场工程师/技术支持工程师根据《BETA 客户选择对照检查表》寻找进行 BETA 测试的客户，选择过程中主要考虑：客户与公司的关系、客户是否愿意配合公司进行各项活动、是否便于获得技术支持服务等多方面的因素。该项活动最早可提前至技术评审 2 以后开始
5	组织测试方案与计划评审	由系统工程师组织测试方案评审，测试工程师、PQA 等相关人员参加
6	更新 BETA 测试方案	根据“测试方案评审”会上提出的意见，对原 BETA 测试方案进行修改，保证用于测试的方案为最新版本
7	查询 BETA 测试产品是否有库存	产品计划员在测试方案评审后，对准备进行 BETA 测试的产品库存情况进行查询。如果所需产品有库存，则通知测试工程师领用，如果产品无库存，则由产品计划员下达《研发加工单》，进行研发加工单生产
8	转研发加工单生产流程	针对准备进行的 BETA 测试，由客户方提出关于测试的相关信息及建议，便于测试工程师制定合理高效的 BETA 测试计划
9	BETA 测试前准备	由测试工程师负责 BETA 测试前的准备工作，工作内容包括测试物料的齐套、资料的准备、与客户方沟通、相关培训等
10	发送 BETA 测试产品（样品）	测试工程师完成测试前的准备工作后，由发货员进行 BETA 测试样品发送的工作。发送样品时务必确保发货的准确性
11	进行 BETA 测试	◇测试样品发送至客户方后，由客户方相关人员或测试工程师按照测试方案对样品进行各项测试。在测试过程中若有疑义，客户方要及时与测试工程师充分沟通，尽快获取解决方法； ◇在 BETA 测试过程中，由市场工程师/技术支持工程师全程跟踪样品的测试情况，负责及时反馈客户方的测试过程中存在的问题和测试结果； ◇在 BETA 测试过程中，如果遇到难以定位的技术问题，由该产品的系统工程师负责组织讨论并解决
12	编写 BETA 测试报告	◇由测试工程师按照《BETA 测试报告模板》，将客户反馈的测试结果编写成报告形式并递交项目管理部门； ◇由 PQA 对测试工程师递交的《BETA 测试报告》进行归档统一管理，负责报告的编号、保存、查阅等工作

9.2.8 面向制造测试

面向制造测试是在验证阶段针对生产制造而进行的针对性测试，其主要目的是确保发货产品的功能性能满足规格要求，并保证大批量生产时的可制造性。在生产过程中，通过自动测试设备的测试，剔除出制造过程中有缺陷的产品，从而保证发货产品的质量。

面向制造测试通过小批量试生产过程来保证设计的完整性，不应该有新的需求或设计方面的验证，而应针对 TR5 的结论，对产品进行的有针对性的专题测试，测试的形式多为抽检方式。

面向制造测试主要考虑以下几个方面：

■发货的质量要求、生产良率要求，以及量产时自动测试的效率要求；

■面向制造测试的测试重点，包括重点测试对象和重点测试向量；

■对测试装备的依赖关系分析及措施。

面向制造测试内容包括面向制造测试需求，设计测试方案，提供测试规格，面向制造测试准备的进度计划，资源计划（包括人力资源、环境资源、工具等），风险分析和控制计划，面向制造测试的交付件，包括面向制造测试报告、测试工具、测试代码、测试向量和测试规格等，面向制造测试的进入和退出标准如表 9－9 所示。

表 9－9 进入和退出标准

序号	主题	内容
1	面向制造测试进入标准	◇TR5 中相关项的评审是否通过，并且不再有需求或设计上的更改？ ◇是否已经制定制造系统验证计划（制造工艺和装备能否支持客户发货级生产和测试）？ ◇软件最终版本是否已发布？ ◇产品包装测试是否通过？ ◇面向制造测试时，生产线上使用的产品数据（技术文档和 BOM）是否已发布？ ◇制造部门同意面向制造测试的产品数量和制造/发货时间。 ◇生产测试工具（工装）及其测试计划是否根据需要进行过更新
2	面向制造测试退出标准	◇所有的面向制造测试是否成功完成？ ◇所有面向制造测试和制造系统验证发现的问题都记录在缺陷跟踪系统中？ ◇面向制造测试中发现的所有致命问题是否都得到了解决，问题的解决情况是否达到 TR6 的要求，并且所有遗留的问题已经落实安排解决计划？ ◇是否已收到管理机构的认证审批（如 FCC、UL 等）

9.2.9 测试度量

测试度量如表 9 – 10 所示。

表 9 – 10 测试度量

序号	度量项	含义	备注
1	测试生产率	单位工作量测试的代码量、功能数量	团队的测试效率
2	工作量偏差率	实际花费工作量相对于估计工作量的偏差百分比	提高估计技能，监控测试进度
3	发现缺陷密度	单位规模内发现的缺陷数	系统中存在的缺陷数目
4	测试问题严重性	测试发现问题的严重性分布	确定被测试产品的可靠性
5	测试用例的问题发现效率	单个测试用例发现问题的数量	度量测试用例的有效性
6	缺陷密度	千行代码发现的缺陷数，千个功能点发现的缺陷数	确定被测试产品的可靠性
7	测试覆盖度量	需求覆盖率、功能点覆盖率、代码覆盖率、测试用例集覆盖率	度量测试的充分性
8	问题漏测率	发布后市场反馈问题总数量	衡量内部测试质量
9	遗留缺陷密度	交付后单位规模发现的缺陷数	交付质量

9.3 缺陷管理

9.3.1 缺陷模板

缺陷模板如表 9 – 11 所示。

表 9-11　缺陷模板

序号	属性	说明
1	缺陷编号	缺陷的顺序号，自动更新
2	缺陷名称	填写缺陷名称
3	所属项目	填写所属项目名称
4	所属模块	属于产品的哪个模块
5	缺陷类型	生产工艺、安装维护、电控问题、硬件问题、一致性、稳定性、软件功能、性能、界面问题、易用性、逻辑问题、兼容性、EMC、安规、环境试验、文档问题
6	缺陷重要性	致命、严重、一般、提示，同问题管理
7	发生概率	必现、偶发
8	提出人/提出日期	填写提出人和提出日期
9	缺陷状态	新增、未修改、已修改、暂不修改、拒绝修改
10	发现阶段	概念、计划、开发、验证、发布、生命周期
11	发现版本	填写产品的内部版本
12	解决版本	填写该缺陷计划在哪个版本解决
13	描述和建议	填写缺陷的详细描述和处理建议

9.3.2　缺陷流程

缺陷流程如图 9-3 所示。

9.3.3　软件测试缺陷类型

软件测试缺陷类型如表 9-12 所示。

表 9-12　软件测试缺陷类型

序号	类型	内容
1	致命	由于程序所引起的死机，非法退出，死循环，数据库发生死锁，因错误操作导致的程序中断，功能错误，与数据库连接错误，数据通信错误
2	严重	程序错误，程序接口错误，数据库的表、业务规则、缺省值未加完整性等约束条件
3	一般	操作界面错误，打印内容、格式错误，简单的输入限制未放在前台进行控制，删除操作未给出提示，数据库表中有过多的空字段
4	提示	界面不规范，辅助说明描述不清楚，输入输出不规范，长操作未给用户提示，提示窗口文字未采用行业术语，可输入区域和只读区域没有明显的区分标志

已关闭
结束
确认关闭
质量经理
质量经理确认
已分配
无法复现
重新启动修复
延后解决
延后解决
Bug责任人
通过
Bug评审组
审核
已分配
澄清
他人问题
延后解决
测试工程师
新建
提交Bug
1. 问题描述
2. 操作过程
3. 预期结果
4. 实际结果
5. 概率统计
6. 日志截图
7. 相关Bug
Bug评审组
新建
Bug审核
Bug
分析定位
Bug责任人
分析确认
问题归属
已分配
测试工程师
复现问题
已分配
提供相应指引或临时编译的调试包
Bug责任人
解决中
已分配
不通过
修复问题
不处理
重新开启
测试工程师
已解决
回归验证测试
正式版本测试不通过
不通过
质量经理
已认证
已关闭
结束
通过
不通过
质量经理确认
正式版本
测试通过
Bug评审组
质量经理
已认证
无效
结束
通过
不通过
质量经理确认
通过
审核
已分配

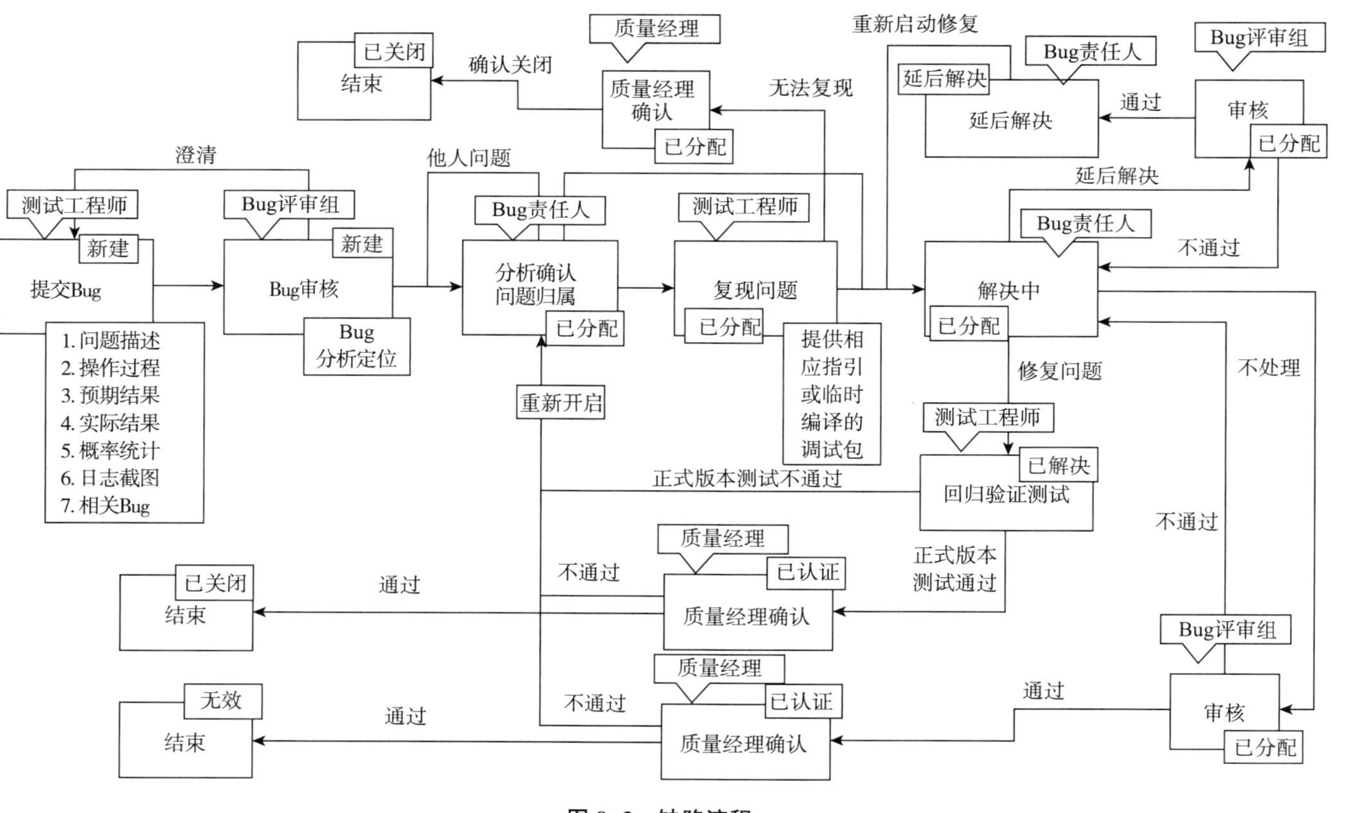

图 9–3　缺陷流程

9.4 测试管理输出文档模板

9.4.1 测试策略

测试策略如表9－13所示。

表9－13 测试策略

序号	章节	内容
1	概述	◇目的：描述文档的目的； ◇范围：描述文档所包括和不包括的内容。同时应当描述本测试策略所覆盖的模块、项目和子项目
2	测试综述	◇测试活动：列出了所有与测试相关的活动，从中选择将要执行的活动，生成并执行单元/集成/系统测试计划和测试用例； ◇风险因素：可能影响到测试进度的因素，包括与其他产品、项目甚至第三方软件或设备间的依赖关系，关键路径的可实现性，质量目标的可实现性，人员到位情况，关键技术成熟性等。分析风险级别并针对每个高风险制定规避措施及应急计划； ◇折中方案：描述在特殊情况下需要采取的折中方案。例如在进度拖延的情况下，如果98%的测试例都通过了测试，则认为测试已经完成
3	系统测试	◇质量目标：确定测试活动预期的质量目标，如覆盖策略、覆盖率、千行代码缺陷数等； ◇测试重点：确定本次测试的侧重点，包括需要关注的特征，需要进行的测试类型（例如兼容性测试、性能测试、稳定性测试等）； ◇测试对象依赖关系：描述被测对象间的关系、被测对象与软件其他部分间的关系，并且注明各个元素之间的依赖关系，以确定其测试顺序，在集成测试计划中需要明确集成策略； ◇回归测试策略：在下一轮测试中，用本轮测试的所有测试用例重新测试，确认所有缺陷都已改正，在最终的交付版本中执行所有的测试用例，验证所有已发现的缺陷和功能； ◇停止准则：项目成功地通过了所有的测试用例，或者所有已发现的所有缺陷都已完成回归测试
4	人力资源及工作量	进度、职责和测试人员的工作量在项目计划中指定，需要的硬件、软件和其他设备

续表

序号	章节	内容
5	质量过程	遵循标准，测试用例格式包括测试用例 ID、测试重要级别、测试标题、预置条件、输入、预期输出

9.4.2 测试计划

测试计划如表 9－14 所示。

表 9－14 测试计划

序号	章节	内容
1	概述	◇基本情况介绍：简单介绍产品，并说明单板的正式名称和 PCB 版本号； ◇测试范围：简要描述调试、测试的范围，并加以说明，可以用列表加说明的方式，列出所有将被作为测试目标的测试项目（包括功能测试项目和非功能测试项目，后者包括性能测试、兼容性测试等）。确定测试项目中应测试的所有特性和特性组合
2	测试准备	◇测试组网图，简单描述调试测试的组网图； ◇资源需求：软件需求，描述测试所需要的支撑软件的名称、数量、版本，例如操作系统、数据库、编译器、预处理器、测试工具等，应描述每一项的用途及应用范围。硬件需求，描述测试所需要的硬件环境的名称、数量、版本，例如硬件设备、计算机、打印机、接口设备、测试仪器，以及各种软件运行所需的硬件设备等，应描述每一项的用途及应用范围。人员需求，表述人员相关的其他信息，包括特殊要求、关键技能、领域经验、外部支持等。如果需要，还应描述人员相关的其他信息，如轮班制度等。特殊测试环境要求，简单描述其他调试测试环境需求，如网络、接口、工具及其他专有环境
3	测试计划	◇进度计划：测试时间需求，简要描述不同调试项目的时间、人员计划安排，以及时间估计，可以黏贴、引用三级计划或者其他相关文件； ◇过程条件：启动条件，测试执行活动开始所应具备的条件。结束条件，测试结束的条件或标准。挂起条件，测试过程无法继续时应挂起测试，本节描述会导致测试挂起的各种因素。这些因素可能包括测试依赖因素不具备、进入某项风险临界区、管理决策等。恢复条件，测试挂起后恢复测试的条件，与挂起条件相对应； ◇测试风险分析：分析调试测试过程中的关键路径，分析调试测试过程中的风险、风险严重程度、可能性、防范措施
4	测试用例	记录本测试计划需要的测试用例，如功能部分调试用例、性能调试用例等

续表

序号	章节	内容
5	培训计划	描述测试前或测试中需要进行的指导、培训工作，这些培训可以包括用户指引、操作指引、维护控制组指引，对成员的指导简报，如果需要提前进行大规模培训，将培训计划作为项目计划一个独立的部分，并在此处引用
6	其他	其他关键内容，如风险管理

9.4.3 测试方案

测试方案一般包括产品的测试环境、测试内容、测试方法及测试用例，如表 9－15 所示。

表 9－15 测试方案

序号	章节	内容
1	概述	基本情况介绍，简单介绍产品，术语和缩略语，参考资料
2	需求跟踪	◇需求编号应与用户需求说明编号一致，每一条需求应至少被一条（但不限于一条）测试用例所覆盖； ◇对测试方案所涉及的被测试特性进一步展开描述。如有必要，描述被测试特性与“需求规格说明书”或“设计说明书”中的需求或功能之间的对应关系，即描述测试的需求跟踪情况
3	测试内容	简略说明测试的内容、功能、需要达到的技术指标
4	测试环境	验证平台结构，各模块功能
5	测试用例	测试用例 1、测试用例 2……
6	测试通过准则	◇定义每个测试项目测试通过或失败的准则，测试通过或失败的准则是客观的陈述，该陈述指明了判断和确认测试何时结束及测试项目的质量； ◇所有要求的测试用例和测试程序都已经执行，所有的缺陷都已经定位。所有要求的测试用例和测试程序都已经被重新执行一次，并且没有发现新的缺陷，测试通过准则满足验证工作规程的要求
7	评审报告	主管应及时组织对测试方案的评审，按照测试方案的评审要素文档，进行审核，并将评审报告记录在这里

9.4.4 测试用例

测试工作和开发通常是并行的，一般在完成测试计划编写后就可以进行用例的编写工作，如表 9－16 所示。

表 9－16 测试用例

序号	名称	描述
1	用例编号	对此用例进行编号，如子系统名、模块名、编号
2	用例名称	用例的名称
3	需求描述	对需求项进行描述
4	测试目的	测试所要验证的内容，说明本测试用例的设计目的、设计思路，以使测试人员在实施测试过程的时候目标更加明确
5	测试类别	单元测试、功能测试、性能测试、机械测试等
6	测试对象	测试的具体对象，硬件如 FLASH 的读写，软件如汉字输入函数等
7	用例级别	表明该用例的重要性，用例的重要性并不对应用例可能造成的后果，而是对应用例的基本程度，一个可能导致死机的用例未必是高级别的，因为其触发条件可能相当生僻，一般分为基本、重要、详细和生僻
8	测试工具	测试需要使用的专用工具、软件等
9	前置条件	测试用例执行需要的测试环境
10	测试步骤/测试方法	测试操作过程描述，说明执行本测试子项目时所需的输入，以及由此而产生的输出和需进行的一系列顺序执行的操作，包括测试所需的外界条件
11	测试预期结果	根据理论得出正确的结果
12	测试结果	结论，包括测试中发现的问题，可以是附图
13	测试结论	通过、不通过
14	测试工程师	填写该测试用例拟安排的测试工程师
15	测试日期	填写计划测试的日期
16	备注	如极限条件测试

9.4.5 测试报告

测试报告如表 9－17 所示。

表 9 – 17　测试报告

序号	章节	内容
1	概述	◇编写目的：说明这份测试分析报告的具体编写目的； ◇背景：被测试产品的名称，指出测试环境与实际运行环境之间可能存在的差异，以及这些差异对测试结果的影响
2	测试概要	用表格的形式列出每一项测试的标识符及其测试内容，并指明实际进行的测试工作内容与测试计划中预先设计的内容之间的差别，说明做出这种改变的原因
3	测试结果及发现	测试 1：把本项测试中实际得到的动态输出，包括内部生成数据输出，结果同对于动态输出的要求进行比较，陈述其中的各项发现
4	测试结论	功能 1：简述该项功能，说明为满足此项功能而设计的产品能力，以及经过一项或多项测试已证实的能力。说明测试数据值的范围，包括动态数据和静态数据，列出就这项功能而言，测试期间在该产品中查出的缺陷、局限性
5	分析摘要	◇能力：陈述经测试证实了的本产品的能力； ◇缺陷和限制：陈述经测试证实的产品缺陷和限制，说明每项缺陷和限制对产品性能的影响； ◇建议：对每项缺陷提出改进建议，如修改方法、紧迫程度、工作量等； ◇评价：说明该项产品的开发是否已达到预定目标，能否交付使用
6	测试资源消耗	总结测试工作的资源消耗数据，如工作人员的水平级别数量、机时消耗等

9.4.6　测试总结

测试总结如表 9 – 18 所示。

表 9 – 18　测试总结

序号	章节	内容
1	测试主要版次	填写此项目所有测试过的产品版本
2	测试内容	填写每一版本所做测试内容，并分析测试覆盖情况和充分性，示例：第一次测试，为某产品的功能测试、性能测试、结构测试、可靠性测试和电磁兼容测试。针对某产品的所有模块进行了测试，测试比较充分，基本上硬件模块的很多细节都测试到，覆盖面很全，发现的问题也很多

续表

序号	章节	内容
3	测试遗留问题	填写每一版本所做测试中出现的问题，并对问题的严重性和后续做描述。示例：第一次测试遗留问题较多，一共30多项，严重或者致命的有10项，是一个很不稳定、不可靠的版本，不过问题都已定位并且在后续版本更改
4	测试结论	填写所有测试完成后的总结分析，示例：从上面测试中可以看出，问题的收敛性是比较好的，基本趋向稳定，本版本是一个质量比较可靠的机型，可以导入生产
5	建议	填写在此项目测试后发现的通用型问题，提供建议和意见。对于每一次升级，无论改动多少都要求走正规的流程，不能升级不提交测试就直接导入生产，建议在出量产版本的时候一定要有测试报告等资料

9.5 测试评审要素

9.5.1 测试策略评审要素

测试策略评审要素如表9－19所示。

表9－19 测试策略评审要素

序号	章节	内容
1	测试策略评审要素	◇《软件需求规格说明书》是否通过了评审； ◇是否描述了项目组成员角色及职责； ◇测试策略是否覆盖了整个测试阶段； ◇是否为每个测试阶段定义了要执行的测试范围、测试环境； ◇是否覆盖了所有需求； ◇是否定义了单元测试策略、集成测试策略、系统测试策略； ◇在集成测试策略中是否定义了回归测试； ◇每个阶段的测试工作是否都有负责人； ◇是否记录下测试策略的版本变更； ◇需求新增或需求变更，是否同时更新了《测试策略》； ◇《测试策略》是否跟随《产品规格书》一起进行配置管理并基线化

9.5.2 测试计划评审要素

测试计划评审要素如表 9－20 所示。

表 9－20 测试计划评审要素

序号	章节	内容
1	资源和进度	◇测试计划在进度上和资源上是否和整个项目计划一致？ ◇是否充分说明了所有必要的资源，包括硬件、软件、工具、人员等？ ◇测试计划的资源安排是否合理？ ◇是否将工作任务分配到了测试组中的每一个人？ ◇关于每个测试人员的计划安排是否有冲突？ ◇分配了工作任务的组员是否得到了完成这些任务所需要的适当培训？ ◇测试计划的进度安排是否合理？ ◇是否采用了某种工具（Project、Excel）来管理进度
2	测试计划内容	◇关于本次测试的测试范围的陈述是否明确恰当？ ◇是否已估计了测试项目的规模？ ◇测试项目的规模估计是否合理？ ◇是否充分评估了本次测试的风险？ ◇是否说明了必要的风险防范措施？ ◇是否安排了故障关闭和回归测试的活动？ ◇项目组的大部分成员是否认为本测试计划是合理且可完成的？ ◇是否明确了本次测试的进入和退出标准？ ◇测试计划中是否给测试设备、方法和工具的开发和获取留有足够的时间？ ◇测试计划是否考虑了在测试期间规范、设计和编码可能改变的情况

9.5.3 单元测试计划评审要素

单元测试计划评审要素如表 9－21 所示。

表 9-21　单元测试计划评审要素

序号	章节	内容
1	单元测试计划	◇是否在详细设计阶段启动？ ◇单元测试计划编写是否符合模板要求？单元测试计划是否经过评审？是否定义了测试开始的时间和结束时间？是否计划了测试进度？是否清晰而明确地陈述了测试目标？是否定义了测试策略？是否定义了测试输入/测试环境？ ◇询问项目组遵循何种编码规范？项目组是否根据编码规范进行编码？ ◇代码是否经过评审？ ◇单元测试计划内容是否完整？标记为 N/A 的项是否有充分的理由？ ◇是否对关键代码模块进行了单元测试？ ◇是否定义了要测试的范围，单元测试覆盖率是否达到 20%？ ◇是否每百行代码单元测试案例达到 3 个？ ◇单元测试的结果是否被记录？ ◇是否对单元测试发现的缺陷进行跟踪直到关闭？ ◇单元测试报告的内容是否真实、正确和完整？是否经过 PM 的审核？ ◇是否指明了会引起测试停滞和恢复的标准？ ◇是否指明了测试所需的工具、执行测试所需的软件和文档、被测试软件？ ◇需求新增或需求变更，是否同时更新了《单元测试计划》

9.5.4　集成测试计划评审要素

集成测试计划评审要素如表 9-22 所示。

表 9-22　集成测试计划评审要素

序号	章节	内容
1	集成测试计划	◇集成测试计划编写是否符合模板要求？集成测试计划的内容是否完整？集成测试计划是否通过评审？是否定义了测试开始的时间和结束时间？分配给各任务的时间是否足以执行该任务？ ◇是否清晰而明确的陈述了测试目标？是否定义了要测试的范围、测试策略？集成测试案例的内容是否完整？集成测试案例是否通过评审？是否定义了集成顺序？ ◇是否指明了测试所需的工具、执行测试所需的软件和文档、被测试软件？ ◇是否定义了测试输入、测试环境、测试进度？ ◇集成测试的结果是否被记录？ ◇是否对发现的缺陷进行跟踪直到关闭？ ◇集成测试报告的内容是否真实、正确和完整？是否经过 PM 的审核？ ◇参与集成测试的阶段的人员活动的角色是否已按单元测试过程的定义？ ◇是否指明了会引起测试停滞和恢复的标准？ ◇需求新增或需求变更，是否同时更新了《集成测试计划》

9.5.5 系统测试计划评审要素

系统测试计划评审要素如表 9－23 所示。

表 9－23 系统测试计划评审要素

序号	章节	内容
1	系统测试计划	◇系统测试计划编写是否符合模板要求？系统测试计划的内容是否完整？是否计划了测试进度？是否定义了测试开始的时间和结束时间？分配给各任务的时间是否足以执行该任务？是否通过评审？ ◇是否清晰而明确地陈述了测试目标？ ◇是否定义了要测试的范围/测试策略？ ◇系统测试案例的内容是否完整？系统测试案例到软件需求的跟踪关系是否正确和完整？系统测试案例是否通过评审？询问系统测试案例的执行情况，是否所有案例被执行？ ◇是否覆盖了《软件需求规格说明书》中所描述的关于性能方面的所有的场景？ ◇是否指明了会引起测试停滞和恢复的标准？ ◇是否指明了测试所需的工具、执行测试所需的软件和文档？ ◇是否定义了测试输入、测试环境？ ◇非功能测试是否定义了可操作的方法？ ◇系统测试的结果是否被记录？ ◇是否对发现的缺陷进行跟踪直到关闭？ ◇系统测试执行期间，版本提交的代码基线记录是否完整和正确？ ◇系统测试报告的内容是否真实、正确和完整？是否经过 PM 的审核？ ◇需求新增或需求变更，是否同时更新了《系统测试计划》

9.5.6 测试用例评审要素

测试用例评审要素如表 9－24 所示。

表 9－24 测试用例评审要素

序号	章节	内容
1	测试用例	◇测试用例是否具有唯一编号？ ◇测试用例是否覆盖了测试计划中的需求并且对应起来？ ◇非功能测试需求或不可测试需求是否在用例中列出并说明？ ◇用例设计是否包含了正面、反面的用例？ ◇每个测试用例是否清楚地填写了测试前置条件、步骤、预期结果？ ◇是否在测试用例中列举了一些过去常存在的错误？ ◇测试用例是否包含测试数据和测试数据的生成办法或输入的相关描述？ ◇用例覆盖率是否达到相应质量指标？ ◇测试用例是否具有可执行性

9.5.7 BETA 测试评审要素

BETA 测试评审要素如表 9－25 所示。

表 9－25 BETA 测试评审要素

序号	章节	内容
1	BETA 测试	◇初始产品测试及 TR5 是否通过？ ◇初始产品测试中发现的严重问题是否已解决，初始产品测试中发现的其他问题是否已解决或提出解决方案？ ◇BETA 测试负责人、测试客户是否已指定？ ◇用于 BETA 测试的样品是否已准备完毕，测试所需的相关物料是否已齐套？ ◇提供给客户方的文档资料是否按要求全部归档？ ◇客户资料的开发和验证工作是否已完成？ ◇BETA 测试客户方的测试系统是否已确定？ ◇是否具备进行 BETA 测试相关活动的人力资源？ ◇是否完成对相关人员的培训工作

9.6 测试管理常见的问题对策

9.6.1 是否需要独立的中试部

先看一个案例：

案例分析：H 公司中试部发展的三个阶段如表 9－26 所示。

表 9－26 H 公司中试部发展的三个阶段

阶段	主要工作	存在问题
阶段 1（1994－1996）质量是测试出来的	该阶段的工作以试制、测试为主。启动时 30 人左右，与开发部同级别，抽调开发部高层主管担任中试部主管，中试人员主要是抽调部分有经验的硬件工程师及招聘新员工。通过试制与充测试工作，显著改善了产品质量，积累了初步的中试方法和流程。到 1996 年，中试部人员扩充到约 300 人，其中主要是测试工程师	这个时期产品质量仍然存在大量问题，主要表现在： ◇产品仍然存在深层次设计错误； ◇批次性产品质量问题较多； ◇源于 BOM 和技术文件的错料、错货很多； ◇产品转产后仍存在大量设计更改

续表

阶段	主要工作	存在问题
阶段2（1996－1998）：质量是测试和制造出来的	分析已积累的产品质量问题数据，进一步认识到产品质量来源于设计质量和制造质量；关注制造工艺过程、制造工艺设备、物料品质、BOM和技术文件。增设工艺试验中心、装备开发中心、物料品质试验中心、BOM中心和（技术）文件中心。产品中试形成初步体系，能力大大加强，若干重点产品和部件质量达到较高水平。到1998年，中试部发展到约800人	总体而言，产品质量问题仍然很多，严重故障频发。问题在于： ◇质量控制仍然主要是“事后控制”模式，中试未参与产品研发早期工作，进入中试后产品已基本定型，很多问题已难以解决； ◇开发规模急剧扩大，进入中试的产品过多过快，导致很多产品中试过程草率； ◇开发－中试－制造之间常发生争执，流程急需完善； ◇产品中试周期长，常有1年多未完成中试的产品项目
阶段3（1998－2003）：质量是设计出来的	分析上一阶段中试工作存在的问题，其主要原因在于： ◇未在产品研发早期参与，中试与研发串行，导致产品质量难于根本改善； ◇研发－中试－制造流程配合协调差，造成部门矛盾多； ◇中试人员增加很快，新手多，业务能力不足。 ◇开展了大规模的中试流程建设和优化工作，重点强化了工程设计环节（DFT、DFM等），合并了BOM部和技术文件部，组建产品数据管理部和测试中心。2000年后，中试部人员达到1000人以上	2003年中试部解散了，原因是： ◇中试与各环节都有关系（开发、生产、销售），也往往变成都没有关系。产品是研发部门研发出来的，是销售部门销售出去的，中试是在背后的，中试人员缺乏成就感，在激励机制上存在障碍； ◇中试与开发、生产部门之间存在部门墙

从上述案例可以看出，独立的中试部门不建议设置。产品开发是全公司各部门共同努力的工作，建议快速成长型企业清晰划分职能，不要设置过多的部门，增加了沟通成本，降低了效率，同时不利于知识积累和传递。

9.6.2 如何解决测试和研发的冲突

◇尽早开始合作。如果只在项目测试环节测试人员才出现并寻找缺陷，测试人员会遇到阻力。产品开发的质量被完全处于局外的人所挑战，此时测试人员就会被当作威胁而不是支持。测试人员在设计初期能够参与，这样研发人员把测试人员的工作看作是帮助自己提高工作质量的一种方式，测试人员也不再是挑毛病、缺陷的局外人；

◇责任与权利相符。测试人员在初期设计阶段能够参与或提供反馈，不能让测试部门夹在中间，责任很大而权力很小或没有；

◇带着质量意识研发。通常研发人员和测试人员在质量的含义上有着不同的见解，不要指望能找到一个永远正确的答案，测试驱动式开发是一种流行的在初期就引入质量管理的开发模式，它使测试及质量保障与每个功能特性的设计结为一体；

◇只有主管能发动和结束“战争”。如果在开发团队中发生冲突，就要从主管身上找原因。主管们应敢于进取，明智地承认这些问题，并带领双方制定一个如何改变的协作计划。

9.6.3 如何进行外部测试

外部测试指国家管理机构（国家工商行政管理局、国家质量监督检验检疫局、行业管理机构等）、客户要求的、组织的或委托组织的对公司的产品、技术、解决方案所做的测试，或公司主动发起的涉外测试，以及公司在第三方权威测试机构进行的委托测试。

外部测试一般包括四个阶段，即测试需求阶段、测试准备阶段、正式测试阶段、测试结果跟踪阶段，如表 9－27 所示。

表 9－27　外部测试过程

序号	阶段	内容
1	测试需求阶段	由相关部门根据外部测试需求，填写《外部测试认证申请表》，从而启动整个测试工作
2	测试准备阶段	测试准备工作最重要的标志就是成立项目组，从各个部门抽调相关人员构成测试工作组，承担的工作包括技术交流、需求分析、资料准备、测试环境的搭建、测试方案、测试标准和测试项目的确定、版本开发与提供、备货发货及测试动员等
3	正式测试阶段	配合外部测试单位，按照测试准备阶段达成的测试方案、测试项目等进行测试工作，并及时解决与处理测试中出现的问题
4	测试结果跟踪阶段	测试的后续阶段，包括测试结果的跟踪、测试费用的支付及测试报告的获取、归档和测试工作总结

案例分析：某企业的外部测试详细流程如表9－28所示。

表9－28　某企业的外部测试详细流程

序号	阶段	内容
1	测试需求阶段	◇由需求来源部门填写外部测试审批表/电子流，提交相关部门填写意见，将其他部门的意见汇总后提交市场部； ◇客户组织或委托组织的测试申请，应由销售部填写； ◇其他国家机构组织或委托的测试由对外合作部或相关产品线填写； ◇审批通过后，需求来源部门同测试需求单位、测试机构进行交流，就测试要求、测试内容、测试计划、测试费用等达成初步的意向，输出测试框架协议，必要时签订保密协议
2	测试准备阶段	◇组织测试工作协调会，明确测试工作任务，初步确定人员，参加会议的人员应包含相关PDT经理、研发人员、测试人员、技术支持部人员、资料开发人员、销售部人员、销售支持部人员、对外合作部人员、市场部人员（业务负责人与产品代表）等； ◇测试工作组组长召集开工会，进一步讨论测试策略，明确任务分工，讨论工作计划，输出《测试工作计划》； ◇由测试工作组准备测试相关的资料，包括产品或解决方案汇报材料、测试方案、测试目录等。材料必须经过评审后方可正式使用。测试规模的大小，评审人员可来自市场部、总体组、测试部、相关PDT人员、资料开发部、销售部、销售支持部等； ◇测试工作组与测试需求单位（客户、行业管理机构、质量监督局等）、测试单位进行测试汇报与测试方案的技术交流，进一步明确测试目的，确定测试内容、测试项目列表、测试方案； ◇测试工作组根据同测试需求单位、测试单位交流的结果及他们提出的要求，修改测试内容、测试项目、测试方案，各方达成共识； ◇测试工作组根据测试方案、测试内容搭建与调测内部摸底测试环境，测试工作组进行内部摸底测试，输出内部摸底测试报告。测试的方案、测试的内容以各方协商达成共识的结果为测试标准，其目的是保证正式测试的一次性通过或者尽量规避正式测试时出现问题； ◇测试工作组讨论分解测试用设备筹备，需要下单的设备由市场部走借货流程备货，需研发备货的设备由相关产品线PDT准备。测试工作组根据测试地点，进行测试设备的备货、发货工作； ◇测试工作组与测试单位交流测试计划，确定具体的测试时间和具体的测试事项，输出测试协议； ◇由测试工作组组长在测试单位进行测试动员会，对测试人员的言谈举止、行为规范要求进行明确，并将测试的要求周知测试组的全体人员。测试工作组搭建、调测测试环境并进行自测

续表

序号	阶段	内容
3	正式测试阶段	◇测试工作组协助外部测试单位开展正式测试工作。测试工作组在每日测试工作完毕后，撰写当日测试日报发送给相关人员。市场部每日跟踪监控测试情况，及时协调解决有关问题。跨周的测试项目还需对每一周的测试工作进行总结，并给出下一周的工作计划； ◇测试工作组对正式测试过程中发现的问题及时进行讨论，给出妥善的解决措施。在测试工作完成之后，由测试工作组对当次测试的情况进行客观评价，并输出测试结果； ◇在测试工作完成之后，由对外合作部联系落实、测试工作组负责完成公司向测试机构及测试需求单位（客户、行业管理机构等）的测试结果汇报和相应技术引导工作，输出汇报纪要，总结测试需求单位、测试单位对测试的评价
4	测试结果跟踪阶段	◇对测试结果进行跟踪，包括测试排名情况、各竞争对手的测试情况等，及时通报测试工作组及相关领导，进行测试费用支付工作； ◇及时获取当次测试的正式报告（电子件及纸件），由测试工作组归档测试报告、测试资料，输出《归档资料清单》，经文档管理员确认后提交市场部。资料应归档到公司文档管理部。测试报告、测试需求单位意见等盖章材料原件暂归档在市场部； ◇测试工作组客观撰写测试工作总结，内容包括实测情况、组织协调工作、资料准备、备货情况、经验与教训、存在的问题与管理建议，完成整个测试工作总结

9.6.4 常见的测试风险有哪些

常见的测试风险如表 9－29 所示。

表 9－29 常见的测试风险

序号	风险项	规避风险建议
1	软件模拟环境测试方法的局限性	建议同时使用几种验证软件共同进行
2	功能点不全	参与项目的调研，根据相关协议提取功能点，而不是仅根据项目设计文档提取功能点，防止设计人员对协议的理解有偏差
3	功能点不细	组织资深验证人员和设计人员进行评审
4	验证策略不完善	对不能穷尽的测试，要提供让人信服的收敛测试策略
5	Corner case 和 Error case 太少	依靠整个验证团队的经验

9.6.5 测试管理的提升路径有哪些

测试管理的提升路径如表9－30所示。

表9－30 测试管理的提升路径

序号	主题	内容
1	开展系统测试工作	控制测试版本的提交频度和过程，加强基线管理，约束系统测试中开发、测试的责任，重点开展功能测试、业务测试，开始积累测试用例、系统测试过程管理、单元测试的操作、代码静态检查工具的引入，规定具体的测试量化指标
2	开展专项测试、测试工具引入	加强市场问题的收集、汇总，补充到测试用例库，加强版本走向市场的控制，开展性能、安全性、可靠性等专项测试，引入专项测试工具，开始系统测试过程度量
3	需求可测试分析、集成测试、建立测试标准	开始产品开发前端工作，具体参与产品的需求分析、规格确定，确保需求、规格的可测试性，产品开发前期就确定后期的测试规划，开始规划测试公共技术平台，测试工具的开发产品化运作，开始集成测试工作，开始关注测试技术的发展，制定可测试性设计方面的规范，并在实际产品测试中施行

第十章

工艺管理

10.1 工艺管理常见的问题

工艺管理常见的问题如下：

◇大量借用的图纸导致工艺人员需要花费很多时间找图纸、借用图纸，影响效率；

◇手工做 mBOM 占用工艺人员大量时间；

◇设计资料给得晚，留给工艺人员的时间不够；

◇工艺文件需要不断根据材料改善、设备改善、技术改进进行相应的完善；

◇设计与工艺协同出问题，在图纸会签完成后，由于某种原因设计人员对图纸进行更改，但没有告知工艺部会签人员重新会签，直接将图纸下发制造单位进行生产，制造单位容易出现问题，且责任不明确；

◇衍生产品多，重复修改多份作业指导书和其他工艺文档；

◇在工装模具的设计过程中，因为没有标准的模具库，将会出现设计人员的重复设计，降低设计人员的工作效率。

10.2 工艺组织

工艺组织如表 10 - 1 所示。

表 10－1　工艺组织

序号	主题	内容
1	工艺技术部	◇负责组织、承担并归口管理工艺技术工作； ◇负责组织制定高效、合理的工艺管理工作程序； ◇负责贯彻执行上级有关技术工艺方面的方针、政策和相关法律法规，制定相应的规章制度并负责组织实施； ◇负责组织工艺研究管理工作，推进新工艺的应用、推广交流； ◇研究、掌握和推广应用新技术、新工艺、新材料、新装备； ◇负责组织工艺技术创新和科研发展工作，并同步开展相关知识信息库的建设，加强知识管理； ◇负责公司生产工艺策划，编制公司的技术组织措施和工艺工作计划，并组织检查落实； ◇负责保证产品设计的结构工艺性； ◇负责公司工艺布局、工艺方案的设计； ◇负责新产品开发和既有产品改进设计方案的工艺性审核； ◇负责公司产品制造与修理工艺技术文件的编制、审核、验证和管理，解决生产中的技术工艺问题； ◇负责非标工具、非标装备的设计，参与鉴定工作； ◇负责公司材料定额和工时定额管理
2	综合技术部	负责组织制定工艺工作规划，开展工艺标准化工作，收集工艺情报
3	资产管理部	◇负责工艺所需设备的管理，使之经常处于完好状态； ◇负责对工艺工作中环境保护情况的监督检查； ◇负责组织制定或配备工艺装备、专用设备的操作规程； ◇参加对工艺方案合理性的审查与评价
4	质量检查部	◇负责材料、零部件和产品的质量检验，生产现场工艺纪律的监督； ◇负责编制并实施检验文件； ◇负责与工艺部门和生产车间共同做好工序质量控制； ◇负责计量器具的周期检定； ◇参加对工艺方案合理性的审查与评价

10.3　工艺管理流程

工艺管理流程如图 10－1、表 10－2 所示。

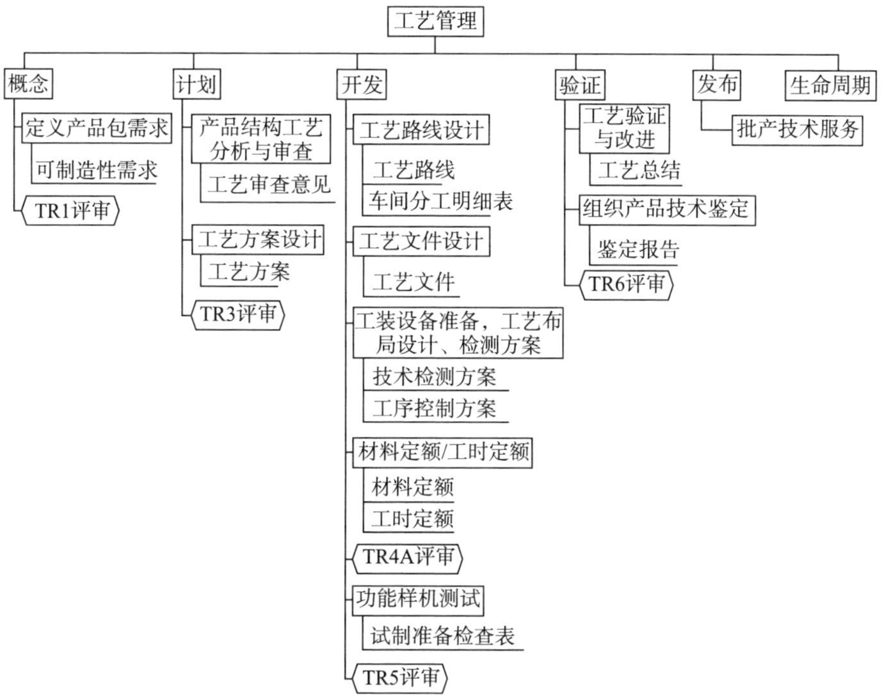

图 10－1　工艺管理流程图

表 10－2　工艺管理流程描述

编号	活动	活动描述
1	定义产品包需求	了解国内外同类产品的结构和制造、维修的工艺情况，从调研的单位、调研的情况，以及对调研情况的分析几个方面进行总结
2	产品工艺性审查/分析	◇从制造、维修观点分析结构方案的可行性、合理性、经济性，提出设计改进意见； ◇对于自行设计开发的产品，在产品设计的三个阶段均应同步进行工艺性审查，对于引进图样生产的新产品，主要是指进行工艺分析
3	工艺方案设计	工艺方案是指导产品工艺准备和实施工作的依据，明确并分解落实产品质量目标，提出产品的主要工艺流程、工艺分工及说明、产品工艺流程图、工艺平面布置图、必需的设备、工艺装备、关键/特殊工序的工艺规程，明确过程或产品的质量控制要点，关键、特殊工序的人员配置要求和培训计划，对制造周期长的零件制造要求等
4	工艺路线设计	编制外购件明细、自制件明细、标准件明细，其中自制件明细需要编制细化到工序的工艺路线表

续表

编号	活动	活动描述
5	工艺文件设计	◇常用工艺规程的主要形式有工艺守则、典型工艺规程、工艺过程卡片、工艺卡片、工序卡片、作业指导书、工艺流程图等； ◇按照工艺路线，确定每个工序所用设备、工装、检测器具，确定工作要求，确定所需要的毛坯或原材料，确定所需要操作工的人数和技术等级要求等，并形成记录
6	工装设备准备、工艺布局设计、检测方案	◇工装设备准备：提出需要配备主要设备、工装的项目名称、规格型号、数量、费用预算等，一般在工艺方案设计中体现，包含外购、自制装备。对于标准设备，要提出主要技术参数符合相关国家标准的要求。对于非标设备和外购工装，要提出主要功能、工艺参数、工作节拍、外形尺寸、安全环保等方面的要求； ◇设计工艺平面布局图：根据工艺方案和产品工艺路线，绘制主要大部件生产的工艺平面布置图和定置管理图，规划生产现场的设备、物料、工位器具、工装工具、检测量具、吊具、产品区域标识； ◇物流方案设计：确定厂区内产品及其配件的物流方案，包括物流路线、物流器具等
7	材料定额/工时定额	◇计算各种材料消耗定额，编制材料消耗工艺定额明细表和汇总表； ◇计算劳动消耗工艺定额（即工时定额），提出人员需求计划
8	功能样机试制	◇培训大纲应包含各专业工种相应等级的应知应会要求，以及产品相应的工序技术要求； ◇根据产品试制生产计划，生产部门进行试制，工艺人员跟踪并验证工艺设计的符合性，详细记录实际数据
9	工艺验证与改进	总结工艺准备阶段工作： ◇总结工艺、工装在试制中验证情况； ◇对下一步改进工艺、工装的意见和对批量生产建议； ◇针对设计问题的反馈和改进意见
10	组织产品技术鉴定，设计批产工艺方案	◇根据公司确定的生产能力需求，在试制工艺方案的基础上，设计批产工艺方案； ◇根据批产工艺方案，修改、新编工艺规程，改进、新增工艺装备
11	批产技术服务	了解产品生产过程的状况分析存在的问题，进一步完善工艺和质量控制措施

10.3.1 总装工艺流程

总装工艺流程如表 10－3 所示。

表 10 –3　总装工艺流程

编号	活动	活动描述
1	作业指导书编制启动	BOM 表签审下发后启动作业指导书编制任务
2	作业指导书编制	总装工艺员结合三维图纸编制作业指导书
3	作业指导书验证	试制工艺员验证作业指导书
4	作业指导书完善	总装工艺员根据反馈完善作业指导书
5	作业指导书确认	试制验证作业指导书的正确性，并签审下发

10.3.2　总装工艺更改流程

总装工艺更改流程如表 10 –4 所示。

表 10 –4　总装工艺更改流程

编号	活动	活动描述
1	更改启动	设计图纸变更，工艺文件本身更改，外协单位反馈工艺改进
2	判断工艺是否需要更改	工艺会签设计图纸，判断是否需要作业指导书变更
3	作业指导书更改	更改作业指导书，完整性检查
4	作业指导书确认	签审发放

10.3.3　钣金工艺流程

钣金工艺流程如表 10 –5 所示。

表 10 –5　钣金工艺流程

编号	活动	活动描述
1	作业指导书编制启动	钣金蓝图发放，启动作业指导书编制任务
2	作业指导书编制	◇确定是否需要开模？ ◇如果否，按数控钣金件工艺规程完成编制； ◇如果是，按开模钣金件工艺规程完成编制，根据要求完成工艺规程中各工序对应模具编号的填写
3	作业指导书验证	工艺完整性检查，包括编制内容、工时、材料定额检查
4	作业指导书确认	签审发放

10.3.4 钣金工艺更改流程

钣金工艺更改流程如表10－6所示。

表10－6 钣金工艺更改流程

编号	活动	活动描述
1	更改启动	设计图纸变更，工艺文件本身更改，外协单位反馈工艺改进
2	判断工艺是否需要更改	工艺会签设计图纸，判断是否需要作业指导书变更
3	作业指导书更改	更改作业指导书，完整性检查
4	模具更改	◇是否需要开模或者改模？ ◇如果需要重新开模，维护模具开制信息；如果是改模，根据更改内容填写模具更改信息

10.4 工艺管理专题

10.4.1 工艺文件设计要求

工艺文件设计要求如表10－7所示。

表10－7 工艺文件设计要求

序号	章节	内容
1	专用工艺规程（卡片）	◇熟悉设计工艺规程的输入和基本要求； ◇选择毛坯的形式、制造方法； ◇确定主要工艺过程，各工序的名称、工作内容和顺序，明确工序中各工步的操作方法及达到的技术要求； ◇选择或计算工艺参数，选择设备或工艺装备、辅助材料等； ◇计算作业工时及材料消耗，汇总各工步工时及材料消耗，编制工艺定额

续表

序号	章节	内容
2	典型工艺规程（卡片）	◇熟悉设计工艺规程的输入和基本要求； ◇分析零部件的工艺特征和结构，并进行分组； ◇确定每组零（部）件中的代表件； ◇分析每组零（部）件中的生产批量； ◇根据每组零（部）件的生产批量，确定代表件的工艺过程； ◇选择或计算工艺参数； ◇选择设备或工艺装备、辅助材料等； ◇计算作业工时及材料消耗； ◇汇总各工步工时及材料消耗，编制工艺定额
3	成组工艺规程（卡片）	◇熟悉设计成组工艺规程的原理； ◇将产品零件按成组技术零件分类编码标准进行分类、编组，并给以代码； ◇确定具有同一代码零件组的复合件； ◇分析每一代码零件组的生产批量； ◇设计各代码组复合件的工艺过程； ◇设计各复合件的成组工序； ◇选择或计算工艺参数； ◇选择设备或工艺装备、辅助材料等； ◇计算作业工时及材料消耗； ◇汇总各工步工时及材料消耗，编制工艺定额
4	工艺守则	◇工艺守则中应有作业前的准备、作业过程的工艺要求、作业中的注意事项、检查要求、常见质量缺陷的处理及作业后的要求等； ◇作业前的准备应对所使用设备、工装、量具、原材料、环境、防护等的准备要求进行规定； ◇作业过程应按照工步的顺序，用文字和图示的方式详细描述基本操作方法、工艺参数的选择、工艺要求等； ◇作业中的注意事项应着重规定作业中易引起的安全和质量问题，并说明防止的方法； ◇检查要求应规定操作者自我检查的项点和应达到的质量标准； ◇应对常见的质量缺陷及其产生原因和纠正方法进行说明； ◇作业后应规定完工后进行整理、整顿和清扫的要求

10.4.2 工艺资源

常见的工艺资源包括工作场地（车间、工段、外协单位），设备，工装夹具，工具（刀具、量具等），原材料/辅料资源，工时定额资源，标准工序过程、标准技术要求、标准工步等。

10.4.3 工装管理

工装指产品制造、检修工艺过程中所需的各种刀具、夹具、胎具、模具、量具、检具、吊具、工具、试验装置和工位器具的总称。工装管理如表 10－8 所示。

表 10－8 工装管理

序号	章节	内容
1	工装计划	◇使用单位根据生产工艺确定新增、改制、续制的工装项目，向工艺技术部提出工艺装备项目申请，经工艺技术部汇总、审核，总工程师批准，下达年度工装计划； ◇刀具、量具、工具的配备，由使用单位根据生产工艺提出，报工艺技术部审核，采购部负责采购
2	工装设计	由工艺人员根据工艺要求，对工艺装备设计提出并经审核、批准的《工装设计任务书》，作为工装设计人员进行工装设计的依据
3	工装制作	◇工装制作前，由工艺技术部确定工装投产工作号； ◇工装设计人员负责处理制作过程中的各种技术问题、图样的更改和归档，参与工装完工后的验证
4	工装验证	◇验证工装符合工装设计任务书，满足工艺及使用要求，确保产品质量的过程； ◇验证工装的可靠性、适用性、可维护性、安全性、生产效率，以保证产品生产的顺利进行； ◇验证工装符合设计、制造要求
5	工装周检	工装由工艺技术部归口管理，负责所管理的工装统计、技术状态和考核，组织使用单位制定工装年度周检计划，并对周检的情况进行监督、检查
6	工装封存	由于工艺变更或其他原因需封存或启封工装，启封工装在使用前应由机修车间对该工装进行状态检查，在确认工装状态良好、满足工艺要求后，方可投入使用
7	工装报废	工装报废条件：由于损坏或正常磨耗不能修复或修复费用超过原工装价值的60%的工装。生产效率低，被先进工装代替的。产品变更或工艺改变，经确认无法使用的

10.4.4 工艺验证

工艺验证指新造、检修、改造产品的工艺的验证。凡需批量生产的新产品，应通过样机（样件）、小批或中批试制进行工艺验证。产品结构重大改进，产品工艺重大改进指工艺方案、工艺路线或生产工艺条件（场地、设备、工装等）发生重大变化。生产线较长时间停产后恢复生产时，应进行工艺验证。如表 10－9 所示。

表 10－9　工艺验证

序号	章节	内容
1	验证准备	◇工艺技术部：编制工艺验证实施计划，主要包括验证项目和内容、验证参与单位和人员、验证试制数量、时间安排等，提供工艺验证所需的工艺文件、工艺装备、检测器具明细等有关资料； ◇制造单位：准备好所需的生产设备、工艺装备、检测器具、材料和毛坯，做好必要的生产场地调整，做好生产人员的安排、教育和培训等试生产准备
2	验证内容	◇工艺方案、工艺路线和工艺规程（主要是工艺方法）是否合理、可行； ◇生产设备、工艺装备（含工位器具和工具）和测量设备（含计量器具）是否能满足工艺要求，工艺装备验证应符合《工艺装备管理标准》的规定； ◇检验手段是否满足质量项点的检测要求； ◇产品的精度、性能能否达到规定的技术要求，是否有充分的工序能力保证产品质量； ◇生产线物流是否合理，物流配送是否合理； ◇生产能力是否达到设计的生产能力； ◇原材料等是否满足产品的要求； ◇操作人员的能力、资格是否满足工艺要求； ◇生产条件是否能满足产品和工艺的要求，是否符合职业健康安全和环境保护的要求
3	实施验证	验证时应严格按工艺文件进行试生产，工艺和工装设计人员应深入生产现场进行跟踪考察，发现问题及时解决，并详细记录问题发生的原因和解决措施。工艺人员认真听取操作者的意见，采纳有助于改进工艺、工装的建议。检查人员应严格按工艺进行检查，并做好记录
4	验证总结与审定	◇验证总结：验证结束后，工艺验证组人员应编写工艺验证总结； ◇验证审定：验证合格，指工艺满足设计要求，产品质量稳定、生产能力达到产出需求，工艺可以定型，工艺规程可以投入生产使用。验证不合格，指工艺不能满足设计要求，不能保证产品质量稳定，或生产能力明显不足，工艺人员需要改进工艺并重新组织验证

10.4.5 试制任务管理

试制任务难以保证质量和交期的原因一般有：

(1) 生产排期干扰，优先量产订单；

(2) 工艺时间由工艺人员根据图纸中的技术要求和技术难度来定。图纸没有得到生产人员确认，不知道工作量大小；

(3) 研发部门的前期工作没有做好，导致在制作过程中对图纸变更频繁；

(4) 工厂现有设备条件下加工出来的零件存在达不到图纸的技术要求，需要跟技术部门沟通让步放行；

(5) 研发部门设计时不了解工厂的物料状况、生产设备，很多设计出来的产品不能够很好地利用一些现有的物料，造成申请的物料一大堆，而且产品变更频繁，导致很多物料利用率低。

10.4.6 工艺绩效指标

工艺绩效指标如表10－10所示。

表10－10 工艺绩效指标

序号	章节	内容
1	工艺文件覆盖率	有工艺文件工序数/工序总数，工序是一个或几个工人，在一个工作地对一个或同时对工件连续完成的工艺过程，工艺文件包括专用和通用文件
2	记录正确率	填写正确记录数/记录总数，可按生产线、产品零部件计算
3	零部件符图率	合格尺寸数/尺寸总数，所有尺寸合格零部件数/零部件总数
4	工艺纪律执行率	检查中符合要求的项点数/检查项点总数
5	工具配备率	工序人均工具数之和/工序总数，有多种功能的工具，每种功能按一种工具计算
6	工装周检率	周检工装数/工装总数
7	工件流动率	加工状态工件数/工件总数，工件是指在生产现场的

10.5 工艺管理文档输出模板

10.5.1 产品制造策略

产品制造策略如表 10－11 所示。

表 10－11 产品制造策略

序号	章节	内容
1	总体概述	概述产品的功能、特点，可以满足什么需求，即在此部分能描述清楚需要制造的产品是什么东西
2	生产场所策略	◇了解产品预计月生产数量，需要的生产设备和测试设备； ◇这些设备需要的操作空间，以及包装、老化、检验等需要的场地； ◇是否需要新增加生产场所
3	原材料供应策略	◇确定哪些物料需要制定供应策略，以及采取何种策略，策略可包括提前采购、战略库存、与供应商结盟，备份供应商等； ◇确定哪些部件需要自制，哪些部件需要外购
4	质量策略	原料进厂合格率，外协焊接合格率、一次调试合格率、产品检验合格率、系统联调合格率、产品返修率，需分别描述这些质量目标按照现有的状况能否达到，如需要提高应分别采取什么策略
5	物流策略	原材料进货物流，是否需要进口报关，是否需要特殊包装运输、存储环境要求；产品销售发运途径，是否需要出口，有哪些特殊要求
6	总体工艺路线（生产组织方式）描述	确定产品的生产组织方式，例如原材料提前采购、物料采购、下达生产指令、配料、外协焊接、外协检验、功能调试、整机装配、老化、性能测试、检验、包装、入库、系统联调、发货
7	生产测试策略	◇目前的测试设备能否满足测试需要，如不能需要考虑购买； ◇目前的测试工艺技术能否满足要求，如不能则需要制定新的测试工艺； ◇目前的测试人员能否满足要求，如不能则需新增并培训

续表

序号	章节	内容
8	订单履行/库存计划	◇产品将来的订单履行周期为多少，整个周期的时间控制怎么样，如采购周期、配料时间、外协周期、调试装配时间、检验时间、系统联调时间分别为多少； ◇产品在发布后的库存计划，包括安全库存、警戒库存、最高库存、库存周转时间，包括主要芯片数量和产品数量
9	制造成本	制造成本包括外协加工成本，批量人工成本，场地设备成本，存储包装、运输防护成本，生产损耗成本
10	整机包装防护运输	包装材料是否需要设计，确定哪种运输方式需要何种包装防护，确认国内、国外运输的不同要求

10.5.2 工艺方案

工艺方案如表 10－12 所示。

表 10－12　工艺方案

序号	章节	内容
1	概述	◇编写目的：详细描述某产品的生产测试和工艺总体方案，为后续的产品设计、工艺设计及生产等工作提供基础与约束； ◇术语、定义和缩略语； ◇产品概述：简要说明产品的情况
2	工艺分析	根据系统设计规格书，分析采用的新工艺及新材料的可行性，成熟工艺的采用情况，对活动件、装配件设计进行工艺性分析，对产品的特性进行分析，根据产品特性突出工艺设计的注意点，并分析生产系统的效率高低、难易程度及生产成本的大小
3	工艺路线	根据系统设计规格书确定产品制造过程的产品级工艺路线和装配级工艺路线
4	工艺流程	根据系统设计规格书及工艺路线，确定产品的生产过程，完成工艺流程图
5	工艺防护要求	◇环境要求：根据系统设计规格书，从保护产品的角度说明该产品生产过程中的环境要求，包含生产环境要求、设备及物料保护环境等； ◇操作要求：根据系统设计规格书，确定在装配、检验、调试过程中应注意产品的保护上操作要求
6	加工控制	◇外协件：确定是否需要制定相应的文件进行外协加工控制，编制那些外协件验收规范，在选材选厂时要考虑外协厂家的加工工艺能否达到设计要求； ◇自加工：产品的自加工件及加工流程、特殊要求等； ◇PCBA 外协加工：制程能力、外协加工能力

续表

序号	章节	内容
7	关键工序	根据该产品特性，确定关键控制工序，并确定关键控制工序的工艺文件的编制情况
8	工装	根据产品的工艺路线、工艺流程确定产品正常生产过程中所必需的工装，必须结合公司的实际情况、生产效率等综合分析确定工装的开发、设置，一般工装需考虑装配、检验等方面，确定该产品所必需的结构件检验夹具、生产工装等
9	生产测试	◇生产测试分析：根据产品的工艺路线、工艺流程等分析各测试点所需要的测试设备； ◇测试要求及装备：根据产品的规格书确定测试要求，并根据要求提出测试的策略，分析所需要的测试装备。确定哪些生产测试装备需要开发，哪些可以继承、外购，需要哪些自动化辅助设备、测试能力，对于公司产品线上通用的接口应开发专用的生产测试设备，提交生产测试效率； ◇首件鉴定：为使产品生产能够顺利进行，应对关键部件/工序进行首件鉴定，当生产的首件合格后可进行生产工作，如首件产品有问题应由质量部组织有关部门进行协调解决，确定需首件鉴定的零部件清单及关键工序
10	风险分析	列出工艺方面的风险进行分析，并给出相应的规避措施

10.5.3 工艺路线

工艺路线是生产过程管理的重要依据，是指导生产的大纲。重要零部件要尽可能地自制，某些工序暂时没有自制能力的安排工序外协，如热处理工序。次要零件尽量外协，标准件一律外购，如表 10－13 所示。

表 10－13 工艺路线

序号	工序名称	工装器具	辅助工具和辅料	工时（S）	定员（人）

10.5.4 工艺卡片

工艺卡片一般分焊接、组装、冲压、机械加工、表面处理、电镀工艺卡片等，如表 10－14 所示。

表 10-14 工艺卡片

<table>
<tr><td rowspan="2">工序名称</td><td rowspan="2"></td><td>产品系列</td><td></td><td>作业单位</td><td></td><td>工时</td><td></td><td>文件编号</td><td colspan="2"></td></tr>
<tr><td>产品型号</td><td></td><td>工序号</td><td></td><td>定员</td><td></td><td>版本</td><td colspan="2"></td></tr>
<tr><td colspan="4">简图</td><td colspan="2">操作步骤</td><td>序号</td><td colspan="3">工步</td><td>工时</td></tr>
<tr><td colspan="4" rowspan="14"></td><td colspan="2" rowspan="9"></td><td></td><td colspan="3"></td><td></td></tr>
<tr><td></td><td colspan="3"></td><td></td></tr>
<tr><td></td><td colspan="3"></td><td></td></tr>
<tr><td></td><td colspan="3"></td><td></td></tr>
<tr><td>物料编码</td><td colspan="3">物料名称</td><td>用量</td></tr>
<tr><td></td><td colspan="3"></td><td></td></tr>
<tr><td></td><td colspan="3"></td><td></td></tr>
<tr><td></td><td colspan="3"></td><td></td></tr>
<tr><td></td><td colspan="3"></td><td></td></tr>
<tr><td colspan="2">自检内容</td><td colspan="4">工装及工具</td><td>数量</td></tr>
<tr><td colspan="2" rowspan="4"></td><td colspan="4"></td><td></td></tr>
<tr><td colspan="4"></td><td></td></tr>
<tr><td colspan="4"></td><td></td></tr>
<tr><td>日期</td><td colspan="3">更改内容</td><td>签名</td></tr>
<tr><td colspan="4" rowspan="2"></td><td colspan="2">互检内容</td><td colspan="5"></td></tr>
<tr><td colspan="2" rowspan="4"></td><td></td><td colspan="4"></td></tr>
<tr><td colspan="4" rowspan="3">注意事项：</td><td rowspan="2">签名</td><td>编制</td><td>审核</td><td>标准化</td><td>批准</td></tr>
<tr><td></td><td></td><td></td><td></td></tr>
<tr><td>日期</td><td></td><td></td><td></td><td></td></tr>
</table>

10.6 工艺管理评审要素

10.6.1 工艺方案评审要素

工艺方案评审要素如表 10-15 所示。

表 10－15　工艺方案评审要素

序号	主题	内容
1	工艺方案	◇对产品的特点、结构、特性要求的工艺分析及说明； ◇满足产品设计要求和包装制造质量的分析； ◇对产品制造分工路线的说明； ◇工艺薄弱环节及技术措施计划； ◇对工艺装备、试验和检测设备、产品数控加工和检测计算机软件的选择、鉴定原则和方案； ◇材料消耗定额的确定及控制原则； ◇制造过程中产品技术状态的控制要求； ◇产品工艺准备周期，实施过程中的费用预算和分配原则； ◇对工艺总方案的正确性、先进性、可行性、可检验性、经济性和制造能力的评价； ◇工艺文件、要素、装备、符号标准化的说明； ◇工艺方案在研制和生产工作进展中可能的调整内容
2	新工艺、新技术、新材料、新设备	◇采用新工艺、新技术的必要性和可行性，新材料加工方法的可行性，以及所选用新设备的适用性； ◇所采用的新工艺、新技术、新设备是否经过鉴定合格，有合格证据？采用前是否经过检测、试验、验证，表明符合规定要求，有完整的原始记录？是否有措施计划和质量控制要求？ ◇对操作、检验人员的资格控制培训是否到位
3	工艺布置	◇是否制定了生产工艺布置图？布置图是否标明了每一工位的设备和工装、物料、成品、不合格品的区域？布置图是否标明了物料和成品的流向？ ◇工艺布置是否存在转移和搬运过多、物料流通不畅，是否考虑了同步生产和均衡生产？ ◇特殊过程的生产环境要求、监测手段是否进行了规定？ ◇是否制定了过程流程图？过程流程图是否描述了所有的制造步骤和检验控制点？是否根据过程流程图制定了生产工艺卡？生产工艺卡是否详细地规定了工步的具体操作内容，产品设计特性及过程特性的检验方法，材料定额，设备，工装，工具，工艺参数
4	新增设备工装	◇是否有新增设备工装清单？新增设备是否具有满足需要的生产能力，加工精度？新增工装的设计图样是否具备适用的防错措施？ ◇工具是否适合产品的生产

10.6.2　作业指导书评审要素

作业指导书评审要素如表 10－16 所示。

表 10－16　作业指导书评审要素

序号	主题	内容
1	作业指导书	◇产品制造过程中的工艺流程、工艺参数和工艺控制要求的正确性、合理性和可行性； ◇对资源、环境条件不满足工艺说明书要求的情况，所采取的措施是否可行、有效； ◇操作、检验人员的培训和资格要求是否到位； ◇文件的完整、正确、唯一性和协调性； ◇文件是否评审通过，更改是否经过充分试验、验证
2	关键工序	◇关键工序确定的正确性及关键工序目录的完整性； ◇关键件、重要件、关键工序的工艺文件是否有明显的标识，以及质量控制点设置的合理性？工艺流程和方法以及质量控制要求的合理性、可行性？ ◇关键工序技术难点攻关措施的可行性、有效性；工艺文件的更改是否经过验证并审批
3	特殊过程工艺文件	◇特殊过程工艺文件与工艺说明书、质量体系程序的协调一致性； ◇特殊过程工艺试验和检测的项目、要求及方法的正确性； ◇特殊过程技术难点攻关措施的可行性、有效性； ◇特殊过程工艺参数的更改是否经过充分试验、验证，并经过审核

第十一章

问题及工程变更管理

一般企业使用更改申请单或者更改通知单等表单来完成变更活动。

11.1 常见的变更问题

手工管理变更或者使用 OA 管理变更通常的问题有：

◇变更影响的范围需要设计工程师估计确定，容易漏掉需要变更的数据；

◇设计变更执行的对象来源不确定，设计资料不一定是从文控获取的；

◇变更对象、步骤依靠个人经验判断，或者变更流程没有形成闭环，问题难以跟踪落实，流程无法追溯；

◇对变更的分析和决策不足，直接根据“更改通知单”开始变更；

◇变更影响到的数据没有和变更流程关联起来；

◇为了保持生产能继续或其他原因先紧急更改，但数据往往不能随后得以更正；

◇难以执行已有流程，存在设计变更执行之后再申请变更请求，使得变更请求流于形式；

◇变更活动执行难以有效跟踪，无法追踪变更执行进度；

◇变更流程过于复杂，更改评审流程效率低下；

◇所有变更都需要经过这个变更流程，没有复杂变更和简易变更的概念；

◇同样的问题重复发生，增加产品的研发成本，难以进行变更知识重用。

11.2 变更流程

变更流程如表 11－1 所示。

表 11－1 变更流程

编号	类型	活动	活动描述
1	变更请求	提交变更申请	◇变更开始，变更申请人填写《变更申请表》，撰写详细的变更原因，对变更的影响进行初步分析，给出初步解决方案建议，完成后提交给 CCB 组长； ◇CCB 组长在开发过程中由项目经理担任，产品发布后由系统部的人员担任
2		审核、指定 变更分析小组	◇CCB 组长收到变更申请后，若不同意变更，则将变更申请退回给申请人，退出变更； ◇若变更只影响某一个专业领域，且不影响基线及里程碑时间，选择快速变更类型； ◇若变更的影响涉及较广，影响范围还需要进一步评估，则 CCB 组长指定变更分析小组进行变更影响分析。变更分析小组可以由多个人组成，也可以一个人组成，视变更涉及范围来确定
3		分析变更影响	对变更影响进行分析，包括软件、硬件、结构、测试、生产等各个领域，同时对此变更影响到的认证进行分析，明确需要重新测试的认证有哪些
4		变更影响、汇总评估 变更决策	◇变更分析小组完成分领域的变更影响及变更涉及内容的分析后，召开会议对变更影响进行汇总评估，主要从成本、进度、工作量、质量、市场几个方面进行汇总分析，同时选择需要重新测试的认证，提交分析结果给 CCB 组长； ◇CCB 组长根据变更影响分析结论，给出是否变更的决策
5	变更通告	变更通告申请、 指定变更实施人	◇变更负责人/项目经理在收到 CCB 给出的执行变更决策后，编辑变更通知单，指定变更实施人员，具体到变更影响的每一个配置项； ◇影响到认证的变更实施工作通知到相关认证的负责人

续表

编号	类型	活动	活动描述
6	变更通告	变更通告审核	CCB 组长审核 ECR 的内容是否全部正确的转化为 ECN，需通知的人员是否通知到位
7		变更任务实施及验证	◇变更实施人接到变更任务实施通知后，开始进行变更。变更实施可能包含设计文档的修改、样机的试制测试、物料变更等工作，根据变更影响范围，实施内容不相同，例如只涉及文档修改，则只需修改文档； ◇通过评审、测试等工作来对单个配置项变更的正确性进行验证。在进行配置项的验证时必须根据变更的内容设置多个检查点，例如某项需求的变更需涉及设计规格、概要设计、详细设计等几个配置项的变更，此时验证人员根据变更的内容在设计方案、实现、测试等多个检查点上进行验证，以确保变更的质量
8		变更审计、关闭	◇在单个配置项的变更符合性及正确性得到评审确认后，由项目经理/变更负责人负责对变更的完整性进行检查，主要进行齐套性检查，若有缺漏项，则指定补充缺漏项的实施人，对缺漏项进行补充； ◇变更完整性检查通过后，若涉及工厂的变更执行，则需要发布工程改动单

变更团队角色如表 11－2 所示。

表 11－2　变更团队角色

序号	角色	内容
1	LCCB（PDT 经理或 SE）	接收变更申请，根据变更申请人对变更的初步分析，进行初步决策；指定变更分析成员；确定提交 CCB 的级别
2	CCB（项目级/决策级）	根据变更的影响，对变更申请进行决策；指定产品发布后变更团队的负责人
3	配置管理员	记录变更的状态，及时发布变更状态通知
4	变更申请人	提出变更申请，对变更影响范围进行初步分析
5	变更分析人	对变更进行全方位分析，得出变更的影响范围；列出变更涉及的配置项，提出相应的解决方案
6	项目经理/变更负责人	接收 CCB 对变更的决策结果，组建变更团队，实施变更；对变更的完整性进行检查
7	变更实施人	对变更相关的配置项进行修改

11.3 问题管理

笔者把企业产品常见的问题现状分几个阶段，第一阶段是发货、召回时“救火”搞定。“救火”的人好像很重要、很忙，陶醉在忙碌的“救火”状态下，其实是自己水平低，弄出问题。第二阶段是产品开发过程中把缺陷、问题、故障搞定。第三阶段是设计不错问题，真正水平高的人做的东西没有问题。

公司不能提拔制造事端并平息事端的人，不然容易打击真正在前期把方案、计划做好的人，一次性做好的人容易被遗忘。定期根据评审数据排列出最经常出现的问题类型，针对这些问题进行问题预防工作。

11.3.1 问题定级标准

问题定级标准如表 11－3 所示。

表 11－3 问题定级标准

序号	类型	内容
1	致命	◇涉及人身安全、电气安全（含隐性问题），例如电气高压裸露或易接触，验证测试无法通过市场或客户规范等，接地电阻、泄漏电流超标，耐压击穿，EMC 不合格，结构件有容易伤人的锋利尖角利边等，外包装必须满足当地的法律约束； ◇造成系统崩溃，死机或通信中断等致命缺陷，例如由于软件或硬件故障导致系统无法开机或是造成系统崩溃； ◇普遍出现导致系统关键功能丧失或失效并无法正常恢复的致命缺陷，例如普遍出现系统显示单元正常运行中突然黑屏且无法（正常显示）自行恢复，需要断电重启系统的缺陷； ◇对最终用户的业务运作产生严重影响或导致客户其他系统失效，并对客户的业务运作产生严重影响，例如不兼容客户系统导致客户无法正常使用，导致用户的其他应用软件无法运行等； ◇产品出现致命或普遍的可靠性缺陷和问题，例如运输、安装和使用过程中导致关键部件损坏，不能满足规格限定环境条件下的正常使用； ◇产品环境适应性能力较差不能满足低温开机或在高温环境下（规格范围内）性能出现异常； ◇“撒手锏”功能失效； ◇导致客户利益巨大损失的失效

续表

序号	类型	内容
2	严重	◇产品不能满足主要功能规格的缺陷或关键功能丧失和失效，基本、重要功能无法正常实现； ◇产品主要性能缺失或不能满足市场需求和设计规范，或比竞争对手、同类产品明显不足； ◇由于缺陷导致产品性能明显下降，或导致产品主要业务或功能中断但可自行恢复； ◇产品出现严重可靠性缺陷和问题，例如产品环境适应性能力较差，不能满足低温开机或在高温环境下性能出现异常，某个器件出现批量不良，工艺缺陷导致严重的可靠性问题，如板卡散热片脱落等； ◇产品出现兼容性问题； ◇结构因配合缺陷或材质缺陷造成无法安装或安装后不可靠，例如固定螺柱断裂、压铆螺母脱落、固定螺孔滑牙等造成无法正常安装，两个（或以上）器件组装时发现有干涉，不能安装，两个器件配合不可靠，造成产品有时运行不正常； ◇较明显的产品外观不良，重要标识不良，例如部件外壳 A 面有明显划伤、脱漆、色差；结构件配合间隙过大（超出设计图纸公差范围）等。产品型号规格标识、认证要求的重要标识不良等，包装箱丝印印反，外箱重要标识缺漏； ◇BOM、基本构成表或图纸有错漏，例如在 BOM 审查时，发现某些物料与 BOM 不符，按 BOM 发料但发现装配不匹配，需要修改 BOM 或基本构成表，结构件图纸漏标注关键尺寸，造成机械加工和质量控制困难； ◇产品性能低于国家标准； ◇操作安全方面存在的漏洞； ◇系统缺少必要的负载限制导致大容量系统失效
3	一般	◇用户使用界面不友好，但不影响功能和性能，例如用户使用界面操作人性化较差，操作较烦琐复杂，容易出错等； ◇产品可用性、易用性、可制造性、可服务性不能满足需求或低于国家水准，例如产品组装复杂，功耗较大； ◇轻微的产品外观不良，一般标识不良，例如外壳有轻微划伤、色差，结构件配合有轻微断差、间隙、不平直，产品的次要标识，如版本号标识或色轮参数标识错漏； ◇产品一般可靠性不良，出现于规格限度以外，例如产品外壳长时间处于高温高湿环境容易变形或被腐蚀生锈等，结构件在应力长期作用下产生影响使用的严重变形或位移等； ◇产品附件缺陷，产品用户手册说明不够详尽，操作指导不够清晰，配装线缆或光盘不完整等，作业指导书文件没有发行； ◇安装过程中有不符合工艺要求的情况，但不影响最终装配，安装螺孔当中有个别有轻微错位（即使不上该螺钉也暂不影响装配），安装步骤烦琐，线缆绑扎整理混乱，PCB 板有跳线，但不影响板卡功能，连接线端子不匹配，无防呆等； ◇查询数据时数据显示错误，告警信息不全面、不准确，次要功能失效

续表

序号	类型	内容
4	提示	◇发行文件有次要的笔误或漏标注，发行的文件有错别字，机械图纸漏标注非关键尺寸，但不影响供应商加工和IQC检验； ◇结构件非主要表面外观不良，器件装配有不方便但不影响工时。结构件有不影响外观的不良，有装配上的不方便但不影响装配工时，结构件有多余的孔，但不影响整机外观和防尘（或防潮），螺钉过长可以通过加垫片解决，组装发现两个器件相干涉，但不影响装配； ◇装配中建议增、减或改动的建议项，为装配、测试或使用方便而建议增加（或减少）标识、辅料、加长线、扩大孔等，对发行的文件建议增加或减少某些提示性内容，建议改动标识字体大小、外观颜色、装配顺序调整、布线方向等； ◇对产品性能有优化的可能（设计规格范围外）或者建议，例如调试软件对某个参数的调节范围偏小，但不影响调节效果； ◇界面不友好，操作不方便； ◇缺少必要的缺省信息； ◇错误提示不直观

11.3.2 问题流程

常见的问题处理流程如图11－1所示。

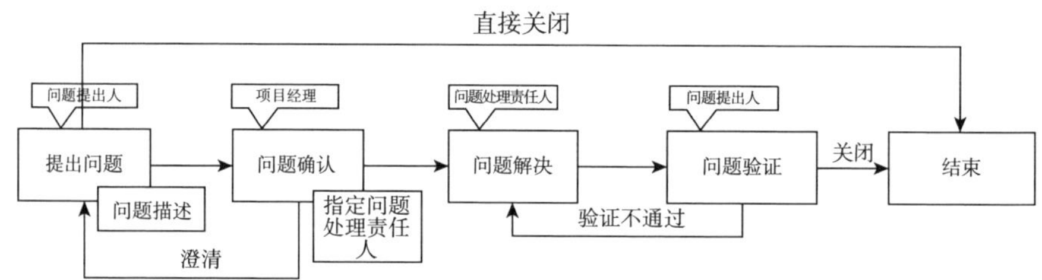

图11－1 问题流程

11.4 变更请求

描述清楚为什么要变更，收集可能影响的数据。

11.4.1 变更类型

常见的变更类型有两种：简单变更和复杂变更。简单变更的特点是简单、影响面小，不需要复杂的审批环节，走快速通道，占80%左右。复杂变更（重大更改）的特点是复杂、影响面大，需要进行严格的审批（包括经过变更审阅委员会、变更执行委员会的审批），走完整通道，占20%左右。

对关键工艺和技术参数等的重大更改，进入小批生产的产品变更，通用件的变更，重大变更（如成本分析在3000元以上）变更时必须选择复杂变更通道。

11.4.2 变更原因

在变更请求过程中，应对更改分类（即变更原因）进行说明。常见的变更原因有：客户抱怨或者客户要求，安全事项，设计失误、修改物料描述（如漏尺寸），工艺改进，贯彻标准（如材料、标准件及外购件的改变），质量提高，性能优化，降低成本，文档事项，改进产品，其他。

11.4.3 变更分类

变更分类如表11-4所示。

表11-4 变更分类

序号	类别	设计更改分类标准
1	A	◇涉及多个产品变动的更改； ◇涉及已大批量投放市场，对公司影响较大的更改； ◇关键性技术方案变动，关键部件的更改； ◇导致生产库存物料报废数额或金额较大的更改； ◇已大批量生产的产品进行更改； ◇将严重影响项目进度的更改
2	B	◇已设计确认，但生产批量较少时的更改； ◇关键性技术方案不变，产品主要功能不变，对关键器件、组件替换，或弥补设计漏洞的更改； ◇更改导致同一系列产品关联性更改； ◇对已认证的产品，更改后产品需要重新认证

续表

序号	类别	设计更改分类标准
3	C	◇功能模块的局部设计优化，不影响原设计思路或效果； ◇按照已确认文件进行的更改； ◇尚未设计确认，生产批量极少时的更改； ◇客户觉察不到，又不影响其使用的更改； ◇对生产、采购、发货没有影响的更改； ◇对已认证的产品，更改后产品需要重新报备； ◇能现场决定实施方案，能够得到立即验证及实施的简单更改； ◇因生产缺料，采用高等级器件替代较低等级器件的更改

11.4.4 变更物料的处理

在变更请求时要慎重考虑已制品和在制品的处理可能性，工艺装备的利用和制造的可能性，外购器材及原材料供应和保证情况，考虑被更改件对其他借用件的影响（先查询，确认图样是否存在借用关系），产品是否纳入国家强制性产品认证管理，对开发和生产交货期的影响，对产品成本的影响。

若变更的零部件经查询后有借用者，则必须经借用者确认。对于已进入正常生产的产品进行变更时，应和有关部门包括生产部门、采购部门和营销部门进行必要的联系，对 ERP 已制品库存情况必须进行处理，处理意见有以下几种：

◇报废处理，即对以往的库存物品或再制品不再继续使用，进行报废处理；

◇返修处理，即对库存物品或在制品进行返修后，可继续使用的处理；

◇限期处理，即从某一特定时间或期限内可使用库存物品的处理；

◇被借用件图样的变更：被借用件图样的更改原则上应不破坏借用关系，在变更请求过程中，若变更图样经借用者确认同意变更，被借用件图样照常变更。若变更图样经借用者确认后，不同意更改，则借用件原图保留不改，供原借用者继续借用，被借用者将要更改的图样重新制图，另编新的图样代号及编码，并将原图替换。

11.4.5　变更请求模板

变更请求模板如表 11－5 所示。

表 11－5　变更请求模板

序号	属性	说明
1	变更请求编号	变更的顺序号，自动更新
2	变更请求名称	填写变更的名称
3	变更请求类型	需求变更、结构设计变更、硬件设计变更、物料描述变更、设计错误等
4	变更请求发起人	填写变更请求的发起人姓名
5	变更请求原因	填写变更原因
6	变更的初步分析	从成本、进度、工作量等多个影响范围进行考虑分析，该分析结果作为 CCB 决策的参考
7	变更的数据	描述本次变更请求的受影响数据
8	变更请求审批	主管审批，对应 CCB 审批
9	变更受影响部门	涉及到研发、制造、采购、仓库等部门
10	变更请求时间	发起变更的时间

11.4.6　变更请求评审流程

设计人员提交，项目负责人审核（决定是否为重大变更），工艺审核，如果重大变更需要部门经理，采购和生产负责人审核。

11.5　变更通告

描述清楚如何变更，创建相关的变更任务。

11.5.1 变更通告模板

变更通告模板如表 11－6 所示。

表 11－6 变更通告模板

序号	属性	说明
1	变更通告编号	变更的顺序号，自动更新
2	变更通告名称	填写变更通告的名称
3	变更通告时间	变更通告发布的时间
4	变更通告发起人	填写变更通告发起人姓名
5	变更通告类别	产品图纸、生产工艺或 BOM 变更
6	变更前内容	变更前的数据版本
7	变更后内容	变更后的数据
8	变更生效时间	填写变更生效时间
9	变更通告审批记录	变更通告审核，质量负责人批准，研发部门负责人批准

11.5.2 变更通告内容

变更通告内容如表 11－7 所示。

表 11－7 变更通告内容

变更对象	变更内容	受影响数据 ECR	实施计划 ECA
图纸	3D 模型变更	零部件/2D/3D	必须同时修改零部件/2D/3D
图纸	2D 图纸变更	零部件/2D/3D	如果 2D 图纸来源于 3D 工程图，则在 2D 图纸更改时，要求同时修改零部件 2D/3D、2D 图纸
图纸	2D 图纸变更	零部件/2D 图纸	如果 2D 图纸与 3D 模型没有联系，零部件是由 2D 创建，则在更改 2D 图纸时，只需更改零部件
参考文档	文档内容	文档本身	文档更改
零部件本身	零部件本身的属性（无 3D 文件）	零部件本身	零部件更改
结构件和模具	零部件/2D 图纸；模具零部件和图纸	零部件/CAD 图纸，模具零部件和图纸	ECA1：零部件/2D 图纸； ECA2：模具零部件和图纸

11.6 变更任务

常见的变更任务有物料变更，3D、2D 图纸变更，测试验证，工艺文档修改，作业指导书，工艺路线，处理库存品，在制品，处理采购品，外协供应商图纸，更新供货周期，修改说明书，技术手册和检验规范，处理宣传资料，处理已打印的纸质图纸等。

变更任务的评审流程一般建议采用与图纸的评审流程一致，如校对—审核—工艺—标准化—批准。这样做的好处是变更任务的审核节点和图纸的审核节点保持一致，保证图纸上的签名为重新签审的签名。

11.7 工程变更常见的问题对策

11.7.1 如何保证问题不重复发生

◇形成问题库，在产品的每个开发阶段不断地查看问题库；

◇修改评审要素表，形成新的评审要素表；

◇经验分享，不定期举行项目的经验分享，传达其他项目出现过的问题。

11.7.2 如何减少变更

◇提高需求的准确度，减少需求变更；

◇提高开发过程中的数据和流程质量；

◇定期的统计分析变更，找到导致变更的常见原因改善并跟踪，如表 11 - 8 所示。

表 11－8　变更原因统计表

数量 原因	1月	2月	3月	4月	5月	6月	7月	8月	9月	10月	11月	12月	合计
工程更改	58	6	28	22	23	15	17	33	21	63	14	18	318
客户更改	83	44	91	128	50	56	71	101	93	20	26	21	784
技术更改	34	11	40	71	29	42	55	50	20	4	21	13	390
优化更改			14	34	26				35		115		224
标准化	7		5	2	21	37	91	36	13	10	38	14	274
降低成本	77	9	7	2		12	6			16	13	1	143
确定物料	5			2		8							15
其它更改	9		3	10	5	22	16	25	27	8	19	9	153
合计	273	70	188	271	154	192	256	245	209	121	246	76	2301

11.7.3　变更过程控制评审要素

变更过程控制评审要素如表 11－9 所示。

表 11－9　变更过程控制评审要素

序号	类型	内容
1	变更过程控制	◇是否成立了 CCB？CCB 是否分级？CCB 组成是否与过程标准相符？ ◇变更申请人是否接受了变更过程的培训？ ◇变更请求是否填写完整？ ◇变更申请人是否提供了初步方案？变更请求提交对象是否与过程标准相符？ ◇LCCB 是否组织 CCB 对该变更的成本、进度、质量进行了评估？ ◇对项目各业务范围都产生影响，但对成本、进度、质量影响不大的，是否提交项目级 CCB 评估决策？ ◇变更影响评估时是否识别出所有受到影响的工作产品？ ◇变更申请被批准后是否通知到所有相关人员？ ◇变更通告是否完整，包含了所有受影响对象的修改活动，以及没有受影响对象的变更任务？ ◇LCCB 是否对变更通告进行审核？ ◇所有受到影响的工作产品是否都已变更？ ◇变更对象是否重新评审？ ◇LCCB 是否对变更通告进行了审计？是否补充了缺漏的任务？ ◇CMO 是否将更改的配置项建立基线

第十二章

研发项目管理

12.1 项目管理常见的问题

项目管理常见的问题如表 12-1 所示。

表 12-1 项目管理常见的问题

序号	主题	内容
1	综合管理	◇缺乏企业级的项目管理平台； ◇项目目标不清楚； ◇项目经理不了解项目管理流程和工具； ◇项目模板不统一； ◇计划意识薄弱，缺乏规范的分解。难以过程监控，实时地了解项目进度，靠手工统计和汇报项目进度，难以真实反映进度。项目控制不力，忽视监督项目的进度，进度跟踪不及时； ◇难以对项目进行统计和分析，如人员工作量、负荷； ◇缺乏统一的项目管理方法或难以执行，项目执行过程中的经验和方法没有得到有效地沉淀和传承，不同的项目经理管理项目质量差异明显； ◇没有按基线来管理项目，导致项目的进度拖延、预算超支、项目质量达不到要求
2	范围管理	◇项目范围不明确； ◇计划不如变化快，如市场需求变更、进度异常、预估不准确、技术不确定性、突发事件、配合问题、计划不准、人员变化、资源不到位等； ◇过多的不可控变动影响计划执行，如市场需求、计划、资源等； ◇需求变更缺乏控制，忽视需求的变更和变更控制
3	时间管理	◇项目拖期严重，估计过于乐观，计划偏差大，特别是跨部门、时间久的项目，项目计划不现实的交付时间，工作量估计靠“拍脑袋”，估计不足，外部强加的交付时间，没有基于历史的经验，导致工作超负荷及项目进度延期； ◇对开发活动的不同理解：导致计划制定、执行和监控上的矛盾； ◇计划制定不规范，项目计划没有分解到个人，不具备可操作性； ◇项目计划主要用于汇报，而不是用于管理项目； ◇项目计划制定后，不依据计划进行项目控制，计划约束力弱； ◇项目计划考虑不全，受突发事件影响大； ◇项目计划没有分解到个人，不具备可操作性； ◇没有充分利用项目计划进行事前的分析，起到预警作用； ◇未根据变化及时调整计划，或者更改随意，更改过程不规范
4	成本管理	项目成本有所超支或严重超支

续表

序号	主题	内容
5	质量管理	◇难以保证项目交付的齐套性和完备性； ◇文档计划、评审计划未落实、交付件不完整； ◇项目测试问题不断
6	人力资源管理	◇非专职的项目经理，设计任务由各部门经理分配给工程师，工程师对部门经理负责，或由研发人员负责项目管理，容易偏向技术； ◇产品线启动的项目过多且缺乏优先顺序，资源部门疲于应付资源的调配，经常出现资源瓶颈； ◇项目的组织不健全、稳定，没有跨部门的项目管理团队，责、权、利不清，不对等； ◇项目经理领导不力，缺乏经验和影响力； ◇资源配备、供给不及时
7	沟通管理	◇团队管理不力，缺乏有效的沟通； ◇跨部门协作不得力； ◇没有跨部门的制定计划，打破部门墙
8	风险管理	◇成本、风险、变更、质量不受控； ◇项目计划考虑不全，受突发事件影响大； ◇在项目控制的过程中对风险的识别和规避不足； ◇关心创新而不关心费用和风险； ◇技术方案变化频繁，技术问题没有得到及时解决
9	采购管理	◇项目合同管理不严格； ◇物料计划意识薄弱
10	干系人管理	缺乏领导的积极支持

12.2 项目整合管理

项目整合管理包括制定项目章程、制定项目初步范围说明书、制定项目管理计划、指导和管理项目执行、监控和控制项目工作、整体变更控制、项目收尾等工作。

12.2.1 立项管理常见的问题

◇项目任务书没有规范统一，项目目标不清晰；

◇项目任务书、产品规划书之间的信息关联设计不一致；

◇项目启动主线不清晰，项目分类、项目编号、项目信息和成员角色规则不统一；

◇立项与启动混淆，项目启动缺少标准化过程，缺少要调用资源必须有明确 Kick off 的意识；

◇项目启动时，没有明确同时配套的资源分配，导致跨项目资源冲突。

◇产品企划、技术规划没有按照项目化来运作，导致跨部门资源配合不及时。

12.2.2 项目类型及编号

一般分为全新研发类项目和派生产品类项目，全新研发类项目指在产品平台的基础上开发的对外销售的新产品系列，派生产品类项目指在产品平台或产品开发的基础上针对市场需求、特定应用、工程反馈、产品缺陷、技术改进等因素进行开发的派生产品，可单独销售。

项目编号建议为项目类别 2 位 + 年号 2 位 + 流水号 3 位。

案例分析：某电子高科行业的企业的项目类型如表 12－2 所示。

表 12－2　某电子高科行业的企业的项目类型

序号	主题	内容
1	产品企划类	企划类
2	产品开发类	新产品开发类、新产品规划类、降成本类、平台改善类
3	技术规划类	分技术开发类、技术改进类和技术调研类： ◇技术开发项目：为提高产品开发效率和稳定性，根据某个或多个产品线的需求，对在多个产品或版本中都需要开发的模块，通过对产品需求的收集、归纳和抽象，明确出共用模块，对其单独立项开发，形成基础的技术模块、平台、货架等，以更好地支持产品的开发； ◇技术改进项目：对已有的公司技术模块、平台、货架的版本升级改进，或者是解决公司目前产品中出现较多问题或比较严重问题的子模块，集中力量进行技术攻关、改进的项目； ◇技术调研项目：根据公司的产品战略和规划、技术战略，为降低产品开发的风险，开发中心应提前于产品研发项目，对一些前瞻性的或公司以前未使用过的技术进行调研形成调研报告，作为技术储备。在适当时，可以启动技术开发项目进行该项技术的开发

续表

序号	主题	内容
4	技术研究类	分平台预研类、应用预研类： ◇平台预研项目：根据公司做出的产品战略规划，在进行了初步市场和技术路线方面的调研后而立项的项目； ◇应用预研项目：是为扩展现有产品在不同行业应用等要求而立项的项目

12.2.3 项目立项评审会议

项目经理启动项目前，提前三天将市场评估报告、项目可行性分析报告和项目任务书提交给项目组所有成员熟悉项目任务，确定召开项目启动会议的时间和地点。

项目经理主持召开项目启动会议，明确项目组组成成员、项目的范围和目的、项目的任务、项目的各阶段的周期、项目实施成本、项目的输出、执行项目的原则和要求等。各成员无异议后，项目经理宣布项目正式启动。如有异议，项目经理负责进行问题确认，明确后项目才能正式启动。会议评审内容包括明确项目组组成成员，项目的范围和目的，项目的任务，项目的各阶段的周期，项目实施成本，项目的输出内容，执行项目的原则和要求。评审会中 PQA 详细记录评审意见，会后整理形成阶段评审记录。

12.2.4 项目开工会

项目启动时建议召开一个项目开工会，让项目成员了解项目情况，有参与感，同时体现出一种“仪式感”，也体现公司对项目的重视。

◇项目经理介绍项目目标，宣读项目任务书；

◇研发负责人宣读项目组任命；

◇项目组成员相互介绍；

◇项目经理回顾前期阶段工作（可选）；

◇项目阶段流程简要介绍，交付件介绍（可选）；

◇项目经理明确项目阶段计划、项目绩效考评、日常沟通方式；

◇项目风险介绍；

◇领导动员。

12.2.5 研发项目监控

研发项目监控如表 12 – 3 所示。

表 12 – 3 研发项目监控

序号	主题	内容
1	总体监控	高风险的任务，与项目里程碑有关的进展，项目关键的绩效数据，使用的资源和费用，人员的表现
2	计划监控	◇里程碑管理：跟踪计划执行 6 个 TR 点、3 个 DCP 点，各级监控点的设立遵循两个原则：里程碑和时间间隔比较合理，一般一个月监控里程碑； ◇项目报告：项目周报、项目月报； ◇项目会议：开工会、周例会、月度例会、决策会、结束会议； ◇预警：超期预警、提前评审提醒； ◇计划测评：计划偏差率； ◇研发任务书：任务书明确了各方的责任和承诺，有效监控和执行。任务书中包括进度目标、质量目标、成本目标等信息； ◇决策评审和例外管理：根据市场实际情况实时调整产品的开发进度和开发方向

12.2.6 项目结项管理

◇项目经理进行项目进展整体状况分析、成本统计分析、项目组人员及考核总结、产品质量及开发方法、文档质量的完成情况遵循度分析；

◇项目组成员根据项目总结模板完成项目总结报告；

◇统计项目相关的问题和输出的经验、教训、典型案例信息，为项目评价提供客户绩效数据，也便于查询、重用、统计分析。经验知识评审入库；

◇项目经理对成员的绩效表现给出客观评价，有效落实给项目的授权，强化项目经理的领导力，为员工绩效评价积累客观支撑数据；

◇召开项目总结会议，分享、交流、表彰；

◇将资源释放、财务关闭、经验总结、绩效评价、项目关闭等收尾工作一体化完成，做到有始有终；

◇将历史失败教训与流程、体系改进关联起来，调整项目模板、风险经验表等文件。

12.3 项目范围管理

项目范围，包括项目的最终产品或服务以及为实现该产品或服务所需要做的各项具体工作。所以从这种意义上讲，项目范围的确定就是为成功地实现项目的目标，规定或控制哪些方面是项目应该做的、哪些是不该做的，也就是定义项目的范畴。

项目范围的界定就是将主要的项目可交付成果分解为较小的且更易于管理的单元，即形成工作分解结构（Work Breakdown Structure），简称 WBS。项目范围的界定目的是便于项目的具体分工，明确各成员的权、责、利，提高对成本、时间及资源估算的准确性，为绩效测量与控制定义一个基准计划，便于进行明确的职责分配。

进行项目范围界定时要充分研究客户的需求建议书，将项目范围内的工作分解为具体细致明确的执行单元，绘制工作分解结构图，编写项目工作分解结构，建立起描述项目责任落实情况的项目组织分解结构，建立起描述资源配置情况的项目资源分解结构。

案例分析：小王是国内某知名 IT 企业的项目经理，负责一个客户的企业管理系统建设。在该项目合同和工作说明书中，简单地列出了几条项目承包方应完成的工作。甲方的项目经理由信息中心的经理兼任。在项目实施过程中，有时甲方的业务部门直接向小王提出变更要求，有时甲方的项目组直接向小王提出变更请求，而且有时这些要求是相互矛盾的。面对这些变更要求，小王试图用工作说明书来说明甲方，甲方却动辄引用合同的相应条款作为依据，而这些条款要么太粗、不够明确，要么小王跟客户有不同的理解。因此小王对这些变更要求不能简单地接受或者拒绝而左右为难，他感到沮丧。如果不改变这种状况，项目完成遥遥无期。

问题：该问题产生的原因是什么？如何解决？如果你是小王，你怎样在合同谈判、计划和执行阶段分别进行范围管理？

项目目标的原则如表 12－4 所示。

表 12－4　项目目标的原则

序号	主题	内容
1	明确性	最终目标是否明确？应该做到哪一步，以及何时完成
2	可度量性	能在多大程度上测量最终目标的完成情况
3	可完成性	在规定时间内，最终目标是否合理，能够实现
4	相关性	最终目标是否很重要、很有价值，是否值得进行下去
5	可跟踪性	能够对整个项目过程进行跟踪检查

12.4　项目时间管理

12.4.1　项目计划管理的 5 个步骤

项目计划安排需要考虑业务模式，技术难度，业务重要性，建议经过一定时期规范化项目运作，积累历史数据，形成基本的标准工期、工时。项目计划管理的 5 个步骤如表 12－5 所示。

表 12－5　项目计划管理的 5 个步骤

序号	主题	内容
1	活动定义	确定需要执行的活动、里程碑，考虑活动所有的利益相关人，定义活动过程中考虑风险、资源
2	活动排序	确定活动的依赖关系或连接关系
3	活动工期预计	预测已确定活动的工期，基于历史数据，考虑到资源的约束和假设情况
4	进度计划制定	确定活动的开始时间和结束时间，查看关键路径
5	进度控制	计划评审后，涉及范围、成本和进度变更的需要变更，变更需要通知利益相关人

12.4.2 提高项目计划能力

计划是为组织确定目标、实现目标的战略与手段、步骤、程序的过程。打个比方，想要把一个箱子推到一个地方，为了到达那里，是不是要估计一下按什么路线推、要推多快？然后开始推，推的过程中要不时地和原先的计划比较，需不需要调整路线和速度。这个估计就是计划。计划的目标不是消除错误，而是让所有错误变成一堆经过细心规划后的小错误。研究四种设计方案，最终放弃三种，最多不过是三个小错误而已，但因没有做好设计就可能造成三个大错误，且要将产品开发过程重新执行三次，浪费人力、物力、时间。

计划是对项目团队未来工作的一种估计，没有人能够准确说出项目几个月后的情况。计划没有变化快，这句话说得很对，它提醒我们没有计划是不行的，不具备可执行性的计划也是不行的。计划不是拿来炫耀的，是要用来执行的。我们仍然逃不开现实和计划的背离的问题。我们虽然对预计一年后的事情把握不大，对把握项目组成员在想什么也比较难，但是如果想想未来两周内的事情应该还是能够估计得八九不离十的。很多人不愿意做计划或者把计划做得过细，大致有以下三个误解：

（1）工作简单，制定计划纯属浪费时间。不愿意做计划，或是做一些笼统的、没什么用处的计划。很多一线研发人员认为做计划是比较“虚”，还不如做些实际项目开发的工作。

（2）计划没有用，制定了计划也没有办法按照计划执行。对于项目经理，对这种情况没有办法，发布的计划研发人员阳奉阴违，让计划成为一纸空文。项目执行中随意性极大，偏离方向的事情时有发生。

（3）将计划视为重中之重，花费大量的时间、人力讨论确认计划，做出来的计划期望事无巨细，否则觉得项目就有很大风险。做这种计划的项目经理也被视为公司的高级管理人才。一线研发人员经常会叹气说写程序的不如写文档的，但在执行的时候，原来详细的计划往往漏洞百出，项目的进度一拖再拖。

对于第一个原因，其实是对项目管理认识不够，还不能看到一个合理的计划为工作效率带来的贡献。而现实却是工程师觉得是简单的工作，不愿意再“多此一举”。笔者一向不崇尚复杂的管理模式，所有的管理措施是否简单有效？没有完美的管理，只有有效的管理。但是也不能没有管理，完全采用放羊模式，那也容易出现问题。

对于第二个原因，主要是一个方法和能力的问题，没有科学的方法和丰富的经验，的确是很难做好计划。能力的问题只能靠积累，可以借鉴的是科学的方法。

对于第三个原因，主要是项目组成员要有相互信任，凡事做过了优点就变成了缺点，保持中间的那个度，保证计划考虑到了大的风险，也给予一定的灵活调整空间。

项目经理的核心工作之一就是计划，计划的好坏，直接体现项目经理管理能力。以下是笔者建议的计划活动安排原则：

◇项目计划的活动控制在150个以内，否则就建议分层计划管理；

◇整体计划列出3～6个里程碑，分段监控；

◇单个活动不宜过粗，也不宜过细，3～5天为宜；

◇计划需要经过充分的讨论和沟通；

◇计划需要预留一定余量；

◇参考历史经验项目列出标准活动和工期；

◇列出不同类型的项目计划模板和裁剪规则；

◇建立项目基线，按阶段里程碑监控项目执行的差异。

项目管理过程中常见容易忽略的活动有：项目/工作开始前的准备，技术/业务培训，评审和缺陷修正，系统集成与调试，处理变更请求，组内协调/组间协调，测试设计/环境搭建/用例和脚本实现，回归测试/缺陷修正，原型制作/需求确认/产品演示，项目汇报，项目文档/技术文档撰写。

12.5 项目成本管理

项目成本包括人力资源费用、模具费用、材料费用、测试认证费用、委外设计费用和其他公摊费用，如表12－6所示。

表 12-6 项目成本分类

序号	主题	内容
1	人力资源费用	根据项目计划的工期和工作量估算，即人力工时 * 标准价获得
2	模具费用	包含项目开发过程中的开模和改模费用
3	材料费用	包含开发领用零部件的材料费、手版费用、试制和试产样机费用
4	测试认证费用	包含第三方委外测试费用、认证费用
5	委外设计费用	包含委外的软件开发、工艺设计费用
6	公摊费用	工厂费用、管理成本分摊

制定项目任务书时确定以上项目成本预算信息，项目经理需要在项目过程中实时查看这些费用信息，与预算信息进行不断的比对，超出或严重超出项目成本时需要对项目进行变更/暂停/终止。在技术评审和业务决策评审时也需要查看项目的实际成本信息，以便进行相应决策。

12.6 项目质量管理

如果项目经常拖期，计划偏差大，需求经常变化，质量管理就无从谈起。做好项目管理基础后才能考虑项目质量管理。项目质量管理一般包含三个方面：过程稽核、交付件稽核、项目质量稽核。

过程稽核针对项目进度以及对核心组和外围组周报告、会议出勤率、产品开发资料库、网上办公资源及各阶段详细工作计划中定义的任务的交付件，让项目组成员了解进度，及时发现偏差并采取有效措施修正。指标包括周报告及时率及质量、交付件及时率、交付件质量等。

交付件稽核主要针对交付件的质量，交付件包括三类：各阶段具体任务的交付件、里程碑交付件、与产品质量密切相关需质量负责人格外关注的交付件。与产品质量密切相关需 PDT 中的质量代表格外关注的交付件包括设计 FMEA 报告、测试计划、测试报告、过程 FMEA 报告等。

项目质量稽核包括持续时间偏差、进度偏差等。除此之外，还要汇总上一阶段中每周的稽核报告。

12.6.1 项目审计

项目过程中的审计项如表 12－7 所示。

表 12－7 项目过程中的审计项

序号	过程	建议检查频度和检查方法
1	项目策划	项目策划时、项目策划结束时，参与项目策划过程，检查过程文档
2	立项过程	立项完成时，检查立项的相关文档，参与立项评审会议
3	需求开发与管理	每个月一次，检查过程输出文档，询问
4	项目跟踪与监控	每个月一次，询问，检查文档
5	技术评审会议	每次技术评审会议时，参与会议评审，检查其过程，检查其文档
6	设计和编码	每个月一次，询问，检查文档，抽查代码
7	质量保证过程	每个月一次，检查 QA 的过程主要输出，询问
8	测试和产品集成	每个月一次，询问，检查文档，抽查案例
9	产品发布	每个月一次，询问，检查文档
10	配置管理	每个月一次，询问，检查文档
11	变更过程	每个月一次，询问，检查文档
12	结项过程	项目结项完成时，检查结项的输出
13	组织过程改进	每个季度一次，检查组织财富库，检查相关过程记录
14	组织过程聚集	每个季度一次，检查组织财富库，检查相关过程记录
15	组织培训过程	每个季度一次，检查培训过程记录、培训库的管理

项目过程审计内容如表 12－8 所示。

表 12－8 项目过程审计内容

序号	主题	内容
1	产品数据	◇文档是否按模板创建，命名是否符合规范； ◇文档中是否有修改历史，填写是否完整； ◇文档存放位置是否正确，BOM 数据存放位置是否正确； ◇设计类文档章节缺失； ◇文档提交被驳回 2 次以上； ◇关键文档缺失，或未上传最新版，非关键文档缺失； ◇是否存在一物多码的现象

续表

序号	主题	内容
2	项目过程方面	◇项目计划的制定、维护、变更是否符合要求；计划达到变更要求，但未变更；计划明显错误；实际完成日期未及时更新，记录日期与实际不符； ◇里程碑的评审、报告过程是否符合要求； ◇TR 推迟，TR 评审会议推迟，TR 遗留问题关闭延迟； ◇测试执行与测试策略中测试任务计划不一致； ◇风险和配置管理过程是否符合要求
3	流程执行审计	◇未按流程转测试并未经特批； ◇测试部预测试不通过； ◇缺陷管理系统中同一个缺陷回归测试一次不通过，二次不通过； ◇未通过 TR2、PDR 情况下进行开发工作； ◇没过 TR5 且未经特批直接生产； ◇在小批量生产之前未提供装备软件的； ◇未经测试部测试私自送样或外发送软件且未经特批的； ◇对测试问题在缺陷管理系统中超过 10 个工作日未做任何处理的； ◇版本回归次数超过质量目标； ◇测试部发现的缺陷没有录入缺陷管理系统的； ◇每次测试不按规定的流程给出测试报告的，测试报告数据不真实； ◇未召开周例会，也没有提交周报

12.6.2 项目审计报告示例

项目审计报告示例如表 12－9 所示。

表 12－9 项目审计报告示例

序号	主题	内容
1	审计目的	◇对项目过程进行审计，协助提高项目过程的规范性，保证项目质量； ◇对项目产出的数据进行审计，包括文档规范性及正确性，逐步提高文档标准化水平，确保 BOM 数据的正确性，从而有效地、正确地指导生产； ◇对流程的执行情况进行审计，确保流程使用及执行的正确性，通过流程的正确执行，保证数据变更的可控性、正确性、一致性； ◇通过持续的审计及改进，促进项目团队在项目执行控制、数据质量等方面的提升，确保项目执行过程、最终交付的产品数据符合研发管理流程和规范的要求

续表

序号	主题	内容
2	审计范围	本次审计涵盖了目前正在进行中的产品开发项目，以及部门管理项目，列出项目清单
3	审计内容	参见前面研发过程审计内容
4	审计周期	本次审计的时间周期为××年×月×日—××年×月×日
5	审计结果	◇审计结果综述：本次审计共发现××个问题，其中项目管理类问题××个、流程执行类问题××个、产品数据类问题（包括文档规范性、BOM 数据）××个，用表格或者图标表示； ◇优秀实践：在项目执行过程中，任务汇报较及时、详细，周报更新及时，项目范围发生变更时走变更流程的研发项目值得推广； ◇审计发现问题概述：简单易解决的问题和需持续改善的问题； ◇简单易解决的问题顾名思义就是处理起来非常简单，只需研发人员和项目管理者在日常工作中稍加重视即可避免。这类问题不仅处理起来简单，而且对于数据管理的准确性、统一性和研发管理效率的提高有较明显的作用。主要包括以下几类：项目经理本身线下工作任务多，部分项目经理对系统掌握不够熟练，不能及时发布任务，造成一些“僵尸项目”。“先系统（派发/接收任务）后线下（审核/完成任务）”的工作习惯没有养成。部分工程师对项目管理系统认知度不够，不能及时主动完成应该完成的任务，造成线下任务完成，线上任务延迟的现象。任务状况汇报问题，不及时更新任务状况及百分比，或者在需要更新的内容（百分比、状况、状况说明）中只更新其中的一项或者两项。任务更新与实际情况不符。有交付件的任务，完成任务时没有进行交付就填写任务完成。有交付物的任务在进行过程中，没有及时将项目产生的交付物上传对应产品库。流程没有及时审批，BOM 存放位置错误，项目的例会等项目内部沟通水平达不到要求等； ◇需持续改善问题受多方面因素限制，不能一步到位地解决，而是需要我们的团队和个人不断学习、总结、积累、改进的过程。这类问题包括：项目计划制定不完整、里程碑定义缺失、任务定义不清晰，缺少交付物，计划出现偏差时未及时进行调整，计划调整时没有兼顾前后任务的关系导致计划不合理、前后矛盾。一些项目中出现“计划的调整导致计划前后矛盾”，该问题是由于计划制定过程中没有设置前置任务导致。流程执行负责人和审阅者是同一个人，受影响对象收集不齐全，审阅者审阅时没有认真负责，存在问题却审阅通过等
6	详细审计报告	每个项目的详细审计报告与问题

12.6.3　产品和项目度量

产品和项目度量分成规模、工作量、进度、稳定度、质量保证及客户服务等方面，如表 12－10 所示。

表 12－10　产品和项目度量

序号	主题	内容
1	规模	产品设计规模：设计规格书中设计规格条数，实际规模相对于估计规模的偏差百分比
2	工作量	◇指在产品上投入的人力，产品在 Charter 到 GA 过程中投入的研发总工作量。市场、技术支援、制造、财务等部门在 PDT 中投入人力相对比较少，可不纳入工作量度量，测试验证、整机工程、制造设计、CAD 等研发工程师投入要纳入工作量度量； ◇实际花费的工作量相对于估计工作量的偏差百分比； ◇生命周期每个阶段工作量占比总工作量的百分比
3	进度	◇开发计划完成率：指产品计划完成情况、各阶段的时间花费，包括 DCP、TR 等重要里程碑时间点、更新计划重要里程碑时间点、实际进度重要里程碑时间点； ◇项目进度偏差率：项目实际进度相对于计划进度的偏差百分比
4	生产率	单位工作量所生产的项目活动量
5	稳定度	◇指产品设计需求和规格的变化情况： ◇需求稳定指数：工程设计需求稳定性指数衡量可测性需求、可制造性需求、可靠性需求、可服务性需求等被产品采纳后的稳定性； ◇设计规格稳定性指数 = 变更的设计规格数/初始设计规格数； ◇单板平均投板次数衡量硬件开发过程稳定性； ◇ECN 数量衡量工程文件变更情况； ◇技术评审要素通过率； ◇共用基础模块 CBB
6	质量保证	◇发现缺陷密度：从设计规模的角度度量缺陷密度，从制造规模的角度度量缺陷密度，从运行规模的角度度量缺陷密度； ◇缺陷数趋势：包括内部和网上新增问题趋势、遗留问题趋势，交付后单位规模内发现的缺陷数； ◇缺陷分布率：生命周期每个阶段发现缺陷占总发现缺陷的百分比； ◇缺陷去除率：项目交付前去除缺陷数目占总缺陷的百分比； ◇问题严重性和问题管理力度
7	市场竞争力	◇客户反馈产品缺陷分布、网上问题及时解决率、逾期问题解决率； ◇客户满意度； ◇产品故障率目标完成率、技术支持力度； ◇市场份额、市场响应速度
8	财务	◇预算正确率、毛利率、销售计划完成率、销售收入增长率、设计成本降低额、客户服务费用比重； ◇新产品销售比重、研发费用比重、预研费用比重、废弃项目比重

续表

序号	主题	内容
9	质量保证	主要流程执行符合度，规范遵从度，产品成熟度
10	其他	供应链存货周转率、合格项目经理数量、员工满意度、员工年培训天数员工任职资格提升比率

12.6.4 项目报表

（1）项目总体报表如表 12－11 所示。

表 12－11 项目总体报表

序号	项目名称	项目经理	项目状态	立项时间	第一版计划 TR5 时间	实际 TR5 时间	暂停次数	计划变更次数	计划总工期	实际总工期	实际标准工期	计划偏差	项目延期主要原因
			所属阶段								成员投入时间×产出率	（实际标准工期－计划总工期）/计划总工期	

（2）项目费用汇总分析报告如表 12－12 所示。

表 12－12 项目费用汇总分析报告

项目名称	编号	费用小计		人力资源费		模具费		材料费		测试认证费		委外设计费		其他费用	
		预算	实际	预算	实际	预算	实际	预算	实际	预算	实际	预算	实际	预算	实际

（3）项目进度分析综合报告如表 12－13 所示。

表 12－13 项目进度分析综合报告

项目名称	编号		里程碑 A	里程碑 B	里程碑 C	里程碑 D	里程碑 E	里程碑 F
		计划	YYYY－MM－DD	YYYY－MM－DD	YYYY－MM－DD			
		实际	YYYY－MM－DD	YYYY－MM－DD	YYYY－MM－DD			
		偏差		10%（×天）	5%（×天）			

12.7 项目资源管理

资源管理主要是要做好资源需求计划，保证项目进度如期推进的同时资源不浪费。需要项目经理和部门资源经理协调好，详细步骤如表 12 - 14 所示。

表 12 - 14 项目资源管理步骤

序号	主题	内容
1	报告人力资源需求	每双周末由项目经理检讨本周资源申请与实际使用情况，根据项目进度分析未来两周人力资源需求，注意项目管理资源申请时，以项目为维度，涵盖多个职能部门的资源需要
2	分析人力资源需求	项目经理上报未来两周人力资源计划，PQA 汇总各个项目资源需求，分析资源可供性，协调资源冲突，最终确定人力资源分配，部门资源审核审核时，以部门、人员为维度，涵盖多个项目的资源需要
3	执行人力资源需求	项目经理根据最终获得的双周人力资源分配，调整项目计划，实现资源与进度一致

需要从制度、绩效评价上，驱使项目经理针对资源要精打细算，节约钱，干成事。如果没有此前提，势必导致项目申请资源时，会从自身利益出发，申请尽可能多的资源、尽可能好的资源，导致资源供给与需要严重偏差。部门经理和 PMO 需要认真审视项目经理的资源申请合理性，必要时进行优化和调整。

不断的提高项目经理分析资源的能力，经过一定时期规范化项目运作，从而积累历史数据，形成基本的标准工期、工时，提升项目经理计划执行能力、资源分析能力，从而提高资源需求计划的合理性。

12.8 项目沟通管理

沟通是信息传递与理解的过程，超过 80% 的人际冲突和工作失误来自沟通不畅。沟通的目的可以是收集和接收信息、分摊责任、鼓舞士气、实施计划等，但基本的目的是传达、了解、谅解、理解。需要减少沟通的理解误差和无谓的人为消耗。

信息在传递过程中会失真，传递信息的人想表达100%，表达出来80%，接收信息的人听到的变成60%，理解的变成了40%，记住可能就只有20%了。

有效沟通存在的障碍一般有：从主观角度去理解（想当然），听不进不同意见（武断），单向沟通（只想别人听你的），跳跃性的推论（过早判断），语言的理解差异，个人不良的情绪，时机把握不好，对人不对事。

12.8.1 会议有效沟通的关键要素

会议有效沟通的关键要素如表12-15所示。

表12-15 会议有效沟通的关键要素

序号	主题	内容
1	会前	事先了解为什么开会，已经预期要取得什么结果，会前和关键与会者就会议议题的持续时间进行沟通
2	会中	做好准备，按时开始，并首先点明会议的目的和议程，每位与会者都有发言的机会，对会议内容进行口头总结
3	会后	会后发布会议纪要给每位与会者，会议必须产生明确决定，所有决定必须立即付诸行动

12.8.2 与不同角色沟通注意点

与不同角色沟通注意点如表12-16所示。

表12-16 与不同角色沟通注意点

序号	主题	内容
1	领导者	明确位置，上级是管理者、领导者，了解上司的管理风格、沟通方式、思维方式，主动配合，建设性反馈，不需过于奉承，避免两败俱伤的冲突，多问选择题，少问问答题
2	下属	了解对方的心态，对事不对人，以客观事实/日常观察为依据，切勿轻易许诺或者欺骗，由衷的称赞。管理者忌讳的用语：我帮不了你，公司政策向来如此，没人像你这样抱怨，高兴就请另谋高就

续表

序号	主题	内容
3	客户	专注倾听，询问期望，复述内容并确认之（记录）。共同协议，确定行动、改进方案（不要贸然承诺），追踪与回馈，突出己方的优势而不是贬低对手，不要太多专业术语

12.9 项目风险管理

制定风险管理流程，强化风险意识，项目组全员参与，积累经验和教训。依据项目的实际情况和LPDT的管理经验，对每个识别出来的风险确定优先级，制定总的项目风险经验表，包括阶段、活动、风险、严重性、后果、预防、解决方案等。对高优先级风险进行严格的评审，修正风险等级。所谓高优先级风险是指那些高影响且中概率、高影响且高概率、中度影响且高概率的风险。

LPDT从识别出来的高优先级风险中选择一个子集（跟踪最高的3~5个风险），完成《风险跟踪表》的填写。每周更新风险跟踪表。

◇定期分析风险，提前识别，随时调整对风险的预估；

◇项目周会、月度会议上应专门讨论并跟踪，按项目风险经验表中的办法进行应付；

◇对所标识的风险及其排序、风险管理和响应计划取得一致认识；

◇纠正，形成项目的活动和措施项；

◇明确响应计划的触发条件；

◇明确责任人，更新项目风险经验表和模板；

◇顶级风险应每周向PDT经理报告；

◇总结和预防，提高项目经理的风险识别能力和应对能力。

12.9.1 风险管理过程

风险管理过程如表12-17所示。

表 12－17 风险管理过程

序号	主题	内容
1	风险识别	风险识别包括确定风险的来源，风险产生的条件，描述其风险特征和确定哪些风险事件有可能影响本项目。风险识别不是一次就可以完成的事，应当在项目的自始至终定期进行。风险识别方法包括访谈，调查，头脑风暴，专题讨论会，历史经验数据，风险数据库，专家建议法，风险标识提问单。常见的风险类别包括市场/客户风险、技术风险、财务风险、制造风险、采购风险、用户服务风险、项目管理风险
2	风险量化评估	涉及对风险及风险的相互作用的评估，衡量风险概率和风险对项目目标影响程度，确定哪些事件需要制定应对措施。比较风险的大小，确定风险的性质。通过对识别的风险进行定性、定量的分析，包括发生的概率、影响的严重性等，进行风险优先级排序
3	风险应对计划制定	针对风险量化的结果，降低项目风险的负面效应制定风险应对策略和技术手段，风险应对计划依据风险管理计划、风险排序、风险认知等依据，得出风险应对计划、剩余风险、次要风险及为其他过程提供的依据。
4	风险监控	实时监督和更新风险管理计划，应对风险的纠正措施，识别新的风险并更新计划，确保新的风险在计划中得以体现，风险的升级处理，预留风险的缓冲时间

12.9.2 12 种项目风险库

12 种项目风险库如表 12－18 所示。

表 12－18 12 种项目风险库

序号	风险类型	风险描述
1	市场风险	物价变动，替代产品的出现
2	需求风险	太多的需求变更和需求膨胀，需求定义欠佳，而进一步的定义会扩展项目范畴，添加额外的需求，需求确认过程中客户参与不够，缺少有效的需求变化管理过程
3	技术风险	新技术不成熟，会有多种问题出现。新设备材料可能出现各种不可预料的问题，需受比预期更多的测试、设计和实现工作。开发额外不需要的功能延长计划进度，严格要求与现有系统兼容，需要进行比预期更多的测试、设计和实现工作

续表

序号	风险类型	风险描述
4	项目计划风险	计划忽略了必要的任务，计划、资源和产品定义全凭客户或上层领导口头指令，并且不完全一致。计划基于使用特定的小组成员，而那个小组成员其实指望不上。产品规模比估计的要大，工作量大于估算数。不实际的进度，过度的进度压力造成生产率下降。目标日期提前，但是没有相应地调整产品范围或可用资源。一个任务的延迟导致相关任务的连锁反应。涉足不熟悉的产品领域，花费在设计和实现上的时间比预期的多
5	安全风险	环境影响的风险，工程安全风险
6	技术支持风险	技术支持的可获得性等方面存在风险
7	制造风险	生产过程中出现的诸如设备故障等风险
8	物料采购风险	供应商缺货，供应商违约
9	客户风险	客户坚持新的需求，客户没有或不能参与规划、原型和规格阶段的审核，导致需求不稳定和耗时的变更。客户对开发进度管理过细，导致实际进度变慢，客户沟通、审核的时间比预期长
10	组织和人员风险	项目组成员没有全身心投入项目，进而无法达到需要的产品性能水平。人力资源损耗与变动，项目后期加入新的开发人员，额外的培训和沟通降低现有成员的效率。项目结束前，合同制人员离开团队。人力资源损耗与变动，项目人员不足，需要的资源在特定时候可能不能获得。有些开发人员只能投入部分精力，缺乏必要的规范，导致工作失误与重复工作。项目管理能力匮乏，人员缺乏经验，高层不重视
11	设计和实现风险	设计质量低下，导致重复设计，需要进行额外的测试，修正错误，或重新制作
12	过程风险	大量的纸面工作导致进程比预期的慢，过程管理太不正规，导致沟通不足、质量欠佳，甚至需返工，导致过多耗时于无用的工作。向管理层撰写进程报告占用开发人员的时间比预期的多，未能发现重大的项目风险

12.9.3 风险管理模板

风险管理模板如表 12－19 所示。

表 12－19　风险管理模板

序号	属性	说明
1	风险序号	风险序号，自动更新
2	产品级/模块级	可能导致风险的产品或者模块名称
3	风险类型	技术风险、需求风险等
4	风险描述	详细描述风险的内容
5	发生概率	高（发生概率大于 60%）、中（发生概率 30% ~60%）、低
6	影响等级	高（对 QCT 产生很大影响，需要严格控制并采取措施）、中（需要预防）、低
7	风险等级	微小、较小、一般、较大和重大
8	风险影响描述	风险对项目质量、周期、成本等方面的影响
9	风险响应措施	利用、避免、接受、转移
10	风险责任人	负责处理和跟踪风险的责任人
11	风险状态	开放、关闭
12	计划解决时间	填写该风险可能解决的时间

12.10　干系人管理

12.10.1　识别和管理项目干系人

研发项目干系人一般是积极参与研发项目，其利益在研发项目执行中或者成功后受到积极或消极影响的个人和组织。技术研发项目管理队伍必须识别研发项目干系人，确定他们的需求和期望，然后对这些期望进行管理并施加影响，以确保研发项目的成功。

对所有研发项目而言，主要的研发项目干系人包括：

◇研发项目经理：负责管理研发项目的个人；

◇客户：使用研发项目产品的个人或组织；

◇研发项目发起者：执行组织内部或外部的个人或团体，他们以现金和实物的形式为研发项目提供资金资源，一般指 IPMT 团队。

管理研发项目干系人的各种期望实现有时比较困难，这是因为各个研发项目干系人常有不同的目标，这些目标可能会发生冲突。不同的人员从不同的角度定义新产品成功的标志，负责研究的副总裁注重产品是否具有领先水平的技术，负责生产的副总裁注重产品具有世界水平的实践，负责市场的副总裁则主要关注产品具有的新特征。

这并不意味着不考虑其他研发项目干系人的需求和期望，对技术研发项目管理而言，找到合理的解决方案来满足不同方面的需求是一种最大的挑战。一般来说解决研发项目干系人之间期望的不同应以如何对客户有利为原则。

12.10.2 月度汇报

由 PDT 经理组织各核心组成员每月编制 PDT 月报，以向 IPMT 和其他功能主管部门汇报。PDT 月度报告从以下几个方面反映项目的总体实施状况，主要集中在与项目基线的对比，并分成各跨部门、研发、市场、制造等领域分别描述。

◇进度：月度监控点，目前所处的状态，本周工作完成情况，下周主要工作，计划完成率的估计，后续预计的安排；

◇成本：已花费的费用，与预算的执行偏差等；

◇资源：人力资源的到位情况，对进度的影响，资源的利用率，仪器设备、环境物料、软件工具等资源花费和需求情况；

◇质量：质量控制状况，采取了哪些措施保证项目的质量；

◇文档完成情况；

◇风险管理；

◇存在的困难和需要的帮助；

◇管理改进的建议。

12.11 项目流程汇总

12.11.1 项目立项流程

项目立项流程如表 12－20 所示。

表 12－20 项目立项流程

编号	活动	活动描述
1	启动调研	根据领导指示、客户意向、市场机会、研发建议等输入启动调研，成立项目组
2	市场/客户需求分析	组织、经济、市场、技术可行性分析，形成《项目可行性分析报告》
3	编写项目任务书	填写项目任务书，包括基本信息、成员信息、确定里程碑计划、人力资源需求信息、成本预算信息、目标 KPI 信息、项目风险信息
4	组建产品规划团队	基于项目任务书的基本要求，初步确定产品规划团队成员信息
5	确定里程碑计划	基于任务书及团队成员信息，确定项目关键里程碑点及计划完成日期
6	项目信息审查	审查上述几个步骤填写的信息是否正确、规范，如果不正确则驳回重新填写，正确则提交给开发负责人进行审批
7	提交立项审批	项目任务书、产品规划团队成员信息、里程碑点及其计划完成日志是否符合要求？如果不符合则驳回重新填写，如果符合，则审批通过，创建项目，并将任务书信息、团队成员信息、里程碑信息等写入项目

12.11.2 项目变更流程

项目变更流程如表 12－21 所示。

表 12－21 项目变更流程

编号	活动	活动描述
1	提交变更申请	当任务书、里程碑等需要变更时，发起变更，并填写变更原因、影响范围和建议解决方案（加大投入、延长周期或者减少需求）等信息
2	变更确认与影响分析	对变更的进度影响、成本影响、范围影响、质量影响等进行综合分析，决定是否批准该变更。如果批准就制定变更方案，如果不批准则驳回重新提交
3	制定变更方案	制定初步的变更方案及备选方案，为变更审批提供参考

续表

编号	活动	活动描述
4	变更分类	基于变更对项目的影响程度，决定走哪一类变更。如果影响上市决策（I类），要提交到市场部审核。如果不影响上市决策，但仍有较大影响（II类），则提交到产品经理审核。如果对项目影响较小（III类），则直接实施变更
5	市场部审批	I类变更，需要市场部审核，审核完成后制定变更计划
6	产品经理审批	II类变更，需要产品经理审核，审核完成后制定变更计划
7	制定变更计划	I/II类变更，需要制定变更计划。变更计划决定了后续将如何实施变更
8	变更计划审核	变更计划需要提交到市场部审核，审核通过与否决定了后续能否实施变更
9	变更实施	I/II类变更，变更计划审核通过后，将通知相关人员，开始实施变更，III类变更，直接实施变更
10	建立基线	变更实施完成后，配置管理员建立新的基线，记录本次变更的相关信息
11	关闭	变更已完成

12.11.3　项目试制/试产流程

项目试制/试产流程如表12－22所示。

表12－22　项目试制/试产流程

编号	活动	活动描述
1	提出试制/试产申请	提出试制/试产申请
2	反馈排产日期	生产计划专员反馈排产日期，并提交给项目经理审批
3	试制/试产审批	项目经理审核试制/试产是否合理，审批通过则申请完成，否则驳回至制造工程师重新提交申请
4	待关闭	对试制/试产状况进行跟踪，如有不符合项，则启动不符合项管理流程
6	关闭	试制/试产申请完成

12.11.4 项目风险管理流程

项目风险管理流程如表12－23所示。

表12－23 项目风险管理流程

编号	活动	活动描述
1	录入风险	录入风险
2	方案制定中	对风险的发生概率、影响程度进行综合分析，定义风险规避方案，如果需要协助，可以制定风险责任人来定义方案
3	风险跟踪中	基于规避方案对风险进行持续跟踪，如果需要重点跟踪，则派生任务给相关责任人进行跟踪
4	风险待关闭	风险如果发生，则转化为问题进行跟踪
5	风险关闭	如果风险已不存在，则风险关闭

12.11.5 项目暂停流程

项目暂停流程如表12－24所示。

表12－24 项目暂停流程

编号	活动	活动描述
1	提出暂停申请	有项目经理发起项目的暂停申请，需说明暂停的原因
2	审核	技术管理员、技术承接方、技术委托方、职能部长参与暂停的审核
3	项目暂停	审核通过后，项目自动进入暂停状态，并且把所有计划任务都暂停
4	关闭	流程结束

12.11.6 项目恢复流程

项目恢复流程如表12－25所示。

表 12－25 项目恢复流程

编号	活动	活动描述
1	提出恢复申请	项目经理提出项目恢复的申请
2	审核	技术管理员、技术承接方、技术委托方、职能部长参与恢复的审核
3	项目恢复	审核通过后，如需涉及项目变更，需走项目变更流程，并驱动项目重新恢复，对应的计划任务也恢复
4	关闭	流程结束

12.11.7 项目结项流程

项目结项流程如表 12－26 所示。

表 12－26 项目结项流程

编号	活动	活动描述
1	结项申请	基于结项任务发起结项申请
2	各项信息完整性确认	对结项信息的完整性进行确认，如果信息完整则提交会签，如果不完整则驳回重新提交
3	结项会签	各业务部门代表进行会签，对各项信息进行确认，确认项目是否达到预期目标、是否有总结典型案例等，会签完成后提交至业务领导审批
4	业务领导审批	业务领导对结项信息进行再次审批，如果项目相关事务都已正常收尾，则审核通过。如果审核不通过，则驳回至项目经理完善结项信息再提交
5	项目组成员绩效评价	项目经理对成员的项目绩效进行评价
6	关闭	结项完成，通知相关成员

12.11.8 典型案例管理流程

典型案例管理流程如表 12－27 所示。

表 12－27　典型案例管理流程

编号	活动	活动描述
1	提交典型案例	基于任务发起一个典型案例
2	案例信息完整性确认	对案例信息的完整性进行确认，如果信息完整则提交至案例价值分析，如果不完整则驳回重新提交
3	案例价值分析	对案例价值进行分析，如果价值较大则基于此案例对组织流程体系模板进行优化，如果价值不明显则提交给项目经理进行价值评价
4	案例沉淀	价值较大的案例，基于此案例对组织流程体系模板进行优化
5	案例价值评价	项目经理对案例价值进行评价，此评价作为对成员项目绩效评价的输入

12.12　项目管理输出模板

12.12.1　项目试产报告

项目试产报告如表 12－28 所示。

表 12－28　项目试产报告

序号	章节	内容
1	试产日期	填写试产日期
2	试产数量	填写××产品的数量
3	试产问题点	工序、序号、问题点、问题点说明原因、问题点影响、建议改善或对策、临时方案、长久方案、责任人
4	试产小结	总结试产经验

12.12.2　项目变更单

项目变更单如表 12－29 所示。

表 12－29　项目变更单

项目名称	填写项目名称	项目编号	填写项目编号
变更申请人		申请日期	
变更描述	填写项目变更的概述		
变更原因	填写项目变更的原因		
造成的影响	项目变更对范围、计划、人员、成本等方面的影响		
审批	IPMT：　　日期：		

12.12.3　项目总结报告

项目总结报告如表 12－30 所示。

表 12－30　项目总结报告

序号	章节	内容
1	项目基本信息	◇项目简介：简要介绍项目背景及产品、版本、需求等。可摘录任务书中相关内容； ◇项目人员及角色、职责：简要描述项目成员及所承担的角色职责
2	进度完成情况总结	◇在此描述项目进度控制方面的情况、存在的问题及处理经验。如项目在概念阶段发生了较为严重的延迟，进度偏差率达到了××%，主要原因是……以后应如何避免…… ◇里程碑名称、计划开始时间、实际开始时间、计划结束时间、实际结束时间、阶段工期偏差、累计工期偏差、阶段计划偏差率、累计进度偏差率
3	项目质量情况总结	◇流程执行情况：对项目流程的裁剪是否得当，项目执行是否符合流程要求，对流程改进有哪些建议和意见； ◇交付件质量总结：交付物完成情况，缺陷分布情况，总结经验、教训
4	测试工作总结	◇测试主要版本/轮次：列出测试主要版本/轮次； ◇测试内容：每一轮次测试的测试覆盖情况和充分性分析； ◇测试遗留缺陷：填写版本发布后，遗留未解决的缺陷，并对缺陷的严重性、影响及后续工作计划做出相应描述； ◇建议：填写在此项目测试测试过程中的经验、教训，提炼共性问题，提供建议和意见
5	项目的主要成果	项目主要交付件清单，管理流程、规范、模板、重用模块/单板、专利输出……

续表

序号	章节	内容
6	经验、教训总结	描述项目实施中来自产品实现、项目管理、关系处理、成本控制等各个方面经验与教训，对后续开发工作的建议及对项目定义过程的评价，以及通过项目中度量出来的数据来进行分析总结项目的好的实践、经验、教训，对未来项目、流程的建议

12.13 项目评审要素

12.13.1 项目计划评审要素

项目计划评审要素如表 12－31 所示。

表 12－31 项目计划评审要素

序号	类型	内容
1	计划制定	◇项目计划是否与流程定义的模板一致？裁剪或偏差是否符合要求？ ◇是否利用了以前类似项目的数据来制定项目计划？ ◇计划时是否考虑了返工、沟通和协调的工作量？进度计划时是否尽量缩短关键路径？计划时是否考虑了节假日影响？进度计划中前置任务是否设定？ ◇SE 是否参与了项目进度计划的制定？ ◇项目计划是否经过批准
2	里程碑	◇是否在项目进度中标识了所有项目里程碑和关键路径？ ◇是否根据进度计划制定了里程碑计划？系统项目进度计划中是否明确标识出各里程碑点
3	需求	需求是否有变化？项目计划是否进行了相应调整
4	风险	项目有哪些风险？对于每条风险，是否考虑规避和应急计划
5	资源	项目计划中是否包含项目资源需求
6	评审	项目计划中的评审活动在计划中是否都有安排
7	质量	项目计划中质量目标设定是否较历史水平有所提高？是否制定了达标的措施
8	配置	是否制定了配置管理计划？进度计划中交付件是否设置完整，是否与配置管理计划一致？项目计划是否基线化
9	度量	PM 是否安排了度量与分析工作（度量项裁剪、数据收集渠道、数据分析责任人和报告方式）

12.13.2 项目监控过程评审要素

项目监控过程评审要素如表12－32所示。

表12－32 项目监控过程评审要素

序号	类型	内容
1	周报、里程碑	◇项目是否按照计划规定召开了周例会、里程碑总结会议？是否包括了项目管理过程中所规定的议程？ ◇项目经理是否按计划监控项目，并将监控结果记入周报？ ◇是否发布了周报？周报内容是否完整？ ◇项目是否按照计划规定进行了里程碑总结？ ◇通过周报、里程碑总结、度量分析等工作发现的偏差和不符合项，PM是否制定纠正预防措施
2	日常任务完成情况	◇是否按计划进行了日常任务和问题的跟踪？ ◇系统任务完成情况是否及时更新？ ◇交付件是否及时交付
3	风险	◇项目经理是否在里程碑处对项目的度量数据进行了分析和监控？ ◇项目经理是否根据分析结果采取了相应的纠正预防措施？ ◇项目经理是否充分识别重复发生的问题，并将其作为重点实施纠正预防措施？ ◇项目经理是否实施纠正预防措施，并通过周报监控纠正预防措施的实施情况？ ◇项目经理是否分析纠正措施的结果，以决定纠正措施的有效性？ ◇是否按计划持续更新了《风险跟踪表》
4	变更	对计划的变更（涉及项目里程碑的变更）是否按变更流程进行
5	度量	◇项目组是否按计划及时收集度量数据？ ◇收集的度量数据是否完整、正确？ ◇项目经理是否将度量分析结果以邮件、会议的方式通知到所有相关方

12.13.3 项目里程碑评审要素

项目里程碑评审要素如表12－33所示。

表12－33 项目里程碑评审要素

序号	类型	内容
1	基线审计	◇工作产品是否齐备？工作产品版本是否一致？ ◇是否发布了基线？是否执行了基线审计？ ◇所有工作产品是否都已经过评审？ ◇是否发布了配置状态报告

续表

序号	类型	内容
2	里程碑会议	◇会前是否准备了里程碑报告？是否召开里程碑会议？ ◇团队成员是否都参加了里程碑会议？ ◇里程碑会议上是否对前期工作进行了总结？里程碑会议上是否识别、评估了风险，讨论了风险应对措施？ ◇里程碑会议上是否所有与会成员都已经认为前期工作没有什么重大问题，可以开始后续工作了？ ◇会后里程碑报告和会议记录是否发送给研发中心总经理和所有项目成员？会后里程碑报告和会议记录是否发送给研发中心总经理和所有项目成员？ ◇会后项目经理是否更新了《风险跟踪表》？ ◇里程碑评审发现的问题是否在会后全部得到关闭
3	里程碑报告	◇报告内容是否完整？报告内容是否简明扼要、清晰、突出要点？报告文档结构是否清晰？ ◇是否就项目进度偏差情况进行了说明？是否深入分析了项目进度偏差原因？是否对进度偏差说明了纠正、控制的计划措施？ ◇是否充分使用图表，清晰地说明项目状态？ ◇是否说明了前期工作中资源到位情况？是否对前期所识别出来的关键的风险进行了描述？是否对前期所识别出来的关键风险说明了计划的应对措施？是否对前期发生的严重的、无法在项目团队范围内解决的问题进行了报告？ ◇是否对前期工作进行了一个总体的、简单的评价？是否对前期所完成的主要工作和主要工作产品进行了说明

12.13.4 项目风险评审要素

项目风险评审要素如表 12－34 所示。

表 12－34 项目风险评审要素

序号	类型	内容
1	风险管理	◇项目经理是否建立了风险跟踪表（是否持续更新风险管理计划）？ ◇风险管理计划是否包括了风险识别的频率、时机、风险跟踪的方式、负责人、汇报渠道内容？ ◇里程碑会议上是否进行了风险识别？风险识别是否全面？ ◇是否对项目风险进行了排序？ ◇风险的优先是否考虑风险的影响和紧急程度两方面？风险定级是否偏高/偏低？ ◇项目经理是否对主要风险制定了风险应对措施？ ◇项目经理是否考虑了风险应对措施对项目的影响，进行了必要的项目计划的更新？是否明确响应计划的触发条件？ ◇风险跟踪表是否填写完整？风险描述是否确切，措辞是否适当？ ◇是否将优先级最高的前三个风险在周报、月报、里程碑报告给研发总经理？ ◇风险应对措施是否按计划执行？是否跟踪了风险应对计划的执行情况？ ◇是否明确每个风险的责任主体

12.13.5 项目质量过程评审要素

项目质量过程评审要素如表12-35所示。

表12-35 项目质量过程评审要素

序号	类型	内容
1	项目质量过程	◇项目质量保证计划是否得到评审和审批？ ◇QA是否按照质量保证计划实施质量保证活动？ ◇QA是否每周通过QA质量报告向PM、产品开发代表报告质量保证活动的状态？ ◇QA是否在项目每个里程碑对度量数据完整性和准确性进行检查？ ◇QA是根据评估分析结果，协助PM开展分析，制定纠正预防措施？ ◇QA是否跟踪所有不符合项，直至关闭

12.13.6 项目结项评审要素

项目结项评审要素如表12-36所示。

表12-36 项目结项评审要素

序号	类型	内容
1	结项决策	是否完成了结项决策？是否批准了结项
2	项目工期情况	◇关键路径是否按计划完成了？如果没有按计划完成，是否有对提前或拖期的原因进行分析？ ◇是否有对后续阶段改进的措施和对后续工作的影响的分析？ ◇是否有对任务的完成情况进行了分析和总结？ ◇是否有对计划投入工作量、实际投入工作量、计划与实际工作量的偏差进行了分析，对后续的投入工作量进行了预测
3	质量	◇是否所有的问题都已经关闭？ ◇是否有对本阶段通过测试与同行评审发现的缺陷进行统计和分析？ ◇通过本阶段的质量分析，是否有对后续阶段的质量加强提出了相应的改进措施？ ◇项目管理所提出的不合格项是否都已经得到解决
4	需求变更	是否有对需求变更进行了的总结

续表

序号	类型	内容
5	规范符合性	◇项目任务书定义的内容是否都已经完成？项目关键交付项是否已经到了发行状态？ ◇对过程执行是否进行了审计，对审计出来的问题是否进行了统计分析及原因分析？对工作产品是否执行了审计？对审计中发现的问题是否有拟采取的改进措施？审计的问题是否都关闭了？ ◇项目结束时是否编写了项目总结，且项目总结的内容包括但不限于以下要求：项目目标的达成情况，并评价项目成功与失败。项目有哪些成功经验？项目有哪些教训？ ◇是否所有度量项收集完整、正确
6	配置项的变化情况	◇是否通知到配置管理员做结项的配置审计？配置管理员是否开展了配置审计工作？配置审计的问题是否都得到解决？ ◇是否有对基线进行了审计，基线审计出的问题是否关闭了？是否有对基线的变更进行了记录
7	风险评估	是否所有的风险都已经关闭？是否有对风险进行了跟踪和记录
8	后续阶段的计划	是否有对后续阶段的意见和计划
9	申请与移交	◇是否向研发管理部提交了《项目结项申请》?《项目结项申请》的移交清单是否清晰，便于配置管理建立基线？ ◇项目是否和相关部门经理落实了维护人员？项目是否提供了项目的维护注意事项及维护建议？项目经理是否把相关维护建议及注意事项移交给已确定的维护人员？ ◇相关项目经验文档是否纳入了存储库
10	结项评估与审批	◇研发管理部是否及时受理了结项申请？研发管理部是否对项目的结项条件进行了初步的评估？ ◇项目经理是否在 PQA 的许可下召开结项评审会议？ ◇项目经理是否组织了相关干系部门负责人参与了结项会议？结项评审是否形成了项目结项会议记录？ ◇结项申请是否得到了主管研发副总裁的审批？结项得到批准后，配置库的权限是否收回？ ◇研发管理部是否发出了结项公告

12.13.7 项目配置检查要素

项目配置检查要素如表 12－37 所示。

表 12－37　项目配置检查要素

序号	类型	内容
1	配置管理	◇是否采用了配置管理计划模板？配置管理计划与开发计划是否相适应？配置资源是否齐备？ ◇命名（基线/文档）规范是否符合要求？ ◇配置库目录结构是否符合项目要求？是否遵循公司的模板？配置库访问权限分配是否合适？ ◇基线计划中的里程碑点设置是否合理？ ◇配置项变更控制级别是否合理？ ◇版本标识控制是否符合项目要求？ ◇配置审计计划是否符合理？配置状态发布的周期是否合理？配置管理计划是否纳入了基线？ ◇备份及归档策略是否符合项目要求
2	配置管理过程	◇项目组是否接受配置管理过程培训？ ◇项目立项是否为配置管理分配了 IT 资源与人力资源？ ◇配置库权限分配是否正确、安全？识别的配置项是否完整？ ◇是否填写了《配置项清单》？是否制定了《配置管理计划》？《配置管理计划》是否通过了评审，并获得项目经理批准？ ◇是否按《配置管理计划》进行了基线审计？是否按《配置管理计划》建立了基线？ ◇配置项的命名是否满足《配置管理计划》中的命名规则？配置项分类存放的目录是否正确？ ◇项目团队成员每次修订提交配置库时是否清楚记录了修订内容？ ◇基线发布通知中是否包含基线名、基线所含配置项？若为基本变更，是否有变更原因？建立基线后是否通知了所有专案团队成员？ ◇是否按《配置管理计划》发布了《配置状态报告》？《配置状态报告》内容是否完整、正确？ ◇配置审计发现的问题是否转入周报跟踪，直至关闭？ ◇公司的配置项是否统一进行备份与维护
3	配置变更	◇项目已经基线的配置项发生变更时，是否适当记录配置项的变更内容和变更的理由？ ◇项目已经基线的配置项发生变更时，是否有变更申请记录、变更管理单？ ◇变更发起人是否就变更内容与受影响的相关方进行沟通，并取得他们的同意？ ◇变更管理单的分析、审批等内容是否完整？ ◇项目经理是否追踪所有配置项变更申请的状态，直到项目结束？ ◇配置项变更完成后，重新提出的基线申请是否得到合法审批？是否重新打上正确的基线

12.14 项目管理过程常见的问题及对策

12.14.1 如何看企业的项目管理水平

项目管理想要做好本身不是一件容易的事情，需要管理上不断地改进和完善，不是通过上一个IT系统就能解决项目管理过程中存在的问题的。如果项目管理水平本身比较薄弱，上IT系统反而会让项目管理更糟糕。

一般项目管理优先看以下三个问题：

（1）项目经理的定位。企业常见的项目经理有四种层次，第一层是类似项目助理的角色，由一些文员或者助理询问和跟踪项目进度，这是最低级的。第二层是相对比较资深的研发工程师兼任。第三层是研发部门内部有专职的项目经理，通常这些人是由资深的研发工程师转型过来的。第四层是公司层面下面的项目经理，调度含研发及研发外的市场、采购、工艺和生产部门的相关人员。大多数企业还处在第一层和第二层，但一般要到第三层或者第四层才算具备管理好项目的基础条件。

（2）项目计划的合理性和颗粒度。有些企业的项目计划颗粒度非常粗，只管理到大的开发阶段或里程碑节点。这样的项目计划肯定是不够的，一般而言，需要结合产品开发流程排到每周的工作，一般单个活动不超过3～5天，否则就需要继续拆分。

企业还需要根据不同的项目类型将项目计划列出不同的类型，如全新产品开发项目计划、变型产品开发计划等，每种项目计划需要根据实际情况列出不可裁剪项和可选项，重点项目要求走全新产品开发项目计划，以保证质量。非重点项目或者变型产品项目活动可以裁剪，以保证效率。

（3）项目是否拖期？项目拖期是产品研发型企业最常见的问题之一。很多企业因为项目拖期而期望通过上IT系统解决。抱有这种想法和目标的企业，最后都很难用好项目管理软件，甚至导致项目拖期时间更长。IT系统能够帮助企业里的项目管理者管理好活动任务分发和填写确认，减少因人的记忆而出现的遗忘失误。但是如果项目拖期，本质上通过项目管理软件并不能解决项目拖期的问题。一定要找到项目拖期的根本原因，解决后再考虑使用 IT 系统。

12.14.2　成功的项目管理需要什么

一个项目成功的要素一般需要最高管理层的支持，明确的目标和目的，客户足够的参与度，适合的资源承诺，切实可行的计划，工作努力、精力集中的团队，有效的交流。成功的项目管理要素如表 12－38 所示。

表 12－38　成功的项目管理要素

序号	主题	内容
1	项目基本信息	明确项目目标、成本、质量、时间和范围，了解发起人/客户的需求变化，控制项目的变更
2	管理要素	适当的奖惩措施，只做必要的事，减少不必要的活动。关注风险，发展解决问题的方法，立即行动
3	项目监控	有效的计划，定期监控项目状况，总结经验和有效做法
4	沟通	积极主动，“山不过来，我就过去”，分享项目的信息
5	团队	了解团队成员情况，尊重、信任、关心、鼓励，管理层的支持，职能经理的支持
6	技术	提升成员的专业能力

12.14.3　如何解决项目拖期

常见的项目拖期的原因有需求不明确或反复更改，人力资源不足，项目管理能力不足，供应商、合作方支持不够，研发技能不足，其他高优先级项目影响，物料延期，产品质量不过关，跨部门团队协作差，项目管理水平落后等。项目经理和项目成员需要真正理解需求、资源、工期、质量四个要素的平衡关系，确保项目的成功。建议的行动包括：

◇保证干系人的沟通；

◇向关键路径要时间，向非关键路径要资源，拆分关键路径上的活动，实现并行，管道管理，项目优先级排序，确保重点，技术开发与产品开发有效分离。

◇化繁为简，各个击破，将周期长的项目化分成几个明确的阶段。项目越大，对项目组的管理人员、开发人员的要求越高，参与的人员越多，需要协调沟通的渠道越多，周期越长，开发人员也容易疲劳。将大项目拆分成几个小项目，可以降低对项目管理人员的要求，减少项目的管理风险，而且能够充分地将项目管理的权力下放，充分调动人员的积极性，目标比较具体明确，易于取得阶段性的成果，使开发人员有成就感；

◇如果没有更好的办法，就要辛苦一点，实时紧盯项目的进展，每天仔细检查项目组每个成员的工作。如果有问题，改不完是不能休息的。实时控制确保项目经理能够及时发现问题、解决问题，保证项目具有很高的可见度，保证项目的正常进展；

◇控制项目组的规模，不要人数太多。人数多了，沟通的渠道就多了，管理的复杂度就高了，对项目经理的要求也就高了，控制项目组的人数不要超过10人；

◇识别项目的关键路径，选择最近的、时间估算较多的关键活动（路径），实施以下措施：投入更多的人，现有的人投入更多的时间（加班），换工作效率更高的人员去做，改进工作方法和工具，提高效率，缩小项目范围或降低活动质量要求。

12.14.4 如何提高项目管理效率

项目组效率低下、进度落后的一些因素：

◇项目经理不了解项目当日状态，有些项目经理根本不知道今天每个成员会做些什么、该做些什么；

◇项目经理不了解项目实情，项目经理不知道每个成员当天做了多少活、做到什么程度、还要做多久，也就不知道项目到了什么程度，还有多少工作量；

◇项目经理不知道每个人能否按期交货，项目经理只能望天收成，期望成员凭良心、凭职业道德做事，没有人能保证产品能否按期交货；

◇项目经理不知道工作的重点是什么，哪些工作是本阶段必须要完成的、哪些是可以拖后的；

◇项目组的沟通不顺畅，重复工作，但是彼此间却不知道；

◇信息不能共享，项目成员彼此之间不知道别人做得怎么样，也不知道项目整体情况到底怎么样。

建议工作方法有：

◇日计划管理，列出当天需要做的事情的工作清单，每天晨会由项目经理列出每个项目成员的工作清单，并对每个工作任务标注优先级别，设定任务完成的标准，指明当日必须完成的任务，并得到责任人的承诺；

◇为任务划优先级，标出当天必须完成的事情；

◇只做最重要的事情，而不是最紧急的事情；

◇绝不拖延，计划当天必须完成的事情就一定要做完。每天下班前 20 分钟，由项目经理依次检查开发人员的工作，评定工作是否完成。如果有项目成员未能完成任务，一起分析任务未能完成的原因。

12.14.5 计划经常变的原因

计划经常变的原因如表 12－39 所示。

表 12－39 计划经常变的原因

序号	主题	对策
1	需求变更频繁	尽量在早期沟通清楚需求，需求合理的控制流程
2	计划不准确，进度异常，预估不准确	缺乏历史数据积累，项目经理缺乏评估经验
3	资源不到位	忙于救火，按个人、项目和部门的复核分析，提高资源计划的有效性
4	突发事件	同上
5	技术不确定性	技术前瞻性不够，合理的技术规划，人员成长慢，技术共享差
6	缺乏有效激励	合理的绩效管理制度
7	跨部门协同不畅	寻求项目干系人支持
8	核心人员变化	

12.14.6 如何管理团队中的特殊人物

如何管理团队中的特殊人物如表 12－40 所示。

表 12－40　如何管理团队中的特殊人物

序号	类型	对策
1	能力较弱的人	有的人虽然能力暂时弱一些，但是肯刻苦学习，上进心很强。这种人就应该多给一些培训的机会，让老员工带一带，促进他进步。有的人能力弱是因为工作岗位不对口、不感兴趣、不适合，这时我们可以采取谈心等方法加强沟通，安排合适的岗位。还有的人是能力实在太差，怎么培训教育都不行，只好换人，以免耽误工作
2	能力突出的人	技术有专长，就在这方面多给一些压力和机会，让他最大限度地发挥自己的能力。善于交流、对管理感兴趣，让他在这个方面多发展，铸造管理职业生涯，让他看到未来
3	过去有贡献，但是冲劲不足	换岗位，找机会，置于陌生环境，促使其重新创业
4	个人能力突出，团结合作或集体意识不强的管理人员	沟通教育，加强团队意识，组织制度上保障，传递压力，降为副职
5	水平很高，但是不愿带新人的员工	应该更加注意，有的人不是不愿带新人，而是个性比较孤僻，对这样的人要团结，多沟通，多做思想工作

12.14.7　项目审计工作量大怎么办

不管是领导还是同事都要求用数据说话、用事实说话，但数据收集麻烦，汇总统计、分析工作量大，采集的数据及时反映到问题上困难，针对这些常见的问题，可以从表 12－41 几个方面努力进行改善。

表 12－41　项目审计改善点

序号	主题	内容
1	数据收集麻烦	◇尽可能提前收集，在项目开始就注意一些数据的收集，如开发计划书制定时就明确整个项目的计划； ◇明确需要收集的数据，收集要有目的性； ◇一般每周收集一次，这样数据量不太大
2	汇总统计、分析工作量大	◇规范经常要使用的统计报告模板，方便使用； ◇阶段性统计、分析，统计分析周期不要太长； ◇在平时的审计中严格要求，增强规范性

续表

序号	主题	内容
3	采集的数据及时反映到问题上困难	◇采集的数据一定要真实、正确； ◇分析后的数据先确认，再实施应用，进而反映问题； ◇采集的数据要经过适当的加工，并适量加上对于出现问题的见解和对策

数据的采集、分析需要不断地学习和改进，将采集到的数据真正利用起来，不仅能反映问题，还能推动问题的解决，才是数据采集的真正用意。

第十三章

6大技术评审

技术评审（TR）的目的是及时发现设计中欠考虑的方面及其原因，使产品项目的选择、问题和错误尽早明朗化，避免下游阶段对前期隐藏的缺陷无法纠正或者被迫耗费巨大的人力、物力和时间才能纠正。确保在设计中考虑到所有技术风险，并且在产品设计中进行充分考虑以满足规定的产品需求。不仅评估产品技术上的成熟度，还在项目关键点上评估产品开发的状况，为产品项目的决策提供有力的依据。明确设计中存在的风险，根据评审结论可以采取相应的风险规避措施或其他具体行动。

很多公司把产品开发流程、技术评审点制定出来不执行，或者工程师不愿意执行，需要强制执行。做不做是态度问题，做得好不好是能力问题，大部分人对前人的教训是熟视无睹的。

技术评审不是一种不信任机制，技术评审是为PDT和所有项目组成员服务的。利用技术评审工具，辅助PDT做出综合判断，实现业务目标。

13.1 技术评审管理常见的问题

技术评审管理常见的问题如表13－1所示。

表13－1 技术评审管理常见的问题

序号	主题	内容
1	评审前	没有Review的计划，专家选择不合适，没有充分的准备，评审发起人没有对照评审检查要素自审自查，交付物不齐，没有预审环节，评审过程中发现很多问题，浪费专家时间
2	评审中	没有使用Checklist作为指导，没有带着问题参加技术评审，Review会议偏移主题和重点，过多争论占用大量时间
3	评审后	问题修改跟踪不力，缺乏对问题的闭环跟踪

续表

序号	主题	内容
4	评审过程	没有规范的评审流程、输入输出要求、各角色职责、检查要素、问题跟踪、专家评价、预审规则，评审效率低，不规范。不能量化评估评审专家的表现，没有明确技术评审责任，如评审专家是否按时出席，提出问题的数量、质量等，评审专家出工不出力。评审效果不好，缺乏对评审过程的整体分析和定期改进，如更新技术评审要素，并持续收集典型失败案例。未建立严重问题的责任追查机制

13.2　技术评审阶段介绍

IPD的技术评审位置图如图13－1所示。

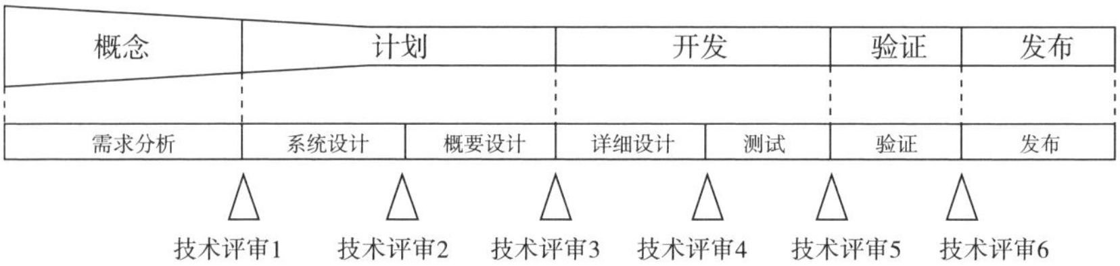

图13－1　IPD的技术评审位置图

技术评审阶段如表13－2所示。

表13－2　技术评审阶段

阶段	评审点	重点关注	基本通过原则
概念	TR1	产品需求、概念技术评审、设计需求（业务需求评审）	◇产品需求完备，并且映射为产品设计需求； ◇确认市场需求向产品设计需求映射的完备性和准确性； ◇目标是检查产品概念及提出需求，如制造、市场、可测试性、可服务性方面的需求； ◇根据评审标准对产品技术进行生命周期、成熟度和风险方面的评估； ◇确认已经对关键器件的成熟度进行评估； ◇评审产品部件可重用计划； ◇关注目标成本的分解和目标成本达成的可行性

续表

阶段	评审点	重点关注	基本通过原则
计划	TR2	产品设计规格、需求分解和需求规格评审、重点关注产品设计需求到产品设计规格的完备性（功能需求评审、产品规格）	◇需求分解和分配已经完成； ◇产品规格明确可量化，能够指导概要设计； ◇产品设计需求向产品规格映射的完备性； ◇从系统角度、整体设计考虑来评价设计规格； ◇主要技术的选择、评估计划风险和技术风险，已经就不同功能配置和物理子系统方案进行权衡并且已经选择最佳设计，确保已经选用合适的设计方案； ◇已经完成子系统之间的接口设计和子系统总体方案设计，更新产品功能规格； ◇检查产品部件的重用度、模块化、系列化及复用； ◇评估产品成本测算的准确性和目标成本达成措施的有效性； ◇可靠性、可测试性、可维护性、QCT 平衡、可行性
	TR3	产品概要设计、总体方案评审，确保设计规格已经完全、正确地在概要设计中得到体现（系统设计、架构设计、概要设计）	◇确保产品概要设计满足项目需求，同时考虑产品设计规格到概要设计之间的完备性； ◇概要设计正确表达设计规格，方案总体较为合理，能够指导详细设计顺利进行； ◇概要设计方案的合理性，确保设计规格已经完全、正确地在概要设计中得到体现； ◇产品功能、设计依据与执行标准、硬件、软件结构、产品接口及兼容性、性能和技术指标、可靠性设计及环境适应性、可操作及维护管理等概要方案设计； ◇对系统配置进行评审，包括硬件、软件、机械、光器件、射频等； ◇本阶段核心输出包括产品的测试与验收方案、新产品开发详细计划、产品的制造策略、产品服务支持计划； ◇评估概要设计之间的主要冲突点分析及风险分析，产品概要设计的缺陷和限制，分析风险，形成规避计划和应急计划； ◇评估细化后的目标成本和产品成本控制的对象和措施； ◇设计规格书详细到描述了软硬件的模块的划分，模块的接口关系和功能描述，不涉及模块内部设计。而概要设计主要描述模块内设计实现考虑，要详细到描述清软硬件模块内主要单元的构成、实现原理、处理流程等，也就是各模块的总体设计方案

续表

阶段	评审点	重点关注	基本通过原则
开发	TR4	详细设计、单元测试、模块集成测试、模块/系统评审（详细设计、测试结果）	◇各专业领域提供详细设计方案符合概要设计的要求，包括外观设计、功能、电控、工艺等； ◇产品包需求、产品设计规格在详细设计中的落实情况
	TR4A	产品的功能需求、原型机质量、测试结果和初始产品准备情况	◇目标是确定功能需求已经得到满足，性能需求已经基线化； ◇各专业领域的详细设计方案的完备性、合理性，满足产品的设计需求； ◇产品的原型样机开发结束； ◇可以满足功能规格要求的原型机已经完成
	TR5	产品的性能需求，完成功能样机，工程机样机的质量，系统集成测试（SIT）、性能、可靠性、环境、内部鉴定/认证、初始产品质量、初始产品测试技术评审	◇目标是确保初始整机功能、产品性能需求已经满足，所有已知的技术问题已经解决，制造系统初步满足要求； ◇检查初始产品的规格是否符合计划阶段产品规格的要求； ◇检查初始产品的制造过程是否影响产品的功能、可靠性和性能规格； ◇样机的整体的功能参数、配合效果、外观效果； ◇采购要求和工艺要求到位； ◇性能评价依据样机“型式试验报告”中各项评审时要对型式试验（检验试验委托单）中的不合格项进行评审并提出整改方案； ◇评估产品盈利能力和成本降低措施，跟踪目标成本的达成
验证	TR6	产品的制造能力，制造系统验证、认证，发布评审	◇目标是评估生产级的技术成熟度，并且确认要进入GA阶段的风险，确保产品的制造能力已经能适应全球范围内发货的需求； ◇所有功能、性能测试通过，所有特性（含功能、性能）的目标符合要求； ◇所有结构、功能设计问题已经解决； ◇图纸和工艺文件准备就绪； ◇供应商评审，批量采购能力满足； ◇工艺、工装已经可以满足批量生产； ◇产品小批量生产已经完成； ◇确保产品的制造能力已经能适应批量的生产能力； ◇产品认证和BETA测试完成

13.3 技术评审流程

技术评审需要一步步地做，先抓住关键点，如转产（TR5 和 TR6），然后逐步引入产品开发过程中，做细了容易形成部门墙。两个评审点之间如果超过 3 个月，应该增加 TR。复杂和技术含量高的产品，涉及专业领域多的产品可考虑设置更多 TR。通过 TR 评审后才能提交业务决策评审。

评审会参与者会前需要阅读相关材料，和项目组沟通，发现并及时解决问题，评审专家数量一般控制在 3 ~6 人为佳，特殊情况根据实际需要处理。预审要充分，预留充足的预审时间，避免直接开会，评审过程要规范，不可盲目裁剪。使用评审要素表，避免遗漏检查项。

评审时主持人注意控制时间，避免漫谈和跑题，评审要对事不对人，避免人身攻击，评审会议的重点是发现问题，而不是解决问题，不能将评审会议搞成解决方案讨论大会。会议必须有结论，会后贯彻会议结论，明确责任人，跟踪问题的解决，不可不了了之。原则上，作者不能兼任记录员、组织者和讲解员。详细的技术评审流程如表 13 –3 所示。

表 13 –3　技术评审流程

编号	活动	活动描述
1	制定评审计划	◇项目计划中制定评审计划，亦可临时发起评审。通过评审计划提前知会相关部门和人员，保证评审资源的及时到位，从资源方面为技术评审的效果提供保障； ◇评审计划的内容包括技术评审的任务名称、技术评审的时间、技术评审的参与人员（评审专家）、技术评审持续时间和技术评审责任人
2	准备评审材料	◇评审责任人应准备预审材料和评审会议材料两类文档； ◇预审材料是指本次技术评审应提交的工作产品、相关的内部检视报告、评审要点和需决策的问题，评审会议材料指产品技术评审的主要内容介绍、评审专家预审问题解答、预审/内部检视遗留问题和其他需要评审会议讨论的重点问题

续表

编号	活动	活动描述
3	技术评审审批	◇基于评审任务发起技术评审，评审自检； ◇SE 或主审人对评审进行审批。如果评审资料尚未准备好，则审核不通过。如果准备好，则审批通过，并根据评审复杂度确定评审级别。如果是通常状况，需要评审专家开会来评审，并收集评审问题，则采用一般评审。如果待评审内容很复杂，需要预审，收集意见后再开会评审，并收集评审问题，则采用正式评审。如果评审很简单，只需评审专家在线反馈意见，并收集评审问题，则采用简化评审
4	预审	◇针对正式评审，需要进行预评审，评审专家审阅被评审材料、提出问题、收集预审问题； ◇作者对提出的评审意见进行确认和回复，尽量在评审会前与相关评审专家对预审意见进行沟通确认，争取达成一致意见； ◇主审人应该给评审专家足够的预审时间
5	正式评审前检查	◇主审人根据预审情况决定是否召开评审会议，直接通过或终止评审； ◇如需正式评审，汇总检查资料与会前沟通确认，确认正式评审的资料是否齐备，附上预审结果。TR 评审材料需要提前发给评审专家组，避免评审会一开就是半天甚至一天； ◇该活动容易缺失，导致正式评审时花费大量时间检查设计
6	正式评审	◇正式评审是指通过开会来进行现场评审，在一般评审和正式评审中会采用这种方式。主审人应控制会议规模，参与人不要太多，主要围绕评审专家提交的预审意见进行； ◇主审人结合评审专家的意见，给出评审结论，并提交技术评审报告
7	汇总并形成技术评审报告	通过这一步来收集整理评审中发现的问题，收集的评审过程数据，如评审发现问题、评审专家表现、评审要素打分情况等，编制评审报告
8	评审报告会签，报告归档	评审专家对评审报告进行会签，确保评审报告正确、完备，需要及时归档，避免等到结项时再归档
9	关闭	◇作者对评审提出的问题进行修改，如有必要，主审人可组织召开第三小时会议，讨论疑难问题的解决方案。评审专家对评审问题的修改情况进行确认，主审人根据评审情况，决定是否结束评审； ◇进行技术评审度量

13.3.1 评审团队角色

评审团队角色如表 13－4 所示。

表 13－4 评审团队角色

序号	角色	内容
1	主审人	◇确保评审对象满足发起评审的前提条件，与作者共同确定参加评审的人员； ◇与评审专家一起确定评审时间表，确保评审专家有充分的时间参加评审，并在评审会议前已做好准备工作； ◇参加评审过程，对评审过程和质量进行监督； ◇决定评审的形式，详细说明评审目的，需要时，给评审专家分配评审的关注点； ◇评审会前跟踪评审问题的反馈与确认情况； ◇审查评审材料是否齐全，材料内容是否合格； ◇组织评审会议，组织评审专家发现评审对象的缺陷，并对发现的缺陷进行分类； ◇保证相关人员完成了各自的职责，如评审专家完成预审并提交反馈意见、作者根据评审意见对评审对象做了修改、遗留问题得到解决等，确保在跟踪过程中发现的任何新的缺陷都已被标注并且添加到缺陷列表中； ◇协调评审专家的意见，对评审结论达成一致； ◇评审遗留问题解决的督促与跟踪，确认项目组已为评审遗留问题解决的安排了改进计划； ◇控制评审会议的过程，保证评审质量； ◇裁决评审结论，通过、不通过； ◇评审组织者可以兼任评审专家，执行相应的职责
2	PQA	◇在 TR 开始时收集整理数据，来准备 TR 要素表； ◇组织会议，拟制日程，选择并邀请专家和其他与会人员； ◇根据 TR 要素表评估产品的 TR 准备度，找出工作产品和交付件的差距和不符合项； ◇安排和引导 TR 会议，介绍会议议程； ◇管理会议议程和讨论，根据会议要求和时间安排确保会议进程按计划完成； ◇标识问题并管理问题的分解、决策、状态和沟通过程，记录会议建议； ◇准备和分发会议纪要等材料； ◇基于 TR 会议结果优化和发布 TR 报告； ◇督促 PDT 经理审阅 TR 报告结果、决策和改进计划； ◇准备及推动相关会议和活动来进一步定位问题和计划后续工作； ◇组织 TR 经验总结和沟通；提供流程指导和过程数据指导
3	PDT 核心组成员	◇协助 PQA 进行 TR 要素表评估（自检）； ◇会议前评审 TR 会议材料，如 TR 会议材料、TR 评审报告初稿，提交不同意见以备会议讨论； ◇参与评审会议，代表其所在功能领域承担责任，给出解决问题的改进建议，及时会签评审报告

续表

序号	角色	内容
4	评审专家	◇理解评审对象，参考评审要素表审阅评审材料，积极与评审责任人就不同意见进行沟通，以评审问题反馈表的形式向主审人反馈预审问题，并抄送评审责任人与 PQA； ◇参加评审会，会上对评审对象的缺陷进行确认，对无法达成一致的评审意见提交评审会讨论，对评审报告及时会签； ◇验证作者修订的评审对象
5	IPMT	当 LPDT、PQA 和其他 PDT 核心成员对于 TR 报告的理解和项目方向有不同意见时，帮助解决这些争议
6	作者	◇按评审计划提交评审材料，包括需要被评审的文档图纸等技术文件、本次评审要素自检表的情况及该项目上次评审的评审报告； ◇会前根据评审专家提供的评审问题反馈表与相关专家进行单独交流，明确问题及相应的解决方案。根据会前交流情况对评审材料进行更新，并在评审问题反馈表上做好相关记录； ◇在评审会上，就预审情况进行总结说明，对于未解决问题的讨论，提供自己的解释说明； ◇根据评审报告对评审材料进行修订

13.3.2 技术评审交付件

技术评审交付件如表 13 –5 所示。

表 13 –5 技术评审交付件

编号	技术评审点	评审准入条件	备注
1	TR1	产品概念可选方案，产品包需求，产品质量目标和计划，项目成本测算表，产品平台与 CBB 通用性分析，TR1 评审材料	项目成本测算表，产品质量目标与策略；产品平台与 CBB 通用性分析可裁剪
2	TR2	总体设计方案，产品设计规格书，测试策略，TR2 评审材料	产品设计规格书需要在启动 TR2 之前完成硬件、软件、结构、机电、资料等专题检视
3	TR3	产品概要设计说明书（结构、硬件、软件），产品测试与验证计划，工艺总体方案，产品专利风险评估，通用化评审报告，项目成本测算表，TR3 评审材料	产品专利风险评估，通用化评审报告，项目成本测算表可裁剪

续表

编号	技术评审点	评审准入条件	备注
4	TR4	详细设计说明书（结构、硬件、软件），产品设计相关图纸，BOM，效果图，长周期物料图纸，优化的测试方案和计划，项目成本测算表，产品专利风险评估，产品认证方案，TR4 评审材料	项目成本测算表，产品专利风险评估，产品认证方案可裁剪
5	TR4A	产品工艺文件，原型样机测试报告，项目成本测算表，TR4A 评审材料	项目成本测算表可裁剪
6	TR5	功能样机测试报告，零部件试制工艺验证报告（仅关键件），零部件承认报告，批量零件中的关键件，模具验收报告，项目成本测算表，最终的物料采购清单，TR5 评审资料	模具验收报告，项目成本测算表（可选），TR5 涉及九个分项：规格、采购、资料、产品数据、单板工艺、结构、装备、试制、技术支援
7	TR6	生产资料包，量产采购计划，试产报告，客户试用报告，认证证书，工艺总结，全部物料的零部件承认报告，项目成本测算表，鉴定报告，TR6 评审材料	客户试用报告、认证证书、鉴定报告可裁剪

13.3.3 技术评审流程的裁剪

在实际执行中主审人可以根据实际情况对评审流程进行必要的裁剪。技术评审的裁剪应该在做项目计划时就确定下来，不应等到评审时才提出要裁剪。裁剪分技术评审点的裁剪和技术评审要素的裁剪，裁剪包含了两种情况：删除和合并。技术评审的裁剪必须遵循以下原则：

◇TR1 ~ TR3 的裁剪应在 Charter 评审时确定下来，在 CDCP 做一次修正；

◇TR4 ~ TR6 的裁剪应在计划阶段做项目总计划时确定下来；

◇当评审对象比较简单时，可不召开介绍会议；

◇当预审发现的问题，作者没有异议，并且主审人认为问题发现得较为充分，可不召开评审会议（此种裁剪须较为慎重）；

◇当评审对象是外观、结构手板、样机等实物时，预审无法独立开展的情况下，主审人可决定直接召开会议，裁剪预审环节；

◇当不需要专门召开解决方案讨论会议时，第三小时会议可裁剪；

◇技术评审的裁剪不能损害产品质量目标的达成；

◇确定裁剪时，需获得受影响的相关部门的认同；

◇技术评审的裁剪应与流程、活动的裁剪相匹配；

◇技术评审的裁剪应严格按规定执行，没有明确规定的原则上不允许裁剪；

◇评审要素的裁剪必须经过 PQA 确认才能生效。

13.3.4 评审结论和问题跟踪

评审要素有以下三个评审结论：

◇通过（GO），没有遗留问题，或者遗留问题可以在短时间内解决。遗留问题暂时不解决并不会影响下一步活动的启动；

◇有条件通过（GO with risk），存在遗留问题。遗留问题对后续活动的影响不大，可说明对遗留问题的处理方式，并对其进行持续跟踪；

◇不通过（No GO），存在重大问题。如果这些问题不解决，将影响到下一步活动。此种情况下必须首先解决这些问题，并重新进行技术评审。

主审人确定评审遗留问题解决的跟踪责任人。作者根据评审结果，更新相关工作产品，并及时向主审人、组织者汇报评审问题的解决情况。主审人确认评审遗留问题都得到了解决，所有问题关闭后评审结束。评审问题一般包括编号、问题类型、问题描述、问题等级、解决措施建议、计划解决时间、提出人、责任人等信息，问题等级参考第十一章问题定级标准。

13.3.5 评审衡量指标

在评审结束前，组织者应收集本次评审的数据项，如表 13－6 所示。这些数据项将用作计算过程的度量数据，以及控制和改进评审过程。

表 13－6 评审衡量指标

序号	数据项	定义	度量项
1	规模	被审对象评审部分的总页数，或总个数、千行数	◇生产率（评审发现的等效问题数）； ◇评审总投入（评审累计工作量）； ◇评审速度； ◇评审效率

续表

序号	数据项	定义	度量项
2	评审专家总数	参与本次评审的评审专家的数量	◇预审专家参与度； ◇评审会议专家参与度
3	各阶段的工作量	指参与本次评审的各角色在评审的指定阶段分别花费时间的合计	工作量
4	缺陷个数	评审结论为接受或挂起且为严重程度为致命、严重、一般、提示的评审意见个数，文档规范性问题不记入缺陷	◇缺陷密度； ◇缺陷总数
5	评审专家打分	组织者根据评审专家参与本次评审的程度，按照定义的规则对评审专家输出质量的评估	评审满意度
6	一次通过率	评审会议的通过情况	◇评审一次通过率； ◇评审要素通过率

为了评估评审的有效性，对评审工作进行日常的数据整理和分析是必要的，这样可以发现评审发展的趋势，如表 13－7 所示。

表 13－7　评审发展的问题趋势

序号	类型	主题	内容
1	如果发现的异常比正常的少	工作产品非常简单	将审查改为走查或单人复审
		审查可能不够彻底	检查审查速度，如果速度太快，重新安排一次审查。如果可能，组织一个新的审查组
		审查员缺乏关于审查流程的培训，或者缺少与被审产品相关的经验	安排或实施审查方面的培训，增加概要介绍环节
		工作产品质量很高	确认审查速度、作者与审查员的经验等因素，谋求将其他产品的质量也提高到这个程度的可能性。修正对下游活动的异常预期，探索是否可以从中得出总体过程改进的经验

续表

序号	类型	主题	内容
2	如果发现的异常比正常的多	工作产品质量很低	检查作者所需要的培训，安排重做该工作产品，考虑重新分配未来的任务（给该作者安排较为容易的工作）
		工作产品非常复杂	保证后继的评审和测试的高质量，提高对系统测试的工作量预算，将该工作产品分解为较小的部件
		次要异常太多（而且重要异常太少）	识别次要异常的产生原因，适当地改进检查单并使得开发人员了解这些共同的原因，从而在将来减少这些异常。审查员可能对工作产品不够理解，如果是这样，组织一次概要介绍会议，或者由另外一组人员重新进行审查。检查异常分级规则是否恰当并且得到了审查员的理解
		审查所需要的参考文件不够准确清晰	审查、评审并批准相关参考文件
		被审查的模块是项目中第一个被审模块	分析异常，更新检查单并通知开发人员，安排培训

13.3.6 评审专家衡量指标

对技术评审专家所提建议，项目经理必须综合评价，不能给专家随意打分。项目管理组负责对评价把关，并细化评分标准。提供以下两种评分方式：

方式1：综合排名 = 所提建议数量排名 ×30% + 提建议比例排名（个人所提建议数目/参加评审数目）×30% + 项目经理评价排名 20% + 出勤率排名 20%。

方式2：如表 13－8 所示。

表 13－8　评审衡量评分

序号	主题	内容
1	10 分	发现了 1 个以上的致命设计风险并给出了可行的解决方案
2	8 分	指出了 1 个以上一般的设计风险并给出了可行的解决方案，指出了 1 个以上的严重设计风险

续表

序号	主题	内容
3	6分	指出了5个以上一般的设计风险或较多的提示小问题
4	4分	指出了3个以上提示问题
5	2分	指出了1~2个提示问题
6	0分	未指出任何问题

13.3.7 评审报告模板

评审报告模板如表13-9所示。

表13-9 评审报告模板

序号	主题	内容
1	××TR评审基本信息	评审主题、组织者、主审人、记录员、作者、评审日期、评审专家成员名单、评审对象清单
2	产品质量评估	◇评审要素检查情况：评审要素总数、免评审要素数量、评审要素平均得分，评审要素符合情况，评审要素不符合项改进计划； ◇规格实现情况（含规格变更情况）； ◇遗留问题改进计划：遗留问题描述、问题级别、改进活动、计划完成时间、责任人； ◇评审冲突：冲突点描述、评审专家的观点、结论； ◇风险分析：记录TR评审会上大家对存在的风险进行评估和分析的情况
3	评审结论	TR1评审结论主要从技术方面给出PDT后续的一些重要活动是否继续进行的建议，后续活动的建议分为三类：通过（GO），有条件通过（GO with risk），不通过（NO GO）
4	技术评审过程规范评估	◇PQA审计结果：明确说明本次TR过程是否可以接受。用文字简要描述审计结果、过程不符合项。确认所有PDT核心组成员和评审专家是否都参加了本次评审会，确认本次TR评审会是否对评审对象（如产品包需求）的各方面都进行了评审； ◇本次TR的度量指标：评审周期偏差度、评审投入（人时）、评审满意度，上一TR遗留缺陷数； ◇质量目标完成情况：测试问题解决率、问题及时解决率、逾期问题解决率； ◇关键事件记录
5	核心组成员会签记录	角色、名单、签名/时间、会签意见

13.4 技术评审要素

13.4.1 TR1 评审要素

TR1 评审要素如表 13－10 所示。

表 13－10 TR1 评审要素

序号	类型	内容
1	项目经理	◇项目资源（人力、机器和工具等）是否满足执行项目计划最低要求？ ◇项目进度安排是否依据估计的工作量参考制定？是否制定项目计划及概念、计划阶段详细计划？相关的进度依赖关系、关键的路径是否明确并符合项目工期？ ◇是否进行了风险管理（风险识别、规避计划）？ ◇项目外包活动是否被识别，不存在技术风险，满足项目预期（技术、质量、交付进度、成本等）？ ◇对产品的核心技术，是否考虑重点的资源和技术保障？ ◇相关的类似产品的经验、教训是否组织了学习
2	市场代表	◇产品功能列表和现有产品的选定功能基线是否符合市场需求？ ◇评审遗留问题中有关市场方面的问题是否都已解决？ ◇《产品包需求》的文档质量是否与项目设定的标准一致？ ◇市场需求是否清晰并依据市场需求规格需求模板进行了整理？ ◇所有的市场需求（外部需求）是否得到了满足？市场需求要涉及国际化差异，明确相关地区的标准、语言、文化的差异。 ◇关键业务是否满足主要客户提出的需求？评估该需求的市场前景，当前的微小需求是否可以演变成一个机会点。 ◇是否满足客户滚动建设、投资保护的需求？ ◇公司能否提供竞争对手产品的主要特性？公司的主要卖点是否能与竞争对手产品竞争？考虑细分市场因素，不同的细分市场有不同的竞争策略。 ◇需求是否确定优先级

续表

序号	类型	内容
3	采购代表	◇战略性器件（部件）的潜在供应商清单是否明确？ ◇潜在供应商清单是否被批准？潜在供应商的能力评估是否有效，满足项目期望？ ◇评审遗留问题中有关采购方面的问题是否都已解决？ ◇关键物料和共享模块：关键物料的供应商/物料选择计划是否已经确定？是否由物料 Sourcing Team 完成并经采购代表汇总？Sourcing Team 的度量指标、行动计划是否明确？风险分析是否完成？物料在目标市场的质量等级和应用环境是否已经明确？物料功能、性能、可靠性等分析是否符合工业标准和供应商发展路标？ ◇技术质量认证部门（TQC）是否完成优选物料分析？器件基本属性（规格要求）是否由 PDT 经理提供给技术质量认证部门（TQC）？其他物料如配套件、外协件规格的论证与优化是否进行中
5	财务代表	备选方案的成本是否达到成本目标
6	制造代表	评审遗留问题中有关制造方面的问题是否都已解决
7	服务代表	评审遗留问题中有关服务方面的问题是否都已解决
8	开发代表	◇产品及其部件是否符合产品路标规划？ ◇产品相关的知识产权问题是否已考虑？ ◇是否与公司现有的部件和外部标准件产生冲突？产品策略是否符合产品规划，不存在资源的重复和浪费？ ◇是否完成技术风险分析？分析发现的问题是否确定应对措施？ ◇战略性器件（部件）的清单是否明确，符合项目期望？ ◇产品需求：产品需求是否清晰，并依据产品需求模板进行了整理？市场需求是否充分转换成产品需求规格？所有的市场需求（外部需求）和内部需求（如 DFx 需求等）是否得到满足？所有可用性、可靠性、可服务性、可测试性、可制造性、环保需求是否得到满足？产品需求是否包括前一版本的市场反馈问题和遗留问题的对策和处理需求？是否在需求中识别了相互影响的产品版本和相互的兼容性？ ◇技术解决方案：选择产品的技术路线和市场定位是否满足所有的产品需求？关键技术路线是否可行？复杂度如何？是否存在风险？产品需求和产品概念中涉及的关键技术公司是否有积累（共享模块、技术开发积累或预研积累）？产品需求规格是否满足外部标准（工业标准）和企业内部标准、企业内控标准？产品需求规格是否符合硬件和软件共用模块的策略
9	测试	评审遗留问题中有关测试方面的问题是否都已解决
10	产品质量	◇项目计划是否符合公司流程要求？ ◇项目质量计划是否可行并满足公司总体目标要求？质量目标和计划是否审批？ ◇TR1 质量基线是否达到？ ◇主要偏差的根本原因分析（RCA）是否执行？ ◇风险分析和评估的操作是否符合项目要求？ ◇本阶段的遗留的质量问题（流程、文档、数据）是否已解决

续表

序号	类型	内容
11	配置管理	◇配置管理计划是否满足要求，符合产品数据管理的要求？ ◇本阶段的交付件是否齐备，已评审完毕并归档？ ◇本阶段所要求基线化的技术文档是否已基线化？ ◇文档密级的设置是否符合公司信息安全规定
12	信息安全	◇开发过程中，准备选用关键芯片所需要的供应商的支持是否违反公司安全规定？ ◇信息安全需求是否已经考虑？ ◇检查文档密级的设置是否符合公司信息安全规定？ ◇系统的设计需求是否有抗反向工程的措施，如模块封装、抗反编译等

13.4.2 TR2 评审要素

TR2 评审要素如表 13－11 所示。

表 13－11 TR2 评审要素

序号	类型	内容
1	项目经理	◇项目资源（人力、机器和工具等）是否满足执行项目计划最低要求？ ◇项目进度安排是否完成调整和刷新？ ◇是否进行了风险管理（风险识别、规避计划）？ ◇对产品的核心技术是否考虑重点的资源和技术保障？ ◇相关的类似产品的经验、教训是否组织了学习？ ◇是否完成提前采购决策？ ◇质量、成本、进度的平衡策略是否考虑清楚
2	开发代表	◇需求分配与系统架构：产品需求是否全部转化为产品设计规格？所有产品需求（包括客户需求、可服务性、可维护性、可靠性、DFM、DFA、DFT 需求、环保等）是否清晰地定义并映射到产品备选概念中？产品备选概念的功能分解是否清晰地描述（如已经画成框图）？根据产品备选概念形成的系统架构是否满足需求文档中的性能目标要求？是否在每层分解中都有需求跟踪矩阵？对系统功能框、数据流定义是否清晰、无二义性？系统的架构是否分析并参考业界的主流方案？ ◇产品架构/技术方案选择：产品选择的技术的生命周期是否符合产品的规划？硬件概念是否可以用已有的 PCB 和芯片技术来实现，或者该技术的成熟度是否满足开发和交付的需要？产品概念是否考虑了今后的系统升级？是否有系统升级的清晰需求和途径？产品采用的现有技术是否满足升级需求？相关技术出现对升级需求产生影响？选择的产品方案的风险和局限是否进行评估和记录？所有和产品需求规格和产品方案相关的问题是否被记录和进行风险评估？如果存在

续表

序号	类型	内容
2	开发代表	多种标准，产品选择的标准是否是主流的标准？对标准、协议的特性支持是否明确？在选择产品方案过程中是否对竞争对手产品进行了深入分析（包括产品选用的技术、平台、OS、关键物料等）？产品对外的接口是否确定？产品的硬件、软件、结构、光学等模块之间的接口是否确定？是否完成技术风险分析？分析发现的问题是否确定应对措施？ ◇软件架构：是否考虑了用户定义的部分对整个系统稳定性、安全性的影响？是否考虑产品的模块化设计充分支持行业流行的开发工具？是否对软件子系统的开发工具和开发方式进行评估与优选？是否采用仿真环境等？ ◇模块化：模块的划分是否符合拆卸、组装要求（高内聚、低耦合）？模块之间的接口是否定义清晰？模块是否具备标准的、开放的外部接口或 API，并且尽可能符合业界或工业标准？是否满足产品标准策略？模块化设计是否便于故障隔离？模块化设计是否便于升级，满足最小容量到最大容量的平滑扩容及成本的平滑性？产品的系统构成是否有外购件，例如中间件、服务器软件等？是否明确相应的成本？是否规划自主替换计划？重用策略是否落实（新开发的关键子系统在接口总线和电平定义中是否考虑相关产品的可能重用性，成熟电路和成熟软件是否考虑采用公司标准模块）？本产品开发能否贡献共享模块？是否借鉴了已有的共用模块？是否分析有哪些部分将成为后续产品的共用模块？ ◇兼容性：外部接口是否兼容公司其他产品和业界网络设备？协议是否兼容业界网络设备（如为了跟其他厂家设备对接）？相同功能软件接口前向兼容，新功能软件接口要考虑后向兼容性。是否考虑版本升级时不同模块之间的互通性和兼容性？升级的软件是否支持已有产品的硬件升级？相同板类型的单板，单板软件要兼容（只有硬件升级的，单板软件需要兼容以前的单板）。海外版本的操作界面是否符合当地习惯？网管软件外部接口是否具有兼容性？如用户界面、用户惯用操作、已有产品的操作方式的兼容性。接口的物理性能是否完全符合标准？是否符合市场目标国家的标准或特殊要求？是否预留协议升级的接口？是否兼容以前版本的配置文件格式？ ◇系列化及复用：是否对先前开发类似产品所积累的经验、教训进行了分析？产品体系的结构、软硬件模块、板件、物理接口等是否考虑了系列化的统一规格？是否分析了系列产品的共用平台？能否参考或复用公司现有的软件平台？是否对公司已有产品的一些特性、标准电路等进行了可用性分析？配套产品的接口定义是否明确？ ◇可靠性：是否确定产品和模块的可靠性规格和基线（包括系统可靠性、环境、EMC、安规等）？是否完成系统 FMEA 分析？分析发现的问题是否解决？是否确定单板返修率的要求？可靠性的测试方案，测试手段和测试工具是否做充分考虑？ ◇可测试性、可维护性：是否满足产品和模块的可测性和可维护性设计需求？在可测试性规格中是否进行了压力测试并且需求得到满足？是否提供系统配置监控功能，包括硬件配置、数据配置、版本？是否提供完善的告警/性能和日志的记录功能？是否考虑软件化、自动化测试环境以提高测试效率？软件子系统是否包含可服务性设计？产品维护是否涉及特殊知识领域？维护人员是否会有相关培训需求？用户支持部分关于资料和联机帮助的规格是否足够清晰？ ◇QCT 平衡：是否给出典型配置和其他主要配置的物料成本估计？海外产品是

续表

序号	类型	内容
2	开发代表	否在Q、C、T的权衡中偏向Q（质量）？中低端产品在Q、C、T平衡时是否考虑了产品生命周期的成本，而不是仅仅考虑物料成本和人力成本？中低端产品在Q、C、T平衡时是否考虑了产品的市场销量？在Q、C、T平衡时是否请可靠性工程师、开发代表，技术支援代表、市场代表、财务代表、采购代表等参加？ ◇可行性：是否考虑遵循和充分利用已有的国际和国家标准？系统设计是否满足必须遵循的国际、国家、行业、企业标准？暂不适合独立开发的部件，是否考虑合作或外包？对实现难度较大的产品，是否已充分考虑其风险？对核心竞争力的部分，是否考虑重点的资源和技术保障？ ◇关键物料和共享模板：供应商/物料选择计划模板和风险分析是否跟随概念阶段和TR1以来发生的情况变化而进行更新？当关键物料的CBB度量指标没有达到预定目标时是否报告并给出行动计划？是否对未经认证的潜在供应商启动认证？自概念阶段和TR1以来，对任何新物料开发人员是否提出规格要求并经过QCT？根据业界和产品技术路标进行功能、性能、可靠性分析和为准备原型机所需要的物料是否已经下单？关键物料的询价单是否发给潜在的供应商
3	产品质量保证	◇风险分析和评估的操作是否符合项目要求？ ◇前一技术评审活动遗留的问题是否改进完成并满足要求？ ◇本阶段的遗留的质量问题（流程、文档、数据）是否已解决？ ◇前面版本中主要偏差和问题的根本原因的分析是否执行和落实？ ◇阶段性的项目教训学习是否评估满足项目要求，包括主要偏差的根本原因分析？ ◇TR2质量基线是否达到
4	采购代表	◇评审遗留问题中有关采购方面的问题是否都已解决？ ◇战略性部件的潜在供应商清单是否刷新？战略性部件的清单是否明确，符合项目期望？是否完成了战略性部件的技术验证？ ◇是否识别了需要提前采购的物料？ ◇刷新后的潜在供应商清单短名单是否被批准？ ◇刷新后的潜在供应商的能力评估是否有效满足项目期望？ ◇采购计划是否建立并满足项目期望？ ◇开发人员提出的为准备研发样机所需要长周期的物料是否已经下单
5	市场代表	评审遗留问题中有关市场方面的问题是否都已解决
6	财务代表	◇不同元器件选择对成本产生的差异是否经过评审？ ◇关键器件的成本是否明确
7	制造代表	◇新工艺技术开发需求是否已提交相关部门开发？ ◇评审遗留问题中有关可制造方面的问题是否都已解决
8	服务代表	评审遗留问题中有关工程服务方面的问题是否都已解决

续表

序号	类型	内容
9	配置管理	◇配置管理计划是否满足要求，符合产品数据管理的要求？配置管理计划是否满足要求，符合产品数据管理的要求？ ◇本阶段的交付件是否齐备，已评审完毕并归档？ ◇本阶段所要求基线化的技术文档是否已基线化？ ◇文档密级的设置是否符合公司信息安全规定
10	信息安全	◇开发过程中，准备选用关键芯片所需要的供应商的支持是否违反公司安全规定？ ◇信息安全需求是否已经考虑？ ◇检查文档密级的设置是否符合公司信息安全规定？ ◇系统的设计需求是否有抗反向工程的措施？如模块封装、抗反编译等

13.4.3 TR3 评审要素

TR3 评审要素如表 13－12 所示。

表 13－12　TR3 评审要素

序号	类型	内容
1	项目经理	◇项目资源（人力、机器和工具等）是否满足执行项目计划最低要求？ ◇是否进行了风险管理（风险识别、规避计划）？ ◇项目计划是否调整和刷新计划并通过评审？ ◇相关的类似产品的经验、教训是否组织了学习？ ◇质量、成本、进度的平衡策略是否考虑清楚？ ◇相关的进度依赖关系、任务分配和完成时间，以及关键的路径是否明确并符合项目预期？ ◇项目费用是否满足项目需求？ ◇项目范围变更是否得到评审和批准
2	开发代表	◇综合：各模块的设计是否落实了《产品规格书》中的规格项和性能要求？产品概要设计是否符合产品环保、包装、运输试验、安规试验、环境试验、EMC 试验、外部认证、可靠性测试的设计要求？概要设计是否考虑配电与电源系统、监控系统和计算机子系统的设计？概要设计是否满足可服务性、可生产性需求？硬件和软件的集成方案是否考虑好？各子系统的功能特性是否可验证？设计过程中发现的缺陷是否得到解决或制定经过批准的解决计划？是否解决可能影响后续的技术实现的关键技术？概要设计、设计规格、测试与验证计划是否置于受控更改状态下？概要设计是否满足标准策略？竞争对手相关标准在产品中的应用是否符合要求？新技术实现方案的是否确认并有相应的信息文档进行保证？

续表

序号	类型	内容
2	开发代表	可能影响详细设计的关键技术问题是否解决？产品设计规格在概要设计中是否全部得到设计实现？产品概要设计中是否清晰定义共用模块？产品概要设计的模块之间的接口是否确定？是否完成技术风险分析？分析发现的问题是否确定应对措施？设计变更是否得到评审和批准？ ◇结构：结构设计方案是否满足工业设计的要求？ ◇硬件：单板的模块之间的功能划分是否合理？本产品单板方案是否考虑了与相关产品总体设计方案的适应性？是否完成了关键器件的技术验证？ ◇软件：各软件项目的需求分解分配是否充分映射产品设计规格软件部分？软件子系统的结构是否具有可扩展性？是否具备持续发展的能力？是否制定了开发的版本计划？ ◇测试：概要设计和相应的设计规格是否满足可测试性需求？所有生产测试的可测试性设计规格是否得到落实？ ◇工艺：在器件方案、结构设计方案、单板总体设计方案、装备总体方案中是否考虑了工艺的要求？在概要设计中是否考虑了器件的需求和约束？新工艺技术开发需求是否已提交相关部门开发？ ◇成本：是否考虑优化设计（器件兼容性设计、多家选型等）？是否对成本进行分析？是否明确重点降成本对象？是否考虑部分模块、特性或某个开发阶段进行委托开发？被委托方是否通过资质认证？对公司暂不适合独立开发的部件，是否考虑合作或外包？是否考虑合作开发的成本，以及后续的维护方式和维护成本？是否考虑了降低成本，并且关注了最可能降低的部件
3	市场代表	评审遗留问题中有关市场方面的问题是否都已解决
4	采购代表	◇评审遗留问题中有关采购方面的问题是否都已解决？ ◇战略性器件（部件）的供应商清单是否明确？ ◇需要提前采购的候选物料是否已确认并报 PDT 审核？是否刷新了需要提前采购的物料需求？ ◇开发人员提出的为准备研发样机所需要长周期的物料是否已经下单？ ◇刷新后的采购计划是否确认并满足项目预期？ ◇供应商的资格，器件或部件的技术认证，器件或部件的维护和支持。 ◇供应商价格与目标产品成本匹配程度。 ◇物料供应计划被批准认可，长周期物料的分析。 ◇所有供应商已经签订供货计划，单一或独家供应商的风险分析。 ◇供应商的交付计划和产能是否满足项目组和量产需要？ ◇是否对供应商选择计划中未经认证的供应商启动认证？TR2 上确定的对关键物料的新供应商的认证是否完成？ ◇供应商选择计划是否已经更新？ ◇概要设计中所显现出来的对关键物料的新需求是否邀请 Sourcing Team 进行评审
5	财务代表	◇量产的损益是否分析？ ◇是否制定降成本措施并评估可行性
6	制造代表	评审遗留问题中有关制造方面的问题是否都已解决

续表

序号	类型	内容
7	服务代表	◇客户服务计划是否确认并满足项目预期？ ◇评审遗留问题中有关可服务性方面的问题是否都已解决
8	工艺	◇新工艺技术开发需求是否已提交开发？ ◇在产品结构概要设计、产品硬件概要设计、产品生产测试与工艺总体方案中是否考虑了工艺的要求
9	测试	◇产品测试方案是否满足相关要求？ ◇产品设计需求和规格能否被验证？ ◇测试计划是否已经制定？ ◇是否考虑了测试所需的工具和环境的需求？ ◇测试是否依据通过评审的系统总体方案和设计规格制定测试方案并通过评审
10	产品质量保证	◇风险分析和评估的操作是否符合项目要求？ ◇前一技术评审活动遗留的问题是否改进完成并满足要求？ ◇本阶段的遗留的质量问题（流程、文档、数据）是否已解决？ ◇前面版本中主要偏差和问题的根本原因的分析是否执行和落实？ ◇阶段性的项目教训学习是否评估满足项目要求？包括主要偏差的根本原因分析。 ◇是否评审和优化质量目标和计划？ ◇TR3 质量目标是否达到
11	配置管理	◇本阶段的交付件是否齐备归档？ ◇本阶段所要求归档或基线化的技术文档是否已归档或基线化？ ◇检查文档密级的设置是否符合公司信息安全规定？ ◇发现的文档与数据的问题是否都已解决
12	信息安全	◇开发过程中，选用的芯片、软件外购件所需要的供应商的支持是否违反公司安全规定？ ◇系统的设计需求是否有抗反向工程的措施

13.4.4 TR4 评审要素

TR4 评审要素如表 13－13 所示。

表 13－13 TR4 评审要素

序号	类型	内容
1	开发代表	◇模块级设计实现满足度：所有模块相关的需求规格是否全部实现？系统联调和样机试装中是否存在装配方面的缺陷？所有交付件是否都已经过评审/测试？评审/测试报告是否可以接受？要求在 TR4 前归档的文档是否全部完成更新并归档？模块级评审是否按时完成，并能符合产品质量目标和质量计划的要求？ ◇模块级测试：模块级测试策略是否得到测试部门的认可/确认？是否能符合或满足产品质量目标和质量计划的要求？模块级测试手段和方法是否能保证模块级测试质量目标并有效支撑系统级测试质量目标的达成？模块级测试用例是否完备？测试计划和活动是否按时完成并达成测试质量目标（如覆盖率目标）？其所有 TR 的结果和遗留缺陷引起的变更是否得到测试和实施？ ◇缺陷管理：所有模块是否完成开发和测试？是否所有已发现的模块的缺陷都被记录和跟踪？是否所有致命（1 级）和严重缺陷（2 级）都得到了解决，并且所有遗留的缺陷已经找到解决方案？所有与模块相关的风险是否都制定了规避计划和应急措施？ ◇物料：为后续采购小批量和批量准备的详细 BOM 的评审是否完成？在工程 BOM 产生时一般物料是否从物料优选库中选择？是否完成对供应商回复的评审并选择供应商？开发人员是否完成物料技术规格和检验指导书并组织评审？是否根据已经发生变化的情况对提前采购订单进行评审并做出相应的决定？是否已下达小批量试产验证物料订购计划
2	测试代表	◇测试方案是否通过评审？ ◇测试环境是否已经准备好？ ◇测试用例是否通过内部检视
3	信息安全	◇样机测试方案中是否违反公司保密规定？ ◇产品的设计是否有抗反向工程的措施（如产品封装、抗反编译等）？ ◇检查文档密级的设置是否符合公司信息安全规定？ ◇《产品信息安全计划》中对产品设计的要求是否得到满足

13.4.5 TR4A 评审要素

TR4A 评审要素如表 13－14 所示。

表 13－14 TR4A 评审要素

序号	类型	内容
1	项目经理	◇计划是否调整和刷新并通过评审？ ◇项目资源（人力、机器和工具等）是否满足执行项目计划最低要求？ ◇是否进行了风险管理（风险识别、规避计划），评估项目中存在的风险？ ◇对项目执行当中进度的重大偏差是否采取了有效的措施？ ◇是否对项目执行过程中重大的质量问题协调资源解决？ ◇是否按照项目指定的周期完成任务

续表

序号	类型	内容
2	开发代表	◇需求实现：样机测试是否满足其退出标准？《产品规格书》和《总体设计方案》中要求的所有功能规格都被验证？环境实验、安规检视/测试、防护测试、热测试、EMC 测试是否通过？是否完成国际认证测试计划的制定？样机确认测试的致命和严重遗留问题是否已经解决或有解决方案和计划？ ◇结构：整机试装、样机确认测试中结构需要解决的遗留问题是否已解决？热测试、环境测试、安规测试、EMC 测试中的产品结构问题是否已经解决？产品结构包装是否符合包装试验的设计要求？功能样机中结构和电缆的由设计原因导致的遗留问题是否已解决？ ◇资料：是否按计划完成所有资料交付件的开发与评审？评审后需要解决的遗留问题是否已经解决？ ◇产品数据：产品 BOM 清单评审的遗留问题是否解决？BOM 清单是否完备？所要求技术文件/文档是否归档？功能样机 BOM 中的器件是否从优选库中选择？器件的替代是否满足要求？所有的设计是否满足 ROHS 要求？功能样机 BOM 的遗留问题是否解决？公共模块的复用是否满足要求？设计变更是否得到评审和批准
3	采购代表	◇评审遗留问题中有关采购方面的问题是否都已解决？ ◇开发人员提出的为准备研发样机所需要长周期的物料是否已经下单？ ◇刷新后的采购计划是否确认并满足项目预期？ ◇供应商的资格，器件或部件的技术认证，器件或部件的维护和支持，供应商价格与目标产品成本匹配程度，物料供应计划被批准认可，长周期物料的分析，所有供应商已经签订供货计划，单一或独家供应商的风险分析。 ◇供应商的交付计划和产能是否满足项目组和量产需要？ ◇是否对供应商选择计划中未经认证的供应商启动认证？是否所有供应商已经认证过，并且是优选供应商？物料复用率、替代率达到预定目标？ ◇供应商选择计划是否已经更新？ ◇器件的替代、优选、复用率是否达到项目要求？ ◇是否完成项目新导入的供应商的认证？新供应商是否已经过物料技术认证部门的认证？ ◇为初始产品和小批量试产验证的提前采购订单是否经过评审和更新？ ◇所有物料、结构件、部件、配套件是否满足 ROHS 要求？ ◇审视供应商产品版本变更与设计变更是否匹配？ ◇所有新物料（包括外协件、采购件、PCB 等）是否完成认证？ ◇开发人员是否向物料技术认证部门提供新器件规格和来料质量检测标准？ ◇小批量物料是否已由物料技术认证部门完成测试并形成报告？必须没有严重缺陷，否则要进行根本原因分析并形成纠正措施。所有被选供应商必须能达到公司订单要求的质量目标。 ◇存在来料质量问题的物料已有改进措施？ ◇基于完备的 BOM 的供应商、物料选择计划、风险识别、规避是否已经更新并完成？ ◇用于计划和采购的制造 BOM 是否已经发布并且录入到 ERP 系统？ ◇是否有对供应商的变更控制流程

续表

序号	类型	内容
4	财务代表	◇是否刷新降成本计划？ ◇整机成本是否达到目标？ ◇评估产品的成本是否符合项目给定的成本
5	制造代表	◇项目进度和产能评估是否满足项目要求？ ◇制造系统验证方案是否完成？ ◇功能样机加工过程中反馈的严重技术问题、影响加工制造效率的问题是否全部解决或有解决方案和计划？ ◇功能样机加工过程中出现的设计文件问题是否已经修正？ ◇BOM 是否通过验证？发现的 BOM 问题是否都已解决？ ◇试制报告是否达到目标并满足要求？ ◇试制的遗留问题是否已经制定对策？ ◇钢网、工装、夹具是否经过验证且与当前版本配套？ ◇生产质量计划（运输标准、生产线和操作员资格要求、产品震动测试和耐高压和绝缘电阻测试）是否制定？ ◇根据前期同类产品生产加工、生产测试的经验的继承和优化是否完成？ ◇对产线人员/IQC/PQE/OQC 培训的计划是否完成？ ◇装备的开发方案是否已经确定？ ◇采用环保设计或无铅工艺的工艺遗留问题是否解决？ ◇试制要求是否明确？生产过程质量控制点是否明确？试制相关的文件和数据是否发布到相关制造部门？ ◇生产可测试需求、功能是否在功能样机中得到验证？ ◇影响综合直通率的问题是否已经解决或有解决方案？ ◇调测装备、老化装备是否已按计划提供？ ◇生产文件是否齐套并已归档或临时归档？ ◇软件版本对照表是否已提供？软件是否全部发放？ 样机加工过程中批量物料失效、来料不良问题是否已有解决措施？ ◇样机加工过程中反馈的严重技术问题、影响原型机加工效率的问题是否全部解决或有解决方案和计划？ ◇样机加工过程中出现的生产文件问题是否已经修正？ ◇产品 BOM 层次结构是否与生产方式相符？ ◇对调测/检验/装配人员的特殊要求是否已说明
6	服务代表	◇《产品规格书》中属于可服务性需求是否在产品设计中得到实现？ ◇《产品规格书》和《产品总体方案》的可服务性需求是否在产品设计中得到实现？ ◇如果产品在 TR4A 后会发送到 Beta 用户手上，以下标准是否满足：技术支持文档是否可用？最终交付给用户的产品文档是否可用？是否完成对技术支持工程师在维修、维护和安装方面的培训？充分的可服务性和可安装性测试是否已经完成

续表

序号	类型	内容
7	工艺	◇工艺人员是否参加了硬件单板原理图、PCB layout、投板等活动的评审？ ◇安规实验中单板工艺问题是否已经解决方案？ ◇安规实验、EMC 实验、机械震动和冲击实验、热测试、防护测试（防静电、防腐蚀、防尘、防潮、防霉等）、工艺难点、工艺遗留问题是否已经解决？ ◇工艺遗留问题是否已解决？ ◇工装夹具是否提供？工艺路线是否已录入系统？ ◇生产加工中使用和产生的非环保物质是否有合理的防范、处理措施？ ◇整机装配工艺、整机内部空间分配、表面处理要求等方面的问题是否已经解决？ ◇根据样机验证计划，应该提供的老化装备是否已全部提供？ ◇根据装备总体方案和初始产品验证计划要求在 TR5 前提供的整机的调测装备是否已提供使用？ ◇已提供装备的使用说明书、内部验收报告是否已归档或临时归档？ ◇半成品、成品生产的主工艺路线设定是否清楚
8	测试	◇测试计划是否已经刷新？ ◇设计人员是否完成单板级/模块级的调试？是否输出了调试报告？产品的每个电路板是否有测试架或调试说明？ ◇版本提交测试是否经过测试申请电子流？测试用例是否通过测试组内部评审？ ◇设计规格书中要求的所有功能规格是否实现？ ◇Buglist、测试报告是否通过评审？ ◇安规摸底试验、防护测试、EMC 摸底试验、部件的可靠性增长测试、热测试摸底、噪声测试摸底、环境摸底试验、产品的兼容性摸底测试是否通过？ ◇用于认证的资料是否准备齐全？ ◇内部测试的覆盖面是否覆盖整个系统？内部测试结果作为确定项目是否可以进入样机试制阶段一个依据？ ◇是否所有已发现的缺陷都被记录和跟踪？ ◇是否所有致命和严重缺陷都得到了解决，并且所有遗留的缺陷已经找到解决方案？ ◇设计过程中发现的缺陷是否得到解决或已制定经过批准的解决计划？ ◇所有相关的风险是否都制定了规避计划和应急措施
9	产品质量保证	◇风险分析和评估的操作是否符合项目要求？ ◇前一技术评审活动遗留的问题是否改进完成并满足要求？ ◇本阶段的遗留的质量问题（流程、文档、数据）是否已解决？ ◇前面版本中主要偏差和问题的根本原因的分析是否执行和落实？ ◇是否 Review 和优化质量目标和计划？ ◇设计变更是否遵循流程，基线化是否完成？ ◇所有的流程变更是否被认可和批准？ ◇TR4 质量基线是否达到
10	配置管理	◇本阶段的交付件是否齐备归档？项目过程要求输出的文档是否完整？文档质量是否符合项目要求？ ◇本阶段所要求归档或基线化的技术文档是否已归档或基线化？ ◇检查文档密级的设置是否符合公司信息安全规定？ ◇BOM 是否归档并做相关发布？ ◇发现的文档与数据的问题是否都已解决

续表

序号	类型	内容
11	信息安全	◇检查文档密级的设置是否符合公司信息安全规定？ ◇设计变更评审时，要根据上述检查项确认没有新的安全漏洞

13.4.6　TR5 评审要素

TR5 评审要素如表 13－15 所示。

表 13－15　TR5 评审要素

序号	类型	内容
1	项目经理	◇计划是否调整和刷新过并通过评审？ ◇项目资源（人力、机器和工具等）是否满足执行项目计划最低要求？ ◇是否进行了风险管理（风险识别、规避计划）？ ◇是否对项目执行当中重大的质量问题协调资源解决？ ◇资金和财务支持是否满足项目需求？试制所需的人工成本是否在项目设定的成本范围内？ ◇该阶段工作是否按照项目指定的周期完成？ ◇与产品发布相关的策略是否定义和明确，符合项目和产品要求
2	开发代表	◇需求实现：样机测试是否满足其退出标准？《产品规格书》和《产品总体设计》中要求的所有功能规格在该产品中实现并验证？单板 PCB 版本稳定并且已经归档？环境实验、安规检视/测试、防护测试、热测试、EMC 测试、国际认证测试、兼容性测试是否通过？样机测试的致命和严重遗留缺陷是否已经解决或有解决方案和计划？是否根据产品 BOM 清单计算产品成本并与产品目标成本进行比较分析，是否达到产品目标成本要求？ ◇缺陷管理：是否所有已发现的缺陷都已经记录和跟踪？开发过程中发现的缺陷是否得到解决，或已制定经过批准的解决计划？所有相关的风险是否都制定了规避计划和应急措施？ ◇结构：数字化样机、整机试装、样机测试中结构需要解决的遗留问题是否已解决？性能样机中结构和电缆的由设计原因导致的遗留问题是否已解决？产品测试（热传、噪声、环境、安规、EMC 等）中的结构问题是否已经解决？产品结构包装（包括标签标识）是否符合包装试验的设计要求？结构件是否经过 IQC 检验？ ◇资料：产品资料和培训资料（客户的、工程服务、维修等）是否开发并有效完成？是否按计划完成所有资料交付件的开发与评审？ ◇硬件：器件的替代是否满足要求？所有的设计是否满足 ROHS 要求？所有新器件、部件的承认书与封样是否完成？公共模块的复用是否满足要求？ ◇产品数据：整机 BOM 评审的遗留问题是否解决？BOM 清单是否齐套？所要求技术文件/文档是否归档？ ◇其他：所有产品认证测试是否通过？设计变更是否得到评审和批准？试制的样机是否达到项目设计要求

续表

序号	类型	内容
3	市场代表	Beta 试验计划是否制定？ ◇有关市场方面的问题是否都已解决
4	采购代表	◇评审遗留问题中有关采购方面的问题是否都已解决？ ◇小批量试制的物料是否齐套？ ◇供应商来料的质量问题是否已解决？ ◇器件的替代、优选、复用率是否达到项目要求？ ◇发生变更后出现的新的物料、结构件、部件、配套件是否满足 ROHS 要求？ ◇审视供应商产品版本变更与设计变更是否匹配？供应商的交付计划和产能是否满足项目组和量产需要？ ◇单一供应商的风险是否可控？ ◇是否对供应商（生产厂家、原厂）的变更进行控制？发生变更后新导入的供应商是否经过认证？ ◇所有新物料（包括定制件、外协件和 PCB）技术认证是否完成？ ◇开发人员是否向物料技术认证部门提供新物料规格和来料质量检测标准？ ◇所有新物料的规格和验收标准已经由项目组提供？ ◇用于计划和采购的制造 BOM 是否已经发布并且录入 ERP 系统
5	财务代表	◇降成本措施是否 review 并刷新？ ◇财务评估是否更新
6	制造代表	◇性能样机的试制是否达到目标并满足要求？样机生产的可操作性是否满足要求？样机是否便于拆装和维护？ ◇生产工艺流程和 QC 测试检验流程是否制定？ ◇所有为量产准备的工具是否具备，并满足要求（生产的装夹治具、测试软件等）？ ◇对调测、检验、装配人员的特殊要求是否已说明？ ◇是否提供完整的制造系统验证方案经审核并归档？ ◇性能样机加工中反馈的严重技术问题、影响性能样机加工正常进行和加工生产效率的问题是否全已解决或有解决方案和计划？ ◇产品生产所需的资源/环境是否已适用？ ◇生产线是否满足小批量的产能要求？小批量方面的准备是否完成？ ◇根据前期同类产品生产加工、生产测试的经验的继承和优化是否完成？ ◇对产线人员、生产质量人员培训的计划是否完成？ ◇采用环保设计或无铅工艺的工艺遗留问题是否解决？ ◇用于小批量的研发设计文件是否已发布至生产部门？样机与图纸、BOM 等资料保持一致性。 ◇生产可测试需求/功能是否在性能样机中得到验证？ ◇所有工艺指导书和检验指导书是否制定并发布？ ◇BOM 是否通过验证？发现的 BOM 问题是否都已解决？ ◇装备（工装、夹具）验证是否已全部完成？ ◇生产测试装备和老化装备经验证已合格且已校准？ ◇生产线的设备是否符合生产需要？ ◇生产测试成本是否可以接受？ ◇生产测试装备的功能覆盖情况是否满足要求

续表

序号	类型	内容
7	服务代表	◇《设计规格书》中属于可服务性需求是否在产品设计中得到实现？ ◇如果产品 TR5 后实施 Beta 测试，下面标准是否满足：服务文档是否可用？是否完成对客服工程师在维修、维护和安装方面的培训？充分的可服务性和可安装性测试是否已经完成？若为升级版本，该版本的升级测试是否通过？ ◇量产的支持和维护计划是否建立并被评审批准？ ◇可安装性、可维护性方面是否有严重级别以上的遗留问题？ ◇是否有运输和物流计划，有足够的供应能力并满足质量要求？ ◇产品和选配件、服务和支持方面的现场可替换单元是否已识别
8	工艺	◇工装夹具是否已经提供？ ◇各种测试中发现的单板工艺问题是否已经解决？ ◇所有工艺是否符合 RoHS 和环保要求？ ◇生产加工中使用和产生的非环保物质是否有合理的防范、处理措施？ ◇性能样机的 DFM 问题是否得到有效解决？ ◇性能样机加工的工装夹具验证问题是否解决
9	测试	◇测试计划是否已经刷新？ ◇版本提交测试是否经过测试申请电子流？ ◇Bug List、测试报告是否通过评审？ ◇所有的设计规格是否全部实现并达到要求？ ◇所有 SIT 测试活动是否完成？ ◇热测试、噪声测试、安规试验、环境试验、EMC 试验、防护测试、产品兼容性、易用性测试、整机的可靠性测试是否通过？ ◇用于认证的资料是否准备齐全？ ◇安规、EMC、可靠性、热测试、噪音、环境试验中的单板工艺设计问题是否解决？ ◇系统中是否不存在遗留的致命问题，且遗留的严重问题有解决方案和计划？ ◇资料（包括产品手册、在线帮助）测试是否完成？ ◇是否符合环保法规和标准的要求？产品发布后市场和技术人员所需的培训资料是否通过审查
10	产品质量保证	◇风险分析和评估的操作是否符合项目要求？ ◇前一技术评审活动遗留的问题是否改进完成并满足要求？ ◇本阶段的遗留的质量问题（流程、文档、数据）是否已解决？ ◇前面版本中主要偏差和问题的根本原因的分析是否执行和落实？ ◇是否评审和优化质量目标和计划？ ◇设计变更是否遵循流程，基线化是否完成？ ◇所有的流程变更是否被认可和批准？ ◇TR5 质量基线是否达到
11	配置管理	◇本阶段的交付件是否齐备归档？所要求的产品数据文档是否归档？ ◇本阶段所要求归档或基线化的技术文档是否已归档或基线化？ ◇检查文档密级的设置是否符合公司信息安全规定？ ◇BOM 是否归档并发布

续表

序号	类型	内容
12	信息安全	◇检查文档密级的设置是否符合公司信息安全规定？ ◇设计变更评审时，要根据上述检查项确认没有新的安全漏洞

13.4.7 TR6评审要素

TR6评审要素如表13－16所示。

表13－16 TR6评审要素

序号	类型	内容
1	项目经理	◇计划是否调整和刷新并通过评审？ ◇项目资源（人力、机器和工具等）是否满足执行项目计划最低要求？ ◇是否进行了风险管理（风险识别、规避计划）？ ◇对项目执行当中进度的重大偏差是否采取了有效的措施？ ◇是否对项目执行当中重大的质量问题协调资源解决？ ◇与产品发布相关的策略是否定义和明确，符合项目和产品要求？ ◇量产计划是否被认可？ ◇如果进行了BETA测试，客户现场的应用结果是否满足预期？ ◇所有客户领域的初始应用是否被评审和并做有效答复
2	开发代表	◇产品数据：小批量中发现的由设计原因导致的遗留问题是否已解决？发现的BOM、生产文件问题是否都已解决？型式试验、试产提出的问题是否有效处理？所要求生产文件是否齐套并归档？生产文件是否通过验证？正式发布的BOM是否更新到ERP？产品资料和培训资料（客户的、工程服务、维修等）是否测试并评审通过？待发布的产品包是否完整并满足质量要求（包括组成产品的所有内容：硬件、软件、结构、包装、标签、产品手册、规格说明书、光盘等），设计文件（含印刷品）的完整性、正确性？ ◇需求规格：产品的全部需求规格是否实现？相关联的产品包需求是否得到验证？存在的致命问题和严重问题的是否解决？批量生产的一致性测试中环境实验、安规检视/测试、防护测试、热测试、EMC测试是否通过？设计技术规格是否满足设计输入的要求，设计是否符合设计规范的要求？产品在耗电量、选用的材料等方面对环境的影响是否已经达到设计输入的要求？所有产品认证证书是否获得？产品是否通过准入测试？是否根据产品BOM清单计算产品成本并与产品目标成本进行比较分析，是否达到产品目标成本要求？ ◇结构：验证阶段的结构问题是否全部解决？验证阶段中的整机工艺文件问题是否已验证解决？结构件是否已按正常流程经IQC检验？结构生产不良率、来料严重缺陷率是否符合要求结构更改是否验证合格？产品结构包装（包括标签标识）是否符合包装试验的设计要求？ ◇硬件：器件的替代是否满足要求？所有的设计是否满足ROHS要求，结构、单板、线缆？变更产生的新器件、部件的承认书与封样是否完成？环保设计、产品退市后的废弃物的收集及再利用计划是否建立，满足项目预期

续表

序号	类型	内容
3	市场代表	◇产品资料是否明确并符合市场要求？是否满足设计任务书及顾客要求？ ◇产品培训是否有效实施？ ◇市场营销计划是否制定和落实？市场宣传资料，产品发布的方式和策略，BETA 用户的支持计划； ◇产品的可安装性、可维修性
4	采购代表	◇评审遗留问题中有关采购方面的问题是否都已解决？ ◇发生变更后新增的物料和供应商是否经过认证？发生变更后出现的新的物料、结构件、部件、配套件是否满足 ROHS 要求？ ◇验证阶段活动所产生的新增物料的规格和验收标准已经由开发人员提供给物料技术认证部门？ ◇供应商来料的质量问题是否已解决？零部件标准、成品标准对检验的指导性？ ◇量产的物料计划是否建立？为批量产品准备的物料采购订单是否经过评审和更新？ ◇器件的替代、优选、复用率是否达到项目要求？ ◇审视供应商产品版本变更与设计变更是否匹配？ ◇供应商的交付计划和产能是否满足项目组和量产需要？ ◇单一供应商的风险是否可控？ ◇是否对供应商（生产厂家、原厂）的变更进行控制？ ◇供应商的交付计划和产能是否满足项目组和量产需要？供应商能力评价
5	财务代表	◇BOM 成本是否达到目标？ ◇降成本措施是否 review 并刷新？ ◇是否评估目标成本达成情况？ ◇是否制定生命周期降成本计划
6	制造代表	◇所有为量产准备的工具是否具备，并满足要求（生产的装夹治具，测试软件等）？ ◇生产测试活动能否保证产品达到预定制造质量水平？ ◇小批量的试制是否达到目标并满足要求？ ◇产品量产的工艺路线是否制定和发布？ ◇生产测试活动能否保证产品达到预定制造质量水平？ ◇根据前期同类产品生产加工、生产测试的经验的继承和优化是否完成？ ◇有增加或减少装备时，是否经过评审？新增加的装备是否已提供？ ◇与产品数据相关的问题是否都已解决？ ◇BOM 是否通过验证？发现的 BOM 问题是否都已解决？BOM 的准确性？ ◇整机测试设备的调测流程和方法是否合理？ ◇影响综合直通率的问题是否已经解决或有解决方案？ ◇模具状况及模具生产能力评价

续表

序号	类型	内容
7	工艺代表	◇是否完成所有工艺和检验指导书发布？工艺文件的完整性、正确性？ ◇采用环保设计或无铅工艺的工艺遗留问题是否解决？ ◇加工的工艺文件和工装、夹具是否已验证合格？ ◇验证中出现的可制造性问题是否已全部定位和修正？ ◇工艺文件中是否考虑整机工艺并验证？ ◇产品工艺是否符合安规试验的设计要求
8	服务代表	◇量产的支持和维护计划是否更新？产品（硬件、软件等）的维护策略、维修、备件、客户投诉支持、保修策略，人员培训，必须的资源； ◇是否有运输和物流计划，有足够的供应能力并满足质量要求？ ◇产品和选配件，服务和支持方面的现场可替换单元是否已识别？ ◇备件供应能力是否能满足客服要求？ ◇服务装备和操作指导书是否发布？ ◇网上问题收集和报告体系是否明确？ ◇针对用服人员的培训是否完成
9	测试	◇Beta 测试计划是否已经制定？ ◇是否提交的版本满足转测试标准？ ◇SVT 阶段的测试用例是否通过内部检视？ ◇所有测试活动是否完成并通过？ ◇测试报告/缺陷列表是否通过评审？ ◇SVT 的严重问题是否已经解决，一般问题有解决方案和计划？ ◇问题规避指导书是否完成并通过评审
10	产品质量保证	◇风险分析是否有效完成？ ◇产品质量状况是否符合目标要求并在可接受和可控限度内？产品批量性能是否满足成品标准？ ◇前面版本中主要偏差和问题的根本原因的分析是否执行和落实？ ◇阶段性的项目教训学习是否评估满足项目要求？ ◇主要背离的根本原因分析。 ◇前一技术评审活动遗留的问题是否改进完成并满足要求？ ◇本阶段交付件评审的遗留问题是否已关闭？ ◇TR6 基线是否达到？ ◇制造和服务质量报告是否已建立
11	配置管理	◇本阶段的交付件是否齐备归档？ ◇所要求的产品数据文档是否归档？ ◇本阶段所要求归档或基线化的技术文档是否已归档或基线化？ ◇检查文档密级的设置是否符合公司信息安全规定？ ◇BOM 是否归档并做发布？ ◇产品数据的变更是否得到有效实施
12	信息安全	◇检查文档密级的设置是否符合公司信息安全规定？ ◇设计变更评审时，要根据上述检查项确认没有新的安全漏洞

13.4.8 评审过程检查单

评审过程检查单如表 13－17 所示。

表 13－17 评审过程检查单

序号	类型	内容
1	评审前	◇评审前是否向 PLM 系统上提交了要评审的工作产品？ ◇是否指派了主审人？主审人是否确定评审专家？主审人是否对工作产品齐备性进行了检查？ ◇评审资料是否按照相关的模板填写？ ◇评审专家是否清楚技术评审规范？评审专家是否覆盖到了建议的相关角色？主审人在邀请评审专家前是否与各评审专家沟通，确定各评审专家时间允许、承诺配合？ ◇是否进行了同行评审？是否书面化同行评审预审意见、评审意见、评审决议和修改意见？在项目计划中安排的审查同行评审的工时是否足够
2	预审	◇主审人是否将评审计划发送到所有相关人员？所有评审相关人员是否清楚知道评审计划、日程安排？是否为评审专家查看评审资料预留充足的时间？ ◇评审专家是否按评审计划及时反馈评审意见？是否在 PLM 系统上进行了预审？ ◇评审责任人是否针对相应评审要素表进行自检，并提交评审要素自检表？主审人是否跟踪监控评审专家意见反馈情况，以确保所有评审专家按评审计划反馈评审意见？ ◇作者是否在接收到专家问题后及时回答问题，与专家沟通？作者是否组织相关人员回答专家问题？主审人是否跟踪回答问题的进展情况，确保作者按计划完成与专家沟通、讨论？ ◇召开评审会议之前评审责任人是否就具体问题与评审人员进行了沟通
3	评审中	◇会议组织者是否就何时召开评审会议与主审人沟通？会议组织者是否将会议通知发送到所有相关人员？主审人是否做好充分的会前准备？评审会议到会人数是否达到全部专家人数的 2/3？是否指定评审会议记录人员？评审会议记录人是否做好会议记录？为评审计划分配的人员是否充分？ ◇在讨论过程中是否涉及具体的问题解决方案？在讨论过程中是否跑题？评审会上是否对各遗留问题指定负责人和跟踪人？ ◇评审所发现的缺陷是否加入到缺陷库内？是否所有重要的缺陷都已关闭？ ◇评审会议是否达成一致的评审结论（通过、不通过、有条件通过）？ ◇主审人是否组织填写技术评审报告？技术评审报告是否有项目管理员的审计签名？技术评审报告是否得到所有专家的会签
4	评审后	◇评审报告是否提交 PLM 系统？评审通过的工作产品是否在 PLM 系统中的状态得到更改？ ◇评审是否按计划准时进行

13.5 技术评审相关问题

13.5.1 如何提高评审效率

◇选择合适专家；

◇充分准备；

◇PQA 要引导会议进程，确保讨论聚焦，会议时不偏离主题和重点；

◇系统工程师 SE 要善于提炼，适时总结，减少会议过程中的争论；

◇问题修改后及时跟踪；

◇提高和优化评审要素（Checklist）质量；

◇TR 会议上不涉及所有技术内容，只讨论 SE 认为需要提交讨论的要点、分歧点、遗留问题、风险、综合建议和下一步计划。

13.5.2 如何做好评审

◇各位主审人和评审专家，尤其是技术骨干要给予足够的重视，保证有效的投入。有困难时，必须提前与主审人、相关领导协调解决；

◇做好评审/检视计划，在项目组的月度计划中包含评审计划。尽量详细，避免资源冲突，项目经理要特别注意这一点；

◇各阶段和类型的评审以相应的评审要素表、评审操作指导书做指导，并且确保本阶段的主要相关角色负责人都能参与；

◇各类评审、检视过程中由主审人/检视负责人安排各位专家分工检查被审对象是否符合相关的技术规范；

◇各评审专家应按照邮件提示，及时参与评审、反馈意见。预审是非常重要的，不能等到评审/检视总结会上才看资料；

◇评审要素需要定期更新，由专人维护，建议季度更新，积累来自变更、客诉、研发、测试的经验；

◇PDT 功能部门代表既不能“左倾”，一味考虑 PDT 的市场机会而不顾及对功能部门的压力，也不能过“右倾”，一味从本部门利益出发，不愿意帮助 PDT 经理做出综合的考虑并承担相应的责任和风险。

13.5.3 如何处理功能领域代表和 SE、PQA 之间的争议

◇这些不同意见都应该作为参考信息记录在 TR 报告里；

◇对于这些争议，系统工程师 SE 提出初步决策，并在 TR 会议后形成 TR 报告优化稿；

◇如果其他人不同意系统工程师 SE 的决策，可以在评审报告提交 LPDT 时提请重新裁决。LPDT 对整个评审报告所有建议做出最终裁决，但同时为这些决策造成的后果负责；

◇如果这些决策会影响业务计划，则应该提交由 IPMT 做出决策；

◇TR 报告终稿将会发布到所有相关人员，如果评审通过后因为 PDT 把关不严造成严重后果，将会启动对该评审的质量回溯。

13.5.4 问题和风险如何界定

“风险”是没有发生但可能发生的“问题”。一个问题，可能会跟随着风险。譬如，在 TR4 时发现一个单板因为原理图少画一个连线需要飞线才能正常工作。这里的“问题”是原理图错误，导致的“风险”是 EMC 测试可能无法达标。

13.5.5 PQA 有能力实施技术性很强的要素表自检吗

PQA 可以实施要素表自检。每条要素表均有对应的关联交付件，是交付件的测试、检视、评审结果，而不是技术文件本身，不存在技术细节。类似于律师找证据（如一些技术机构的报告），必要时可寻求系统工程师 SE 和 PDT 功能部门代表的协助。

第十四章

4 大业务决策评审

业务决策是从投资角度审视产品目标市场的变化和产品研发状况，决定产品研发的下一步走向，相关的技术评审作为决策的输入之一。决策的依据主要来源于产品所针对的目标市场变化情况，技术评审的结果，研发工作的进度，产品研发的关键绩效指标（如质量指标），产品的预期成本、收益，下一阶段的资源需求和投入时间表重要市场、竞争情况和行业信息。

决策通常有三种结果：

◇产品达到预定阶段目标，进入下一阶段；

◇外部形势或内部资源发生重大变化，或产品与预定目标有重大偏离致使市场机会失去，产品研发目标调整甚至放弃；

◇产品部分关键指标未达到预定阶段目标，需要返回经过修正后再进行决策。

14.1 业务决策常见的问题

◇缺乏新产品投资决策评审机制，销售导向型而不是市场导向型；

◇项目立项随意，销售人员一个电话就立项研发，导致研发资源投入严重不聚焦；

◇缺少决策评审把关，产品上市随意，大部分产品上市后才知道不行；

◇难以汇总展现业务决策需要的支撑信息，如遗留问题的解决情况、项目目标的达成情况、项目进度偏差情况、项目预算费用的偏差情况、项目目标成本的达成情况、项目所需资源的可供给性等，从而提升业务决策的准确性、透明度；

◇决策决议难以贯彻执行，并落实为具体行动计划；

◇难以自动收集决策支撑信息，包括进度、风险、遗留问题等；

◇难以实现决策点决策结果的自动检查，如交付物齐套性、符合性检查等。

14.2 业务决策阶段介绍

业务决策阶段介绍如图 14－1、表 14－1 所示。

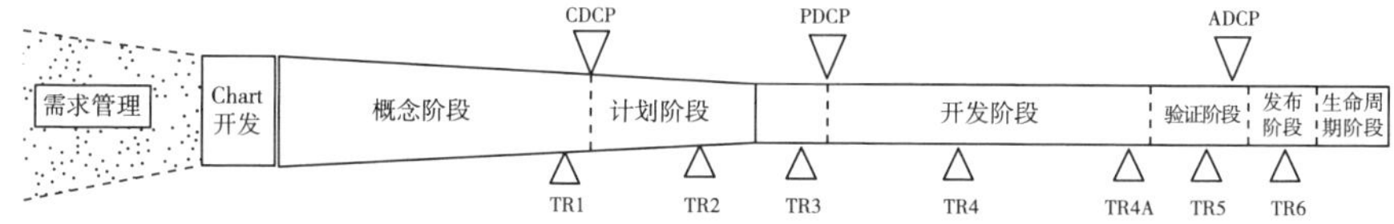

图 14－1 业务决策阶段介绍

表 14－1 业务决策阶段

阶段	评审点	重点关注	基本通过原则
	Chart DCP	立项报告，项目任务书	
概念	概念决策评审（CDCP）	初步的业务计划，关注产品概念是否具有竞争力，资源承诺	针对特定目标细分市场存在的机会分析、目标客户群、拟开发的产品描述、成本及风险估计、初始销量预测及初始财务评估
计划	计划决策评审（PDCP）	最终的业务计划及决策合同，关注产品是否能达成商业目标，计划是否考虑完整，具有可行性，评审盈利计划	提供了更多的细节内容及对计划的承诺
发布	上市决策评审（ADCP）	关注产品是否满足客户需求，是否需要根据市场进行优化调整，是否具备上市条件	◇证实在计划阶段制定的业务计划中的估计和假设； ◇评估产品发布前公司的准备情况
生命周期	产品生命终止决策评审（LDCP）	关注产品是否满足退市条件	◇生命周期管理团队（LMT）要向 IPMT 给出停止销售、停止生产、停止服务等方面日期的建议； ◇审核产品生命终止的发布是否与新产品战略保持一致； ◇考虑了潜在的客户满意度方面的问题

注：全新产品不建议裁剪或合并，改进型产品 CDCP 和 PDCP 可以合并。快速成长型企业可考虑优先导入立项决策。

案例分析：某著名手机研发制造公司，2008年有300多位研发人员，每年研发40多款手机产品，但能达到预期收入目标的也就十几款，公司年销售收入20多亿元。公司建立新产品开发决策评审委员会，在新产品开发流程中设置了产品概念决策和计划决策评审点。对于市场人员提出的新产品开发需求，先经过系统性的市场分析，如对细分市场定位、用户需求、市场容量、竞争对手分析、财务收益等角度进行分析，并对公司的资源能力进行分析，然后评审委员会正式做出决策，才能正式立项。2010年年底，公司研发管理人员翻倍，有600多人，但是公司一年新立项研发的产品数量反而减少了。2010年立项不到30款手机，但达到预期收益目标的有20多款。单个产品的销售收入额大大增加，2010年销售收入有50多亿元，2013年销售收入达160亿元。

案例分析：某设备研发企业主管研发副总对目前公司研发管理现状很不满意，也很困惑。他表示目前新产品开发任务和研发资源严重不匹配，公司对所有销售人员反馈的客户需求有求必应，不能说“不”。客户要什么，公司就研发什么。公司有50多位研发人员，规格产品有700多种，还有30多个产品规格研发的需求等着研发部门满足。可是许多产品竞争力不强，销售并没有上量，有的甚至只卖一两台。但据统计，公司60多个规格的产品可以贡献80%以上的年度销售收入。

案例分析：某灯具制造企业，200多款节能灯产品中畅销的只有30～40款，研发资源非常紧张，单个产品研发投入不足导致销售人员经常没有叫好又叫座的产品销售，好不容易有了新产品，也由于质量或者上市晚等原因错过最佳销售时间窗口。

14.3 业务决策流程

业务决策流程如表14－2所示。

表 14－2　业务决策流程

编号	活动	活动描述
1	制定评审计划	依照产品规划和产品开发计划，每半年制定一次决策评审会议日程表。每月初确认本月决策评审计划，并与每个需要决策评审的 PDT 确认
2	提交业务决策申请	汇总决策需求并确定会议日期
3	准备评审材料包	初步准备决策相关材料，知会决策委员会成员。
4	分发评审材料，预定会议议程	向决策委员会成员分发决策材料，准备下一步的会议正式评审
5	会前审阅评审材料、会前沟通	IPMT 成员对评审材料进行研读，PDT 相关成员应与 IPMT 成员进行沟通，确保 IPMT 成员对业务计划中的内容没有理解性分歧和原则性不一致
6	内部评审会预演	对决策材料进行线上预审，反馈预审意见，并进行资源承诺。对决策材料进行汇总，然后提交
7	组织现场业务决策会	◇PDT 经理介绍评审材料，IPMT 成员根据业务决策评审表提出详细问题，PDT 成员做出解答。评审结论：通过，会签并形成会议纪要，进入下一阶段。不通过，终止相关活动； ◇修改，落实评审修改意见
8	会签并形成会议纪要	基于会议决策情况，整理决策报告。决策委员会成员对决策报告进行会签，确保决策报告正确完整
9	决议执行	执行决议

14.3.1　评审团队角色

评审团队角色如表 14－3 所示。

表 14－3　评审团队角色

序号	角色	内容
1	IPMT 团队	◇审批和签发 PDT 项目任务书； ◇根据公司业务战略、产品战略、市场情况、获利能力、资源的可获得情况和风险等，在产品开发决策评审点做出“项目继续/项目终止”的决策，包括概念决策、计划决策、市场发布决策、生命周期终止决策； ◇确保产品线与功能部门管理层的良好配合，及时解决问题； ◇确保产品在早期就关注可制造性和可服务性；

续表

序号	角色	内容
1	IPMT 团队	◇确保 PDT 具备管理产品开发的专业项目管理技能和制度； ◇IPMT 管理已承诺分配和未承诺分配的资源，在业务决策评审点时将适当的资源分配给 PDT； ◇管理产品线预算和资源计划，通过管道管理保证产品组合的平衡； ◇激励和管理 PDT 的行为表现，对 PDT 的成功表现给予适当的奖励
2	IPMT 主任	◇项目开始时评审和签发 PDT 项目任务书； ◇决策评审会前熟悉相关评审材料并与 PDT 成员进行沟通； ◇召集并主持评审会议，当场给出决策结论； ◇签发决议文件及附件； ◇对 IPMT 成员的评审表现做出评价
3	IPMT 成员	◇项目开始时对 PDT 项目任务书提出评审意见； ◇决策评审会前熟悉相关评审材料并与 PDT 成员进行沟通； ◇参加决策评审会议，提出决策意见； ◇在决议或项目合同书上签字，代表本部门向 PDT 做出承诺； ◇决策会后，贯彻和落实相关决议
4	PQA	◇制定并有效执行业务决策评审流程； ◇组织业务决策评审工作，包括制定月度决策评审计划，接受 PDT 的决策评审申请材料并对之进行规范性检查，将评审材料提前一周发给 IPMT 成员，组织决策评审会议；完成决策评审会后相关事宜，如决议下发、决议执行情况的跟踪等工作； ◇组织 IPMT 专题活动，如每季度听取/审议产品线年度研发规划、市场规划、产品线季度研发、市场状况汇报、产品线季度/年度财经状况汇报等
5	PDT Leader（LPDT）	◇按流程要求组织 PDT 成员完成各阶段的任务； ◇按决策评审材料交付件要求准备好支撑决策的评审材料； ◇组织 PDT 成员在决策评审会前与 IPMT 常委及相关委员进行沟通； ◇组织 PDT 按项目合同书要求完成项目目标

14.3.2 业务决策交付件

业务决策交付件如表 14－4 所示。

表 14－4 业务决策交付件

编号	评审点	评审准入条件	备注
1	CDCP	◇项目任务书； ◇初步业务计划，含项目里程碑计划、项目执行计划； ◇产品策划决策报告； ◇项目技术评审； ◇项目风险	项目目标达成情况，项目价值，范围，偏差，技术准备度，风险，费用与人力、目标成本，项目计划，优先级排序等
2	PDCP	最终的业务计划	
3	ADCP	市场导入、服务、发布计划	提供是否将该产品推向市场或取消项目的建议
4	LDCP	产品退出计划	

14.3.3 业务决策报告模板

业务决策报告模板如表 14－5 所示。

表 14－5 业务决策报告模板

序号	主题	内容
1	产品背景简介	◇产品承诺：业务功能与性能指标、下一步规划、技术评审结论； ◇市场：市场形势、市场需求、市场定位、产品进入市场带来的机会与风险、市场容量、营销生命周期、竞争对手、上市策略； ◇财经：投入与回报、盈亏平衡点； ◇市场供货计划：市场发布计划、生产切换计划； ◇知识产权：专利和技术保密申请情况、产品名和商标、软件版权； ◇风险及规避措施：技术风险、市场风险、成本利润风险； ◇试生产：人力、设备、产品成熟度、生产环境、试制产能
2	评审意见、问题汇总及解决计划、责任人	序号、问题描述、责任人、解决措施和计划
3	评审结论建议	经过××决策评审，建议××产品通过（不通过）××决策评审
4	决策参与人员	时间、地点、主审人、组织人、记录人、参与评审人员

14.4 业务决策评审要素

14.4.1 立项决策 Chart DCP

立项决策 Chart DCP 如表 14－6 所示。

表 14－6 立项决策 Chart DCP

序号	类型	内容
1	对市场的了解	◇是否已经初步定义细分市场并选出了目标市场? ◇选定了哪些细分市场? 哪些细分市场没有选择? 市场吸引力优先顺序是怎样的（外观、价格、功能）? 市场需求是如何获得的? ◇细分市场容量/规模有多大? 细分市场的特点是否来源于实际信息? ◇在细分市场中，是否明确了客户需求? 是否验证了客户需求? ◇主要风险是什么
2	初始产品包	◇产品卖点是否真的具有竞争力? 独特的关键竞争力有哪些? ◇市场上有哪些竞争产品? ◇本产品和公司已有产品之间的关系如何
3	业务潜力	◇是否具有足够的业务发展潜力? 未来发展潜力如何，如市场规模、趋势等。 ◇预计项目需要多大的投入? 预计何时能实现盈亏平衡? ◇预计未来的销售盈利如何? 是否达到公司的毛利率水平
4	初步开发策略	◇是否制定了风险可接受的初步开发策略? ◇项目任务书是否包含项目初步的时间进度表和主要里程碑? ◇是否识别了主要风险及潜在影响，并且给出了相应的规避措施，如人力、资金、能力、技术可行性等? ◇是否已经确定 PDT 核心组成员来进行概念阶段工作? ◇是否明确了技术投入策略，如技术路径、技术可行性、关键资源等

14.4.2 概念决策 CDCP 评审要素

该概念阶段业务决策评审作为一个产品决策相对于其他项目而言是否具有足够的业务发展潜力？如表 14－7 所示。

表 14－7 概念阶段业务决策评审

序号	类型	内容
1	对市场的了解	◇是否已充分了解市场，是否已明确细分市场并选出了目标市场？ ◇细分市场的特点是什么？细分市场的特点是否来源于现在的实际信息（例如销售意见、市场调查、客户意见）？ ◇选定了哪个细分市场？没有选择哪些细分市场？市场吸引力优先顺序是怎样的（外观、价格、功能）？ ◇所选细分市场如何与公司的业务愿景、宗旨、目标和战略相一致？ ◇在这个市场或细分市场中，客户为什么要购买我们的产品？ ◇针对本产品的市场需求是怎样获得的
2	产品竞争力	◇该概念阶段业务计划真的具有竞争力吗？什么是该产品的关键竞争优势？客户做出购买决定的驱动力是什么？是否验证了客户的需求？该产品易用性目标是什么？ ◇市场中有哪些竞争产品？如何打败它们？ ◇公司还有哪些其他产品也准备进入这些细分市场？该产品与它们有什么关系？这些细分市场的主要风险是什么？ ◇PDT 所有主要成员都已明确且到位了吗？ ◇如何运用客户 $ APPEALS 来评估该产品相对相关竞争对手产品的优劣势？ ◇在市场计划中，是否已完成了发布活动及交付计划的大纲？ ◇是否制定了概要的发布预算？ ◇该产品是否使用经过签发的业务和定价模板？如不是，是否已经制定了计划来提醒相应事业部的模板变更管理部门
3	业务潜力（相对其他产品而言）	◇此概念建议作为一个产品是否具有足够的业务发展潜力？ ◇该概念阶段业务计划对于本业务领域或公司来说，是否是一项战略性投资？如是，解释一下原因及谁是赞助人？ ◇该产品是否有一个合理的业务方案？ ◇预计何时能实现盈亏平衡？ ◇有何业务风险？ ◇在这个市场上还有其他哪些公司的产品？相对其他公司产品该产品包如何定位？ ◇由于该产品的推出会导致哪些产品退出该市场

续表

序号	类型	内容
4	开发计划	◇是否可制定一个具有可接受风险的开发计划？ ◇该产品的范围和定义是否足够清晰、确定，可以转入到下一个阶段？ ◇PDT 的业务计划是否包含项目初步的时间进度表，以及计划阶段的目标日期和主要里程碑？ ◇有哪些主要风险及其潜在的影响？ ◇如果这是一个“关键”项目，是否给 PDT 指定了一名通过资格认证的项目经理或指导者？ ◇是否已确定了完成计划阶段工作的主要 PDT 人力资源？ ◇是否可获得人力资源？他们是否具有完成下一阶段工作所需的必要技能和经验？如没有，如何获取下一步工作实施所需的资源及技能？ ◇是否已经审视过以前项目的经验、教训总结，并在制定该项目的业务计划考虑到了
5	分销渠道	◇在选定的细分市场中是否有有效的销售渠道？ ◇要在确定的细分市场中取得成功，需要采取什么措施？ ◇怎样使用现有渠道来销售该产品，并获取利润？ ◇是否需要新的渠道？若需要，如何建立能够盈利的新渠道？ ◇在市场机会窗中，是否有充足的行销和销售资源来支持该产品？ ◇是否需要解决一些战略问题，例如业务伙伴、技术许可、代理商等
6	其他策略	◇技术路线有什么风险？ ◇生产策略、服务策略是什么？ ◇新供应商选择有什么策略和大致计划

14.4.3 计划决策 PDCP 评审要素

此决策阶段评审主要审核计划操作性，可行性和完整性是否可以保证开发顺利进行，如表 14－8 所示。

表 14－8 计划阶段业务决策阶段评审

序号	类型	内容
1	开发计划	◇有没有一个切实可行的开发计划？计划是否考虑了所有关键利益相关人的意见？ ◇在最终业务计划中列出的总体进度是否是基于对所需要的工作量的充分理解？能否抓住市场机会窗？ ◇项目范围是不是已基于市场和需求分析做了相应改变？ ◇是否制定了计划，实现执行发布和产品推出流程所要求的最终期限？如没有，发布日期推后会有什么影响？ ◇是否清晰地定义了产品和技术的各项功能、性能等指标，并根据可制造性、可测试性、应用与可服务性制定了合理、可行性的技术方案？ ◇这一产品的上市计划与公司以前的产品相比如何？与主要竞争对手相比呢？与业界最佳的相比呢？ ◇这一产品是否有一些新的挑战性的质量目标？如果有，是什么？ ◇做出了哪些决定以在设计中使用共用部件？ ◇从以前的项目中吸取了哪些经验、教训？如何应用到本项目？ ◇是否制定了资源需求（人力资源、设备资源、环境资源、资金资源）计划，考虑了哪些例外情况？ ◇是否确定了后续阶段的 PDT 成员？是否分配了 PDT 资源？ ◇有没有更改、问题及争议管理流程？ ◇在质量、可用性及可服务性方面将会有哪些具体的投资？该产品是否有一些新的挑战性的质量目标？如有，是什么？ ◇质量计划中是否已经准确地反应了该产品的质量目标？质量计划中是否说明了应如何完成这些目标，以及它们是否符合已经过认证的 ISO 规范
2	业务潜力/财务分析	◇这个概念是否仍有充分的业务发展潜力（相对于其他产品而言）？ ◇对产品机会的财务分析是否已经足够详细，可以对该计划进行评估（销量、投资回报率和税前收益）？ ◇是否已制定了财务分析图来描述并证明该产品能支持公司财务计划？ ◇相对于风险和所需的资源，预期的收益（市场份额、利润率和投资回报率）是否适当？ ◇相对于其他可能争夺资源的产品该产品的优先级如何
3	分销渠道	◇为确保该业务计划迅速成功需要做什么？ ◇是否会有合适的销售渠道来发布和销售该产品包？ ◇每个确定渠道的预期销量有多少？将要实施什么样的销售激励计划？ ◇销售资源有何需求，它们是否已经得到承诺？ ◇是否已为销售和支持制定了培训计划？ ◇支持结构和交付渠道是否已经搭建起来？是否有足够的技能？ ◇为确保每个分销渠道积极支持所建议的产品，需要做些什么

续表

序号	类型	内容
4	产品包的竞争力	◇对于分销渠道和客户该产品是否具有竞争力和吸引力？ ◇公司的产品相对于业界最佳，其竞争力如何？ ◇为了确保客户对我们的产品从整体上比竞争对手的更满意，已经做了哪些工作？ ◇为了证实该产品对客户和销售渠道有吸引力已经做哪些工作？ ◇为了解市场和客户购买标准已经做了什么，能否得到市场调研和客户反馈信息的支持？ ◇该产品能否如期地在发布点保持充分的竞争优势？（为什么会赢？）竞争优势能否持续保持下去？在每个挑选的目标市场将如何获取足够的市场份额？ ◇是否符合保证的质量目标？ ◇该产品是否仍然符合公司战略
5	风险管理	◇对于已发现的风险有哪些风险管理计划？ ◇有哪些主要风险及风险规避措施？ ◇是否已经评估所有的风险并制定好适当的规避计划？具体是什么？ ◇自概念 DCP 以来发生了哪些风险变更，如何影响产品的生存与发展能力
6	技术评审结论	◇技术评审的问题有没有解决？ ◇遗留的问题是否制定了合理的解决方案及处理计划

14.4.4 上市决策 ADCP 评审要素

上市决策 ADCP 评审要素如表 14－9 所示。

表 14－9 上市阶段业务决策评审要素

序号	类型	内容
1	发货质量	◇是否进行了需求追溯，以验证该产品已实现达成共识的需求？ ◇是否已实现在早期阶段确立的可用性、性能和质量目标？ ◇新产品能比得上或超过以前产品的质量目标吗？ ◇为了确保客户在该产品中比以前的产品更少碰到故障，已经做了什么？ ◇如何验证设计稳定性？有哪些迹象显示该系统已经足够稳定？ ◇该产品是否已完成了所有的外部和内部认证要求？ ◇公司的知识产权是否受到了保护，如专利方面？ ◇测试结果和客户评估结果是否保证了该产品的一般可获得性，给出证据。 ◇公司产品与业界最佳相比，竞争力如何？ ◇是否准备好了资料文档，支撑早期销售？ ◇从试用或试销售中得到什么反馈和改进

续表

序号	类型	内容
2	发布和宣传推广计划	◇是否有有效的发布和宣传推广计划？关键的市场主题和信息是什么？ ◇采取了什么措施来确保关键的组织完全投入到产品的发布之中？（公司的销售队伍、业务伙伴、独立软件开发商、媒体、顾问、任何其他相关组织） ◇发布计划的关键要素是什么？ ◇生成和分发市场营销材料的计划是什么？ ◇从试用的客户中获取了哪些客户的参考意见
3	渠道搭建与支持	◇是否已完成了渠道搭建工作？ ◇关键渠道怎样？（公司销售队伍、渠道伙伴和经销商） ◇什么是最有可能发生的渠道冲突？有什么计划来解决这些冲突？ ◇服务支持和缺陷支持系统是否到位？ ◇是否已制定/实施了销售、应用、服务人员、客户的培训计划？ ◇在每个销售区域和每个渠道，缺陷怎样处理
4	风险分析	◇业务和技术风险是否可接受？是否制定好风险规避计划？ ◇有哪些主要的、尚未解决的业务/技术风险，怎样处理？有哪些相关的规避计划，责任人是谁？ ◇所有这些风险和不确定性是否已被消除或者减少到可以接受的水平？假如没有，相关的行动计划是什么？谁是责任人
5	财务分析	◇该产品是否仍然提供足够的业务潜力（相对于其他的产品计划和竞争）？ ◇目标成本达成情况如何？ ◇该产品何时能实现盈亏平衡？与竞争产品、同类最佳及前面推出产品的比较结果是什么样的
6	技术评审结论	◇技术评审的问题有没有解决？ ◇遗留的问题是否制定合理的解决方案及处理计划

14.4.5 生命周期决策 LDCP 评审要素

该产品应该继续保留在市场上吗？如果不需要，是否有将策略和费用都考虑进去的详细退出计划？如表 14－10 所示。

表 14－10　生命周期阶段业务决策评审要素

序号	类型	内容
1	市场	◇该产品是否仍有竞争力？该产品的主要竞争优势是否仍然存在？客户是否仍然认同？ ◇竞争对手是否使用替代产品来挑战该产品？对我们的市场份额有什么影响？ ◇针对不同的和/或新兴的市场是如何考虑该产品的？ ◇该产品的销量、毛利、毛利率是否还有吸引力
2	业务计划	◇该业务计划是否仍然有效？ ◇该产品如何实现其计划的财务目标？ ◇是否有正当理由为扩展产品生命而追加额外投资（业务伙伴、资源等）
3	销售	◇销售渠道的表现是否仍然与预期的相一致？ ◇销售渠道是否持续实现了可接受的目标？ ◇该产品是否适合公司当前的策略
4	开发	◇该产品是否如计划 DCP 和可获得性 DCP 定义的那样满足了客户的期望？ ◇该产品是否满足客户对可靠性和质量的期望？ ◇该产品是否继续满足公司的质量目标？ ◇该产品是否还有足够的技术支持能力
5	售后服务	◇该产品是否能提供完全的售后服务能力，以满足客户需求？ ◇该产品的备件是否能采购到？ ◇该产品的维修是否能保证
6	采购	◇该产品的部品供应环境是否发生巨大的变化？ ◇该产品所用的部件是否能容易获得或价格发生很大的变化？ ◇该产品是否有关键材料已经无法获得，也无法替代
7	支持结构	◇是否继续有服务需求？ ◇是否继续有部件更换支持的需求
8	退市策略	◇该产品的推出是否考虑了公司的整体产品战略，是否符合公司的产品路标规划？ ◇该产品退出市场后，对于维护良好客户关系的客户是否有替换计划？ ◇原有产品的替代方案

第十五章

需求管理

15.1 需求管理常见的问题

需求管理常见的问题如表15－1所示。

表15－1 需求管理常见的问题

序号	主题	内容
1	需求收集	◇产品开发初期的论证不足，对客户/市场需求分析不充分、不透彻、不完整。新产品的设计要求在输入的时候不够清晰，设计过程中变更比较大，要么无法得到需求，要么得到一大堆无用的信息； ◇产品需求变化频繁，产品开发反复地“返工”，计划不如变化快，开发过程“失控”，前期不重视，后期没有办法只好走变更流程。需求不断地变化、调整使得产品始终难以定型。市场没有参与立项，需求文档质量不高； ◇缺乏完备的需求收集、汇总、整理和分析方法和机制，导致研发和市场脱节，产品需求获取途径比较随机，需求无法有效传递和落实，相关环节和部门对需求的理解也不一致，经常针对需求“吵成一锅粥”。私下大家都有很多需求，无有效的渠道收集、整理起来。收集的需求湮灭在各种报告中，真正使用时无法提取； ◇需求乱承诺，对不能做到的需求或者模糊的需求匆匆承诺，例如产品界面或者关键性能指标。市场一线及用户研究方面的信息反馈还有所欠缺，反馈问题偏急功近利，市场人员反映的需求得不到及时响应。需求提供者与接受者相互指责需求的交接过程； ◇没有明确规定不同阶段需求应详细到什么程度，市场需求模糊不清、需求的表达不规范、需求质量不高，直接影响了不同团队对需求理解的一致性；用户、市场、规划、开发对需求的理解不统一； ◇市场需求仅侧重技术功能，无法满足客户产品的性能、可维修性、可服务性需加强； ◇没有时间定义需求
2	需求整理和分析	◇对需求分析工作不重视，认为“不画图、不编码就等于没有干活”，产品需求分析工作持续时间短，需求分析不充分； ◇由于需求分析的不充分，使得需求无法成为产品测试的有效输入，导致测试方案和测试用例设计无法保证产品测试的完备性，影响产品质量； ◇如何在大量的信息中发掘用户的潜在需求，判断需求的真伪？在产品开发时发现有用的需求不多，无用的信息成灾； ◇高层领导直接跨越级别安排需求的处理； ◇如何对需求进行取舍？ ◇需求定义和评审没有用户的参与

续表

序号	主题	内容
3	需求分解和分配	◇需求没有有效地分级分层，没有明确不同阶段需求的范围，如何进行需求转换，以及需求分析的目的和方法； ◇需求在产品开发流程中的分解分配和产品的设计过程不规范，也缺乏对需求的跟踪，导致需求没有得到有效地实现； ◇需求的原因和优先级没有被理解或文档化； ◇产品本身没有明确的发展方向，市场人员没有提供有关信息，可行性分析中有关市场方面的资料都是靠开发人员自己出去找的； ◇需求反馈给领导或有关部门以后石沉大海； ◇缺乏导出需求、分析需求的技巧
4	需求实现	◇被动地理解和响应市场需求，导致产品上市晚，抑制了产品平台的创建； ◇工程师不清楚产品的针对性，如目标客户、使用环境、市场等，不清楚定位就无法把握重点； ◇实施中为了速度绕过了迭代程序； ◇研发队伍整日忙于应付突发的需求，无暇处理长远的需求
5	需求验证	◇需求发生变化后，市场、技术人员浑然不知； ◇需求得到满足后只有研发部门了解，其他人员还在为此烦恼； ◇用户实地检测没有条件（时间来不及），还可能泄密
6	需求过程管理	◇需求管理各个阶段的职责不清晰，也缺乏组织支撑。往往了解市场的不懂技术，懂技术的不了解市场，不知道需求应该由谁负责； ◇市场需求分析参与的角色过于单一； ◇市场需求的收集和分析没有成为一个例行的活动； ◇产品开发没有实现市场需求驱动，闭门造车，关注技术而不关心客户，产品开发出来后才找客户、找卖点； ◇由于对开发流程理解不够深刻，总体感觉有流程，但执行缓慢，且相关部门配合力度有待提高。流程不完整或实施质量差； ◇需求变更失控； ◇缺乏系统的工具，需求没有及时记录和有效管理，工作效率低下

15.2 需求管理组织与流程

15.2.1 需求管理组织

需求管理组织如表 15 – 2 所示。

表 15－2 需求管理组织

序号	主题	内容
1	集中式	产品种类少、复杂程度低，公司规模小，创业类、贸易型公司
2	分布式	产品线、产品种类多，公司 IT 建设相对成规模，公司分支机构较多

公司级需求管理团队建议为总体组，负责跨产品线的需求的汇总和传递。产品线的需求管理团队则建议为产品线总监、产品经理。

消费类产品企业建议设立用户需求和市场研究团队。搜集、分析、管理用户的需求和口碑，输出产品的战略方向，确保预研一代、生产一代、销售一代的可持续性。该团队会深度干预产品预研和后期迭代，研究对客户和消费者购买原因、推荐他人购买动力和忠诚度。事实上现在由于互联网的发达，信息传递迅速，销售的话术对用户的影响力越来越弱，客户和消费者很清楚自己的需求。客户和消费者主要购买的原因将是品牌和口碑。

可依据以下指导实施项目的需求管理：

◇依据项目的需要和特点规划需求管理，例如在项目开发计划中规定要使用的需求管理工具、需求评审活动及其参加人员、需求追踪范围、被追踪工作产品元素及追踪编号规则、各个研发阶段的追踪内容及负责人、信息访问权限、工具维护人员、需求状态及状态转换准则、需求状态跟踪的周期、需求的配置管理要求等；

◇对项目组成员进行需求管理过程的培训；

◇项目组成员依据规划进行评审、需求追踪等活动；

◇产品经理定期评审需求管理活动，并在项目状态跟踪报告中把情况通报给高层管理、PQA 组；

◇PQA 组参加需求相关的同行评审，定期审核需求状态跟踪、需求追踪信息的准确性，审核项目计划、活动和工作产品和需求的一致性，监督需求变更是否受控，并及时向项目经理和高层管理通报结果。

15.2.2 需求管理流程

需求管理流程如图 15－1、表 15－3 所示。

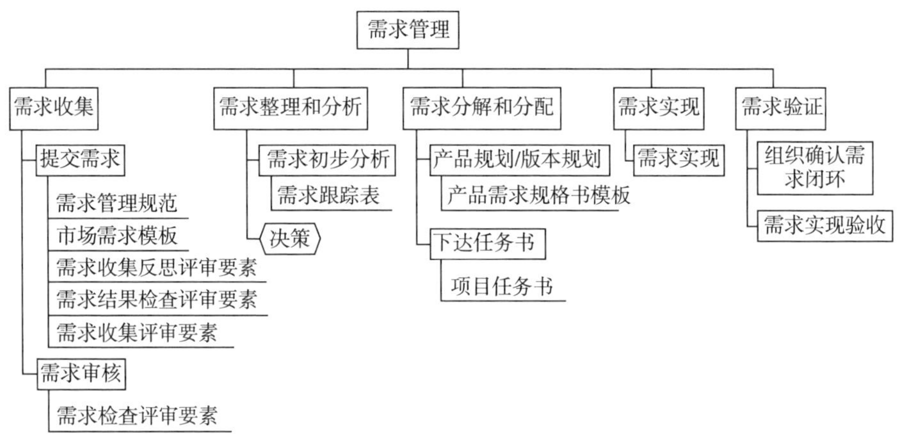

图 15－1　需求管理流程

表 15－3　需求管理流程

编号	活动	活动描述
1	提交需求	确定外部来源，客户、行业分析报告、竞争对手动态、展会媒体、技术论坛等。确定内部来源，产品开发团队、预研团队、市场团队、销售团队等
2	需求审核	需求澄清，过滤，检视整理有价值的需求
3	需求初步分析	商务，技术可行性分析，需求分类，排序
4	需求决策	短期需求纳入项目（转化为产品需求、实现完毕关闭、直接安排开发任务、转化为缺陷跟踪），纳入长期规划，在线评审/会议评审，驳回（重复提交、此前已规划、现有产品已满足、暂时无法实施），关闭
5	产品规划/版本规划	编制、分配产品需求，需求纳入产品业务计划
6	下达任务书	编制、分配产品需求，需求纳入预研项目、现有新项目、维护类项目、缺陷管理类项目，需求关联测试用例
7	需求实现	产品构建定义，编制构建计划。编辑、发布测试计划。需求的跟踪和变更控制
8	需求验证	执行测试，生成测试报告，发布版本

需求管理需要完成的任务包括：明确需求并达成共识，建立关联，根据不同需求设计相应解决办法，进行系统优化，提出设计方案，监控和解决可能出现的问题，以及需要做出的改变，控制不同开发任务的开展，对最终产品做出评测，监控可能出现的重复开发，提出项目实施时间表，确定最终用户需求。

15.3 需求管理步骤1：需求收集

15.3.1 需求的特点

◇需求不总是显而易见的，而且它可来自各个方面；

◇需求并不总是容易用文字明白无误地表达；

◇存在不同种类的需求，其详细程度各不相同；

◇如果不加以控制，需求的数量将难以管理；

◇需求相互之间，以及与流程的其他可交付工件之间以多种方式相关联；

◇需求既非同等重要，处理的难度也不同；

◇需求涉及众多相关利益责任方，这意味着需求要由跨职能的各组人员来管理；

◇需求发生变更；

◇需求可能对时间敏感。

15.3.2 需求收集12种方法

表15－4列出了需求收集的12种方法，并且列出了优劣势。通过这12种需求收集方法，收集原始需求数据，整理需求（解释和翻译、整合、归并、分组），排优先级，检查结果和流程规范性，完成需求收集活动。

表15－4 需求收集的12种方法

序号	名称	主要目的	优点	缺点	特点
1	用户拜访、投标、访谈、销售人员反馈、客户满意度调查	获得用户对现有产品的意见、未来期望、重要程度等，开发中新产品的早期反馈、验证	在反馈、验证过程中得到更多需求，客户对竞争者和公司产品的综合评述	意见散乱，从公司整体角度获得宏观的输入，对产品级的反馈较少	短期到中期的需求

续表

序号	名称	主要目的	优点	缺点	特点
2	研发高层交流	与用户交流双方在业务、产品上目前的问题和未来的趋势	了解双方问题的焦点，预测未来需求的要点	纯技术层面，对业务的需求和技术实现无充分的考虑，不可轻易承诺	覆盖从短期到长期的需求
3	内部专家顾问团	聘请行业专家、研发人员、技术规划人员根据产品市场趋势，提出的需求和新技术应用。找到跨不同用户群和产品的共同需求，确定它们的汇聚点	相互激发思维	容易走题	需求中长期、明确
4	用户大会、技术推广	产品发布，检视过去、规划未来。加强与客户的沟通交流，验证当前开发计划，商讨未来计划	高层次的交流，容易取得有价值的需求	需求采集淹没在产品的推销中。客户在会议上的语言闪烁其词	需求为中长期、未来版本
5	需求探针	了解客户目前的业务和需求，根据客户战略及业务的发展变化，预测客户需求	可以随时把握客户在业务方面和需求方面的变化，利于公司产品的改进和未来需求的预测	人员成本较高，人员素质要求高	短期、中期、长期需求全面掌握，适用行业大客户
6	合作开发	确保满足客户需求的产品，提炼客户的核心需求，深度了解客户的业务	对客户需求了解的深度与广度得到提高	容易忽略别人的经验点	中期需求
7	产品试用	对产品概念、原型的验证、补充	获得的需求明确，方便在产品的当前或以后版本中进行采纳	围绕问题，需求采集作用小，代表性差	短期需求
8	现场支持	派驻客户驻地，及时响应客户的支持需求获得产品问题和支持需求	一线接触，获得产品兼容、竞争比对、产品缺陷信息	关注产品的缺陷和问题较多依赖于双方支持人员的交流情况	短期需求，包括可服务性需求和服务需求

续表

序号	名称	主要目的	优点	缺点	特点
9	售后反馈/服务	采集目前公司产品存在的问题，特别是可维护性需求，减少维护成本	对现有产品的主要问题可以得到全面的反馈	对产品未来的机会点很少	短期需求
10	网站/售后支持热线	用户投诉、热线、售后维修记录，了解现有产品缺陷，重大事故经验	主要问题可以得到有效的体现	信息量大、杂乱。需求通常是非常具体的，需求收集并不是热线支持特别关注的方面	短期需求
11	参与行业会议、论坛/新闻媒体	委托第三方或者自行通过市场调查、网络等方式获得行业分析报告，业界的认知，提高信誉，吸引新的客户。收集业界与竞争对手情报的机会	会议是获得客户需求的一种间接方式	重点在于提高知名度和信誉，获得业界最新消息，收集竞争对手情报，获得客户需求并不是其关注的重点	获得中长期需求
12	标杆研究	收集竞争对手相关产品的技术规格资料，用标杆来评估产品性能，并按照业界/客户认可的性能标准衡量，以及产品与竞争对手相比的好坏	帮助测试是否满足性能要求，并反映出竞争定位情况	与需求收集的联系松散，不系统	适用于时间范围短的当前版本

案例分析：某企业的需求记录来源如图 15－2 所示。

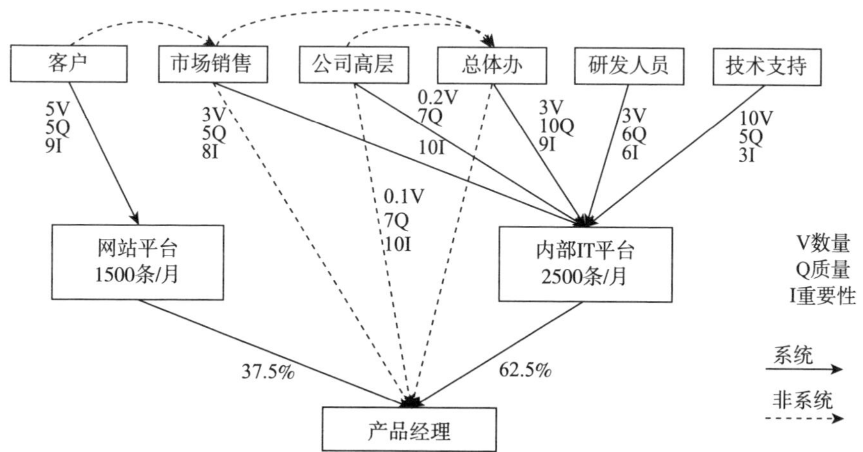

图 15－2　某企业的需求记录来源

该企业的需求统计特点包括：

◇网站平台约占1/3的需求来源，其他是内部IT平台；

◇太多短期需求（3~6个月内需要实现）；

◇需求拒绝的原因包括6.5%重复提交、9.5%无价值、16.1%已规划、21.3%已经实现、46.6%是长期需求。

一般需求收集有两个特点，一是大部分需求来自于公司内部渠道，需要增加客户渠道、市场渠道的需求。二是大部分需求都是短期需求，实现这些需求的产品必须在6个月或更短的时间内交付。应该有一大部分需求是交付时间为一年或一年以上的长期需求，这样才可以及时开发出高质量产品，而不是在最后时刻匆匆交付低质量产品。

所有的需求都要归入需求管理组织进行统一管控处理。有接口人的市场区域需求，也一并提交需求管理组织进行管控，对需求进行分析批准后再递交给研发实现。需要减少甚至杜绝绕过正式流程而向PDT直接提交客户需求。

建立客户需求收集的长效机制，识别客户的重要需求，降低需求收集的盲目性，建立合理的需求收集的方法和过程，提高需求收集的有效性，需求访谈的方法和技巧。

案例分析：某企业需求收集的来源如表15-5所示。

表15-5　某企业需求收集的来源

序号	主题	内容
1	新产品规划类需求	包括产品研发过程中产生的需求
2	老产品维护类需求	由外部传来的需求： ◇新功能：原产品不能支持的功能； ◇新配置：指产品设计时已考虑的各种功能组合，但产品上市以来主要量产的是一些常见的功能组合，而一些不常见的功能组合没有提供配置清单BOM，因此提出新配置需求； ◇定制化：指丝印、颜色、包装（说明书、铭牌、保修卡、装箱清单、包装箱、卡通箱）； ◇认证：老产品维护中仅指证书到期或其他需要重做的认证（新产品认证包括各项产品认证的计划，以及根据计划逐步地去做各项产品认证）
3	内部需求	成本降低，物料替换，缺陷修复，性能提升

15.3.3 需求属性模板

除了需求的内容外，每个功能需求应该有一些相关属性与之相联系。这些属性为每个需求建立了一个上下文和背景资料，方便对需求的理解，并为开发活动提供决策的参考。定义和更新这些属性值是需求管理的一部分。表 15－6 这个属性模板亦可作为《客户原始需求信息表》，对于收集到的用户需求详细记录到该表中，避免需求的遗漏。

表 15－6 需求属性模板

序号	需求属性	说明
1	需求编号	需求的顺序号
2	需求名称	标题，一句话概述需求内容
3	需求来源	由用户依据实际填写需求的来源，市场分析、预测、与公司各事业部及其他客户交流、使用过程、工作中的思考等，高层交流、定期客户拜访、现场支持、竞争产品分析、支持热线、参加展览会、客户满意度调查
4	需求提出人	该需求的提交人，一般是需求收集活动的责任主体
5	需求提交时间	自动记录
6	所属部门	提交人的所属部门
7	需求描述	需求内容详细描述，对需求的详细叙述，需求目标，必需的功能等
8	需求类别	业务需求、用户需求、功能需求、质量需求、性能需求、其他需求、问题、预研等可自由扩充
9	优先级	最高（5）、高（4）、中（3）、低（2）、最低（1），第 5 级需求在提交后第二天即要求开始处理，并由专人跟催。第 1 级需求定期进行处理，主要起备忘的作用。一般需求的优先级为 4、3、2
10	优先级说明	从各个角度（市场、成本、重要程度、紧急程度等）详细说明设置优先级的理由
11	所属产品	由用户填写需求对应的产品或者项目，包括产品的型号和版本，没有填“无”
12	客户信息	记录提供需求的客户信息（可选）：客户公司名称、客户姓名、客户职务、联系方式
13	希望交付日期	需求提交人员希望该需求交付的日期
14	竞争对手状况	◇指出竞争对手在该需求的满足程度情况，如有可能，指出具体的竞争对手。 ◇哪些竞争对手已实现该需求，描述竞争对手的特色和产品运行情况； ◇竞争对手是否就此点攻击我们产品； ◇用户是否会采用竞争对手的方案作为公司的替代方案； ◇实现该需求对竞争对手的影响

案例分析：某客户的需求卡片如表15－7所示。

表15－7　某客户的需求卡片

<table>
<tr><td>需求编号：年月日＋员工号＋需求顺序号</td><td>需求类型：（在进行评审时填写）</td></tr>
<tr><td colspan="2">来源（Who）：
◇公司提供者：需求提供者的部门、联系方式
◇产生需求的客户：用户需求的公司、部门、岗位、联系方式
◇客户背景资料：受教育程度、岗位经验、其他与本单项需求相关经验</td></tr>
<tr><td colspan="2">场景（Where、When）：
产生该需求的用户活动特定的时间、地理、环境</td></tr>
<tr><td colspan="2">描述（What）：
用（主语＋谓语＋宾语）的语法结构，禁止使用修饰语句</td></tr>
<tr><td colspan="2">原因（Why）：</td></tr>
<tr><td>验收标准（How）：
◇用量化的语言
◇无法量化寻找标杆</td><td>需求重要性权重（How much）：
◇满足后（1一般～5非常高兴）
◇未实现（1略感遗憾～5非常懊恼）</td></tr>
<tr><td>需求生命特征（When）：
需求的迫切度和时间持续性</td><td>需求关联（Which）：
◇人：需求关联的用户影响人物
◇事：需求关联的用户业务与关联需求编号
◇物：需求关联的客户系统、设备
◇需求关联的公司产品及版本</td></tr>
<tr><td>参考材料：在采集活动中的输入材料，仅仅输入援用的条目、章节</td><td>竞争者比对：（按照1差～10分好进行评估）
◇竞争者对该需求的满足方式
◇用户、客户对竞争者及公司在该需求的评价</td></tr>
</table>

15.3.4　需求收集要点

一般由产品经理编写汇总需求，列出需求规格表（或产品规格书，不管是ODM/OEM，还是自主研发产品），并不断完善。小一点的企业由项目经理兼职承担，但最好是设立产品经理负责，项目经理更侧重于项目管理，而不是产品管理。规范需求收集模板，形成需求IT数据库。需要保证足够的用户参与时间，因为用户经常不明白为什么收集需求和确保需求质量需花费那么多时间，不愿意给太多的沟通时间，研发人员也可能不重视用户的参与，觉得与用户合作不如编写代码有意思，或觉得已经明白用户的需求了。以下是需求收集的要点：

◇多听少说；

◇多听多问，不要推销你的想法；

◇对于听到的信息要确认，确保理解对方的意思，以及客户真正的意图；

◇语言要中性，有些话你越不赞同，可能越是机会；

◇表现得“无知”一些，让客户详细举例或描述；

◇聚焦于期望，而不是问题；

◇了解不一致的地方；

◇注意引导、倾听人们的“话外音”；

◇没有十足把握前，不要将你了解到的东西与他人交流；

◇不要完全相信任何人；

◇所有收集到的需求都应记录下来；

◇不对外承诺无法实现的功能、不能达到的指标。

15.4 需求管理步骤2：需求整理和分析

15.4.1 需求整理和分析过程

需求整理和分析过程如表 15－8 所示。

表 15－8 需求整理和分析过程

序号	主题	内容
1	需求完整性检查	◇需求录入完成后，产品经理对录入 PLM/IT 系统的需求信息进行正确性和完整性审核，必要时与提出者进行沟通，对相关信息进行更新及补充； ◇需求提出者在获取任何需求的更新信息时需及时通知产品经理，以便产品经理对录入系统的需求信息进行完整性审核，并补充必要信息

续表

序号	主题	内容
2	商务可行性分析	◇需求录入后对需求进行一定的筛选，给出可过滤的需求的标准，一般筛选时考虑是否与公司策略、公司投资方向、公司产品范围、公司主要市场、国家相关法规相违背； ◇产品经理根据需要组织相关的商务可行性分析人员，并组织开展商务分析活动，商务可行性分析人员通常来自营销、产品规划等部门。若需求较简单，产品经理也可不召集分析人员，由产品经理自己进行分析。进行商务可行性分析时，主要分析该需求的市场背景、商务前景、投入产出比、建议定价等，以确定该需求值不值得去投入，形成初步市场需求； ◇根据商务可行性分析结论，可以有以下几种处理方式：该需求从商务上分析可行，需要提交研发副总裁批准进一步进行技术分析，则进入技术可行性分析步骤。必要的情况下，研发副总裁将商务可行分析结论提交高层决策，决策通过后，方可进入技术分析环节。该需求从商务上分析可行，但需要长期规划的，需要纳入需求库。该需求在商务上没有前景，不需要实现，取消该需求，结束。需求信息不完善，需要进一步补充，返回到需求池，待补充后再进行规划
3	技术可行性分析	◇产品经理向研发中心各部门经理协调资源，成立技术可行性分析小组，对需求进行技术可行性的分析。产品经理需要同时明确技术可行性分析的时间要求。如果产品经理有能力自行分析，也可以不组建分析小组，而由产品经理自行给出分析结论和建议； ◇技术可行性分析小组负责对需求进行技术可行性分析，从软件、硬件、结构等各个领域进行全面分析，同时对需求实现过程中需要的资源、工作量及交付周期进行评估，确定所提出的需求，在技术上、资源上、时间上的可行性； ◇技术可行性分析小组需在指定的时间内得出并汇总分析结论，包括技术可行性、总体工作量、开发交付周期、资源计划、必要的技术方案及对需求决策的建议等，并在《需求管理表单》的技术分析部分填写分析结论，反馈给产品经理； ◇技术可行性分析过程中产生的分析文档等，可作为需求管理表单的附件提交，对技术可行性分析结论进行支撑。分析过程中，产品经理可根据需要组织技术可行性分析小组召开讨论会议
4	需求决策	需求分析完成后，产品经理负责向研发副总裁提交技术可行性分析结论，并进行需求处理方式决策

15.4.2 需求整理和分析3个要点

很多需求是隐性的，很难获取，又是易变的，还难以保证需求完整。过去需求分析更多依靠的是阅读企业的文件，但是企业的文件往往有局限性，例如落后于当前的业务、不够明确、依赖于管理水平的高低，所以后来获取需求的方法逐渐倾向组织访谈。据统计，项目中超过一半的问题都是在需求分析阶段不充分、不全面导致的，成功的项目都离不开成功的需求管理。需求整理和分析的要点如表 15－9 所示。

表 15－9　需求整理和分析的要点

序号	主题	内容
1	需求分析的关键是明确用户的本质需求，即挖掘表面需求背后更深层次的需求	收集来的用户需求甚至可能不是用户的真实需求，只有明确了本质需求，才能确定更好的产品方向，以更好地满足客户
2	优先满足真需求，减少或者不做伪需求	◇收集到很多需求，但资源显然有限，于是就需要对需求的优先级进行筛选和排列。怎么区分真需求和伪需求？用英文很可以清晰区分，伪需求叫 Want，真需求叫 Need。Want 的东西用户不一定会掏钱，Need 的东西用户一定愿意掏钱。所以识别出 Need 的需求是优先需要实现和满足的。 ◇对单个需求通常可以问的问题有：需求强度，用户是否痛？需求频次，多久痛一次？持续时间，是否持续地痛？广度，有多少用户有类似的痛点？付费意愿，用户为此痛点付费的意愿如何
3	优先实现有先后顺序要求里靠前的需求	产品开发的不同阶段需求关注点也有区别，一个全新产品最该实现的是用户最迫切的需求。产品逐渐成熟，需要实现的内容就越来越多，各种细节的体验需要提升

案例分析：

亨利福特曾说：“如果我最初问消费者他们想要什么，他们会告诉我要一匹更快的马。”有人说：“如果真是这样，汽车大王就不会出现了。”

福特为什么没有给用户一匹马，而是给了用户一辆车？因为在一匹更快的马这个表面需求背后，是更快、更舒适的出行方式，福特汽车显然是更好的产品。

15.4.3　20 种需求类型

20 种需求类型如表 15－10 所示。

表 15 - 10　20 种需求类型

编号	需求分类	内容标准
1	功能性需求	对产品必须执行动作的描述，每个功能性需求必须有一个验收标准。验收标准是一个目标，它使我们可以测试提交的产品是否按规定实现了该需求。对功能性需求来说，验收标准取决于所要求的动作，例如如果功能是记录一些数据，那么验收标准是数据必须能取出，且必须符合一定标准，计算结果数据必须符合预期结果
2	外观需求	当功能性需求得到满足后，常常是产品的外观决定了它们是否会成功。如果产品是卖给儿童的，观感需求应该色彩鲜明，看上去是专门为儿童设计的
3	易用性需求	对预期用户应该怎样容易地操作产品的想法。产品的易用性是从产品期望用户的能力和功能的复杂性上推导出来的。增加接受度量标准，确定使用人员的素质特征，同时定义在测试活动中的通过比例。一个用户应该从开始使用该产品起，无需使用操作手册，在特定时间内生产出特定的结果
4	性能需求 - 速度	某些产品必须能够在给定的时间内执行某些功能。不能做到则可能带来灾难性的后果。验收标准必须是可测试的性能度量标准，通过说明在怎样的条件下产品必须达到目标的时间限制，可以强化上述需求。不同类型产品的速度需求重要性的差异很大，研制一个导弹制导系统，那么速度是极端重要的，一个每六周才运行一次的库存控制报告系统对速度的需求就比较无所谓
5	性能需求 - 安全性	◇对可能造成人身伤害、财产损失和环境破坏风险的量化描述，产品应该通过认证，符合国家和国际的相应标准，由有资历的测试工程师来完成。 ◇谁被授权使用该产品？是否存在管理层敏感的数据？是否有一些数据是低层用户不希望管理层访问的？是否有一些过程可能导致损害或可能用于个人获利？是否有些人不应该有权使用该产品？
6	性能需求 - 精度	对产品产生的结果期望精度的量化描述
7	性能需求 - 可靠性	允许的两次失败之间无故障运行时间，或允许的总失败率。考虑产品的真正需求是否可用，还是任何时候都不会失效的
8	性能需求 - 容量	明确处理的吞吐量和产品存储数据的容量，保证产品有能力处理期望和数据量，建立客户期望和期望容量之间的关系
9	操作需求	突出指明可能需要特殊需求、准备或培训的情况，确保产品适合在预期的环境中使用。操作需求大部分是由“需求限制条件”中对工作场地的描述导出的，一般与易用性需求一起编写

续表

编号	需求分类	内容标准
10	操作需求－关联性	对产品必须与之交互的其他产品的描述，与其他产品交互的需求常常到实现阶段才被发现。我们的意图是通过及早发现这些需求来避免返工。针对每个产品之间的接口，描述相关的信息，将使用这些信息来确定实现的产品是否能与关联成功地协同工作
11	可维护性需求	对产品做特定修改所需时间的量化描述，可能存在一些特殊的维护需求，例如此产品必须能被最终用户维护，或由非最初开发者来维护。这会影响到产品开发的方式，可能会有额外的文档和培训需求
12	可移植性需求	对产品必须支持的其他平台或环境进行描述，量化客户和用户关于产品运行平台的期望
13	文化和政策需求	针对社会的和政策的因素的规格说明，这些因素会影响产品的可接受性。如果开发的产品是针对外国市场的，可能要特别注意这些需求。是否产品的目标是你所不熟悉的文化环境？是否其他国家的人或其他类型的组织中的人会使用该产品？人们是否有与你的文化不同的习惯、节日、文化上的社会行为规范？这些政策上的需求对最后结果影响大不大？事实是就算能找到更好、更有效、更经济的解决方案，产品也必须满足这些政策性需求。在这里就要探索一些相关问题，避免后来的痛心疾首
14	法律需求	动机是符合法律，以避免今后的延时、诉讼和法律费用。是否存在必须保护的版权？是否有一些你可能违反的竞争对手版权？是否要求开发者没有看过竞争对手的代码或没有为竞争对手工作过？是否有一些正等待通过的法律可能会影响到产品的开发
15	标准需求	满足标准，避免以后项目延期。有时存在适用的标准这一点并不明显，因为它们的存在常被当作是理所当然的。是否存在一些有适用标准的业界组织？是否存在实践、监察或调查等行业规则？对此类产品是否存在一些特殊的开发步骤
16	可重用性需求	可能用于该产品的通用件，包括采购的和公司自己的产品，避免重复发明。是否可能购买一些已有的或马上会有的产品？尽管一个现成的解决方案可能不存在，但还是可能有些本质上很类似的东西，可以拿来做些修改，这样会比从头开始效果要好
17	新问题－新产品对用户业务的影响	尽早发现任何潜在冲突，否则可能要到实现阶段才会发现。新产品是否可能破坏某些已存在的产品？人们是否会受到新产品的影响，或被新产品取代？这需要对当前环境进行研究，制作一个新产品的模型可以让大家很好地理解这些信息

续表

编号	需求分类	内容标准
18	新问题－新产品的兼容性	新产品将怎样与现存系统协同工作的描述。只在极少的情况下，新的开发是完全独立工作的。通常有一些现存系统，新的系统必须与它们共存。这个问题需要仔细查看现存系统，看看是否与新的开发有潜在的冲突
19	新问题－对用户习惯的影响	关于现有用户可能产生的敌对性反应的细节。有时现存用户使用产品的方式让他们会受到新产品/功能的不良影响。确定任何可能的用户敌对反应，决定我们是否要关注及可以采取什么样的预防措施
20	后续版本需求	动机是收集一些需求，即使它们不能成为当前开发的一部分，这样可以确保好主意不遗漏。需求收集过程常常发现一些超出产品当前版本的成熟程度或时间许可的需求。本部分包含有待后续版本实现的需求，这样做的意图是通过集中将来要实现的需求来避免用户和客户不满。同时通过弄明白这些需求并严肃对待它们来管理用户对系统的期望，但这些需求不会在本产品中实现

案例分析：需求归类示例如表15－11所示。

表15－11　需求归类示例

序号	要素	描述	内容
1	$价格	客户为一个满意的产品希望支付的价格。从实际和感觉两个方面来考虑客户能接受的购买价格，包括技术先进性、低成本制造、人力成本、制造费用、简易型和可生产性等	设计、可生产性、技术、原材料、生产、供应商、制造、人力成本、管理费用、工装
2	A保证	考虑客户在可预测的环境下的可靠性安全、质量、性能方面的评价	销售、渠道、交货期、广告、配置、定价和客户定制
3	P性能	从实际和感觉两个方面来考虑交付产品功能特性的性能，从客户角度是否能提供更好的性能，如速度、功率、容量等	功能、吸引力、规格、功率、速度、容量、适应性、多功能、尺寸
4	P包装	包装的设计质量、性能和外观等视觉特征，包括样式、模块性、结构、颜色、图形、工艺设计等	风格、尺寸、数量、几何设计、模块性、界面、图形
5	E易用	交付的易用性，包括舒适度、文档支持、人性化、直观性、输入输出方便性等	用户友好、操作控制、显示、培训、文档、帮助系统、人为因素、接口、操作

续表

序号	要素	描述	内容
6	A 可获得性	用户容易购买到，包括预售、购买渠道/供应商选择、交付时间和客户定制能力等	可靠性、质量、安全性、误差极限、完整性、强度、适应性、负荷量
7	L 生命周期成本	用户使用的生命周期成本，如安装成本、培训、服务、供应、效率、价值折旧、处理成本等	寿命、正常运行/停工时间、可维护性、服务、备件、升级、运维成本、安装成本
8	S 社会接受度	影响用户购买的其他影响，如第三方评价、形象、政府或行业标准、法规、法律关系等	间接影响、采购代理商、社会认可程度、法律关系、工作产所、政治

15.4.4 高质量需求的 10 个要素

高质量需求的 10 个要素如表 15－12 所示。

表 15－12 高质量需求的 10 个要素

序号	主题	内容
1	正确	不要缺少信息，不要包括不需要的信息，每一项需求都必须准确地陈述其要开发的功能。只有用户代表才能确定用户需求的正确性，这就是一定要有用户的积极参与的原因
2	清楚、明确、无二义性、无冗余	每一项需求都必须将所要实现的功能描述清楚，以使开发人员获得设计和实现这些功能所需的所有必要信息。对所有需求说明的读者都只能有一个明确统一的解释，所以尽量把每项需求用简洁明了的用户性的语言表达出来。需求的详细程度和可理解性是一个抛物线轨迹，适中的那个高点是我们追求的方向，也是需要学习和积累的技能。需求分析最重要的是和用户沟通，少用行话，以免造成用户理解上的困难
3	完整	考虑分界条件、例外情况、不要落下需求，需求的完整性是非常重要的，因遗漏需求而不得不返工代价会增大几倍。但需求的遗漏是经常发生的事情，因为用户不知道该做些什么
4	一致性、可追溯的	用户需求必须和业务需求一致，功能需求必须和用户需求一致，保证最后开发出来的产品不会偏离最初的实现目标，例如用户需求不能超出先前指定的范围
5	可验证的	检查一下每项需求是否能通过设计测试用例或其他的验证方法，如用演示、检测等来确定产品是否确实已按需求实现。如果需求不可验证，则确定其实施是否正确就成为主观臆断，而非客观分析。一份前后矛盾，不可行或有二义性的需求也是不可验证的

续表

序号	主题	内容
6	可理解的	必须书面记录下来，能让所有利益相关人都能理解需求内容
7	可测试的	一个项目的测试不是从编码完成后开始，也不是编码的时候同时进行单元测试，编码完成后进行系统测试，实际上测试是从需求分析过程就开始了。需求分析是测试计划的输入和参照，这就要求需求分析是可测试的。如“我们要用新的系统完成报表自动化处理”，这样的需求就不是可测试的，报表包括哪些？自动化处理的标准是什么？这些在需求中都没有说明
8	可行的	每一项需求都必须是在已知系统和环境的权能和限制范围内可以实施的
9	必要性	每一项需求都应把客户真正所需要的和最终系统所需遵从的标准记录下来。必要性也可以理解为每项需求都是用来授权编写文档的“根源”
10	优先级	给每项需求、特性或使用实例分配一个实施优先级以指明它在特定产品中所占的分量，如果把所有的需求都看作同样重要，那么项目管理者在开发或节省预算或调度中就丧失控制自由度

15. 4. 5 需求流程与状态

需求流程如图 15 - 3 所示。

项目定义好需求的状态后，也应明确规定状态之间的转换路径、转换条件、有权修改状态信息的人员，并按照这些规定进行状态的更新。图 15 - 4 是利用状态图表达需求状态和转换条件的例子。

定义需求的状态如表 15 - 13 所示。

表 15 - 13 定义需求的状态

序号	状态值	定义
1	被建议	该需求已被有权提出需求的人建议
2	被拒绝	该需求被建议后，未能获得实施的批准
3	被批准	该需求已被分析，估计了其成本和对项目其他部分的影响，已用一个确定的产品版本号或创建编号分配到相关的基线中，开发团队已同意实现该项需求
4	被实现	已实现需求的设计，完成编码和单元测试
5	被验证	使用所选择的方法如测试已验证实现的需求，该需求现在被认为完成
6	被废除	被批准的需求已从基线中废除，但记录了原因说明和做出废除决定的人员
7	已交付	需求已通过顾客方的验收测试

需求线索收集
需求分析
需求分发
需求实现
需求验证
市场领域
主机厂明确需求
销售投标/答标
客户特殊需求
销售捕获零散收集
中长期需求
标书需求
客户特殊需求
紧急需求
客户零散需求
内部相关部门
内部改进需求
技术交流/竞品分析
市场洞察
行业技术趋势/要求
产品/技术/平台相关需求
技术预研需求
需求代表
汇总
澄清
技术需求
审视决策
SPDT经理
决策
分发
技术预研需求
中长期需求
短期需求
紧急需求
中长期产品规划
规划的需求
立项开发
自定义产品初始包需求
A/B/C类产品开发
产品包需求
产品包
领域（公司）基线需求
技术转化为产品
技术规划及技术预研
需求信息
客户
市场销售
客户/内部验证
需求确认

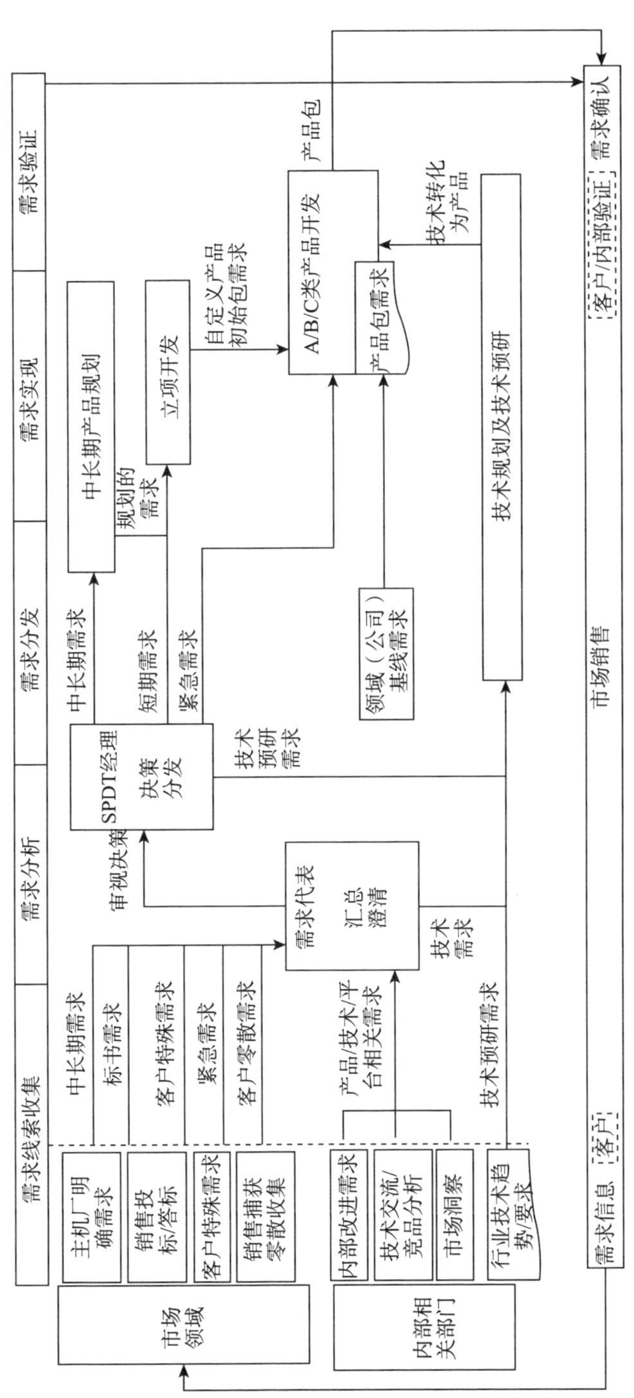

图 15–3 需求管理流程

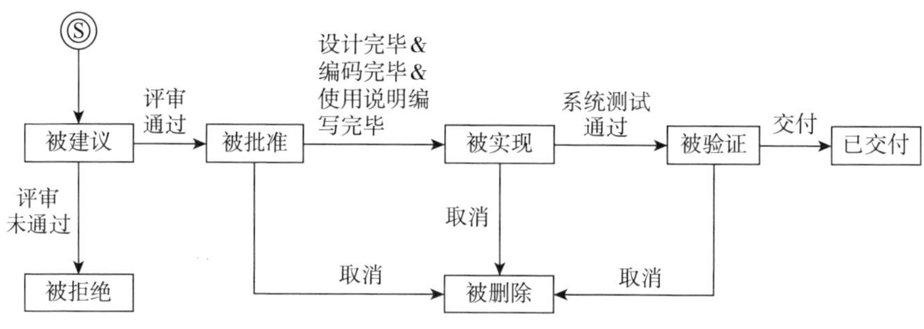

图 15－4　需求状态和转换

在项目进展过程中，为了有效进行监控工作，需要定义需求的状态，周期性地报告处于某类状态的需求在整个需求中所占的百分比。

案例分析：更复杂一些的需求状态汇总如表 15－14 所示。

表 15－14　更复杂一些的需求状态汇总表

序号	状态值	定义
1	被创建	需求刚被输入到“原始需求收集库”中的状态
2	被拒绝	评审后，由于条件不具备，未能获得实现批准。无需重新评审
3	被挂起	评审后，无法得到结论，需要延期进行评审，或者需要补充材料后重新进行评审。需要定期或事件驱动地重新评审
4	被建议	原始需求被系统组建议预研
5	被预研	被建议的需求通过了预研建议评审，正被预研
6	被立项	预研结果表明需要以被预研的需求为基础开发新项目，这些需求处于立项过程中
7	被批准	该需求已被分析，估计了其成本和对项目其他部分的影响，已用一个确定的产品版本号或创建编号分配到相关的基线中，开发团队已同意实现该项需求
8	被规划	目前没有实现，但是已经规划在未来的版本中实现
9	被分配	已经分配到下一级需求（如系统需求已经分配到了软件需求）
10	被实现	需求已被设计、编码并通过仿真验证
11	被验证	被实现的需求通过了某种方法的验证，该需求被认为已完成
12	被删除	被批准的需求已从基线中删除（应记录删除原因和做出删除决定的人员姓名）
13	被交付	需求已通过用户的验收测试

15.5 需求管理步骤3：需求分解与分配（分发）

15.5.1 需求分解与分配注意点

需求分解与分配注意要明确系统内、外接口定义，确保所有的功能需求都分配到物理部件，每个功能都要由一个物理部件来完成，将非功能需求分解分配到功能和物理部件，最终形成产品的设计需求。对需求的处理方式可有以下决策意见：

◇长期的、模糊的需求分发由市场分析人员进一步调查，收集与其市场规模、市场增长率、市场竞争程度和市场细分情况等相关的市场数据，描述新产品或新领域的机会；

◇中长期的、与现有产品相关的、清晰的需求分发由规划人员进一步分析需求，根据需求优先级，定期进行产品规划，调整和优化《路标规划》和《版本规划》；

◇拒绝：取消该需求，结束；

◇重新分析：若决策认为需求分析不充分，则返回给产品经理，要求重新进行需求分析；

◇发起新产品进行开发：对于已确定为新产品开发，由产品经理提出立项产品开发需求，提出立项申请给主管研发的副总裁。由主管研发的副总裁批准立项并提名项目经理，发起全新、衍生产品开发项目，走立项流程；

◇接受、纳入现有开发项目：由产品部更新并提供《产品需求规格书》，提请主管研发的副总裁批准，批准后由项目经理纳入现行开发项目，参考《变更控制流程》进行需求变更。在计划决策评审点之前，分发的需求通过增加到产品包需求文档中。在计划决策评审点之后，分发的需求需要通过需求变更流程进行处理，值得注意的是这种方式的分发会对产品开发造成较大的影响，公司应尽量避免或者减少这种路径。

15.5.2 需求分配评审

项目研发团队成员充分表达对分配给自己的需求的看法，评审分配的需求是否可行，适合用软件或硬件实现，清楚、可测试、完整、没有遗漏。值得注意的是，除了技术需求外项目研发团队成员也应评审非技术需求如时间、工作量、成本方面的协议、条件、条款，同时分析和分配系统需求小组对评审中发现的缺陷，进行必要的修改。

需求评审及需求分配的评审可以被看作是一种早期的测试工作，投入到有效评审的时间在后续的阶段中会得到百倍甚至千倍的回报。因此项目管理从计划开始就应该为评审配备充足的时间和人力和其他资源，并采取措施保证评审的实效性。评审的形式可依据项目的特点和规模选取，如单人复审、走查、审查。评审人员的选择应注重广泛代表性，但也要注意控制审核队伍的规模，避免同一场评审中重复出现代表同一职责小组或利益的人，使评审难以控制。

15.6 需求管理步骤4：需求实现（执行）

根据需求进行开发，不应随意添加或者改变需求。记录需求和别的系统元素之间联系的最普遍方式是使用需求追踪矩阵。需求追踪记录的另一个形式是两维矩阵的集合。追踪矩阵表明每个功能需求向后连接一个特定的用例，向前连接一个或多个设计、代码和测试元素。设计元素可以是模型中的对象，例如数据流图、关系数据模型中的表单、或类。代码可以是类中的方法，源代码名、过程或函数。加上更多的项就可以拓展到与其他工作产品的联系，例如在线帮助文档。矩阵中细节越多就越花时间，但同时很容易得到相关联的产品元素，在做变更影响分析和维护时就可以节省时间。

表 15－15 是一个两维矩阵的例子。这个矩阵表示每个用例要依赖哪些功能，以及每个功能是哪些用例的组成部分。根据需要还可以有需求与需求、需求与设计、设计与测试等元素之间的追踪矩阵。这种表格绝大多数单元都是空的，但是它可以表达多对多的联系。

表 15－15　两维矩阵的例子

功能需求	用例			
	增加网元	删除网元	编辑网元	处理网元故障
FR－23. 1 应以图形显示网络拓扑	↵	↵	↵	↵
FR－24 应能批量编辑网元属性	↵		↵	
FR－25. 2 应能检查网元属性的合法性	↵		↵	
FR－25. 3 应能通知网元数量过多	↵			

15.7　需求管理步骤 5：需求验证

15.7.1　需求验证过程

为了监控和保证需求管理活动得到落实，产品经理/项目经理/PQA 定期或根据需要验证和评审需求管理活动，主要指向客户进行验证。选择调查客户，一般是非常可靠、熟悉的客户。选择调查形式，包括会议、面谈、电话、信件、网络。通过文字、草图、录像、情景展示、模拟、多媒体、外观展示模型、工作原型等方式进行需求的概念表达，建立操作性的概念和场景。

项目经理还应定期或事件触发地向高层管理报告需求管理活动（例如通过项目状态跟踪报告），高层管理对之进行评审。

PQA 组应定期审核需求管理活动和工作产品，并向高层汇报结果。审核至少应验证分配给项目组的需求已经经过评审，评审问题已经解决。需求变更发生后，经过和受影响的项目团队成员协商，项目计划、工作产品和活动得到了合适的修改。

15.7.2　需求跟踪

需求跟踪的目的是建立与维护“需求－设计－编程－测试”之间的一致性，确保所有的工作成果符合用户需求。需求跟踪有两种方式：正向跟踪和逆向跟踪。正向跟踪指检查每个需求是否都能在后继工作成果中找到对应点。逆向跟踪指检查设计文档、代码、测试用例等工作成果是否都能找到需求对应点。

产品经理追踪需求传递的每个流程，记录决策结论，持续维护《需求状态跟踪表》，保证该表的正确性及完整性，并及时更新 PLM 系统上的需求信息，将决策意见反馈给需求提出者。需求提出者获得决策意见后，将信息反馈至原始需求提出者。产品经理持续跟进进入开发环节的需求，并及时将需求完成情况反映到 PLM 系统的需求跟踪表中，将相关进展反馈给需求提出者。

15.8 需求管理专题

15.8.1 市场需求、产品需求、设计需求的关系

项目目标是分层次的，所以需求也是分层次的，如表 15－16 所示。

表 15－16 需求也是分层次的

序号	主题	内容	输出
1	业务目标	在项目干系人眼中，项目需要解决什么问题	项目任务书
2	用户目标	用户需求，在产品具体使用者眼中，产品需要完成哪些功能	市场需求规格
3	功能目标	功能需求，在产品开发过程中，产品需要具有哪些功能	产品需求规格

市场需求、产品需求、设计需求的关系如图 15－5、表 15－17 所示。

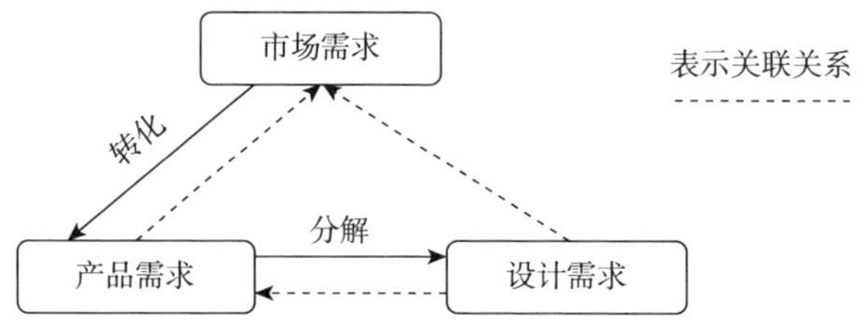

图 15－5 市场需求、产品需求、设计需求的关系

表 15 - 17　市场需求、产品需求、设计需求的关系

序号	主题	内容
1	市场需求（用户需求）	◇用户需求是指来自于客户或代理人的原始需要的描述，通常它描述的内容包括客户所面临的业务问题，并对问题解决所提出的期望； ◇用户需求并不一定要由真实的客户提出，它可以由任何人提出，反映了客户对系统或产品高层次的目标要求； ◇由于客户能力和水平的限制，一般情况下，用户需求的描述较为随意、笼统和概括； ◇市场需求是经过产品经理分析后的客户/用户需求信息，体现了客户和竞争的情况
2	产品需求	◇经过了产品经理分析和抽象后的需求定义； ◇与用户需求不同，产品需求是站在产品的角度，描述产品必须具备的产品功能，以及所需具备的特性及能力。产品需求是客户与研发项目之间的信息桥梁，通过它将客户语言转化为产品语言； ◇产品需求更多是从客户的产品发展、财务、战略出发，更多体现了客户高层的要求，涉及产品整体宏观上的要求，也就是对与其他产品有明显差异的特性需求
3	设计需求（需求规格）	◇根据产品开发的需要，在产品需求的基础上进一步细化和明确，定义产品的详细规格甚至设计特性。以便在研发团队间建立对需求的统一认识，用来指导产品设计工作的输入； ◇设计需求是三个层次的需求中最详尽、最抽象的描述方式； ◇设计需求顾名思义就是设计 + 需求，设计需求定义时一定要在深度上下功夫，细化到能够通过设计来实现，并且能落实到具体的物理模块来承载

很多企业从产品需求或者设计需求开始研发，缺失了市场调研、市场需求收集、需求过滤及分析、版本路标规划的动作。应该根据市场需求定义产品需求和设计需求，设计需求应和客户达成一致，且简单明了、不易误解、可量化、可验证，能通过详细和实际的测试加以检验。

15. 8. 2　需求管理和产品开发流程的关系

需求管理和产品开发流程的关系如表 15 - 18 所示。

表 15－18　需求管理和产品开发流程的关系

序号	主题	内容
1	需求分配到产品开发	◇潜在需求（收集并输入需求管理流程的需求）被分配到 PDT 进行处理。需求在 PDCP 之前到达 PDT，需求可能被接受、延迟或拒绝。被接受，就会将潜在需求融入基线和计划，随后要通过 CDCP/PDCP 审批。有效的潜在需求可能不会被 PDT 整合到基线中，此时会延迟潜在需求，以后处理； ◇对于 PDCP 后 PDT 的新或变化的需求，应触发需求变更流程。PDT 应在 IPD 框架中考虑需求，并通过 IPD 管理体系进行正式决策
2	定义产品需求时参考需求库	在 PDT 定义产品需求时需要查看潜在需求库，需求管理流程为获取潜在需求库提供了条件，PDT 会参考该需求库并确定是否有可以使用的高价值需求
3	产品开发过程中检查需求是否已处理	在重要的里程碑点（PDCP、ADCP）检查需求是否已处理，承诺的需求是否已执行

15.8.3　客户需求变更流程

客户需求变更流程如图 15－6 所示。

15.8.4　需求管理等级

笔者把企业的需求管理分为以下几个等级，企业可以比对处在哪个等级，如表 15－19 所示。

表 15－19　需求管理等级

序号	主题	内容
1	出租车公司	招手即停
2	公交车	只有六站，只在六个地方停车，只在产品开发的六个技术评审点更改产品需求
3	长途大巴	全程高速，中间不停车
4	飞机	什么时候起飞、什么时候落地公司说了算，有意见可以提，但是公司不一定采纳

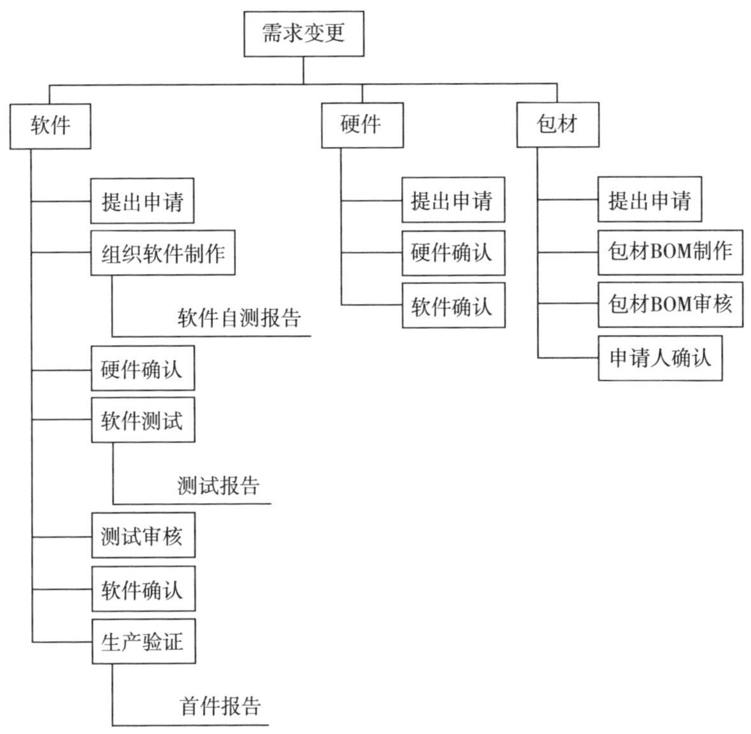

图 15－6　客户需求变更流程

15.8.5　需求度量

为了反映需求管理活动的状况、改进需求开发过程，产品经理/项目经理应周期性地或事件驱动地收集如下度量数据。

◇用户需求/产品需求总数量和新增数量；

◇需求变更的总数量和新增数量；

◇需求缺陷的总数量和新增数量；

◇需求在各个状态的分布数量和百分比；

◇需求开发各阶段投入的人数和各阶段总的工作量；

◇处在不同状态（提议、批准、实施、实现、完成、不通过和拒绝、预研、延迟、上报、废弃）的变更请求的合计数量或百分比；

◇每个部门发出的需求变更请求的数量；

◇需求变更活动的人力、物力；

◇需求变更率：需求基线化后，变更的需求数/实现的需求总数；

◇需求有效率：产品发布后，市场及客户确认的有效需求数/实现的需求总数；

◇需求及时关闭率：入库需求及时关闭率/需求总数；

◇需求变更工作量；需求追踪工作量。

应定期跟踪需求的状态分布，以图表的形式展示出来，如图 15－7 所示。

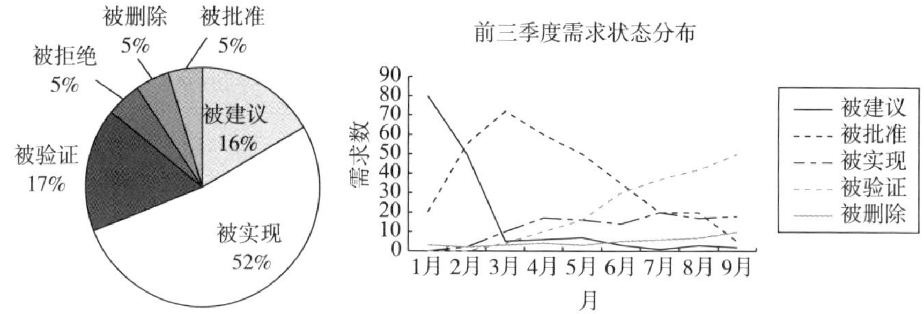

图 15－7 需求的状态分布

15.9 需求管理输出模板

15.9.1 市场需求模板

市场需求模板用来提供对产品市场需求方面的清晰描述，可以通过不同的手段对客户的需求进行收集，如客户访谈、专题分析、市场调研等，然后将客户需求转换成市场需求并存档，如表 15－20 所示。

表 15－20 市场需求模板

序号	主题	内容
1	概述	本部分提供该产品目标市场的市场需求的概要性描述。该部分简单描述了客户的种类、目标市场，以及产品如何满足目标。该部分是对全部市场需求文档的总结，包括市场状况概述、市场趋势概述和产品概述

续表

序号	主题	内容
2	客户需求	◇可以通过多种方式收集客户的需求。判断客户需求的最好办法之一是对客户进行访谈，现有客户、以前失去的客户，甚至竞争对手的客户都会向访谈小组说明他们各自不同的需求，可以采用的是 $ APPEALS 方法。另外许多公司的员工与客户保持着不同层次的关系，这些员工也是收集客户需求的另外一种资源； ◇需求描述； ◇需求排序； ◇鉴别客户在决定购买的关键标准，可以采用内部和外部访谈及讨论来决定客户购买的标准，这个标准需要内部和外部的验证
3	需求解释	◇当收集到了客户的需求后，所有的功能团队要对这些数据进行解释和讨论。讨论的主要目的是将客户的需求转换成市场需求，然后用市场需求来驱动产品的具体规格和特性； ◇将客户的数据正确地解释十分重要，解释客户数据时要说明产品必须有什么功能，而不是可能怎样实现这些功能，将需求作为原始资料具体说明，使用肯定的，不使用否定的措辞，避免使用像（like）和应该（should）这样的词
4	需求验证	本部分描述确认客户需求的计划，确认的形式可以是额外的客户访谈、调查、专题、实验局等，列出验证需要明确，或细化的客户需求的时间、验证形式、客户选择等内容
5	客户反馈	客户反馈发生在验证之后，本部分描述客户的反馈如何支持或否定产品的市场需求，并包括了每种市场需求的原始信息。验证原始的客户需求之后，描述客户的实际反馈，并基于需求假设和反馈获得方式的描述验证上述每一个市场需求情报的有效与无效

15.9.2 产品需求规格书模板

产品需求规格书模板如表 15－21 所示。

表 15－21 产品需求规格书模板

序号	主题	内容
1	概述	◇目的：描述本文档的目的和内容； ◇范围：描述文档所包括和不包括的内容
2	总体描述	◇系统概述：描述系统的背景信息，与其他系统所组成的整体环境。建议通过方块图来描述更大系统的主要组件，互连性及外部接口； ◇系统的状态和模式：如果系统需要在不同状态/模式下操作，并且不同状态和模式有不同的需求，本小节就需要描述不同的状态/模式，以及对应实现的需求，典型的状态/模式有空闲、准备、激活和倒换等； ◇相关操作：列出系统的相关人员特征，如用户、操作人员、技术支持人员、开发人员等

续表

序号	主题	内容
3	操作场景	◇描述一个或多个操作场景，以说明系统在其上下文中的作用，用户/其他系统的接口与交互； ◇描述的内容包括频度、触发因素、前置状态、主要步骤、异常情况处理，以及后置状态等，设计人员可以根据需要进行选取； ◇操作场景的描述也是产品需求规格的一部分，具体可分三个步骤来描述：操作概念上下文描述，操作场景描述，功能、性能需求描述
4	具体需求	◇功能需求：详细描述所要求的系统行为，以及相关的参数，如时间约束（例如响应时间）、先后顺序、精度、容量（数量的多少）、优先级、操作允许的偏差、性能等，异常情况下系统的行为，错误处理的相关需求； ◇性能需求：描述系统（或人与系统交互）的静态和动态的量化需求，以及相关的配置信息； ◇特殊需求：如环境需求、电磁兼容性需求、防护需求、安规需求、安全和保密需求、国际化需求、包装需求、用户资料需求等
5	外部接口需求	◇标识系统的外部接口，描述接口实体。需要时可以援引其他文档的内容（如数据字典、协议标准、企业规范等）； ◇可以按照接口的类型来划分子章节来描述，如操作接口、软件接口、物理接口、通信接口等，也可以使用表格的方式描述所有接口
6	设计约束	描述制约设计和构建系统的需求，对于软硬件系统还要描述系统的物理要求，这些约束可以通过援引业界标准和公司规范来详细描述
7	系统质量属性	详细说明系统质量属性相关的需求，它们通常是一些系统必须满足的非时间性需求，如可靠性、可维护性、可制造性等，设计人员可根据需要进行增减
8	验证	定义上述需求的验证方法，以检验它们是否被满足。可以通过表格在本章集中记录这些信息，也可以在需求描述中描述相关的验证方法。验证方法有：演示，不需要使用仪器，特殊测试设备或后续分析，可以直接观察的系统或系统一部分的运作。测试，需要使用特殊的测试仪器来收集数据进行后续分析的系统或系统一部分的运作。分析，其他验证方法收集数据的处理，测试结果的插补、外推等。检视，对系统的部件、文档的检视。特殊的验证方法，任何的特殊验证方法，如特殊工具、技术、过程、设施、试验模型等

15.9.3 需求变更申请模板

需求变更申请模板如表 15－22 所示。

表 15－22　需求变更申请模板

序号	主题	内容
1	变更的内容及其理由	填写需求变更的原因、内容和原因
2	评估需求变更将对项目造成的影响	评估需求变更可能导致的影响，以便审核人员审核
3	申请人签字	

15.9.4　客户需求和方案变更分析报告

客户需求和方案变更分析报告如表 15－23 所示。

表 15－23　客户需求和方案变更分析报告

序号	章节	内容
1	基本信息	产品名称，项目名称，项目经理，项目申请人，申请时间
2	变更类型	新增需求，需求变更，内部改进，产品缺陷，系统环境变更，其他
3	变更描述	变更前描述，新需求或者变更后描述
4	变更影响	变更对进度的影响（天），变更对成本的影响，更对质量的影响，变更引起的风险
5	变更结论	立即更改，推迟更改，拒绝更改

15.10　需求评审要素

15.10.1　单项需求检查表评审要素

单项需求检查表评审要素如表 15－24 所示。

表 15－24　单项需求检查表评审要素

序号	类型	内容
1	完整性	◇所描述的需求是否记录了需求的来源和提供者？联系人的姓名、电话、Email等资料是否填写详细？如不是公司人员，是否提供了工作单位、职务等？ ◇对需求的详细描述是否具体和完整？ ◇所描述的需求是否记录了需求的期望交付时间或者实现版本？是否有性能要求？ ◇是否列出了所有与此需求有依赖和矛盾关系的其他需求？ ◇是否给每项需求注明了编号
2	正确性	◇所描述的需求是否表达了客户和用户的真实需要？ ◇对设计约束的描述是否正确？除此之外的需求是否独立于设计？ ◇对用户任务或者操作流程的描述是否正确？ ◇需求是否清楚明确、没有歧义
3	一致性	◇所描述的功能是否与应用定位一致？ ◇需求与实际操作环境是否一致（包括环境要求的精度、事件的执行顺序等）
4	可测试性	◇每项需求是否清晰并可通过有效的方式验证（评审、原型、测试）？ ◇是否说明了需求的验收方式、验收依据？验收标准是否可执行？是否为验收测试建立了明确的通过/失败准则

15.10.2　用户需求说明评审检查要素

用户需求说明评审检查要素如表 15－25 所示。

表 15－25　用户需求说明评审检查要素

序号	类型	内容
1	完整性	◇是否反映了所有客户和用户的期望和需要？是否可以清楚地理解需求清单所表达的要求？是否说明了应用定位和操作场景？用户是否有安全性和保密性方面的要求？用户对界面是否有明确的要求？是否已经澄清了用户所有的细节问题？是否遗漏需求？需求是否不完整？ ◇是否列出了用户需求的接收准则？是否已经去除多余的、不必要的或混淆的需求？是否明确了不期望的事件？是否描述了系统明确不包含的功能和原因？是否有必要通过原型法了解用户需求？ ◇是否列出了需要跟踪的关键技术性能指标？是否已清晰定义关键需求，搞清楚主要的系统设计驱动因素？ ◇需求分析是否已经充分而不至于对后续设计工作带来隐患，或者给用户带来意外？ ◇操作流程的描述中，是否所有的步骤都是充分必要的？是否已将“必需有的”与“最好有的”需求区分开？ ◇文档的编写是否符合模板的要求

续表

序号	类型	内容
2	正确性	◇用户需求的优先级是否正确? ◇涉及资源和性能的需求是否描述了相应的管理方式
3	可行性	◇需求实现的工作量是否与项目的费用、进度预算一致? ◇现有的技术水平是否可以满足需求实现的需要
4	一致性	◇各需求在内容描述上是否一致?所有需求的编写在详细程度上是否都一致或合适? ◇所用术语是否与用户的惯例一致?如果不一致是否可以被正确理解? ◇是否对不同用户的类似要求做了平衡和归一处理，或者做了特殊说明
5	可修改性	◇变更一个需求是否不会对其他的需求有重大影响? ◇是否对有依赖关系的需求进行了标识? ◇是否注明了外部引用的位置，并方便查找?外部引用是否正确、明确

15.10.3 需求检查评审要素

需求检查评审要素如表 15－26 所示。

表 15－26 需求检查评审要素

序号	类型	内容
1	功能需求	◇是否详细定义了系统的全部输入/输出（来源、精度、取值范围、出现频率），所有输出格式（Web 页面、报表等），硬件及软件的外部接口? ◇是否列出用户想做的全部事情? ◇是否定义了每个任务所用的数据，以及每个任务得到的数据? ◇是否说明了对每个输入的验证措施，并描述了每个输入的属性，如度量单位、边界值、时序要求等
2	非功能需求	◇是否为全部的操作，从用户的角度，详细描述了期望的响应时间? ◇是否详细描述了其他与计时有关的考虑，例如处理时间、数据传输率、系统吞吐量? ◇是否详细定义了系统的可维护性，包括适应特定功能的变更、操作环境的变更、与其他软件的接口变更能力

续表

序号	类型	内容
3	需求质量	◇需求使用用户语言描写的吗？用户也这么认为吗？ ◇每条需求都不与其他需求冲突吗？是否详细定义了相互竞争的特性之间的权衡？ ◇需求是否足够清晰，即使转交给一个独立的小组去构建，他们也能理解吗？开发者也这么想吗？需求是否在详细程度上保持相当一致的水平？有些需求应该更详细的描述吗？有些需求应该更粗略的描述吗？ ◇每个需求条款都与待解决的问题及解决方案相关吗？能从每个条款上溯到它在问题域中对应的根源吗？ ◇是否每条需求都是可测试的？是否可能进行独立的测试，以检验不满足各项需求
4	需求收集反思	◇我们是否已经与目标市场中的主要客户交流过？我们是否考虑了客户的潜在需求和未来的用户需求？正在进行中的访谈中，是否每个访谈的客户都很合适？我们是否收集了组织中会接触客户的每个人的需求？ ◇我们学到了什么，是否有重大发现？是否有需要重复做的地方？ ◇对于流程我们可以做哪些改进
5	需求收集要点	◇客户试图解决什么问题？顾客目前尚有那些等待解决的问题？客户有什么期望？客户对产品特征、属性、性能认为哪些是必须具备、有更好、可有可无、不需要？还缺什么？ ◇什么是客户今天的需求？一年后、两年后、五年后的需求是什么？客户认为未来市场的变化趋势会是什么？五年后的市场将是什么样的？客户想怎样增长自己的业务？ ◇我们产品最适合的客户群？现在我们给客户带来什么价值？优势和劣势是什么？如果客户重新选择将如何选择？针对本领域的产品客户最大的担忧是什么？ ◇谁是我们的竞争对手？客户认为谁是我们的竞争对手（直接和潜在）？客户说我们竞争对手的优势和劣势
6	优先级考虑要素	◇需求是如何体现到产品功能、可用性、可靠性和性能中去的？ ◇在进度约束下，需求实现后的效果是否值得？现实下需求是否带来风险？ ◇该需求如果实现了，对进行产品维护的能力有什么影响？ ◇检查开发进度，是否有时间完成所有高优先级需求

15.10.4 需求变更评审要素

需求变更评审要素如表15－27所示。

表 15－27　需求变更评审要素

序号	类型	内容
1	需求变更	◇需求变更来源是否是可追溯的，有明确的来源，例如相关标准、规范、市场调研书等，并且代表客户的真实的需要？ ◇基线中是否有需求与建议的变更相冲突？ ◇建议的变更有哪些负面效应或风险，例如会导致产品单位成本的增加或对性能需求和其他质量属性产生影响？ ◇需求是否影响到与其他产品或项目的依赖关系，例如是跨产品的需求变更，这些产品或项目是否分析对自身的影响？ ◇从技术条件、员工技能、资源约束的角度看该变更是否可行？ ◇建议的变更对项目计划中任务的执行顺序、依赖性、工作量、进度、资源和成本的安排有影响？ ◇建议的需求变更是否影响任何市场营销、制造、培训或用户支持计划？ ◇需求变更影响评估时是否参考了需求跟踪关系？ ◇是否给出变更影响的配置项列表？这些配置项包括但不限于需求文档、设计和实现、测试用例、需求跟踪关系、培训材料、用户文档、帮助文件，并且所有影响分析的结果记录在需求记录表单中。 ◇需求变更的流程是否符合要求，文档是否齐全

15.11　需求管理过程常见的问题及对策

15.11.1　如何记录需求

现在越来越多的企业重视需求，因为都知道需求是研发的源头，但是很多企业又把需求管理做得很复杂，如定义了很多需求类型，给每个需求评分，最后汇总排序，再经过很多人评审，一次需求梳理下来几个月过去了，影响了效率。还是那句话，必要的控制是需要的，但是应该适度，不要做得太过。

需求要有规范化的记录，尽可能细化，形成需求库和完善的需求来源。重视需求评审，真正接触市场和销售人员要参与需求评审，给出需求意见。

需求管理如图 15－8 所示。

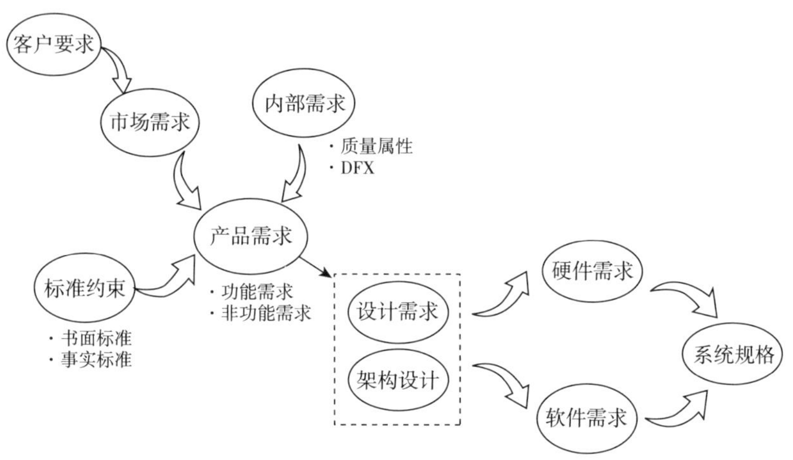

图 15－8　需求管理

案例分析：

儿子：在车里装一个扬声器吧，这样就可以听到低沉的音乐了。（客户需求）

父亲：需要 110db 的低频声音输出。（性能需求）

系统工程师：将广播的输出在 20～500Hz 的范围内扩大到 115W。（规格定义）

设计工程师：使用××功放和××扬声器。（设计实现）

15.11.2　常见的需求分析风险有哪些

常见的需求分析风险如表 15－28 所示。

表 15－28　常见的需求分析风险

序号	主题	内容
1	无足够用户参与	让具有代表性的用户在项目早期直接参与到项目队伍中，并一同经历整个开发过程。用户必须要重视项目，如果失败了用户的损失最大。如果用户不够重视，想办法解决
2	用户需求的不断增加	在开发中若不断地补充需求，项目就越变越庞大，以致超过其计划及预算范围，使得问题更难解决。必须一开始就对项目视图、范围、目标、约束限制和成功标准给予明确说明，有助于所有风险承担者明白业务决策的合理性，即为何进行某些变更，相应消耗的时间、资源。最糟糕的莫过于用户觉得如果不再加点什么功能就对不起自己

续表

序号	主题	内容
3	模棱两可的需求	一层含义是指用户对需求说明产生了不同的理解，另一层含义是指单个用户能用不止一个方式来解释某个需求说明。模棱两可的需求不可避免的后果便是返工，重做一些以为做好的事情
4	不必要的特性	“画蛇添足”是指开发人员增加一些需求规格说明中并未涉及的新功能，用户并不认为这些功能性有用。需求分析过程始终需要注重那些能使用户完成他们业务任务的核心功能
5	过于精简的规格说明	很多产品开发早期只做一份简略之至的规格说明，仅涉及产品概念上的内容，然后让开发人员在项目进展中完善，结果很可能出现开发人员先建立产品的结构，之后再完成需求说明
6	不准确的计划	对需求分析缺乏理解会导致过分乐观的估计，而当不可避免地超期发生时，会带来麻烦。导致需求过程中计划和成本估计极不准确的原因主要有五点：频繁的需求变更、遗漏的需求、与用户交流不够、质量低下的需求规格说明和不完善的需求分析
7	市场参与度不够	市场方面只有一个接口人，这个接口人可能忙于其他事情，对 PDT 的市场牵引作用很小或者信息不明确，甚至误导

15.11.3 不能正确表达和理解需求

需求沟通过程中，经常出现有些用户真的不知道需求是什么，或者对需求只有朦胧的感觉，说不清楚需求。有些用户虽然心里明白想要什么，但却说不清楚需求。例如买鞋子，我们非常了解自己的脚，但用语言很难说清楚脚的大小和形状，通常拿鞋子去试，试穿时感觉到舒服才会买鞋。另外，需求人员也经常不能正确理解客户需求或双方误解需求。

来看看一张经典的图片，如图 15－9 所示。

需求分析员必须设法弄清楚用户真正的需求，这是需求分析员职业的挑战。需求分析员不是销售人员，他们不可能像销售人员那样通过某些手段笼络住用户就能成功。出色的需求分析员不仅要有过硬的专业知识，还要具备较强的交流、沟通能力。

开发方和用户方在开展需求开发之前，双方协商清楚用户方在需求开发过程中的权利与义务，把好话和丑话都说在前头，这样能减少今后的摩擦。如果条件允许，开发方最好为用户举办关于需求开发的培训，这种培训能让用户明白需求的重要性及忽视需求的危害性，从而促使他们积极友善地参加需求工程

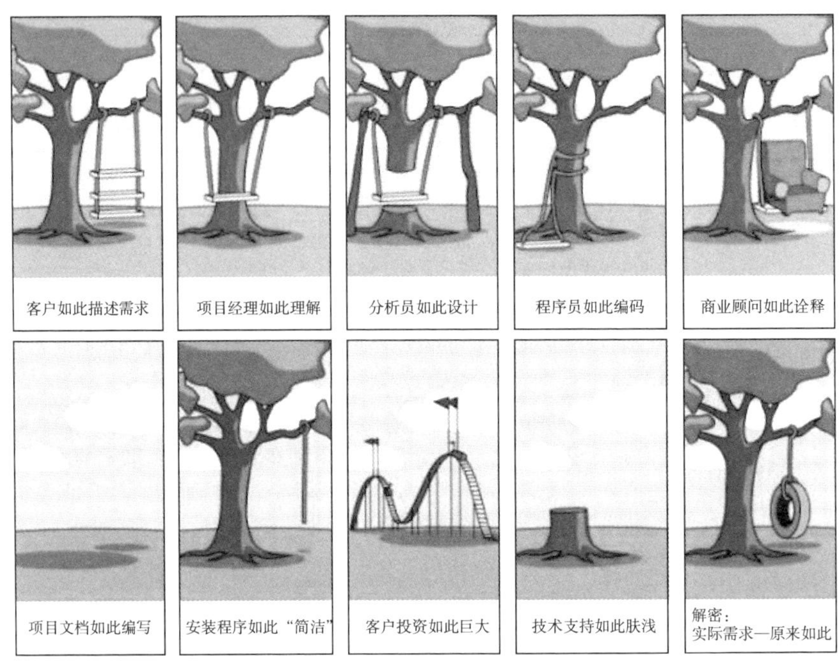

图 15－9　需求沟通不到位

中的各项活动。

模棱两可是需求规格说明中最可怕的问题之一，模棱两可的需求会使不同的风险承担者产生不同的期望。它会使开发人员为错误问题而浪费时间，并且使测试者与开发者所期望的不一致。测试组对需求理解不一致容易导致许多测试用例重新编写并重做测试。模棱两可的需求带来不可避免的后果便是“返工”，重做一些你认为已做好的事情。返工会耗费开发总费用的40%，而70%～85%的重做是由于需求方面的错误所导致的。想象一下，如果你能减少一半的返工会是什么样的情况？处理模棱两可需求的一种方法是组织负责从不同角度审查需求的队伍，在需求开发完成后认真审核，不能只简单浏览一下需求文档。

15.11.4　需求经常变更

案例分析（摘抄自互联网）：

你＝客户，对于做2C产品的公司，你＝公司大boss

服务员＝客户经理＋产品经理

大厨＝码农

你去饭店，坐下来。“服务员，给我来份宫保鸡丁！”
“好嘞。”
——这叫原始需求

大厨做到一半。
“服务员，菜里不要放肉。”
“不放肉怎么做啊？”
“不放肉就行了，其他按正常程序做不就行了，难吗？”
“好的，你稍等。”
——中途需求变更

厨房：
大厨：“肉都回锅了。”
服务员：“顾客要求的，你把肉挑出来不就行了吗？”
大厨：“行。”
——改动太大，部分重构

餐厅：
“服务员，菜里能给我加点腐竹吗？”
“行，这个应该简单。”
——低估改动成本

厨房：
大厨：“你不知道腐竹得提前泡水？炒到一半才说？跟他说想吃腐竹就多等一会儿。”
服务员：“你怎么不早说？”
大厨：“我怎么知道他要往宫保鸡丁里放腐竹？”然而还是去泡腐竹了。
——新需求引入了新研发成本

餐厅：

"服务员，还是把肉加回去吧。"

"你不是刚说不要肉吗?"

"现在又想要了。"

"……好的，你稍等。"

——某一功能点摇摆不定

厨房：

大厨："菜都炒过火了，你让我放肉？还好肉我没扔。"

服务员："顾客提的要求你对我发什么火?"

大厨："你就不能拒绝他?"

服务员："人家是顾客。"

——甲方是大爷

餐厅：

"服务员！服务员!"

"来了来了，你好?"

"怎么这么半天啊?"

"稍等，我给你催催。"

——改动开始导致工期延误

厨房：

大厨："腐竹没泡好，我还得重新放油，他要想吃老的也行，没法保质保量。"

——开发者请求重新排期

餐厅：

服务员："抱歉，加腐竹得多等一会，你别着急。"

"要等那么久？我现在就要吃，你们能快点吗?"

"……行，你稍等。"

——甲方催活

厨房：

大厨：“中途改需求又想按期交付，逗我玩呢？”

服务员：“那我问问，要不让他们换个菜？”

大厨：“再换我就被折磨死了。”

——开发者开始和中间人 PK

餐厅：

“服务员，这样吧，腐竹不要了，换成蒜毫能快点吗？对了，顺便加点番茄酱。”

——因工期过长再次改动需求

厨房：

大厨：“蒜毫也得焯水，你让我怎么往热菜里放番茄酱？”

服务员：“焯水也比等腐竹强吧，番茄酱往里一倒不就行了吗？很难吗？”

大厨：“腐竹我还得接着泡，万一一会儿又想要了呢。”

——频繁改动开始导致大量冗余

餐厅：

“服务员，菜里加茄丁了没有？我去其他饭店吃可都是有茄丁的。”

“好好好，你稍等，你稍等。”

——奇葩需求

厨房：

大厨：“宫保鸡丁里放茄丁？”

服务员：“茄丁抄好了扔里边不就行了吗？”

大厨：“那还能叫菜吗？哪个系的？”

服务员：“顾客要，你就给炒了吧。”

大厨：“你顺道问问他腐竹还要不要，我这盆腐竹还占着地方呢，不要我就扔了。”

——奇葩需求你也得做

餐厅：

“服务员，还要多久能好啊？”

“很快，很快……”

“再给我来杯西瓜汁。”

“……好。”

“我再等10分钟，还不好我就走了，反正还没给钱。”

“很快，很快……”

——黑暗前的最后黎明

10分钟后，

“咦，我上次吃的不是这个味啊？”

从厨房杀出来的大厨：“……”

——最终决战

从这个小故事里可以看到常见的产品开发情况，笔者认为需要改进的地方是需要好的产品经理，替客户和开发控制需求，同时形成需求控制方法。

很多人都在抱怨需求总变化，实际情况下确实很难让客户把一切都固定下来再开始开发产品。需求变更原因一般是随着产品或项目的进展，项目团队对需求的了解越来越深入，初始需求文档可能存在一些错误或不足。也有因为市场发生了变化，初始需求文档跟不上当前的市场需求。

另外，沟通不清楚也是很多需求经常变化的原因。建议从客户中来，到客户中去，与客户相关利益群体的交流，做好收集、整理和理解客户需求的工作。研发人员也应该多到客户中、到生产中去，真正理解客户需求，不能闭门造车。

总结起来需求变更的原因多种多样，经常发生的主要有以下几种：

◇因竞争、成本等因素，工期已经确定且极不合理；

◇用户在需求阶段提不出需求，或用户的需求不明确；

◇项目组对业务不熟悉，或者没有与用户密切结合、需求分析工作不细致；

◇需求沟通不充分；

◇项目组没有很好地实施需求管理。

需求变更本身并不可怕，可怕的是需求变更失去控制，导致项目混乱。需求管理过程中更重要的是保证需求变更的可管理性，拒绝客户的变更要求，要求客户在需求规格说明书上签字。这些做法只能适得其反。制定必要的需求变更管理制度，让用户理解无休止、无控制的变化会造成资源的极大浪费和进度的延误，需求变更被接受的评判标准应该是“是否合理”，而不是“是否易于实现”。拥抱变化的更高一个层次是提前预估变化，制定一个可能的变化清单来记录可能出现的变化。

提出需求变更的动机是好的，希望产品更加符合用户的需求。但对于产品开发团队而言，需求变更通常会对项目的进度、人力资源、经费产生很大的影响。变更需求意味着要调整资源、重新分配任务、修改前期工作成果等，产品开发团队一般需要为此付出较大的代价。如果每次需求变更请求都被采纳，项目也许永远不能按时完成，如图 15－10 所示。

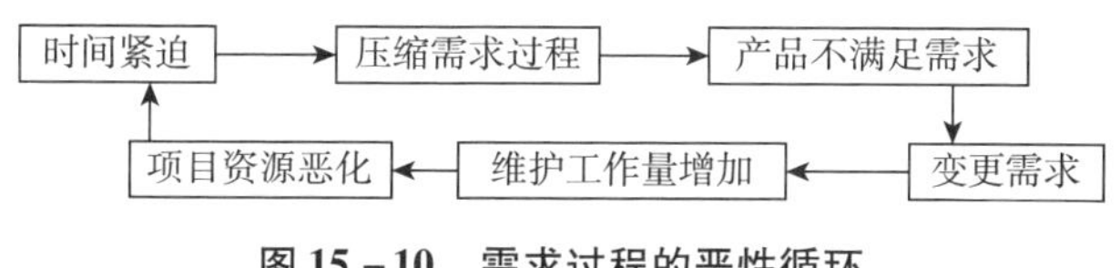

图 15－10　需求过程的恶性循环

如果需求变更带来的好处大于坏处，那么允许变更，但必须按照已定义的变更规程执行，以免变更失去控制。如果需求变更带来的坏处大于好处，那么拒绝变更。

需求变更控制过程中最难办的事情是莫过于“拒绝客户提出的需求变更请求”。通常情况下开发方是不敢得罪客户的，但是无原则地退让将使开发小组陷入困境。解决这个问题最好的办法是事先建立“游戏规则”，开发方与客户方达成共同的约定，即允许客户变更一次到两次需求。如果客户仍继续提出变更需求，开发方有权拒绝，除非客户愿意补偿开发方的损失。

减少需求变更的方法包括版本化产品开发，事先建立“游戏规则”，安排客户重要人员参与变更控制，量化的数据统计，良好的沟通，构建样板工程，采用合适的开发模型。

15.11.5　如何获得消费者有价值的需求

研发与市场脱节，对市场需求把握不准确。如何找到有价值的需求？如何调研用户需求？

产品经理需要走入到用户的生活中，和他们一起工作、学习、聚会、娱乐，搜集和观察产品体验中细致的差异。把自己当成小白用户，站在用户角度，忘记自己的经验和技术。同时学会提问题：需求是从哪里来的？目标客户是谁？有多少人有这样的需求？这个需求紧迫吗？他们的痛点是什么？场景是什么（用产品之前/之后）？需求满足之后数据和指标上会有什么表现？

15.11.6 需求太多，不知道从哪里下手怎么办

需求收集应该统一归口一个部门，任何人都可以提需求，但是不能直接对任何开发人员提需求。客户和老板不能看到哪里、想到哪里就直接打电话给产品开发人员修改。即便对开发人员提需求，开发人员也应该把需求归口到这个部门，这个部门统一安排调度开发。

需求先记录好，能不能解决，能不能快速解决，看公司现有的开发能力，不能着急。

15.11.7 用户需求不断增加怎么办

在开发中若不断地补充需求，项目就越变越庞大，以致超过其计划及预算范围。计划并不总是与项目需求规模与复杂性、风险、开发生产率及需求变更实际情况相一致，这使得问题更难解决。用户需求的改变和开发者对新需求所做的修改等产品开发中不断延续的变更会使其产品开发进度和过程完全不受控制。

应该建立需求基线，明确核心需求，将一些优先级低的需求作为下一阶段实现的内容，集中精力完成核心用户需求的实现。

15.11.8 用户要求不必要的特性怎么办

有时客户或者公司领导要求一些看上去很有用但缺乏实用价值的功能，为了实现这些功能又要耗费很多时间和成本。

在这种情况下，产品开发团队应当为客户或者公司领导构思方案，并为他们提供一些具有创新意识的思路，明确为什么要开发这些功能，以及这些功能的价值和实现成本和周期，耐心解释提供哪些功能要在成本、周期和技术可行性之间求得平衡，这样使得需求分析过程始终是注重那些能使用户完成业务任务的核心功能。

产品开发团队也应努力使功能简单易用，不要未经客户同意擅自脱离要求，自作主张。

第十六章

市场管理

市场管理用于企业对广泛的机会进行选择，制定出一套以市场为中心，指导企业进行合理投资，创造出最大价值的战略与计划。市场团队人员应运用规范的方法对市场走势及业务要求与需求进行分析，创建合理的市场细分准则，对要投资和取得领先地位的细分市场进行选择和优先级排序，从而制定可执行的业务计划。

对于快速成长型企业而言，市场管理和需求管理的目的是为了做好项目立项。市场管理规划的目的在于为整个公司的价值创造活动提供一致的分析，做好公司3~5年的产品规划。市场管理需要IPMT的配合，为IPMT提供市场环境调研和分析，制定和执行满足客户需要和需求的业务战略和计划，评估各业务计划的执行情况，并进行必要的调整。

市场管理的设计原则重点关注于有效性和效率。笔者的建议是：

◇减少项目和产品，关注核心产品的研发；

◇变项目开发为产品研发，减少按客户定制的项目型产品研发。

16.1 市场管理常见的问题

市场管理常见的问题如表16-1所示。

表16-1 市场管理常见的问题

序号	主题	内容
1	人员	◇市场管理参与的角色过于单一； ◇产品经理将更多的精力放在了后端的产品开发组织方面，而前端的市场分析和规划做得不到位； ◇组织不善于捕获和利用市场信号； ◇过于满足市场需求； ◇销售、用服人员反馈信息的积极性不高

续表

序号	主题	内容
2	流程	◇市场需求管理没有成为例行活动； ◇被动响应市场，没有主动规划； ◇缺乏前瞻性的市场规划和产品规划，导致开发了落后的产品或者开发出来的产品毫无特色可言； ◇市场需求的多变导致项目返工
3	IT	◇缺乏市场调研平台支撑体系，需要收集的信息缺乏标准； ◇市场情报数据库、需求数据库不完整，且缺乏管理； ◇对数据缺乏解释、分析、整理和分发； ◇缺乏信息、流程和工具的支持

16.2　市场管理组织：产品组合管理团队

产品组合管理团队（PMT）是一个跨功能部门的团队，团体成员需要执行不同的角色，如表16－2所示。

表16－2　产品组合管理团队

序号	主题	内容
1	竞争/竞争对手分析与市场情报	向公司提供其他竞争对手的竞争分析，提供具有竞争力的产品路标，提供针对具体产品的竞争分析，分析有关市场趋势的顾问报告
2	市场细分	根据调研以及营销团队不同成员提供的信息，进行客户市场细分
3	市场需求	对市场调研项目进行管理，理解客户的购买行为、产品特性需求、采购决策标准，包括谁、为什么、怎样和什么时间等。执行5步需求管理流程中的前3步（收集、分析与分发），开发与管理市场需求
4	客户情报分析	对客户数据库的开发进行项目管理，为市场管理所需的各种活动提供临时报告，根据行业走向、购买行为、产品销售与特性组合等，分析客户销售数据，获得正在形成的趋势
5	渠道/业务伙伴	与渠道和业务伙伴进行接口，了解客户对解决方案的需求，制定营销计划，协助渠道销售活动
6	解决方案开发	产品线和业务项目接口，了解客户对解决方案的需求，制定并执行计划，使产品成为业务项目解决方案的一部分，制定营销计划，包括相关业务项目销售活动

续表

序号	主题	内容
7	技术	技术需求与新技术，从技术的角度提出市场需求、产品平台规划
8	财务分析	进行支持市场管理流程的财务分析，提供战略与计划财务成本方面的信息，协助制定业务计划，根据业务计划中的目标与目的对绩效进行持续的分析与评估
9	市场分析	对市场进行描述，获取并分析细分市场和产品包数据，进行产品线和细分市场的市场调研，包括了解市场环境、竞争环境、客户需求、客户购买行为、渠道、客户满意度。根据市场吸引力、竞争定位、战略定位和市场与产品的差距评估细分市场能力

组合管理团队（PMT）执行市场管理流程的过程：规划收集数据，开始数据收集，安排访谈、调研，团队汇总，准备市场评估报告，向 IPMT 汇报，进行市场细分、组合分析，战略举措和计划分析，确认产品线业务计划，向 IPMT 汇报最终报告。

如果公司较大，可以把组合管理团队分为两个团队：公司市场部和产品线市场部。其中公司市场部负责公司整体市场规划、品牌建设、宏观政策研究、跨产品线产品规划和市场工作的整体组织及协调等工作。产品线市场部负责产品线的市场研究、市场分析、市场规划、产品线规划及管理、市场拓展、推广、广告宣传、展览会、售前支持等工作。

16.3 市场管理流程

市场管理流程如表 16－3 所示。

表 16－3 市场管理流程

编号	活动	活动描述	交付物
1	市场定义	总体市场分析、宏观环境分析、行业竞争分析（SWOT 分析等）、市场情报收集（持续）、技术分析、自身分析	市场评估报告
2	市场细分	确定细分框架、市场细分初步分析、初步选定细分市场、验证细分市场	

续表

编号	活动	活动描述	交付物
3	组合分析	细分市场客户需求收集，细分市场情报收集，细分市场整体分析，细分市场吸引力及竞争力、财务评估，细分市场组合分析，选择细分市场	项目可行性分析报告
4	制定和管理产品线业务计划	◇确定细分市场目标，细分市场差距分析，确定细分市场策略； ◇产品开发计划初步汇总，产品开发优先级、人力资源需求、关键技术、财务分析； ◇公司产品开发优先级汇总，确定产品线业务计划，项目任务书及立项决策评审报告	■产品业务计划 ■项目任务书 ■立项决策评审报告

市场管理流程需要考虑以下关键问题：

■价值观、使命、愿景、目标分别是什么？

■为谁服务，也就是选择哪些细分市场？

■战略路径（业务设计）和业务计划是什么？

■要满足细分市场客户的哪些需求？

■为目标客户提供什么产品、服务或解决方案？

■需要构建哪些能力？如何构建？

■各领域策略和行动计划是什么？

■如何实现业务计划的闭环管理？

市场管理流程有四个核心交付物：市场评估报告、产品业务计划、项目任务书、立项决策评审报告，如表 16－4 所示。

表 16－4　市场管理流程

序号	主题	内容
1	市场评估报告	环境分析、市场分析、竞争对手分析、公司自身分析、市场细分、建议
2	产品业务计划	对市场的理解、市场细分和组合分析、业务战略、业务计划要素、绩效评估、风险评估、业务计划总结；产品线路标，包括技术、平台和产品等
3	项目任务书	概述、市场分析、竞争情况、战略目标、设计要求、项目目标、项目团队、风险
4	立项决策评审报告	决策标准、优化后的组合、管道管理、开发新的产品包、老产品的过渡计划、评估战略、融合业务部门的战略

案例分析：

某著名电视制造集团的一个芯片研发人员沟通会上，该集团董事长认为，没有客户意识的技术不可取。企业的目的是为了盈利，这个过程是通过全心全意为客户服务来保证的，所以技术人员做的所有事都要想到客户而不是任务。只要认认真真地努力想着“客户需要什么东西”，那么工作的针对性就会非常强。好好了解客户的需求、拓宽视野，去搜集很多资料，去和大家交流，每一个人开发产品都要想到我的用户是谁、我的产品会卖给哪些用户。

16.3.1 市场定义

市场定义如表16－5所示。

表16－5 市场定义

序号	主题	内容
1	环境分析	政治、经济、社会、技术、金融、法律、规章制度、全球性
2	竞争分析	主要的竞争对手，他们的目标、市场行为、市场份额、增长情况、服务质量、定位、业务运作及投入的资源、营销组合及战略
3	市场分析	市场总规模、增长及趋势、产品、渠道、客户、沟通、行业特征及发展趋势、客户需求、购买者行为
4	对公司自身的分析	我们的目标和目的、市场份额、增长情况、服务质量、业务运作和资源、营销组合及战略

案例分析：宝洁对消费者需求的洞察是业界最专业的，专门成立了市场研究部CMK负责市场洞察。对宝洁商业和产品决策提供支撑和建议，负责分析、监测、预测消费者行为和市场变化。

宝洁市场研究部CMK的三个关键职责：

◇分析（Hindsight）：CMK有行业中最全面的数据库，记录了宝洁公司和行业的历史动态。基于历史数据，采用先进的商业分析技术，对消费者行为进行分析并做出预测。从这些市场行为出发，CMK总结出客观深入的规律，帮助公司更好地理解消费者偏好、营销计划的可行性、竞争对手的思维行为模式、行业的发展规律等；

◇预测（Foresight）：CMK从历史数据及对商业的深入理解出发，对行业及公司的未来发展做出预测，为公司发展提供方向；

◇洞察（Insight）：CMK根据自身对行业的专家级知识，通过与市场部、财务部、销售部、产品供应部、研发部等部门的紧密合作，指引公司前进，例如新产品的上市及上市后的发展等。

16.3.2 市场细分

市场细分关注于更好地服务于有类似需求的一群人，便于更深入地理解客户需求。在市场细分的基础上，运用 $ APPEALS 方法，识别客户的需要和需求。

市场人员进行集团、公司、产品线和/或细分市场的市场调研，包括了解市场环境、竞争环境、客户需要和需求、客户购买行为、渠道、客户满意度和忠诚度需求，如表 16－6 所示。

表 16－6　市场细分

序号	主题	内容
1	审视市场细分框架	回顾市场定义、高层主管的方向指示和整体的细分框架
2	谁购买、购买什么	目标市场定位
3	包括在哪里、什么时候、如何购买	定义产品及购买行为的特征，包括竞争对手提供的产品，最终定义出关键的差异性特征。了解随着时间的推移，对产品的购买行为可能会产生什么变化
4	谁购买的什么	进行初步的筛选，以降低复杂性
5	他们为什么购买	需求、优先级、态度、编好和行为最终都决定了客户追求的关键的切实利益。在选择“影响购买的关键因素”时，我们期望能够为业务创造持续的竞争优势，为客户创造显著的价值
6	验证所选定细分市场的可行性	明确将成为我们选定的细分市场的关键群组，能够衡量当前销量规模与增长率

16.3.3 组合分析

将现有产品包和解决方案与所确定的细分市场进行匹配，进行战略定位分析（SPAN），评估市场或细分市场的吸引力，评估竞争地位、评估产品线能力，并且进行财务分析（FAN），评估财务业绩。然后找出细分市场和产品包/解决方案方面的差距和重叠。做完这些分析之后，投资/停止投资指导和战略就出来了。输出选定的并经过优先级划分的细分市场清单，以及支撑依据，确定产品线的目标细分市场是否有市场潜力，并且产品线在这些细分市场上是否有很强的竞争地位，能为产品线带来有吸引力的财务回报。根据市场或细分市场的相对位置及产品线愿景、使命、目标，做出投资/停止投资决策。

根据SPAN分析中所处的位置，确定针对各个细分市场所要采取的行动，如图16－1、表16－7所示。

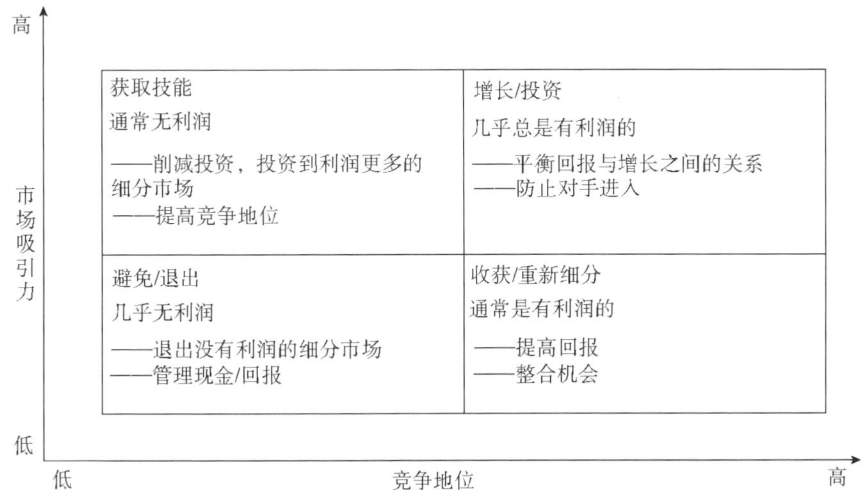

图16－1 战略定位分析

表16－7 战略定位分析

序号	主题	内容	举措
1	增长/投资	处在这一态势下的细分市场总是盈利的。这些细分市场具有吸引力，而且产品线有很强的竞争优势。产品线可以考虑用回报换取增长。这里的主要战略行动是防止新对手的进入	产品线应扩大分销渠道，使这些细分市场扩展到有吸引力的市场。产品线应扩大针对这些细分市场的生产和投资，同时严格控制成本，以获取规模增长带来的收益。产品线应继续进行研发方面的投资，并增加这些细分市场上的产品，以建立起差异化的地位。加大这些细分市场营销方面的工作，即价格、促销、销售活动等
2	获取技能	处在这一态势下的细分市场通常还未盈利。这些细分市场有吸引力，但是产品线的竞争优势较弱。产品线需要削减费用，改善细分市场的盈利能力。这里的主要战略行动是提高产品线的竞争地位	建立起更强的竞争地位之前，应当限制其分销覆盖面，同时严格控制成本。产品线在这些细分市场上的主要行动是对生产、研发和人力进行投资，以建立起竞争优势。在市场方面采取积极措施，包括定价和促销，以获得市场份额

续表

序号	主题	内容	举措
3	收获/重新细分	处在这一态势下的细分市场通常仍然盈利。这些细分市场没有吸引力，但是产品线有很强的竞争优势。产品线需要提高这些细分市场的回报。这里的主要战略行动是整合不同的机会，并提高这些细分市场的运作效率	产品线应维持其现有的分销模式，重点是运作效率，包括充分发挥产能及控制成本，以降低可变成本。限制营销活动，而且研发活动也应重点关注降低成本，使产品线巩固其在细分市场上的竞争地位，并且防止竞争对手进入这些细分市场
4	避免/退出	处在这一态势下的细分市场几乎总是亏损的。这些细分市场没有吸引力，而且产品线的竞争优势较弱。产品线应退出这些不能获利的细分市场。这里的主要战略行动是管理这些细分市场的现金流和回报	产品线应逐渐撤销分销，还应大力削减这些细分市场上的固定和可变成本，尽量减少或者停止产能、研发费用、营销活动和运营资本，将资源分配到其他细分市场中。产品线的重点应该是从这些细分市场中实现利润机会，市场份额可以是次要的

有四个要素被用来评估每个细分市场的吸引力，如表16－8所示。

表16－8　评估细分市场吸引力的四个要素

序号	主题	内容
1	市场规模	这一要素评级（高、中、低）反映细分市场的相对收入机会
2	市场增长率	这一要素评级（高、中、低）反映细分市场以后三年的年度复合增长率，以评估年作为基础。中级意味着这个细分市场的增长大概与整个市场相同
3	利润潜力	◇直接/间接竞争：这一要素评级（高、中、低）反映了一个细分市场上的直接和间接竞争的激烈程度。激烈的直接/间接竞争会使利润潜力缩小。对一个细分市场评级时，考虑以下竞争环节及任何其他可能严重影响利润潜力的特征：领导者的市场份额，如果市场份额的主要领导者占据很大的市场份额，竞争很激烈。竞争对手数量，如果能够争夺其市场份额的竞争对手太少，竞争很激烈；差异化程度：如果客户感觉不同竞争对手的产品之间的差异很小，竞争很激烈，这就使得那些有价值的解决方案要素的定价灵活性很小。替代解决方案，如果存在很多的替代解决方案，而且引入新技术的速度很快，竞争很激烈。 ◇进入威胁：这一子要素的评级（高、中、低）反映竞争对手是否有可能进入该细分市场，并因此降低利润潜力。较高的进入威胁导致利润潜力降低。对一个细分市场评级时，请考虑以下指标以及任何其他可能严重影响利润潜力的环节：细分市场参与者平均税前收益，细分市场上的参与者的利润率高，进入威胁就很大。初始资本，如果初始成本低，进入威胁就很大。渠道/市场获得的数量，如果有很多可能的渠道并且很容易获取，进入威胁就很大，因为竞争对手可以很容易到达客户那里。与之相反，如果有很少潜在的渠道并

续表

序号	主题	内容
3	利润潜力	且很难获取，那么进入威胁就不大。 ◇客户/供应商压力：这一要素的评级（高、中、低）反映了客户和供应商对细分市场盈利能力的压力程度。对一个细分市场评级时，请考虑以下客户/供应商压力指标，以及任何其他可能严重影响利润潜力的环节：价格敏感性，当客户对价格高度敏感时，将降低价格并对利润潜力产生负面影响，这时客户压力就较高。客户数量，当市场上的产品仅能吸引少数潜在购买客户时，客户压力就较高。反之，当细分市场上的产品能吸引大量潜在购买客户时，客户压力就较低。供应商对关键资源的控制，如果厂家的供应商对价格和/或生产产品包所需关键资源的控制很强，供应商的压力就很大
4	战略价值	这一要素的评级（高、中、低）反映了这一细分市场对产品线和整个公司的战略价值/重要性

财务分析（FAN）对进入的每个细分市场进行量化地财务分析，它对比每个细分市场的预期收益比例和其累计收入。收益比例指的是细分市场的内部收益率是税前利润，或现金流与某个细分市场上销售的所有产品线产品包的比率。累计收入指的是基于每个产品包的收入，每个细分市场的预期收入。它可以用来衡量产品线在某细分市场上竞争所产生的运营现金流出。较高的累计收入将产生较高的现金流。

SPAN 和 FAN 一起为每个细分市场提供了财务分析、市场吸引力分析和竞争位。SPAN 和 FAN 相辅相成，共同提供一个框架，来确定一个细分市场的吸引力，并量化财务收益。当前的 SPAN 和 FAN 地位可以用来作为基线，来预测战略行动的结果和每个细分市场的目的和意图。如表 16－9 所示。

表 16－9　SPAN 和 FAN 分析

序号	主题	内容
1	SPAN	该细分市场的吸引力有多大？公司的产品定位得怎么样
2	FAN	公司是否在所服务的细分市场赚钱？回报是否超过了资本成本

每个细分市场进行完 SPAN 和 FAN 分析之后，团队就应当能够了解关键组合分析、业务、策略和不确定因素，帮助产品线改进其策略。此外，做完组合分析之后，针对每个目标细分市场，应当进行 SWOT 分析，以确定每个细分市场的关键驱动因素。

16.3.4 制定和管理产品线业务计划

根据对客户、市场和/或细分市场的了解，组合分析，制定策略和计划，输出产品业务计划，包括产品战略、产品路标、版本规划和产品市场需求，如表16－10所示。

表16－10 输出产品业务计划

序号	主题	内容
1	制定业务策略	确定产品线接下来几年应该采取的业务方向，它确定了产品线的业务目标（收入、利润、市场份额等）。业务策略制定的效果和质量在很大程度上依赖于团队对各点的理解，产品线现状和当前具备的能力、市场环境、客户欲望与需要、市场竞争环境、技术趋势与发展
2	制定业务计划并归档	提出产品线应采取的行动/活动，以落实前一步中所确定的业务方向。制定出的产品业务计划，该计划应当包含各个业务计划要素的策略和计划。制定完业务计划之后，团队就可以就计划与IPMT沟通交流，并获取IPMT对业务计划的批准
3	管理业务计划并评估绩效	执行业务计划，以及把产品业务作为一个组合来积极管理。这一步根据产品包路标上建议的时间，为所提议的不同产品制定项目任务书。根据项目任务书成立相应的产品开发团队，PDT将根据集成产品开发流程进行产品开发

对于一个需求特性非常多的市场，如果将所有功能全部开发出来后再推向市场，容易丧失机会，资源也得不到满足。可考虑逐步推出，先推出第一个版本抢占市场，再推出优化版巩固市场，再推出新版本拓展市场，这就形成了产品路标。

16.4 战略与运营

16.4.1 战略与运营流程

产品战略是对产品市场机遇的前瞻性认识。如果没有这种前瞻性认识就看不到或者遗漏市场的各种机遇，企业领导者做不出领先于市场的决策，只会是对现有客户需求、市场的产品进行更新换代，或者开发出的新产品不被市场和客户接受。产品战略指导产品规划、技术规划和产品平台，通过市场管理流程、产品开发流程中的业务决策来实现产品战略的落地。

产品战略决策两个方面：一是选择什么机会进入到开发阶段，二是为哪些项目优先配置研发资源。IPMT 需要定期分析产品线中每一个产品的研发进度，以及产品的销售额和利润情况，决定正在研发中的产品是继续、暂停还是放弃，同时还需要看产品技术沉淀与准备情况。战略规划（SP）为中长期规划，也叫春季计划，规划周期为 3 ~5 年，每年进行滚动。年度业务计划（BP）为 1 年，也叫秋季规划，主要是年度业务计划与预算，也要定期进行滚动。战略与运营流程如表 16 -11 所示。

表 16 -11　战略与运营流程

序号	步骤	描述	内容
1	战略制定	战略规划（SP）	战略方向、业务战略、组织战略、人才战略、变革战略
2	战略展开	年度业务计划（BP）	产品平台与技术规划、订单预测、预算、组织规划、人才规划、流程与 IT 规划
3	战略执行与监控	BP 执行与监控闭环	集成产品开发，平台、技术开发与研究，财务/人力核算，组织优化，职位与任职，学习与发展，流程与 IT 管理
4	战略评估	业绩评估、管理体系评估	项目绩效、团队与组织绩效、个人绩效

16.4.2　SP 和 BP 的关注点

SP 和 BP 的关注点如表 16 -12 所示。

表 16 -12　SP 和 BP 的关注点

序号	主题	内容
1	SP	◇公司价值观、使命、愿景、目标和总体战略； ◇未来 3 ~5 年的业务发展方向，关键市场、产品/技术突破点； ◇中长期资源分配的方向和重点； ◇各部门的协同； ◇跨年度重点项目

续表

序号	主题	内容
2	BP	◇总体运营情况，未来一年的目标； ◇年度财务预算； ◇产品策略、区域销售策略、客户拓展策略、服务策略、品牌策略、交付策略等； ◇跨产品的解决方案、产品和技术研发项目； ◇年度重点项目

16.4.3 企业竞争和产品延伸及投放战略

企业竞争战略通常有三种：第一种是产品领先，通过产品的先进性和差异化获得领先。第二种是高效运作领先，降低成本。第三种是灵活性领先，客户化、定制化。

产品延伸及投放策略有以下几种：

◇突破原有产品经营的细分市场范围，增加产品线；

◇向下延伸：从原定位高端市场的产品线向下扩展，增加中低端产品；

◇向上扩展：从原定为低端市场的产品线向上扩展，增加中高端产品；

◇消减产品组合中不盈利的产品，减少产品线长度；

◇存在新技术时，新产品按一定比例切换，如第一个月 20%、第二个月 30%。

特别注意的是企业应追求产品“少品种”，“多品种”的企业最后经营结果都不太好。如果自主品牌和 ODM/OEM 都做的时候，能够少做甚至是不做 ODM/OEM，对企业 IPMT 而言是非常需要勇气的。

16.5 市场管理专题

16.5.1 市场信息管理

市场部所有人员应及时、准确、全面收集客户信息、新产品信息、行业动态、竞争对手状况、公司产品质量等各类信息。信息的收集可通过相关媒体、报纸、行业内刊物、相关网站等途径获取。每月 2 次提交市场信息报告，使市场信息得以充分利用，便于为领导决策和经营管理服务。每半年根据全年市场信息及相关资料，最终形成对市场、对生产有指导意义的总结性报告。市场信息管理如表 16 – 13 所示。

表 16 – 13　市场信息管理

编号	活动	活动描述
1	行业动态的信息收集	了解行业市场现状、摸清市场潜力、适应市场变化、开拓和占领市场为目的，如全国市场年产量、年产值、相关技术、行业动态、发展方向
2	竞争对手的信息收集	调查研究相互竞争的同行企业情况，以便知己知彼，争取主动，同时也理顺与竞争对手的关系，促进企业在竞争中谋求发展。其内容包括对手的销售策略、销售手段、产品价格、生产经营状况、战略决策、规划发展、技术改造、资产运作、重大危机、新产品开发动向及新的管理方法
3	产品质量信息的收集	产品出厂后市场部各相关人员应随时了解产品质量状况，收集来自于客户、市场的各类质量信息，并及时用文字、电话、传真、邮件等方式传递到市场部
4	政府机关、行业协会	通过密切接触了解行业政策的调整，行业基本动态等相关信息
5	直接客户	对新客户及老客户的动态的信息的收集，包括客户姓名、客户经营状况、财务状况及各类动态信息，通过客户了解竞争对手的情况

16. 5. 2　产品路标规划流程

产品路标规划是指导产品开发方向的纲领性文件，其中描述了产品所要开发的功能在未来较长时间内的分布及开发各功能所需的关键技术，一般由产品的系列版本组成。

总体办每半年一次组织各业务部总体组制定各业务部所辖产品的路标规划，形成《产品路标规划草案》。组织相关部门对总体组提交的《产品路标规划草案》进行评审，如果评审通过，那么形成《产品路标规划》。在路标发布后，当产品发展战略、客户需求、竞争对手、技术和标准进展、产业政策等情况发生改变，影响产品路标，那么总体办组织或者总体组申请执行“产品路标规划更改”。

产品路标规划流程如表 16 – 14 所示。

表 16－14 产品路标规划流程

编号	活动	活动描述
1	收集需求	汇总产品发展战略、客户需求、竞争对手分析、新技术和新标准的进展、产业政策、领导指示等信息
2	路标规划	总体组根据“客户需求驱动产品路标发展”的思想，收集并分析客户需求信息、市场竞争策略、新技术和新标准，结合领导指示和产品发展战略，规划出产品路标和产品技术需求计划
3	制定产品路标规划草案	《产品路标规划草案》是未来一定时间内的商业、产品和技术计划。其中产品计划是以系列版本的形式表示，技术计划表示为满足客户需求，产品将要使用的技术及该技术使用的时间
4	组织评审	《产品路标规划草案》提交给总体办组织评审，总体办组织预研部、市场部、相关业务部及资深专家对《产品路标规划草案》进行评审。如评审不通过，总体组重新规划产品路标，并提交新的《产品路标规划草案》进行再评审
5	修改和审批发布产品路标规划	如果评审通过，则根据评审意见，总体组对《产品路标规划草案》的内容进行修改，修改完后需要提交给总体办审批，审批通过后发布《产品路标规划》
6	组织制定产品发布规划	市场部组织 PDT、总体组制定《产品发布规划》，主要是明确发布策略等，以统一研发市场节奏。《产品发布规划》经过评审通过后，由市场技术处发放相关部门执行

16.5.3 产品路标规划评审要素

产品路标规划关键评审要素一般要确认是否符合公司战略需要，细分市场划分是否合理，目标市场选择是否正确，是否有无法实现的技术难点，详细评审要素如表 16－15 所示。

表 16－15 产品路标规划评审要素

序号	类别	要素
1	公司战略	与公司战略的符合程度，对提升公司的核心竞争力的影响
2	市场需求	是否符合市场变化趋势，细分市场划分、目标市场选择是否合理，客户需求分析是否准确，是否考虑国际化
3	竞争分析	竞争对手选择与分析，竞争产品分析，竞争策略
4	产品结构及技术保障	产品结构是否清晰合理，现有的技术能力对路标规划的支持，是否有无法实现的技术难点

续表

序号	类别	要素
5	预见性和持续性	是否考虑了重大技术突破对规划的影响，路标规划是否包含了在可预见的未来所需规划的内容，产品是否具备可持续的能力
6	资源规划	各阶段资源投入的合理性，投入回报是否满足公司的要求
7	与其他产品的关系	对其他产品的继承程度，产品成果可共享程度
8	版本规划	版本特性安排的合理性，版本卖点，版本划分在时间上的合理性

16.5.4 市场管理评审要素

市场管理评审要素如表 16－16 所示。

表 16－16 市场管理评审要素

序号	类型	内容
1	整体方面	◇业务计划是否反映出未来成功所必需的深刻变化？它能否让该组织保持其竞争优势？ ◇业务计划内部是否前后一致？业务计划中的不同章节逻辑上是否相互关联？ ◇战略决策/选择是否有基于事实的分析来支撑？目标是否可行？ ◇业务计划是否符合整个企业和产品线的目标？是否能向产品开发流程提供有效的输入？是否已经得到 IPMT 的支持
2	市场定义	◇业务计划是否提供了清晰的市场定义、市场结构、关键市场驱动要素和导致变化的相关宏观趋势？是否说明什么样的未来趋势可能有重大影响或者带来更多市场机会？业务计划是否考虑了当前、潜在和非客户的特点、需要和优先级、价值、购买模式、忠诚度、成本与人口变化？业务计划是否探讨了目前的盈利空间，以及预期的变化？它是否描述了这个空间中的各种利润模式，并说明哪里可能存在着新的或未被利用的竞争空间？业务计划是否考虑了主要竞争对手的业绩、策略、战略控制点、预期未来的行动、优弱势，业绩潜在的新产品和替代产品？它是否说明了哪个竞争对手可能比较脆弱，以及怎样同这些竞争对手进行竞争？业务计划是否简要介绍了主要竞争对手产品包，包括目标、定位和营销组合策略？业务计划是否分析了公司的经营业绩：收入、利润、优弱势、市场份额趋势、客户满意度指标？业务计划是否确定了产品线所面临的机会和威胁，并对它们进行了优先级排序，并且提出了行动建议？业务计划是否明确了产品线需要重点关注的关键问题？业务计划是否考虑了市场增值渠道和与供应商的伙伴关系，以及这一领域的趋势？ ◇是否清晰描述了细分市场？它们是否是由具有类似欲望/需要的客户组成，而不是由市场区域组成？市场细分是否基于调研的结果？市场细分是否符合其他标准？ ◇细分市场能否用一组共同的标准来衡量？能否对它们进行进一步的细分？是否可以用一个共同的销售和分销渠道来满足每个细分市场的需要？细分市场中的客户能否明确，并且赢得他们

续表

序号	类型	内容
3	组合分析	◇是否有明确的整体愿景（3～5年）？启动计划的目标是否现实可行？实现目标之后，能否带来一个合适的及有吸引力的市场位置？ ◇业务计划是否有效地对目标细分市场进行了简要描述、选择、评估和优先级划分？是否制定了选择/优先级划分的依据，它是否明确了你们选择赢得的主要客户机会？是否规定了非选择标准？ ◇是否认真分析过所选细分市场是否切实可行，以及其潜在的回报？是否确定了这些细分市场上欲望和需要的数量，并进行了优先级划分？是否清晰地分析了公司及其竞争对手在满足这些需要方面做得怎么样？ ◇针对每个细分市场，业务计划是否明确了保持其竞争优势地整体业务战略/选择？是否包括针对这些战略选择地具体理由，以及替代方案和原因？ ◇每个细分市场策略是否包括有充分依据地具体客户价值陈述？它是否确定了能够合理地支持业务设计和所选定利润模式的战略控制点？ ◇是否考虑了自制还是购买，或者兼并和合并？ ◇这些战略是否与细分市场地目标和目的协调一致
4	业务计划要素	◇业务计划是否有效地概括了每个细分市场的业务计划要素（营销组合）策略？业务计划要素策略是否同细分市场策略和价值陈述协调一致？业务计划要素策略是否考虑了具体的客户需要和变化着的优先级排序？它们是否提供了有意义的、差异化的价值，来帮助建立起可保持的竞争优势？业务计划要素和实施计划的各功能领域是否有较好的互动协调：渠道、财务、订单履行、服务和支持？ ◇产品包计划是否考虑了针对同样目标细分市场的其他产品包？ ◇每个细分市场上的主要问题和行动计划是否得以有效解决？它们是否切实地成功实施所定策略？是否明确了支撑要素策略的具体活动、成本、资源、关键路径日期和责任，它们是否实际可行
5	风险评估	业务计划是否有效地考虑了市场、技术和财务风险？业务计划是否考虑了每个细分市场的不确定因素、紧急情况和风险？业务计划是否确定了实现既定目标所必须完成的关键成功要素和关键行动？它是否探讨了如果关键的假设不正确，预测很可能落空

16.5.5 产品管理的核心活动

产品管理与项目管理是有区别的，项目是在一定时期内有明确目标的一项工作，产品包含一个或多个项目构成的整体。产品管理和项目管理的领域划分如图16－2所示。

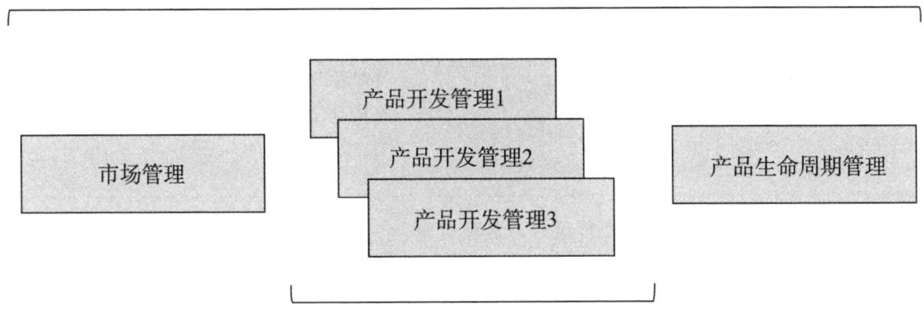

图 16－2　产品管理和项目管理的领域划分

产品管理的核心活动包括：根据公司战略制定产品战略（愿景、产品平台战略、产品线战略），营销分析和研究，制定产品规划（产品线业务计划、产品路标规划、产品定位和定义），产品线组合决策和管道管理，客户需求定义和管理，产品开发管理，产品上市管理，产品生命周期管理。

16.5.6　市场管理度量指标

市场管理度量指标如表 16－17 所示。

表 16－17　市场管理度量指标

序号	主题	指标说明
1	客户	客户满意度、平均产品需求稳定度、公司品牌资产指数
2	内部业务	业务计划及时评审通过率、任务书及时通过率、规划不准导致的需求变更比例、市场响应速度、市场流程符合度、团队成员稳定度、团队运作健康度、会议出席率、问题累计关闭率、人均客户拜访次数
3	财务	销售收入增长率、新产品销售比重、税前利润率、新增可参与市场空间、市场份额、市场准入目标完成率
4	变革	市场管理变革进展指标

16.5.7　品牌管理

品牌管理如表 16－18 所示。

表 16－18　品牌管理

编号	活动	活动描述	主要输入	最终成果
1	选择品牌	理解消费者/客户的品牌认识，分析消费者/客户的品牌需求，制定本品牌的独特价值号召力，确保内部的价值传递	消费者/客户调研，本品牌及竞争品牌的市场表现，公司实力	品牌号召力
2	宣传品牌	制定广告宣传信息，调整计划以适应地区差别性，选择合适媒体，测试和调整	品牌号召力，消费者/客户调研，广告效果调研	广告/媒体计划
3	评估和加强品牌价值	评估对品牌号召力的接受度和认识度，制定加强品牌价值的策略	市场调研，品牌市场表现数据，如销售额、市场份额等	品牌改进方案 品牌宣传改进方案
4	制定品牌发展策略	评估新产品/市场与现有品牌间的了联系，确定品牌发展策略	新产品/市场特点，现有品牌的价值号召力，消费者/客户认知的品牌形象	品牌发展策略

16.6　市场管理输出模板

16.6.1　市场评估报告

市场评估报告如表 16－19 所示。

表 16－19　市场评估报告

序号	章节	内容
1	总述	概述、公司在市场中所处地位的概述、市场概况
2	市场分析	环境分析、机会点分析
3	竞争分析	主要竞争对手，竞争对手产品/解决方案分析、定价、分销、营销、技术支援、订单履行、竞争对手定位分析，SWOT 分析

续表

序号	章节	内容
4	客户分析	客户描述、需求，决策者分析，购买标准分析，客户满意度和忠诚度状况，客户分析评估
5	目标市场分析	目标市场分析，目标市场选择建议
6	整体战略建议	根据市场情报做出的整体战略建议

16.6.2 项目可行性分析报告

项目可行性分析报告如表 16－20 所示。

表 16－20 项目可行性分析报告

序号	章节	内容
1	引言/综述	产品概述、市场机会、产品策略、建议
2	项目目标和范围	功能要求、性能要求指标，项目最终交付产品
3	理解市场	目标市场细分概述，市场环境分析，客户分析，竞争对手分析，市场定位、公司自身分析
4	可行性分析	◇市场可行性分析：项目市场来源及现状，项目立项依据、意义及产业化前景，产业链关系，市场机遇，产品定位，宣传与销售策略、价格策略； ◇技术可行性分析：项目研制技术路线（研发机理、关键攻关点、技术来源、实施难度、工艺流程），技术先进性（关键指标设置、国内国际技术水平、文献与专利状况）； ◇经济可行性分析
5	组合分析和产品策略	组合分析，战略地位分析，财务分析，组合决策，产品族/产品路标/产品版本路标，资源平衡/配置。远景、目标和目的，目标选择，总体策略及其理由，推广计划
6	产品包描述	产品包需求描述，优先和独特的产品包需求，技术需求和对策，共用硬件 & 构建模块，产品包设计
7	项目进度和资源	项目里程碑进度计划，关键的依赖和假设，提议的 PDT 团队 & 扩展团队，资源和技能需求汇总，关键成功因素
8	财务评估	产品财务目标，详细的财务分析、投入产出分析、销售收入预测、价格及成本走势，关键的财务假设
9	风险评估	风险评估分析

16.6.3 产品业务计划

产品业务计划如表16－21所示。

表16－21 产品业务计划

序号	章节	内容
1	引言/综述	项目概况、市场机会
2	市场分析和产品策略	市场概况、目标市场、产品策略
3	竞争性分析	现有和潜在的竞争对手、当前和期望的竞争产品、市场份额、市场定位和策略
4	需求分析	探索细分市场特征、客户期望、应用场景，产业发展方向，新产品的竞争力，商业模式、价格需求，需求排序，包含经过澄清、分析、规整后的需求列表
5	产品概述	◇优先和独特的产品需求，技术需求和对策，公用硬件＆基础模块，独特的内部需求，系统规格书摘要； ◇产品概念探索，例如外观、技术方案等； ◇形成产品初始需求，包括成本、物理形态、功能、性能、可服务性、可制造性、升级、质量、资料、包装、运输等；产品需求排序； ◇产品概念竞争力
6	执行策略	关键实现路径，确保产品可以满足客户需求，取得市场成功，包括平台、关键器件、关键技术实现策略、知识产权、盈利模式、上市策略、生命周期策略、资源需求预估、投入产出评估、风险评估、盈利计划等
7	生产和供货计划	生产策略，自制/外购决策流程，生产测试
8	市场计划	销售计划，销售收入预计，需求生成计划
9	客户服务/支持计划	客户服务的交付，服务收入预计
10	项目进度和资源	项目总体进度图，开发时间表，提议开发团队＆外围项目团队，总体人员需求，总体资金需求，预算/分配，基于活动的成本分析
11	风险评估	项目风险，意外事故计划
12	财务评估	产品财务目标，详细的财务分析，关键的财务假设
13	最终建议	选择方案和建议，项目变化范围

16.6.4 项目任务书

项目任务书作用是总结市场情况和产品定位，正式启动项目，对项目提出高层要求和主要指标。任命项目成员，项目团队开始正式运作。项目任务书如表 16－22 所示。

表 16－22　项目任务书

序号	章节	内容
1	概述	项目或产品编号、名称、描述、功能、产品特征
2	市场分析	◇市场历史：市场容量、公司份额； ◇明确定位分析、产品的目标市场和目标客户； ◇明确产品对客户的核心价值，如帮助客户增加收入、降低成本等； ◇明确产品能给公司带来的价值，如战略目标、销售收入、竞争力提升等； ◇本产品目标细分市场、各细分市场的销售目标百分比，销往何处、销售渠道、如何营销等； ◇市场计划
3	竞争情况	◇主要竞争对手，描述竞争对手现有和预测将来会有的产品、份额； ◇产品竞争优势、卖点，相对于竞争对手产品的优势； ◇带给客户的价值，作为一个客户，为什么要买我们的产品； ◇目标陈述、份额、利润、产品营销生命周期等
4	战略目标	产品、条款、分销、支持、订单履行和形象的目标描述
5	设计要求	◇项目需求描述，详细描述项目将完成什么，功能和外观，主要技术指标，包装、标识、随机附件要求，认证要求，里程碑等，目标价格、目标成本、毛利率、总预算、盈亏平衡点的分析等，尽可能地包含数字； ◇特殊要求：如利用××供应商的特殊新芯片技术，外包的组装供应商等
6	项目目标	◇进度目标：指开发的进度方面的考核指标，包括决策评审点时间、量产日期。主要考核指标为计划的里程碑时间完成率、物料及时齐套率等； ◇质量目标：主要指稳定性方面的考核指标，包括故障率、单板直通率、各种问题反馈、处理率、文档合格率、需求规格重大修改率等； ◇成本目标：研发预算、客户价格、单位成本、制造毛利率、库存周转(次/年)、设计成本降低方面，其考核指标为设计成本降低额、呆死料发生额等； ◇人均毛利额：主要指人均销售毛利额； ◇器件复用提高、独家供应商减少方面的目标
7	项目团队	项目经理、市场、研发、财务、制造、采购、技术支持等人员名单
8	风险	风险评估和风险管理

16.7 市场管理评审要素

16.7.1 项目可行性分析报告评审要素

项目可行性分析报告评审要素如表16－23所示。

表16－23 项目可行性分析报告评审要素

序号	类型	内容
1	用户需求定义	◇市场/客户需求定义、功能、性能、可靠性、可测试性、可服务性、可维修性、可安装性、可生产性需求定义是否清晰？ ◇是否已经确定了产品的目标和范围，设计限制
2	备选方案比较	◇关键技术的可行性、可获得性和复杂度，是否存在风险？ ◇是否进行了多方案对比分析？ ◇备选方案是否满足用户需求，是否满足外部标准和内部标准，是否满足不同目标市场的要求，是否考虑关键零部件的不同质量等级要求，是否考虑海外标准的顺从？ ◇是否给出了需要掌握的关键技术，是否给出关键技术的解决途径和方案？ ◇关键器件选型是否存在独家供货情况，是否考虑器件的质量等级要求和应用环境？ ◇产品技术的生命周期是否符合产品的技术规划？ ◇是否考虑今后产品的升级（包括向上兼容、向下兼容）？ ◇如果存在多种标准，产品选择的标准是否是主流标准？ ◇各方案的风险和局限是否经过评估
3	竞争对手技术分析	业界主要竞争对手产品性能、采用的关键技术的对比分析，公司产品与之相比差异化（优势和劣势）；主要竞争对手的产品价格和成本分析
4	成本目标分析	◇目标市场产品价格的走势和对产品成本的影响； ◇选用关键器件的价格及走势对产品成本的影响； ◇功能和非功能需求在已知的预算范围内是否能实现； ◇是否进行了效益分析，成本目标的设置是否合理可行
5	技术重用	◇对公司技术平台的依赖分析。 ◇计划采用公司的成熟模块，是否考虑兼容性和互连互通方面的要求？ ◇是否有计划产出标准化模块？ ◇是否指定了将要继承的原有设计或代码
6	知识产权	专利分析及产出策略，行业标准策略

16.7.2 产品业务计划评审要素

产品业务计划评审要素如表16－24所示。

表16－24 产品业务计划评审要素

序号	类型	内容
1	产品业务计划	◇是否采用《产品业务计划》的模板？ ◇是否明确了项目的各项目标（标准、规范、需求）？是否明确描述了项目的范围？是否明确描述了项目的各项约束和限制？ ◇是否制定了项目里程碑计划？里程碑计划中各里程碑点是否明确？ ◇是否制定了项目风险管理计划？是否对风险进行了排序？是否对每一个风险制定了应对措施？是否制定了风险跟踪表？ ◇是否制定了项目培训计划？是否明确定义了项目计划修订的限制条件？ ◇是否明确了项目各角色的人员安排？ ◇项目负责人是否在制定项目计划之前进行裁剪？流程裁剪时，项目负责人是否与研发管理部等讨论？项目负责人是否是根据项目特性，对组织过程标准中定义的流程的细节活动进行的裁剪？ ◇《产品业务计划》是否经研发中心总经理审批通过

第十七章

研发绩效

如果客户问企业研发管理水平怎么样？企业该如何量化回答，同时清楚地知道企业目前管理水平跟业界水平的差距在哪些地方？

如何评判项目的好坏？如何提高研发人员的积极性？如何实现“多劳多得”，“又快又好”？这些都是企业研发绩效管理需要考虑的内容。

17.1 研发绩效管理常见的问题

研发绩效管理常见的问题如表 17－1 所示。

表 17－1 研发绩效管理常见的问题

序号	主题	内容
1	不公平	◇做得辛苦，领导看不到、不了解，很委屈，觉得怀才不遇； ◇同时承担很多项目的工作，考核中没有考核到，白干了； ◇一年考核一次，最后一个月请假了，领导忘了之前的辛苦； ◇能说会道、会表现的人加薪升职，不擅长表达、埋头苦干的人总是吃亏
2	太复杂	◇每天忙得不行，没有时间考核，公司还搞了一堆考核制度； ◇干得多，错的多，扣得多，算下来不干活的比干得多的还拿得多
3	不够客观、难以执行	◇考核没有跟工资、奖金挂钩，不知道努力的方向； ◇考核流于形式； ◇部门绩效都很好，但是公司经营数据却很差； ◇领导安排不好做的项目，没人愿意做，绩效差； ◇领导安排一些无法完成的任务，导致绩效很差
4	不容易统计	靠手工按部门、项目经理、类别、产品系列、时间段等多维度统计数据

17.2 员工考核

员工薪酬不是唯一的激励途径。给予员工发展前景和机会，充分认可员工的价值，给员工更多的自由空间，承担更大的责任，充分的信任，关注和沟通，尊重员工的工作，在里程碑节点庆祝他们的胜利。

员工按季度考核，每个季度有一次考核机会。新员工需要在同一岗位上连续考核2次，考核后将不再要求每个季度进行考核。员工可以主动申请，或者部门主管指定人员参加考核。每次考核需要提前准备述职报告和自评绩效评估表。述职报告需要提前发给部门主管，抄送给研发管理部。部门主管需要在正式考核前对团队成员的述职报告进行审核，格式或者内容有不对的要及时提出，要求团队成员在考核前及时改正。

研发管理部门协调考核时间，员工可以在该考评会议上通过述职报告介绍过去一段时间内的工作成果、表现。员工和考核团队一起进行绩效评估表打分，获得最终考核分数。绩效评估表每个角色设立考核指标大类，设置权重。每个大类指标下设置若干小类，标准分100分，按考核项打分，除以下项目外，还包括上次考核、本Q目标、自评分、自评结果、考核分、考核结果等项目。通过考核得分项与过去的成绩比对，对比成长的部分得分，横向比较获得与同级工程师的分数对比。部门主管或者师傅需要和考核的团队成员共同制定考核员工的下季目标和后续的发展建议。考核完成后，人力资源依据考核评分给予调薪建议。

未来可以逐步实施分层级的资格管理，如果把所有人都放在一起考核，容易出现能力强的老员工总是考核结果比较好，能力差的新员工总是考核结果比较差，让新员工没有盼头。

17.2.1 季度奖和项目奖的优劣势

季度奖和项目奖的优劣势如表17－2所示。

表 17－2　季度奖和项目奖的优劣势

序号	季度奖/年终奖	项目奖
优点	对员工的激励作用中长期明显。与研发贡献、公司效益挂钩。配合绩效考核频率和结果，通过关键行为考核贯彻公司核心价值观。牵引个人的综合和长期表现	结合项目目标的短期激励作用明显，项目经理自主权，项目经理激励到位。提高人力资源利用率，鼓励项目之间的竞争
缺点	对主管要求高（考评技能），项目经理的权利容易削弱	过于关注利益，容易淡化研发工作本身。评价相对较困难，容易导致不公平，影响团队合作。诱发攀比现象，与其他部门不好平衡，影响跨部门合作

17.2.2　员工定性考核标准

员工定性考核标准如表 17－3 所示。

表 17－3　员工定性考核标准

编号		1	2	3	4	5
1	工作热情与积极主动性	被动工作，照章办事，偷懒，需要不断监督与检查	不能积极主动地承担任务，需要经常监督与检查	能够主动承担工作任务并认真完成，具有工作热情	积极主动地承担工作任务，能够提出新方法以促进工作有效进行	积极主动地承担工作任务，能够提出有创新的工作方法，勇于反映不同的意见
2	沟通能力	不能与同事及客户进行交流与沟通，不具备口头及书面表达能力	经常出现与同事或客户沟通不畅的现象，具备口头表达能力，但书面表达能力较差	注意与同事及客户沟通的方法，具备口头及书面表达能力	坦诚、主动、正面地与同事交流信息，并能主动反馈与汇报，具备很好的口头及书面表达能力	及时、坦诚、主动、正面地与同事分享信息，能主动反馈与汇报，在交流中发现商机，具备很好的口头及书面表达能力，并善于倾听

续表

编号		1	2	3	4	5
3	团队精神	与同事或客户无法合作，并不支持及维护团队的决定	在团队决定与个人意识相抵触时不能服从大局	参与、接受并支持团队的决定，与同事相处和睦	与同事及客户合作热情，参与、接受并主持团队的决定	与同事及客户有效合作以达到共同目标，为团队决策献计献策
4	组织能力	不能组织项目工作	能组织一般的工作，基本无差错，但经常出现凌乱的现象	能组织一般的工作，基本无差错。	能组织较为复杂的项目，基本无差错	能组织复杂的项目，有条有理，基本无差错，受属下员工敬佩
5	自我管理能力	不遵守公司的规章制度及工作程序，个人没有发展目标，工作中遇到的问题从不汇报与反馈相关信息	自我管理能力不强，但能基本遵守公司的规章制度及工作程序，随遇而安，个人发展目标不明确	自我管理能力尚可，能遵守公司的规章制度及工作程序，个人发展目标明确	善于自我管理，并遵守公司的管理规范，将个人的发展与公司的长短期目标结合	善于自我管理，并遵守公司的管理性规范，寻找具有挑战性机会，追求自我发展
6	学习能力	不注意学习及吸收新知识/新经验，领悟能力差	能够从工作中吸取新经验，但不注意学习书本知识	注意学习书本知识，并能从工作中吸取经验	领悟能力强，能够自觉地从书本及工作中学习新知识，并注意知识积累	领悟能力强，并不断更新知识，拥有最新专业知识，善于在工作中学习
7	专业能力	不具备所从事的专业问题的处理能力，也不具备专业知识结构	具备并表现出本岗位所需的单一技术专长	具备并表现出本岗位所需的单一技术专长，具有处理本专业的技巧	具备并表现出复合的专业技能，及处理专业问题的技巧	拥有并表现出复合的专业技能，具有应用专业知识的策划和组织能力

17.2.3 项目经理绩效评估表

项目经理绩效评估如表 17－4 所示。

表 17－4 项目经理绩效评估

大类	权重	子项	权重	子项描述
项目管理	60%	项目人力资源管理	10%	合理利用项目内部资源占 50 分，预计人天和实际人天的差距，10% 得 40 分、20% 得 30 分、30% 得 20 分；团队外资源协调占 50 分
		项目风险管理	10%	实际人天和计划人天在 10% 范围内，并且没有提出变更
		项目成本管理	20%	是否有主动节约成本的意识
		项目范围管理	10%	合理控制项目范围，实现项目的主要目标。超出范围则提出项目变更
		项目交付物管理	5%	项目交付物的完整性和及时性
		客户沟通能力	20%	项目组内部成员，部门领导和同事和公司干系人的充分沟通
		客户关系维护	25%	通过关系维护产生后续盈利机会
个人素质	20%	工作热情	12%	◇80～100 分，主动承担本职工作以外的工作； ◇61～79 分，积极主动的完成本职工作； ◇60 分，及时接受并开始工作； ◇30～59 分，多次催促才完成工作； ◇0～29 分，以多种理由搪塞工作
		责任心	12%	能够按质按量完成任务，能力因素不在考虑范围内
		抗压能力	15%	基准 60 分，能够承担压力完成任务
		学习意愿与可塑性	8%	新知识学习意愿，不断的成长
		新知识接受能力	8%	主动学习和接收行业新知识
		表达能力	10%	能够把事情表达清楚，70 分，得体、清晰、连贯、概括、简洁、精炼、准确、贴切、犀利、生动、观点鲜明
		知识传递及积累	5%	邮件分享，发表论文，市场部投稿，内部交流会。若没有，则 0 分
		组织记录性	20%	标准分 60 分，举证说明加减分。上下班时间长度，是否服从工作安排，规章制度遵循，系统填报及时性等
		团队合作精神	10%	标准分 60 分，主要为整体意识，前提是能保证自己的工作顺利完成，才能协助他人。乐于助人、乐于问人、乐于接受、定位准确
人员绩效	20%	利用率	15%	考核期内的人员利用率
		问题关闭率	5%	负责或参与项目被提出的问题数量及关闭问题数量

17.2.4 工程师绩效评估表

以软件开发工程师为例，绩效评估如表 17－5 所示。

表 17－5 软件开发工程师绩效评估

大类	权重	子项	权重	子项描述
定制开发	40%	Java	20%	◇80～100 分，能够写出简洁、性能优良的程序； ◇60～80 分，对于 Java 常用类、方法的性能有认识； ◇0～60 分，在项目上使用 Java，并且能够完成开发
		JavaScript	20%	◇80～100 分，封装过或者具备 JS 库封装技能； ◇70～80 分，写过大规模的 JS 程序，熟练掌握 JS 面向对象程序设计方法，熟练掌握 JS 常规功能及开发方法，有较为丰富的 JS 开发经验，对于多浏览器兼容等方面有较深入的研究； ◇60～70 分，在项目上有应用，并且掌握常规的 JS 调用技巧； ◇0～60 分，经过系统的学习
		C＋＋	10%	同上
		PHP	10%	同上
		SQL	10%	增删改查，简单的联合查询为 50 分
		HTML&CSS&XML	10%	
		代码质量	10%	编写代码的质量
		代码调优	10%	代码的健壮性，具备代码调优能力
系统架构	10%	产品架构	10%	
项目管理	10%	同项目经理	10%	同项目经理
个人素质	20%	同项目经理	20%	同项目经理
人员绩效	20%	同项目经理	20%	同项目经理

17.3 项目考核

研发能力可以通过研发周期、生产率、缺陷与故障数量、不良质量成本等一系列指标来进行度量。对研发过程和产品质量的全面量化管理，是产品研发管理的必然方向。各级研发人员需要关注与各自工作相关的研发过程度量，用以评价研发能力，指导后继提高。项目考核如表 17－6 所示。

表 17－6 项目考核

度量分类	侧重点	具体度量内容
项目度量	了解并跟踪项目的执行状况，项目度量主要针对具体的项目进行	规模、成本、工作量、进度、生产率、风险、顾客满意度等
产品度量	了解并跟踪当前产品的质量状况，用于对产品质量的预测和控制	以质量度量为中心，包括功能性、可靠性、易用性、效率性、可维护性、可移植性等，产品指标如硬件返还率、问题报告数量、问题报告响应时间、系统中断时间等
过程度量	了解并跟踪过程执行状况，包含对过程的改进和未来过程的能力预测，过程度量在整个组织范围内进行	过程成熟度、过程能力、评审有效性、缺陷注入率、缺陷排除效率等

17.3.1 项目过程考核（积分制）

图 17－1 是项目过程考核的基本框架。以周为单位，项目经理将项目分解分解成一个个的项目任务，项目成员按项目任务完成及时性和任务质量评价获取得分。按完成任务获取得分的方式，有效规避了项目的大小和项目复杂度的评估，原则上只要计划安排合理，项目任务数与项目大小成正比，与项目复杂度也成正比。

通过项目经理安排计划活动的预估人天，项目成员的填报人天和项目经理的确认人天还可以得到研发人员的认可率指标。预估人天是项目计划里的计划人天，填报人天指的是任务/活动负责人填报的时间，认可人天指的是项目经理或其他主管审核任务/活动认可的人天。研发人员的认可率=认可人天/填报人天。

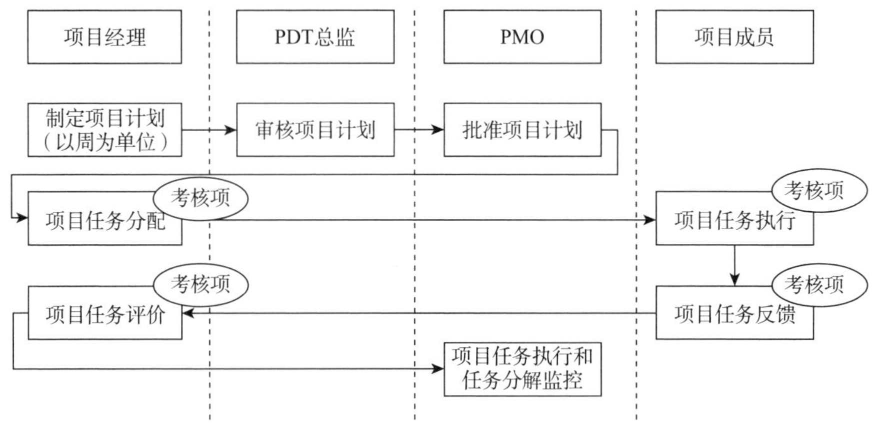

图17－1　项目过程考核的基本框架

项目过程考核组织结构示例如图17－2所示：

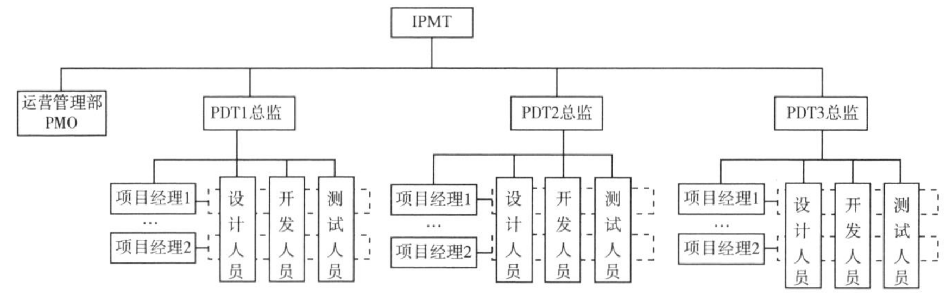

图17－2　项目组织结构

◇项目经理：项目立项时由项目经理和项目成员一起讨论编制项目计划，并通过PMO评审。每周五、周六，项目经理安排项目成员下周任务；每周五、周六，项目成员填写本周工作汇报，项目经理评价工作汇报的质量；

◇PDT总监：每周六、周日，PDT总监查看部门成员上周汇报和下周任务。如果成员上周没有汇报，则要求成员进行汇报。如果成员某工作日没有安排工作，则由PDT总监安排学习、积累任务；

◇PMO或运营管理部门：审核和批准项目计划，每周一检查各PDT上周任务完成情况并进行汇报，每周一检查各PDT下周任务情况并进行汇报，用邮件通知所有PDT总监和IPMT。

项目经理考核项：任务安排不符合要求，包括没有任务安排和任务安排每天估计工作量不等于 8 小时，任务没有归属里程碑节点的，每人天扣 20 分，没有及时改进的下周检查将再次扣 20 分。项目经理有权每周给自己项目安排一个计划调整任务。

项目成员考核项：项目成员每完成一个任务得 50 分；上周五之前有工作汇报不符合要求的，每人天扣 50 分。没有及时改进的，下周检查时将再扣 50 分。

部门主管总监考核项：任务安排不符合要求的，每人天扣 20 分，部门成员有工作汇报不符合要求的每人天扣 20 分。

按季度考核，部门每个成员得到考核分数，结算为奖金，随工资一起发放。考核同时获得成员利用率数据，所有考核数据作为年中绩效考核的依据之一。积分制考核的前提最好是专职的项目经理，具备项目管理能力，计划需要尽可能提前做出来，并能相对准确，适用于项目周期较长，创造性活动不多，项目成员较多的项目。

17.3.2　项目整体考核方案 1

项目整体考核方案 1 如表 17－7 所示。

表 17－7　项目整体考核方案 1

指标	指标权重	分项	指标定义
项目结果质量指标	30%	TR 评审通过的结果	TR 评审中，结果是带风险通过，一致通过，还是不通过。 ◇100 分，一致通过； ◇99～85 分，较小风险通过； ◇85～60 分，可达到启动要求，较大风险通过； ◇69～60 分，未达到启动目标而启动，较小风险通过； ◇59 分及以下，未达到启动目标而启动
	15%	设计变更	设计变更的阶段和对整个产品的影响度。 按阶段打分： ◇100 分，未有设计变更； ◇99～90 分，TR2～TR3 阶段设计变更； ◇89～80 分，TR3～TR4 阶段设计变更； ◇79～60 分，TR4～TR5 阶段设计变更； ◇59 分及以下，TR5 阶段后设计变更。 按变更类型打分： ◇99～90 分，C 类变更； ◇89～70 分，B 类变更； ◇69 分及以下，A 类变更

续表

指标	指标权重	分项	指标定义
项目结果质量指标	15%	试制通过率	◇100～90分，通过； ◇89～75分，条件通过（基本条件符合，BOM、ERP系统完整，生产类的相关准备不足）； ◇75～60分，条件通过（BOM、ERP系统出错较多，遗留问题较多）； ◇59分及以下，不合格
	10%	转测试退回次数	遵循转测试标准： ◇100分，未退过； ◇99～80分，通过入口标准但中断测试退； ◇80～60分，未通过入口标准退回； ◇59分及以下，两次及以上退回
	10%	市场需求变更次数	市场需求变更的阶段和对项目的影响度： ◇100分，未有需求变更； ◇99～90分，在TR1～TR2期间需求变更； ◇89～70分，在TR2～TR3期间需求变更； ◇69～60分，在TR3～TR4期间需求变更； ◇59分及以下，TR4以后需求变更
过程控制质量指标	10%	交付件是否按质量要求评审	交付件评审结果： ◇100分，无问题； ◇99～80分，交付件中只存在提示问题； ◇79～70分，无严重问题，一般问题<2个； ◇69～60分，无严重问题，一般问题<6个； ◇59分及以下，有严重问题
	10%	流程符合度	是否按产品开发流程执行整个项目过程
可控质量指标	+/-10	关键质量事件	关键事件加减分

17.3.3 项目整体考核方案2

项目整体考核方案2如表17-8所示。

表 17－8 项目整体考核方案 2

序号	指标名称	计算公式
1	里程碑节点按时完成率	按时完成的里程碑节点数量/里程碑节点总数 ×100%
2	里程碑节点计划变更次数	计划变更的里程碑节点变更次数
3	目标原材料成本达成率	目标原材料成本/实际原材料成本 ×100%
4	项目问题关闭率	已关闭的问题数量/项目问题总数 ×100%
5	项目文档齐套率	已归档文档数量/应归档文档数量 ×100%
6	技术指标达成	由人工基于任务书的技术指标目标和实际达成情况进行判断，《项目任务书》中关键技术指标的目标值，以最后一次测试报告中该项指标的测试数据为实际值，最高加 10 分
7	评审一次性通过率	项目评审一次性通过数量/项目总评审数量 ×100%
8	重大设计更改次数	允许重大设计更改一次，从第二次起每次改模扣 2 分，扣完 15 分为止

17.4 部门考核

17.4.1 短期和长期绩效指标平衡

短期和长期绩效指标平衡如表 17－9 所示。

表 17－9 短期和长期绩效指标平衡

序号	主题	短期/内部	长期/外部
1	财务指标与非财务指标	财务指标：税后利润、单位销售费用、投资收益	非财务指标：员工流动率、客户满意度、新客户增长率、服务响应率
2	内部与外部	内部：人员流失率、计划完成率、单位销售费用、存货周转率	外部：市场占有率、客户满意率、客户保有率

续表

序号	主题	短期/内部	长期/外部
3	短期与长期	短期：人均销售收入、库存周转率、净收益增长率、人员利用率	长期：平均 TTM、核心技术掌握、员工满意度
4	驱动与结果	业绩驱动：新产品投放数量、生产周期、客户满意度	结果：销售收入、单位销售费用、净利润

17.4.2 IPMT 考核指标

IPMT 考核如表 17－10 所示。

表 17－10 IPMT 考核

序号	主题	内容
1	客户	客户满意度，客户反馈产品缺陷，网上问题及时解决率，网上逾期问题解决率，客户服务支持费用比重，产品保修费用比重，短期、中期、长期需求比例分布，客户需求管理效率，需求承诺兑现及时率
2	内部业务	决策评审点管理效率，项目周期、阶段周期及进度偏差，项目进度偏差率，市场响应速度，共用基础模块，生产率，供应链存货周转率，及时齐套发货率
3	财务	市场份额、毛利率、税前利润率、销售收入增长率、新产品销售比重、研发费用比重、废弃项目比重

17.4.3 PDT 考核指标

PDT 考核如表 17－11 所示。

表 17－11 PDT 考核

序号	主题	内容
1	范围	规格更改率
2	进度	上市时间、项目周期、阶段周期及进度偏差、项目进度偏差率
3	效率	决策评审点准备度、共用基础模块、生产率

续表

序号	主题	内容
4	财务	毛利率、销售收入、税前利润率、盈利时间、研发费用预算执行偏差率、目标成本完成率
5	质量	客户反馈产品缺陷、网上问题及时解决率、网上逾期问题解决率、单板返修率、阶段关键交付件发现缺陷密度、问题累计解决率、流程符合度、产品百万机会缺陷率、设计变更次数

17.4.4 研发中心考核指标

研发中心考核如表 17－12 所示。

表 17－12　研发中心考核

序号	主题	指标说明
1	新产品开发数量	公司、研发中心、部门立项产品开发的数量，也包括开发的模块数量。衡量和提高研发中心的新产品开发容量，提高产品开发效率
2	技术开发完成率	加强技术积累，提高技术开发的效率
3	目标产品成本偏差率	降低成本，提高产品价格竞争力
4	新标准（产品认证）首次达成率	对认证标准的掌握程度，首次通过认证的产品数量/认证产品数量
5	惋惜流失率	留住优秀人才
6	产品开发周期	提高产品开发效率，加快新产品上市速度
7	设计变更数量	控制产品研发质量，考核周期内，ECN 发布数量
8	技术评审一次通过率	提高技术方案的质量和技术评审流程的规范性
9	产品开发计划完成率	控制产品研发进度，按时完成开发的项目个数/总项目个数
10	开发时间准时率	控制产品研发进度，（∑实际开发用时/计划开发用时）/产品开发数量
11	资源按时到位率	关键工程师人数/实际职位需求 ×100%

17.4.5 结构部门考核指标

结构部门考核如表 17－13 所示。

表 17－13 结构部门考核

序号	主题	指标说明
1	结构设计规范完备率	确保产品设计有据可依，以提高员工对设计理解的全面性，新员工的适应性。现有规范数/计划硬件规范应有数量×100%
2	BOM 准确率	确保物料清单的准确性，以避免因此而延误项目、成本浪费
3	产品月故障率	确保产品的稳定性、可靠性，本月问题产品数量（硬件相关）
4	知识库贡献人次	确保经验和知识积累到公司层面，部门每月对知识库贡献的总和条数
5	技术支持及时率	确保能对客户的需求及时反馈而使得客户满意，按要求完成技术支持数量/技术支持总数量×100%
6	结构改模次数	∑单产品结构改模次数/统计周期内总产品数

17.4.6 硬件部门考核指标

硬件部门考核如表 17－14 所示。

表 17－14 硬件部门考核

序号	主题	指标说明
1	硬件设计规范完备率	确保产品设计有据可依，以提高员工对设计理解的全面性，新员工的适应性。现有规范数/计划硬件规范应有数量×100%
2	BOM 准确率	确保物料清单的准确性，以避免因此而延误项目、成本浪费
3	产品月故障率	确保产品的稳定性、可靠性，本月问题产品数量（硬件相关）
4	知识库贡献人次	确保经验和知识积累到公司层面，部门每月对知识库贡献的总和条数
5	技术支持及时率	确保能对客户的需求及时反馈而使得客户满意，按要求完成技术支持数量/技术支持总数量×100%

17.4.7 软件部门考核指标

软件部门考核如表 17－15 所示。

表 17－15 软件部门考核

序号	主题	指标说明
1	软件设计规范完备率	衡量软件设计的规范程度，现有的完备的设计规范/应具备的设计规范×100%
2	软件缺陷密度	统计每100行有效代码中软件缺陷的个数，以此衡量软件开发人员的开发能力及自测试的覆盖面和深度
3	R5/R6阶段遗留缺陷数	衡量软件开发人员的开发能力及测试人员的测试能力，软件正式发布后，在市场上发现的所有BUG的总和
4	技术文件齐套率	衡量软件员工对产品开发流程的熟悉程度及忠实执行程度
5	技术支持及时率	衡量员工对客户的服务质量
6	知识库贡献人次	衡量员工对公司知识积累的贡献程度，员工的所有经过审核符合录入知识库的知识点数统计表

17.4.8 测试部门考核指标

测试部门考核如表 17－16 所示。

表 17－16 测试部门考核

序号	主题	指标说明
1	测试规范完备率	保证测试规范的完整，可执行的测试规范数目/总测试规范数目×100%
2	仪器设备完好率	保证测试设备、调试设备的正常运行
3	知识库贡献人次	提高知识库建设的积极性，提高员工业务能力，通过评审的知识点数目
4	技术支持及时率	提高技术支持的积极性，其他部门的投诉，经确认的次数
5	产品误测漏测次数	保证测试质量，产品发布后发现问题，经确定为误测、漏测导致的次数

17.5 绩效指标库

17.5.1 按领域

按领域绩效指标库如表 17－17 所示。

表 17－17 按领域绩效指标库

序号	主题	内容
1	进度	项目周期、进度偏差、项目进度偏差率
2	效率	产品投入市场时间（TTM）、开发生产力、决策评审点准备度、决策评审点管理效率、市场响应速度、共用基础模块（CBB）、生产率、供应链存货周转率、及时齐套发货率、项目计划完成率、物料及时到货率、产品器件效率
3	财务/成本	产品投资回报率、市场份额、毛利率、销售收入、税前利润率、盈利时间、销售收入增长率、研发费用比重、研发费用预算执行偏差率/预算执行符合度、目标成本完成率、新产品收益比重、废弃项目比重、产品器件效率、开发浪费、物料成本降低率、研发效率指数、项目成本偏差率
4	质量	客户满意度，客户反馈产品缺陷，网上问题及时解决率，网上逾期问题解决率，客户服务支持费用比重，短期、中期、长期需求比例分布，客户需求管理效率，承诺兑现及时率，单板返还率，阶段关键交付件发现缺陷密度，内部问题累计解决率，流程符合度，产品百万机会缺陷数，产品不良率，数据准确率，产品平均无故障运行时间，模具更改次数，客户反馈产品缺陷
5	范围	规格更改率，关键特性达成率
6	创新	新产品的销售额，专利数量
7	人员与文化	人均产值、人才培养、员工成长、关键员工流失率、组织气氛、人才素质和结构、人力资源管理、企业文化建设、员工满意度
8	优秀制造	产能、供应商及时交付率、产品及时交付率/交货及时性、制造质量、制造柔性、制造成本、工艺水平/制程控制、信息有效沟通性、制造周期
9	市场地位/市场拓展	品牌建设、影响力、认知度，目标市场占有率，客户满意度，营销网络，市场开发/客户开发，客户管理，客户维护服务

续表

序号	主题	内容
10	产品研发/技术能力	产品研发管理能力、研发成本、研发质量、产品多元化、技术积累、产品开发周期/新产品交付周期、核心技术领先、技术需求实现率、新产品销售收入占比、产品满意度、法规符合性、产品性价比、过程规范性
11	利润与成长	资产负债率、净资产报酬率、销售收入增长率、现金流、毛利润、税后利润率、发货回款率、产值、人均效率、短期与长期资产
12	供应链	供应链成本、采购管理、发货及时率、供应商管理、供应链柔性、物流管理
13	顾客满意度	产品质量、顾客化服务、服务响应及时性、服务有效性、客户满意度、发货投诉率
14	销售能力	渠道管理、终端影响力、促销管理、网络覆盖
15	IT 支持	信息开发与利用，信息集成与共享

17.5.2　按部门

每月进行一次绩效评估报告，分析结果显示未达成绩效指标时，应采取矫正和预防措施。当分析结果显示已达成成绩绩效指标时，应由管理者代表每两个月召集相关部门讨论持续改进方案，按部门绩效指标库如表 17－18 所示。

表 17－18　按部门绩效指标库

部门	主题	内容
研发	开发进度管理	项目准时完成率、修模改模次数、评审一次通过率、测试一次通过率
	研发质量管理	设计更改测试、试生产产品合格率、新产品首年故障率、违反流程测试
	标准化	共用物料比例、文件标准化程度
	产品成本控制	产品目标达成率
	部门管理	员工流失率、人均培训时数
	客户关怀	客户满意度、客户需求
	团队协作	周边部门满意度
测试	部门管理	人力按时到位率、知识库贡献人次、技术支持及时率
	仪器设备	仪器设备完好率
	测试质量	测试规范完备率，产品误测、漏测次数，新标准首次达成率
	计划管理	产品开发计划完成率

续表

部门	主题	内容
采购部	采购规划	新供应商引入数量，战略采购建议被采纳次数，供应市场分析报告及时性
	物料采购	采购异常跟进处理及时性、有效性，年平均采购周期下降天数，采购成本下降金额，来料合格率，采购交货及时率
	供应商管理	优质供应商比例、供应商绩效评估及时完成率、供应商考评信息准确性、独家供应商比例、不良供应商及时淘汰率、采购比例调整及时性
	成本控制	采购成本下降率、价格表更新及时率、物料优选库维护及时性
	团队协作	信息反馈及时性、周边部门投诉次数
	部门管理	员工流失率、信息反馈及时性、人员培训时数、培训计划完成情况
工艺部	成本控制	生产效率提高项次、单位面积物料成本下降率
	制程工艺控制	工艺改善项次，工艺问题停产时间，重复工艺问题发生次数，工序作业指引完整性、正确性
	工艺质量管理	客户投诉率（工艺责任）、工序返工率、工艺报废比率、工序报废目标达成率
	团队合作	周边部门投诉次数
	部门管理	员工流失率，均培训时数/培训计划完成率
生产部	生产管理	工序产能利用率、主生产计划及时性、产品制造完成率、制程不良率
	订单计划管理	工具计划达成率、工时定额完整性、开料准确率、准时交货率、生产进度达成率、生产能力分析
	外协供应商管理	外协商准时交货率，外协成本达成率，外协异常跟进处理及时性、有效性，优质外协供应商比例
	物料管理	呆滞料比例、缺料影响生产次数（PMC 责任）、账卡物一致性
	仓库管理	交货期准确率、货仓库存货率
	团队协作	周边部门投诉次数
	部门管理	员工流失率、培训计划完成率
供应链	物流管理	呆滞产品比例/金额、库存周转率、库存报表汇总不及时次数
	要货管理	按时发货率、订单评审及时率
财务部	财务管理	财务分析报告质量、预算偏差率、预算准确率、管理费用下降率
	会计核算	财务报表及时率，财务报表不准项次数
	成本管理	成本核算及时率，提出成本降低措施数
	往来管理	应收账信息提供及时性、付款及时率、对账数据差错次数
	资产管理	流动资产周转率
	部门管理	员工流失率、培训计划完成率
	团队协作	周边部门投诉次数

续表

部门	主题	内容
人力资源部	招聘管理	招聘成功率、离职人员访谈率、招聘需求满足率
	人力资源规划	人员结构比例达成率、核心岗位内部满足率、人才梯队计划达成率
	绩效管理	绩效计划完成率、面谈覆盖率、考核申诉及时解决率
	培训管理	公司人均培训时数、合格讲师人数、培训满意度
	人员与文化	员工满意度、员工流失率、企业文化推广计划完成率
品质部	品质保证	供应商来料品质合格率、成品合格率、客户投诉率退货率、制程能力分析
	品质管理	品质管理系统运行效率、品质目标

17.6 绩效报表

项目绩效 KPI 达成情况汇总分析报告如表 17－19 所示。

表 17－19 项目绩效 KPI 达成情况汇总分析报告

编号	项目名称	绩效指标 X		绩效指标 Y		绩效指标 Z	
		目标	实际	目标	实际	目标	实际

考核结果如表 17－20 所示。

表 17－20 考核结果

等级	摘要	参考比例
杰出 A	实际工作绩效经常显著超出预期计划/目标或岗位职责/分工要求，在计划/目标或岗位职责/分工要求各个方面都取得特别出色的成绩	10%
良好 B	实际工作绩效达到或部分达到预期计划/目标或岗位职责/分工要求，在计划/目标或岗位职责/分工要求主要方面都取得比较出色的成绩	40%
正常 C	实际工作绩效基本达到预期计划/目标或岗位职责/分工要求，无明显工作失误	40%
需改进 D	实际工作绩效未达到预期计划/目标或岗位职责/分工要求，在很多方面或主要方面存在明显的不足或失误	10%

第十八章

其他专题

18.1 标准化

推行标准化工程，减少专用件的数量，尽可能多地采取通用件，以保证零部件的采购质量，并降低物料的品种。形成《标准件手册》，任何设计在需要采用标准件时，通过查阅《标准件手册》选取需要采用的相应的标准件，并且通过查阅《标准件手册》，设计人员可以很方便地知道某标准件的外型尺寸、强度和性能。

标准化的好处是增强所设计产品的通用性、可靠性，便于采购和日后的维修。标准化未来方向是从零部件的标准化到模块化发展。

18.1.1 标准化组织

企业应成立标准化委员会，隶属于研发管理部或者公司级委员会。编制和下达公司技术标准化标准，负责重大标准化问题的审议和决策，组织企业技术标准的制定、修订、复审和备案，组织有关标准化法律、法规和国家、行业、地方及企业技术标准的贯彻实施及对贯彻实施情况进行监督和审查，收集国内外标准资料并进行分类、登记和整理，建立标准档案，对新、旧标准的发布、废止情况及时传递，负责标准化宣贯、培训及标准化服务、指导。

研发管理部做各个产品品类的标准化，公司级委员会做各个产品品类共同的标准化。

18.1.2 标准化的内容

标准化的内容如表 18－1 所示。

表 18-1　标准化的内容

序号	类型	内容
1	设计标准化	◇产品型号、图样代号、机械（电气）制图、术语、量和单位、设计规范、准则、设计数据、技术参数与计算方法等应符合国家、行业、地方及企业标准的有关规定； ◇产品图样与技术文件的格式及内容完整性等标准化，设计、评审、验证、确认和更改等设计控制的标准化，材料、标准件、通用件、外购件品种规格的简化、统一； ◇产品与国家、行业、地方及企业标准的一致性，应保持先进性与可行性； ◇产品的 VI 标准化和产品的包装、储存及运输的标准化
2	工艺、工装标准化	◇工艺术语、符号、工艺文件、工艺要素及工艺管理标准化、工艺规程的典型化； ◇工具、量具、刀具、辅具、夹具、工位器具及模具标准化
3	检验、试验方法及试验设备标准化	◇各类检验、试验的方法应首先采用国家、地方和行业标准，若无此类标准可以制定企业标准； ◇检验、试验设备的质量要求，检验规程和使用方法应采用国家、行业和地方标准，若无此类标准，可制定企业标准
4	采购标准化	按有关标准或采购技术协议要求进行采购，按合格供应商名单定点采购，并按有关标准或采购技术协议验收
5	市场营销标准化	市场需求信息和设计输入的标准化，合同格式及履行程序的标准化，售后信息反馈及改进建议程序的标准化

18.2　产品平台和重用 CBB

如果说有哪种策略可以让研发项目的质量、成本和进度三个方面都同时得到提高，那就是平台化开发。产品平台指的是由一系列产品的共用工具、核心应用组件及技术平台组成，是整个系列产品所采用的共同要素集合，包括共用的系统架构、子系统、模块/组件、关键技术等，特别是用于产品研发过程中的基础核心技术，如图 18-1 所示。

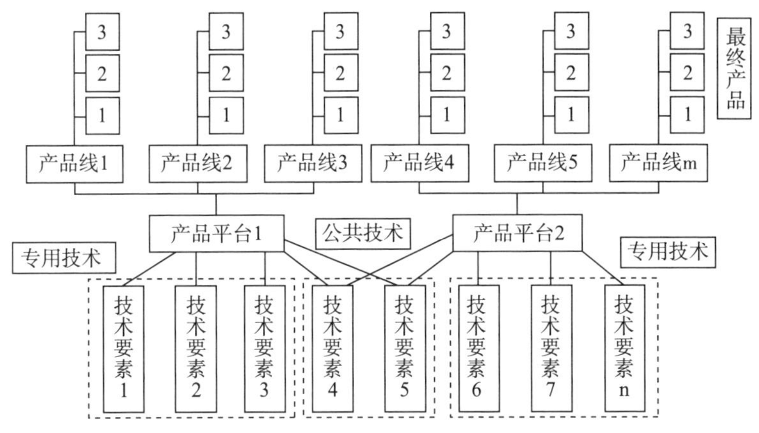

图 18 – 1　技术、产品平台、产品线与产品的关系

将产品平台从具体的产品开发中抽取出来，进行统一的开发和管理，能够提高核心技术的专业化程度、促进技术复用、缩短产品研发周期、提高产品质量、简化物流制造过程，是产品研发能力的核心组成部分。产品在产品平台上加上细分市场的客户特性组成的，满足细分市场客户的需求。

平台化开发的核心是要在不同的产品中尽可能做到零部件、组件、子系统和技术的共享。重用的部分称之为 CBB（Common building block，通用构建模块）。产品平台决定了相关产品的成本结构、能力和后续产品的差异，是一种跨产品的战略规划能力，它的目标不是开发出某种具体的产品，而是维护并创造出支持新产品开发的一些公共技术元素。因此对于产品平台的投资准则，不是基于单个产品的成功价值，而是根据所有基于这一平台的产品成功来评估其价值。

在产品的生命周期中，与平台关系最密切的是计划阶段的系统设计活动，在系统设计过程中，研发团队需要确定产品系统架构，决定对现有产品平台的应用方式和接口，识别产品对平台的特殊需求。经过与平台负责人的讨论，将确定的平台相关进度计划纳入产品计划中进行统一跟踪监控。在产品集成和系统测试阶段，产品需要和平台进行集成和系统测试。

产品平台的形成一般是先开发产品，从系列产品中逐渐分离和总结出产品平台。产品平台在各产品中的应用是强制的，即各产品不允许独自开发与产品平台相重叠的内容。再逐渐开始平台和产品并行研发，甚至平台先行研发。平台不像通常的组件那样完全依附于产品研发，也不像具体的产品那样单独对市场发布销售。平台研发具有产品的全生命周期特征，但是不具备单独的产品形式。

产品平台的生命周期模型与产品生命周期模型非常类似，主要的不同是产品平台概念来源于对未来市场、核心技术发展趋势，以及产品内在关联的深刻认识，对当期市场的需求依赖较小。产品平台除了平台内部自身的集成和验证之外，需要和产品进行集成和验证。产品平台通常不对外进行发布，只对内进行发布。

产品平台的决策通常需要站在更高的角度来综合考虑平台的战略意义，而不能仅仅局限于对当期产品的影响。平台的研发由研究所/平台/职能部门组织，与产品开发一样，采用项目组方式实施，可以分成多个项目组进行。产品平台战略以产品平台规划的形式体现，根据年限规划高、中、低档产品。

案例分析：H 公司新产品开发量高于 30% 不仅不叫创新，反而是浪费，只会提高开发成本，增加产品的不稳定性，如图 18－2 所示。

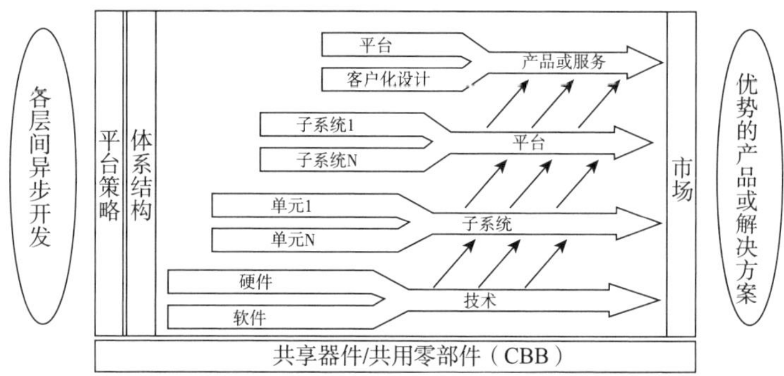

图 18－2　H 公司新产品开发平台

特别注意的是，平台化产品研发适用于变化较慢、客户需求稳定的行业，例如机电设备、化工行业等，也适用于自身行业地位比较高的企业，这些企业采用新平台才对自己的冲击比较大。但部分快速变化的行业，例如互联网、电动汽车等，且企业规模小、产品数量少、包袱少、行业地位低，可以考虑引入全新平台“弯道超车”。

18.2.1　产品平台常见的问题

◇没有明确的产品平台或者没有自主的产品平台；

◇产生了过多的平台；

◇平台薄弱，重用率非常低，基于平台的产品开发工作量大；

◇平台缺乏继承性，缺乏生命周期管理；

◇缺乏核心技术，平台没有差异性；

◇平台规划和产品开发规划脱节，无法有效支撑产品开发；

◇平台定义过于狭隘，能够支撑的产品有限；

◇平台和产品开发的组织之间缺乏沟通，或者公司缺乏与之适宜的文化，平台无法被有效利用。

18.2.2 产品平台的意义

基于平台的产品开发，产品的质量、进度和成本会得到很好的控制和保证，同时降低产品的复杂度，产品开发的技术风险也将大大降低。产品平台的意义如表 18－2 所示。

表 18－2 产品平台的意义

序号	类型	内容
1	研发	缩短开发周期和上市时间，推动产品快速上市，减少产品的复杂性，改善产品质量，减少开发层次的相互依赖，提高物料的重用，提升产品质量，节省产品开发的投入，节省开发资源，减少对研发人员，尤其是高级研发人员的需求，提高数据共享能力与团队协作能力，提升标准化执行率
2	制造	降低库存，减少废料，降低制造成本，提高制造效率，改进供应连续性
3	采购	降低采购成本：批量采购、提高议价能力、采购标准零部件，提升采购效率，减少供货风险
4	服务	极大地减少维护的工作量

案例分析：某著名家电公司某系列产品的料号从 2700 种下降到 900 种，其中，原来的 2700 种只保留料号的大约 300 种。调整前，部门间的开发费用共享少于 2%；调整后，开发费用共享占 20%。

18.2.3 实施产品平台的建立

技术管理团队要定期（建议每半年进行一次）召集会议，进行公司各个产品线的平台建立和技术规划，具体步骤如下：

◇明确公司的战略和产品规划，列举各个产品线的产品类别，包括现有和规划产品；

◇识别各产品的系统结构和相互关系，识别构建系统的子系统和模块，并绘制系统结构图；

◇识别产品的技术要素（包括硬件、软件、结构、工艺技术等），并区分专用和通用技术要素；

◇识别产品的关键零部件，并区分专用和通用零部件；

◇统一产品结构设计和主要零部件设计，外购件统一型号、统一选择供应商、统一采购。自制件则统一型号和尺寸，减少不必要的特殊件设计和应用，提高共享件的使用范围和频率；

◇分析各技术要素的成熟度、重要程度；

◇根据技术的成熟度、重要程度、产品需求情况、研发资源的现状和产品的使用情况对各项技术进行优先级划分，确定对于技术的行动方案，明确技术开发的交付成果、预计研发时间和周期；

◇技术开发的责任人根据上述行动方案制定详细的技术开发规划，由技术管理团队对技术开发计划进行汇总。

技术管理团队综合考虑技术的成熟度、重要程度、产品需求情况、研发资源的现状和使用情况，确定对于该技术的行动方案整合并评审完整的技术开发规划，在相应时间下达技术开发项目任务书。已经成熟应用的技术，不必进行专门立项研发，而需要专人对业界发展趋势进行跟踪，定期反馈跟踪/分析报告。需要尽快攻关解决的技术，否则会影响产品研发和上市，可以专门对该技术立项研究，确定项目主要里程碑和交付成果，按照项目管理制度进行管理。属于预研/探索类技术，研究周期较长，最终的交付成果难以确定或者会发生变化，可以设定不同阶段，明确各个阶段的交付成果，在阶段完成时评审交付成果的质量来确定后续计划。公司现有人员无法完成该技术的研究任务，需要与外部公司/人员合作研发，或者招聘该领域的业务专家充实公司技术实力。

需要注意的是，技术管理团队在进行平台要素识别时，需要将公司已有的或将要开发的、具有共用意义的技术纳入平台框架，使之形成可供选择和利用的有效技术/模块，逐步减少新产品的设计点；建议每隔半年对平台框架和技术规划进行修订，经技术管理团队评审后实施。

实施产品平台需要的投入：

◇产品平台的业务范围定义、产品线范围的定义等活动需要一定的工作量，并且需要定期审视和修订；

◇需要对相关产品的主要特性和需求进行共性提取和慎重的预测，并考虑其中的可变情况，以此作为产品平台定义的主要依据之一；

◇架构必须支持产品线内在的变化，这将给架构增加约束，要求投入更多的人力；

◇关键技术、公用模块需要设计成健壮的、可扩展的，并且不丧失性能，以支撑预定范围内的产品；

◇测试用例、测试工具、测试数据等的设计需要考虑通用性和可扩展性，因为它们服务于多个产品/产品线；

◇人员的培训内容包括平台的使用方法、开发过程规范、新领域知识；

◇需要精通产品平台化运作实践、熟悉业务领域发展和产品研发实施技术的人员；

◇组织的调整会影响人员的工作效率；

◇平台开发初期需要较多的资源，并造成部分产品开发的延期。

18.2.4 产品平台评估要素

产品平台评估要素如表 18－3。

表 18－3 产品平台评估要素

序号	类型	内容
1	产品平台	◇是否已经对产品平台的架构、关键技术、重用模块，以及平台所提供的产品线共同需求进行了明确的定义？ ◇该平台可以支持规划中的哪些产品，平台部分占各产品研发成本的比例是什么，产品线从平台中收益如何？ ◇平台开发是对现有平台进行更新和扩展，还是进行重大调整？它们各自的生命周期和支撑的业务/产品范围如何？ ◇平台开发的工作量、开发周期如何？延期会对哪些产品的开发造成影响？ ◇平台开发中有哪些关键技术、是否存在技术风险？ ◇平台中的技术模块是采用自行开发、还是需要外购？对比时间、成本、资源占用、交付质量、兼容性、风险、知识产权等方面。 ◇平台的开发计划是否与产品的开发计划保持一致？ ◇为了适应该平台开发模式，组织需要进行哪些调整？这些调整会对所开发产品产生什么影响？影响的程度和周期如何？ ◇平台的开发任务是有专门的平台开发部门承担，还是分配到不同的产品开发项目中？是否明确定义了模块的特性和接口？ ◇是否拥有合格人员进行平台设计并指导实施，他们是否熟悉或者了解公司发展战略、产品规划、产品主要特性及其实现方式、主要产品的架构和关键技术

18.3 技术规划

案例分析：某灯具制造企业，研发反馈边做新产品开发边研究技术，产品开发时间不可控。如某款排气灯，3 年前提出要研发，到现在也没有研发出来，因为其中一个核心技术储备不够。

产品开发需要尽可能提前识别出核心技术点，并且重点和提前单独立项进行技术研发，否则产品开发过程就不可控，容易出现无法按时交货的情况。

技术规划指对行业已有的技术进行开发及整合，形成企业内部具备核心竞争优势的技术平台，一般需要提前 1 ~ 3 年开始制定，为产品战略、产品平台提供基础。技术规划流程一般包括现状分析、需求分析、解决方案、组合管理四个阶段，如表 18 – 4 所示。

表 18 – 4 技术规划流程

序号	主题	内容
1	现状分析	公司技术战略、产品平台分析、技术平台分析、专利分析、技术现状分析
2	需求分析	产品技术需求分析、产品路标规划、竞争对手技术分析、行业技术趋势分析
3	解决方案	开发资源分析、技术规划实施项目、技术积累方案
4	组合管理	平台实施项目、资源部门实施项目

技术规划如图 18 – 3 所示。

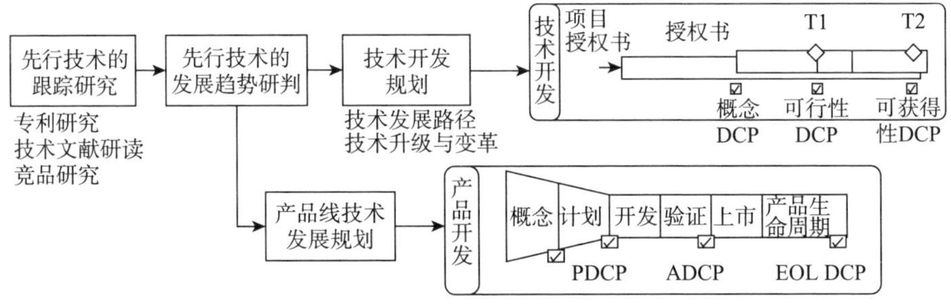

图 18 – 3 技术规划

技术规划的要点包括注重研发人才力量和研发成果的积累，产品共用的先行技术的优先研究开发，不定期组织内部专业交流与分享，结合研发的整体规划研究、跟踪技术发展方向，加强对专利文献的分析和全球市场客户需求的收集、理解，跟随行业领头企业或与之合作创新，掌握现有成熟技术和渐近性创新，结合特定目标客户群进行应用开发。

18.4 产品成本管理

产品成本管理主要优化产品设计方案优化和物料规格选型，控制新器件增长率、器件替代率、器件复用率等。有针对性地选择需要改进的产品或部件进行成本分析，例如产品结构复杂、材贵性差、消耗高、工艺复杂、成品率低、占用关键设备多的产品。选择企业核心产品或正在研制将要投放市场的重要产品，可提高用户满意度空间大，利润提升空间大。

18.4.1 产品成本管理常见的问题

◇目标成本定义过程非量化；

◇在产品开发过程中没有固化的产品成本评估流程；

◇材料价格获取手段落后，信息滞后，准确性较低，导致难以准确地估算产品成本；

◇专人手工查找、替换和核对，效率低下，容易产生错误；

◇对零部件的成本估算算法依靠工程师的经验，没有公司级的积累和沉淀；

◇对零部件供应商缺乏价格谈判数据支持；

◇整机成本估算没有清晰的模型；

◇研发过程中不能根据产品成本的分析及时调整策略；

◇ERP 的标准成本没有准确的来源，导致实际成本和标准成本的差异分析价值不大。

18.4.2 产品成本管理的3个级别

产品成本管理的3个级别如表18－5所示。

表18－5 产品成本管理的3个级别

序号	主题	内容
1	初级	在产品开发过程中不定期地依靠有经验的工程师或项目经理，通过经验评估产品成本，没有固定流程
2	中级	有专职或者兼职的产品价格工程师角色或人员，专人手工或者通过Excel表格形式计算成本。需要查找和替换物料，并核对物料，工作量大且容易出错，有经验的工程师估算成本比较准确。一般有比较简单的成本核算模型
3	高级	专职产品价格工程师，减少人为错误，提高效率，有比较成熟的经验。核心部件或组件的成本有成熟的核算模型，辅助产品组合管理决策，通过IT系统"固化"

18.4.3 产品成本的组成

产品成本的绝大部分在设计阶段就已基本确定。设计者的思想、产品结构所反映的思维方式、拟选用的材料，决定了产品成本中占最大部分的物料成本，甚至生产方式。

产品成本组成如表18－6所示。

表18－6 产品成本组成

序号	主题	内容
1	研发成本	◇直接成本：开发人员工资、开发工具/仪器仪表、开发物料损耗、认证和测试费、开发领用零部件材料费用、手板费用、试制和试产样机费、委外设计费用（包含软件、工业设计费用）； ◇间接成本：办公费用、房租、管理费用
2	制造成本	材料费（大批量折扣）、劳动力成本、加工费用维护成本、折旧成本、库存搬运成本、废品和返工成本、模具费用
3	供应成本	销售成本、合同订单、账单/发票、应收账期、交货、运输成本

18.4.4 产品成本管理活动

产品成本管理活动如表18－7所示。

表 18-7 产品成本管理活动

序号	主题	内容
1	概念阶段	目标成本设定，目标成本评审，目标成本分解与实施
2	开发阶段	目标成本分解与实现，目标成本的实现跟踪，通过 TR 评审流程核算每阶段的成本，零件和组件的成本算法优化
3	试产阶段	目标成本刷新，确定目标毛利润
4	量产阶段	定期刷新成本，制定降低成本计划

18.4.5 自制零件和组件的成本核算要素

自制零件的成本主要包括管理费用和材料费用。管理费用包括加工尺寸（长、宽、深）、月生产数量、产品体积、产品最大壁厚、基本壁厚、投影面积、投影面周长、铸件数量、模具金额、模具寿命、最高精度（尺寸、公差）、去毛刺、后加工。材料费用包括材料信息、产品颜色。

根据上述信息核算出零件的材料费、模具维护费、换模费、注塑加工费、去毛刺费、打磨费、后加工费、不良增加费、模具费、公司管理费和预计利润。

18.4.6 新增物料对成本的影响

新增物料对成本的影响如表 18-8 所示。

表 18-8 新增物料对成本的影响

序号	主题	内容
1	采购成本升高	增加采购订单处理成本，增加采购工作管理难度，小批量采购的价格损失
2	设计成本升高	增加设计工作量，增加外协试制费，小批量采购的价格损失
3	生产成本升高	增加工艺工程师工作量，降低生产及维修效率，增加生产设备投入
4	库存成本升高	降低库存周转率，增加库存管理难度，增加呆死料损失

18.4.7 设计成本降低的方法

降低成本的方法如表 18-9 所示。

表 18-9　降低成本的方法

序号	主题	内容
1	从经济角度审视规划决策和需求分析	综合产品族进行考虑，而不是单一产品，最大化满足客户需求和公司利益最大化。充分利用公司其他部门资源，实现最大限度的资源共享、信息共享、技术共享，避免重复开发。尽可能共享，如 CBB、优选器件等，避免重复开发。关注产品生命周期成本，需要预测物料未来生命周期。加强成本意识、忧患意识的教育。考虑 DFX 需求，可制造性、可服务性、可测试性；提高产品的稳定性、可靠性；产品工艺的通用化
2	重视产品平台规划	产品工艺的通用化，共享是成本管理的中心，优选器件、CBB，关注物料与技术共享
3	分析并设定目标成本	收集新产品所在产品线的历史信息，收集竞争对手产品成本、价格及毛利率信息。确定新产品所在产品线目标毛利率，根据特别因素（策略、市场等）调整目标毛利率，根据预计成交价格计算目标成本，审视目标成本结果的合理性
4	设计优化	所有的规格要求是不是符合产品规格书的要求？设计是不是尽可能地简化？能否提高单板集成度？功能相似的板是否可以合并？成熟电路是否可以做成 ASIC？目前的布线是否合理，是否有减少 PCB 的层数的可能？产品冗余配置是否合理？单板上是否存在冗余电路
5	物料控制	所用器件是否为优选器件？所用器件是否属独家供货？避免独家供应商。是否有性能价格比更优的器件替代现有器件？是不是最大程度地利用标准件、优选件？所用器件是否是即将停产的器件？物料采购尽量避免中间环节？供应商能不能对该材料进行辅助加工，使它更好地适合使用目的？能否利用批量优势降低采购成本？有没有能降低器件（部件）成本的任何其他建议？产品中结构件是否可以采用铸造、锻造、挤压或其他工艺而更经济地生产出来（模具等）？降低原料、物料的消耗
6	可维护性	单板设计能否支持在线加载？产品维修是否方便，要不要专门工具？故障定位是否准确？故障率及故障类型分析，是否有集中整改的必要？代理维护能否降低成本？设计更改、版本升级维护成本有何影响

案例分析：为什么日本人能够以较低的成本做到超水准的精密度与可靠性，他们发现不同处在于：日本车在引擎盖上的三处地方，使用相同的螺栓去接合不同的部分。而美国汽车同样的装配，却使用三种不同的螺栓，使汽车的组装较慢和成本较高。为什么美国公司要使用三种不同的螺栓呢？因为在底特律的设计单位有三组工程师，每一组只对自己的零件负责。日本的公司则由一位设计师负责整个引擎或范围更广的装配。讽刺的是这三组美国工程师，每一组都自认为他们的工作是成功的。

案例分析：某企业采用标准件/共用件，减少30%的零件数量，可以减少3%的基本制造成本。减少唯一零件，可以减少15%的基本制造成本。

18.5 产品上市与退市

18.5.1 产品发布常见的问题

产品发布常见的问题是很多企业的产品发布流程只是一个时间点的发布，发布前期没有统一监控，只有对内的公告，没有对外的正式发布，产品发布前发现有太多的工作要做，理不清楚头绪。

案例分析：常见发布问题场景。

◇什么？我合同都签了，这个产品还没发布出来？——市场宣传与开发不同步！

◇什么？我手上的资料版本不正确，有没有搞错？——市场资料更新没有及时传递给销售人员。

◇喂，我是海外销售部的，这个产品在国内销售情况怎么样？——国内产品上市情况没有传递到海外。

◇你们公司的产品不错，公司在哪里啊？——产品/公司品牌宣传不到位。

◇你们提供的产品介绍怎么与你们网站上展示的资料不一样？——网站资料没有及时更新。

案例分析：

2013年某公司推出一款新产品，主打“简单、易用”，同时增加了几个新功能，对标竞争对手产品。产品正式上市后，发布上市公告、官网上架、制作彩页然后就没有后续活动了。代理商和消费者鲜有人知道有这款新产品，甚至部分业务经理都不知道公司有这个产品。一个本应该非常成功的产品，就这样淹没在茫茫产品的海洋中。结果当时预测10k/月的销量，备下12k物料，到

2015 年还有库存。——上市推广方案牵涉的部门过多，没有用流程固定下来，执行出现遗漏或者不到位。

18.5.2 产品发布流程

产品发布流程如图 18－4、表 18－10 所示。

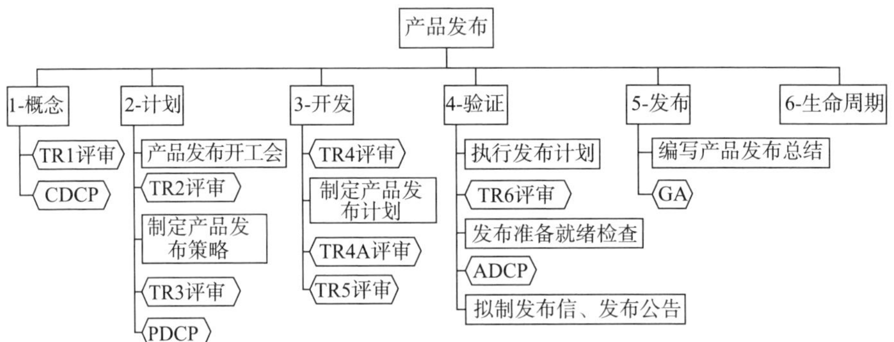

图 18－4 产品发布流程

表 18－10 产品发布流程

编号	活动	活动描述
1	产品发布开工会	讨论发布工作组人员，确定发布相关工作计划；明确发布工作策略、方式，启动发布相关工作
2	制定产品发布策略	描述目标市场特征、竞争策略、产品卖点及客户价值，分析市场机会、产品定位。谁是我们产品发布的目标听众？关键成功要素是什么？确定宣传节奏、发布对象、发布方式。产品如何进行发布？展会、媒体
3	制定产品发布计划	市场分析，发布活动计划，包括发布前的资料准备、发布主题、详细宣传、推广计划
4	执行发布计划	市场代表组织周或双周例会，对发布计划的执行情况进行检查，通报发布工作进展、存在的问题、处理方案
5	发布准备就绪检查	产品、营销资料、随机发货文档、测试、客户服务、订单履行、转产、采购等工作准备是否完成

续表

编号	活动	活动描述
6	拟制发布信、发布公告	新产品宣传、发布的一个正规和统一的方法和形式。提供两个版本，一个是对内版本，可以包括比较敏感的内容，如竞争信息、技术信息等。另一个是对外版本，包括发布概述、产品定位和特点、产品概述、定价信息、文档和服务信息等；发布公告提交 IPMT 审核，通过后发布
7	产品发布总结	发布计划、市场、文档、培训、技术支援执行总结，经验、教训总结及改进建议

18.5.3 发布准备情况对照检查表

自主销售产品上市时建议对检查表列出的活动进行评估，以帮助项目团队对产品发布的整体准备情况进行评估，包括产品、制造、采购、销售、市场和技术支持、资料的准备情况，如表 18－11 所示。完成该评估表后，将信息提交到发布决策评审汇报中。

表 18－11　发布准备情况对照检查表

序号	类型	内容
1	产品准备情况	◇外部文档（市场宣传资料、广告材料等）是否经过及时更新，并且可以批量获取以备产品发布之用？ ◇所有产品文档（产品文档、参考文档、用户文档等）是否已更新？ ◇公司使用专利、商标是否已获得？ ◇合理有效的电子数据保护（所有权文档、硬件可回收性、目标代码、源代码等）措施和协议是否已经具备？ ◇产品的可靠性、可用性、可服务性、环境性能、安全环节、产品重量和尺寸是否符合设计规格？ ◇测试结果是否验证了设计规格得到满足？ ◇该产品是否符合行业和公司标准？ ◇产品的工业设计（外观）是否合理？ ◇在各种客户环境（空间、功率、冷却等）下使用该产品是否比以前的产品更容易？ ◇性能、产品成本是否优于竞争对手？ ◇与客户现场有关的问题（包装/发运/交付等）是否已解决？ ◇是否认证考虑了国际化准备情况（标准、他国准入、翻译等）？ ◇项目和技术可用性风险规避，是否明确了具体的潜在风险？ ◇是否对市场、技术和财务风险进行了研究？ ◇每个风险事件的发生概率和影响是否已确定？ ◇对每个已确定的风险事件的规避计划是否归档和分派下去？ ◇功能部门资源限制及同管理支撑部门的协调问题是否解决？ ◇关键/主要的基础技术共享构件（如芯片、器件、软件、测试等）的验证测试是否完成？ ◇所有物料的验证测试是否都已完成

续表

序号	类型	内容
2	测试完成情况	◇是否完成了产品各个方面的测试？ ◇是否明确了所有的风险并进行了评估？是否对所有的风险都拟定了缓解措施？ ◇是否在正式的缺陷跟踪系统中对构建模块和系统中的所有已知的问题都进行了记录？ ◇是否已完成处理严重程度为致命和严重级别的问题，并且项目组包括技术支援代表在内的所有相关代表对所有未解决的问题都进行了详细的评估，对于需要解决的必须立即解决，暂不需要解决的则给出问题的处理方案。 ◇是否获得了相关机构的批准（FCC、UL 等）？ ◇是否成功完成了所有的系统验证测试？ ◇是否对所有的认证 & 标杆测试结果都进行了审视
3	批量制造准备	◇技术评审 TR6 是否通过评审？ ◇指导整件/部件、单板、电缆加工、检验、调试、测试、老化、包装、储运用文件是否验证合格，并已归档？确认生产指导文件/软件程序已到位。 ◇工装、夹具是否验证合格？数量是否满足量产产能需求？ ◇转产规划是否完成？ ◇场地、作业环境、人力资源是否满足量产需求？确认人员（生产管理人员、生产支持人员、生产操作人员）已切换完成，即人员数量、技能满足要求。确认生产环境已到位，包括场地已准备就绪（面积、空间、水、电、气、照明），生产环境已满足相关标准（如 ESD、防尘、防潮、温湿度控制），产品的 CE、FCC 认证准入已取得相关证书。 ◇加工设备、测试装备、老化设备、包装设备是否经过验证并满足量产要求？确认机器/设备已切换完成，包括工装（包括周转运输）/工具、老化/测试/检验/维修设备已到位；生产设备、仪器/仪表已到位。 ◇制造人员是否经过培训并取得上岗资格？ ◇量产物料数量、质量是否满足制造需求？物料质量稳定性是否满足质量要求？物料来源是否可靠？确认物料已切换完成，包括早期物料计划向批量供货物料计划切换已完成，生产、采购、市场计划切换已完成，支持生产运作的 IT 系统切换完成。 ◇已经发现的各种问题（包括工艺设计问题、产品质量问题、制造系统问题等）是否有记录和已经解决？ ◇场地和设备能力是否满足产量扩大的要求？ ◇产能变化对制造资源（人员、设备、装备、工装等）的影响是否已经考虑？ ◇产品制造周期时间是否满足订单履行时间对制造的要求
4	订单履行发布准备	◇核实 BOM 等产品数据相关文档是否已准备齐备； ◇核实产品过程文档和订单履行所必需的相关技术资料是否都已归档，如配置手册、报价模板等； ◇设计、报价、成套等业务环节是否已具备批量作业的能力； ◇订单履行 IT 系统工具是否准备就绪

续表

序号	类型	内容
5	批量采购准备	◇审视“更新关键物料 & 供应商选择计划”（计划阶段，采购代表）：是否已经审视了尚未解决的问题？如果在问题状态方面有什么变化或出现新问题，是否已经记录？是否已审视当前风险评估并根据需要做出修改？是否已明确进度，成本和资源需求？ ◇审视“做出提前采购决定”（计划阶段，采购代表）：审视供应商的状况（包括供货协议、谅解备忘录、保密协议、首样测试报告、供应商评估报告、供应商初步审查报告、小批量测试报告、质量保证协议）；审视订购逐步放量生产物料（开发阶段，采购工程师）的状况；批量评审报告：审视质量、供货、成本、技术支持等方面表现，质量表现主要来自于制造代表；审视采购文档，如供应商初步审查报告、供应商考察报告、首样测试报告、供应商评估报告、小批量测试报告、合同协议齐备性；BOM 是否是最新的？包括产品组合的销售预测是否是最新的？是否使用了最新的生产计划？是否已针对“最新供应商”和“可获得性”两个方面审视了所有的关键物料？ ◇审视采购过程：是否已根据计划的时间审视当前采购周期时间？是否已根据业务计划的预测结果验证了实际物料价格
6	市场和销售准备	◇营销组织是否已经建立？营销组织能否支撑各种营销活动？营销人员是否到位？ ◇客户反馈的问题，营销代表是否已与项目组相关代表或功能部门审视并给出解决方案？ ◇是否制定及更新产品定价策略并经过评审？是否已审视最终价格并发布定价书？ ◇产品/解决方案/特性市场技术指导书、产品规格/功能/特性/业务清单、技术白皮书、产品小册子、产品概述、宣传彩页、软性文章、产品荣誉证书、认证测试报告、主打宣讲材料与讲解词是否准备完毕； ◇新闻发布、技术文章、广告基础材料、产品销售指导书/解决方案销售指导书是否准备完毕，是否在公司网站、行业刊物、样板点上发布了产品消息、产品介绍？ ◇主要竞争对手技术对比、解决方案/产品对比分析报告； ◇常见市场技术问题答复集； ◇营销人员、代理商是否已掌握了营销的关键技能与技巧？培训课程是否已准备？ ◇客户沟通及宣传促销策划总体上是否得到执行？ ◇是否明确了具体的潜在风险？对每个已确定的风险事件的规避计划是否归档和分派下去
7	资料准备	◇文档内容是否恰当合理，目录是否正确，内容是否正确，术语是否清晰，文档中的参考资料是否充分，页码编排是否完整，文档是否经过恰当的评审和审批，文档的组织安排是否容易查找信息； ◇翻译材料是否准确； ◇印刷材料是否已收到、查验并存放好； ◇是否有能让支持人员及时获得更新资料的措施； ◇是否达到潜在的可能达到的效果，是否引起误解

续表

序号	类型	内容
8	客户服务和支持准备	◇该产品是否符合公司的可靠性、可获得性、可服务性、标准？ ◇对于承诺的产品软硬件保修内容，技术支持是否已做好相应的准备？ ◇技术支持组织是否能支持客户的服务请求，能够按照规定的程序予以响应？ ◇问题管理流程（问题的记录、跟踪、处理和上报）是否有效？ ◇所有业务伙伴是否都经过培训和通过鉴定，并做好产品发布的准备？ ◇技术支持文档和手册是否已经过审核？技术支持的文档和手册是否已出版或按计划准备好，并可通过企业网、互联网或以光盘方式索取？ ◇是否按计划向各地的技术支持工程师进行新产品发布前培训
9	法律事务	◇所有的机构审批是否都已获得？ ◇所有出口分类和审批是否都已获得？ ◇所有发明/商标/版权申请工作是否全部完成

18.5.4 产品退市

产品退市分停售、停产和停服三个部分，如图 18－5 所示。

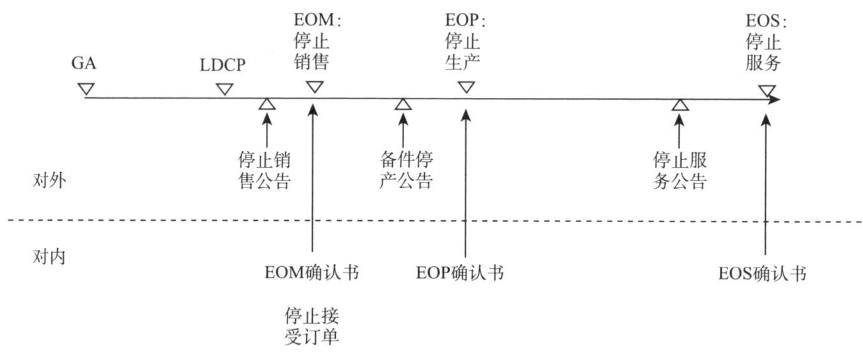

图 18－5 产品退市主要活动

18.6 产品定价

产品定价的主要决定因素有产品生产成本、前期研发投入、竞争性因素、产品性能等，主要的定价方法有成本加成、跟随定价、市场导向定价等。

任何一项成功的产品都会经历从开发期经商品化而进入市场，为市场所接受，经过成长、成熟和衰退以至最终退出市场的过程。产品的生命周期就是指产品从投入市场至退出市场的全过程，它反映了一个特定市场对某一特定产品的需求随时间变化的规律。产品生命周期一般分为四个阶段：引入期、成长期、成熟期和衰退期，如图 18 –6 所示。

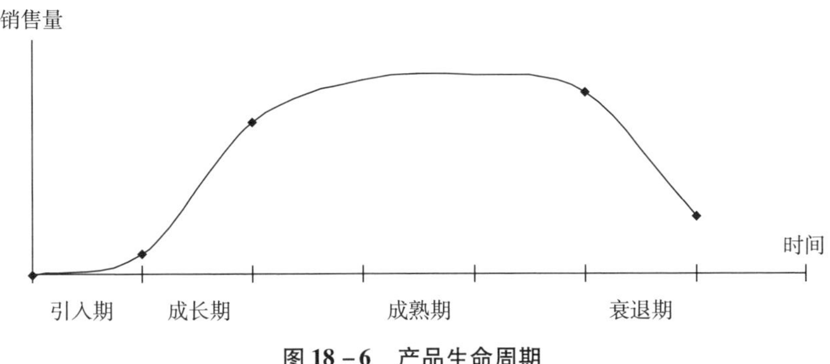

图 18 –6　产品生命周期

一般来说，可以用于识别产品生命周期阶段的要素主要有：需求量（销量）、市场竞争、产品成本、盈利水平、产品技术五个方面，如表 18 –12 所示。

表 18 –12　产品生命周期阶段的要素

要素	行业	企业
需求量	行业需求量是指整个行业在一定时期内对该产品的需求总量。行业需求量预测方法一般包括趋势预测和规划预测	根据各区域市场的需求量、竞争形势、企业的市场策略、市场竞争实力等因素分析得出企业在该区域市场一定时期内的销量及市场占有率
市场竞争	市场竞争是指行业内各个厂家之间的竞争情况，通过对行业内竞争情况的分析，找出该行业内的主要竞争厂。分析现阶段行业内各主要竞争厂家的竞争实力、产品市场占有率、市场竞争策略、价格策略及产品价格水平	分析行业内各主要竞争厂家之间的竞争实力、产品市场占有率、市场竞争策略、价格策略及产品价格水平在一段时间内的变化趋势
产品成本	行业产品成本是指行业产品成本的平均水平，通过对竞争对手产品结构和物料采购价格水平的研究，得到竞争对手的产品材料水平。通过对竞争对手年度财务报表的研究，得到竞争对手的产品费用水平，综合后可得到竞争对手的产品成本水平。通过分析影响竞争对手产品成本的相关因素（如产品结构、采购价格、研发、销售投入等）的变化情况，得到竞争对手产品成本的变化趋势	选定企业产品的市场销售典型配置，根据 BOM 清单、物料采购价格、制造费用水平核算出企业产品典型配置的制造成本，根据该产品的期间费用预算数据计算出产品典型配置的期间费用； 考虑一定时间内 BOM 清单、物料采购价格、制造费用水平及期间费用预算的变化情况对产品典型配置的成本水平的变化趋势做出预测

续表

要素	行业	企业
盈利水平	行业产品盈利是指行业产品盈利的平均水平，通过对竞争对手年度财务报表的研究，得到竞争对手的产品盈利水平。通过分析影响竞争对手产品盈利的相关因素（如产品成本、价格策略等）的变化情况，得到竞争对手的产品盈利的变化趋势	根据企业产品的市场平均价格水平和产品成本得到企业产品的盈利水平，以及对企业产品市场价格变化的预测和成本变化趋势的分析得到企业产品的盈利变化趋势
产品技术	行业产品技术是指行业内产品技术情况及替代产品、新技术的发展情况，通过分析该产品现阶段的技术成熟程度，产品新功能和新业务推出的周期和数量。分析替代产品的发展情况、市场价格、市场应用情况和接受程度。分析可结束该产品生命周期的新技术的发展情况、市场接受程度和应用情况，掌握现阶段行业的产品技术成熟程度，产品附加价值的拓展情况，替代产品与新技术的发展及市场对其的接受程度和应用情况	分析企业产品现阶段的技术成熟程度，新功能和新业务推出的周期和数量

18.6.1 产品生命周期5个阶段特征

产品生命周期5个阶段特征如表18－13所示。

表18－13 产品生命周期5个阶段特征

编号	引入期	成长期	成熟前期	成熟后期	衰退期
企业引入期	需求有限、销售增长缓慢、产品普及率低，竞争者少，制造成本高、研发与营销费用高，价格高、毛利率高，产品技术不成熟	需求量迅速增长，竞争者增多、出现产品品牌差异，制造成本降低、研发与营销费用高，价格开始下降、毛利率和利润率较高，产品技术逐渐成熟	需求量增长缓慢或基本稳定、市场趋于饱和，竞争激烈、产品差异化加剧、市场更加细分、品牌效应确立，制造成本降低、研发费用逐步降低、营销费用基本稳定，价格竞争、毛利率有所降低，利润水平趋向合理，产品技术成熟、扩展产品附加价值、新技术或替代产品出现	市场需求量较大，但逐步减少，竞争日益激烈、市场完全细分、少数企业被迫退出市场，制造成本基本稳定、研发费用维持较低水平、营销费用有所上升，价格大幅度降低、毛利率进一步降低、利润水平较低，产品技术稳定、新产品或替代产品问世	市场需求量骤减、生产能力过剩，竞争者减少，许多企业主动退出市场，制造成本上升、无研发投入、基本上无营销费用，价格趋于稳定（逼近制造成本线）、毛利率低，市场转向新产品或替代产品的营销

续表

编号	引入期	成长期	成熟前期	成熟后期	衰退期
企业成长期	与行业特征基本一致。	销量较，但增长势头较好，竞争者较多，制造成本较高，研发与营销费用高，价格高、毛利率高、利润低或亏损，产品技术不成熟	市场进入困难较大、销量少，竞争者多、市场环境较差、品牌效应弱，各项成本费用较高，产品价格低于行业平均水平、毛利率较高、利润低或亏损，产品技术不成熟	市场进入困难大、销量少，成熟竞争者多、市场环境恶劣、品牌没有确立，各项成本费用很高，产品价格很低、利润低甚至亏损，产品技术不成熟，研发风险高	—
企业成熟前期	—	与行业特征基本一致	市场进入有一定困难、销量不断增大，竞争者较多、竞争激烈、产品品牌逐渐建立，制造成本逐渐降低、研发与营销费用较高，产品价格顺应市场形势不断下调、毛利率与利润率较高，产品技术趋于成熟	市场进入困难较大、销量少，竞争者多、竞争激烈、企业处于劣势，制造成本逐渐降低但仍高于行业水平、研发与营销费用较高，产品较高低、毛利率与利润率不高，产品技术趋于成熟	研发及销售风险高，市场环境差
企业成熟后期	—	—	与行业特征基本一致	产品销量大，市场竞争者较多、竞争程度加剧，制造成本、研发费用、营销费用基本稳定在较低水平，价格大幅降低、毛利率与利润率水平逐步降低，产品技术稳定，增加对新产品或替代产品的研发投入	市场需求量萎缩，导致产品销量大幅降低，市场竞争者减少，制造成本水平低、研发费用投入少并逐渐取消、营销费用有所上升，毛利率与利润率低，产品技术稳定、研发重点转向新产品或替代产品

续表

编号	引入期	成长期	成熟前期	成熟后期	衰退期
企业衰退期	—	—	—	—	产品生命周期基本结束，产品逐渐退出市场，新产品或替代产品进入市场销售并逐渐形成规模，公司产品营销重点转向新产品

18.6.2 常见的10种定价策略

常见的10种定价策略如表18－14所示。

表18－14 常见的10种定价策略

序号	定价策略	特点适用场合
1	撇脂定价：在产品试销初期制定较高的价格，投放新产品，以后待市场扩大，产品趋于成长或成熟阶段，再将价格逐步降低	保证试销初期获得巨额利润，并可保障新产品在产销方面无法预知的成本得到补偿。试销初期的巨额利润会迅速引来竞争，高价不能持久，因此这是一种短期性的定价策略。多适用于没有竞争对手，容易开辟市场的新产品
2	渗透定价：在试销初期采用低价以广招徕，为新产品开路。等到品牌确立，赢得市场好评后，再逐步提高价格	在试销初期利润有所牺牲，但它能有效地排除其他企业竞争，便于在市场建立长期的领先地位，能持久地给企业带来日益增长的经济效益。新产品投放市场时多用这种策略，也是一种长远的定价策略
3	渐降定价：在采用撇脂定价战略之后的一段时间，将价格下调。此战略经常是跟在撇脂定价策略后面	产品或服务已受到更大量的潜在顾客的喜爱。运用渐降定价战略，分阶段降低价格，使产品渗透到更多的市场，并经常能阻碍竞争者的进入

续表

序号	定价策略	特点适用场合
4	适中定价：不存在可以采用撇脂定价或渗透定价的环境时，可以考虑采用适中定价	保持产品线定价策略的一致性，使产品的价格与顾客的认知价值相当
5	成本加成定价：指成本加目标利润形成价格	产品或服务在政府市场上销售；总成本无法明确分摊提列；新产品首次进行试销
6	跟随定价：跟随行业的价格领导者来为产品定价	本企业较小，而本行业又由少数享有较高市场占有率的竞争者所控制；行业价格领导者要对不正常的高价或低价采取严厉的报复行动；本企业的产品或服务与其他企业没有多大区别
7	细分市场差别定价：差别定价是指同一产品对不同的顾客或不同的细分市场采取不同的价格	如果企业的产品或服务是按顾客的要求定做或改动的，这就需要按照不同的顾客的不同的成本分别确定价格。 产品有两个或两个以上的市场，不同市场的价格弹性不同，采用不同的价格以取得最大的利润
8	市场导向定价：为了适应竞争或市场的情况变化，对产品或服务作相应的机动性定价	存在着严峻的竞争性挑战；竞争者以渗透价格发起进攻；需求水平正在变化
9	低价策略：企业为了提高短期销量、扩大市场占有率、打击竞争对手等销售目标而采用的定价策略	
10	亏本销售定价：使某种产品或服务的价格低于成本，其目的是吸引顾客购买本企业的其他产品	希望造成抢购风潮，促进该产品的销售。与该亏本销售产品相配套的产品可高价出售，以收回利润

18.6.3 产品生命周期不同阶段定价策略

产品生命周期不同阶段定价策略如表 18－15 所示。

表 18－15 产品生命周期不同阶段定价策略

	引入期	成长期	成熟前期	成熟后期	衰退期
企业投入期	撇脂定价，谋取高额利润。适中定价策略，价格适当高于顾客的认知价值	渗透定价，让利销售、低价进入市场，尽量缩短引入期	低价策略，价格低并与竞争者保持一定的价差，细分市场差别定价	考虑亏本销售，采用低价策略，低价格并与竞争者保持较大的价差。控制成本以争取一定利润或主动退出市场	

续表

	引入期	成长期	成熟前期	成熟后期	衰退期
企业成长期		适中定价，考虑适当高价，继续保持较高的利润水平。渐降定价策略，将较高的价格下调阻止更多竞争者进入市场	市场导向定价，跟随定价，结合差别定价填补市场空缺	低价策略，细分市场差别定价并注重控制成本以争取一定的利润	亏本销售，采用低价策略。在个别细分市场上低成本经营并考虑退出市场
企业成熟期			适中定价法，市场导向定价，根据市场竞争调低价格。细分市场差别定价	适中定价，保持价格稳定，延长成熟期，跟随定价，细分市场差别定价	在个别细分市场上低成本经营，结合差别低价填补市场空缺
企业衰退期				在个别细分市场上低成本经营或退出市场	在个别细分市场上低成本经营或退出市场

案例分析：康柏公司的定价案例如表 18－16 所示。

表 18－16 康柏公司的定价案例

年份	主要活动	营收
1981 年	从事便携式个人计算机的开发和销售，开发出较小尺寸兼容 IBM 的可携带计算机实现了成功的差别化	1 亿美元
1986 年	康柏通过推出该行业首次出现的 80386 个人计算机，跨越了竞争对手，比 IBM 提前几个月进入市场。与 Conner 外围设备公司这样重要的供应商进行了密切合作，以推出形状尺寸更小的磁盘驱动器	20 亿美元
1989 年	基于高性能和前沿技术进行竞争，采用了一种撇脂价格战略。我们从来没有依据价格进行定位，我们销售更好的产品，而不是更便宜的产品	29 亿美元
1991 年	市场快速成长，戴尔公司仿制竞争者所采用的渗透价格战略使个人计算机的价格越来越低。当这些低价产品在技术和性能上逐渐赶超的时候，康柏的 PC 与低价仿制品之间的价格差异超过了 30%。对许多顾客来说，康柏公司提供的差别化并没有价格高 3000 美元的价值。康柏公司错误的产品战略在某种程度上是以 IBM 的战略为基准的，因而忽视了其他竞争者。康柏公司的 PC 比 IBM 的更具有创新性，并以相同的价格在市场上销售。它们一起形成了价格保护伞，而在这种价格保护下低定价的 PC 却成长茂盛起来	第一次出现了亏损，解雇了 1700 名员工

续表

年份	主要活动	营收
1992 年	更换了首席执行官，启动了开发较低定价 PC 的工作。新的产品战略是缩小这种价格差距以便与低定价竞争者直接进行竞争。鼓励缩短产品开发周期时间和降低制造、材料和管理费用方面的成本。1992 年夏天推出廉价 PC 产品线 ProLinea	10 亿美元，份额从 3.5%增加到 5.1%。
1993 年	生产量从 150 万台计算机增加到了 300 万台，总制造成本减少 1 千万美元；较低定价的产品战略需要较低的成本结构，这意味着较低的开发成本、较低的材料费用、较低的制造成本和较低的利润差额。康柏公司通过驱使供应商进行更加积极的竞争，降低了部件和材料的成本。生产制造更加合理化，生产能力利用率也提高了，较大的销量弥补了较低的利润差额；价格是顾客满意的关键所在，康柏公司在 1991 和 1992 年大幅度地削减了它的价格。产品开发工程师首先确定了目标销售价格，然后计算出了他们必须执行的成本预算。依靠价格挑战竞争对手，然后进一步利用更多的特色、更广的产品线和 3 年保证期这样的更好的服务进行竞争	65 亿元，10% 的市场份额
2001 年以后	没有能够维持它的成本优势，成为基于价格的战略所产生的一种风险的牺牲品。主要竞争对手之一的戴尔公司有能力实现所有方面的类似程度的成本节约，而另一方面却继续获得了我们前面所叙述的供应链方面的巨大成本优势。代理商对分销机制产生了抱怨，而康柏在没有遭受到巨大的收入损失的情况下却不能当机立断地改变分销渠道。戴尔公司击败了康柏，成了市场份额领先者	成长停滞不前

案例分析：早期 H 公司定价策略

虽然 H 公司产品性能优越，但公司实力、产品品牌、客户关系、产品网络地位等均不能支持与竞争对手相同的价格水平，应以较低的价格取得较大的市场份额。依据客户访谈取得的信息，其价格应比主要的竞争对手低 40% 以上才能被客户接受。表 18 – 17 是某产品定价策略。

表 18 – 17　某产品定价策略

	竞争对手价格	H 公司价格
国内市场	14 美元/用户	7 美元/用户，每年减少 1 美元
海外市场	23 美元/用户	15 美元/用户，每年减少 2 美元

18.6.4 产品定价12步流程

定价策略在概念阶段启动，在准备计划DCP时，PDT要对业务计划进行优化。由于定价策略确定了产品的预估价格，因此定价策略是确定产品潜在收入的依据。在可获得性DCP之前，要对定价策略进行必要的修改和更新。在开发和验证阶段，PDT会对产品成本有更好的了解。在可获得性DCP，团队应该能够向IPMT就财务方面做出清晰的解释。

一般来说，制定定价策略包括如下几个步骤，如表18－18所示。

表18－18 制定定价策略步骤

序号	名称	详细描述
1	明确竞争对手的产品	明确竞争对手所具有的类似的能满足客户需求的产品，竞争对手分析部分中应该明确将与新产品对应的竞争对手的产品
2	明确产品的技术定位	公司产品和竞争对手所具有的类似产品所处生命周期阶段，以及在技术方面的优劣势对比
3	市场需求分析	根据对市场总需求的分析，可以大致给出市场整体发育情况，以针对产品在行业生命周期阶段的不同介入点采取不同的价格策略
4	客户群购买因素分析	将用户在进行选型时所考虑的因素按重要性排序，从中得出决定产品价格的关键要素
5	市场竞争分析	◇通过市场占有率比较来分析各竞争厂商的市场地位（给出各年市场份额趋势图和各客户群市场份额饼图）； ◇通过主要厂商指标评分进行各竞争厂商总体实力的比较，作为确定整体价位的依据之一
6	明确公司产品的市场定位	是市场的绝对领先者（垄断者）、市场领先者（属于第一集团）还是市场跟随者，并初步确定总体产品价格策略，是作为公司战略性产品，首要目标是市场份额或带动相关产品销售还是首先考虑利润
7	进行比较定价分析	收集竞争对手产品的成本、定价及产品本身的信息，估计产品本身的成本，将竞争对手产品的属性和特性与公司产品进行比较，了解如何确定新产品的价位
8	价格分析	◇报价分析：建立目录价格分拆表，以便清晰地进行对比； ◇成交价位分析：以某一年（一般为开始销售的第一年）行业平均价格为基准，统计获预测各年相对该年价格的变化率。收集各厂商在不同的细分市场所采取的销售策略和重要项目的成交情况，并预计那一年的价格变动

续表

序号	名称	详细描述
9	制定定价策略	◇根据比较定价分析结果制定定价策略，还要考虑市场策略和定位、产品定位、目标市场及细分市场情况等方面的因素。这些因素可能影响定价策略，例如若市场策略要尽可能多地抢占市场份额，以成为市场领导者，则在价格方面一定要有竞争优势；◇提出可选价格策略，根据产品策略和市场定位确定可选的总体价格策略，公司是作为价格领导者、跟随者还是价格的有力竞争者进入市场，并确定目录价整体水平和在不同市场份额或利润目标下的可选的价格策略；◇选择定价方法（撇脂定价、渗透定价、渐降定价、适中定价、成本加成定价、跟随定价、市场导向定价、低价策略）
10	制定具体市场操作中的价格策略	◇针对区域和客户群的价格，选定最终价格（心理因素、营销因素）；◇整体解决方案中组合产品间的价格协调标准；在某些特殊投标项目和特殊市场机会中给出具有竞争优势的价格
11	确认定价策略	从销售人员那里获取信息以验证定价策略
12	价格跟踪及反馈	价格执行后，“定价中心”定期进行利润及价格监视；修订价格（价格折扣和折让、促销定价、差别定价、产品组合定价）；与销售部相关人员进行沟通，充分了解价格执行中的问题

18.7 采购与供应商管理

建立紧密的供应商战略伙伴关系，与供应商共赢。对供应商进行分类、分层级的管理，有计划、有策略地逐渐减少供应商总数，与核心供应商建立长期的战略合作伙伴关系。实施透明、公开、系统的供应商生命周期管理流程，尽量每个物料有 2 ~ 3 家供应商同时供货。关注并帮助供应商的能力提升和发展，是战略合作伙伴关系持续的重要保障，排他或捆绑的战略伙伴关系需要建立在对供应商本身具备的高素质和对供应商品质严格监控的基础之上，不断提升采购人员的专业能力。

18.7.1 采购管理组织

采购管理组织如表 18－19 所示。

表 18－19 采购管理组织

序号	主题	内容
1	采购成本管理	了解采购市场状况，材料价格走势。价格系统的维护，价格基数数据库的整理分析，采购物料价格构成分析与建议等
2	供应商管理	采购策略、找供应商、供应商谈判、供应商绩效综合评价、供应商发展等
3	供应商质量管理	供应商引入的质量评估，供应商日常绩效、品质评估、追踪和稽核，核心供应商发展等
4	采购订单管理	采购计划，采购订单下达，到货情况跟踪，与供应商、生产、财务的协调

18.7.2 供应商评价标准

供应商评价标准如表 18－20 所示。

表 18－20 供应商评价标准

序号	主题	权重	详细内容
1	总体情况	15	企业知名度、供货能力、地理位置、市场地位、管理层的稳定性、市场的接受程度
2	生产制造	15	生产能力、生产技术和设备、可靠性、生产员工素质、过程文件的完备性
3	研究开发	15	研发业绩、技术开发手段的先进性、样品、技术参数、技术资料的完备性、客户服务
4	质量管理	20	质量体系认证情况、质量过程控制、质量改进计划、产品质量、客户服务
5	物流和交货	15	交货、运输、库存、JIT 的可能、预警系统、紧急订单
6	原材料采购	5	供应商管理，原材料的使用，原材料降低成本的可能和相关的改善计划
7	生态	5	环境认证、环境保护、资源消耗
8	合作	10	合作期望、成本结构、质量协议、客户服务

供应商等级划分如表 18－21 所示。

表 18－21　供应商等级划分

序号	得分	级别
1	85～100 分	A 级供应商
2	70～84 分	B 级供应商
3	55～69 分	C 级供应商
4	42～54 分	D 级供应商
5	42 分以下	不予考虑的供应商

每季度对每个供应商打分，根据打分结果对供应商进行评级和数据更新，评出前 10 名的供应商，并给予物质或精神奖励。对于表现欠佳的供应商发出警告，并说明降级、取消等处罚的原因，以督促供应商改善。

18.7.3　供应商引入流程

在引入新供应商时不是以价格为主导，而是以综合能力的评估结果为标准。供应商引入流程如表 18－22 所示。

表 18－22　供应商引入流程

序号	步骤	内容
1	供应商初选	战略、生产、财务、规模、管理、地址等，初选合格后确定合作物料和合作的力度
2	供应商的申请登记	申请书内容有厂房登记证，或租用合同、纳税证明
3	供应商初审	申请书审核，其中经营 20%、生产 30%、品质 40%
4	所属物料类的专家委员会复审	是否与现有供应商有业务重复，是否符合资质要求。根据具体物料，成本工程师进行价格预估。送样，确认样品是否符合需求
5	通知供应商成为公司供应商，签订 SOW	SOW 不涉及价格和交期，要做到合理、合法、全面、公平、公正
6	确定供货比例，签订产品采购合同	确定每次总需求后计划该供应商供货比例，谈判具体的采购价格、签订产品采购合同。产生需求时 ERP 系统自动按比例分配，将采购计划发至供应商

如果选择的供应商分别属于 A、B、C 级供应商，则供货比例可按照 70%～80%、20%～30%、0 的差异化比例确定。如果没有 A 级的供应商，则应调整

比例结构（如50%、30%、20%），并通过寻找新的供应商或培养有潜力的供应商来实现差异化管理。

18.7.4 供应商管理策略

供应商管理的核心策略包括降低供应商的数量，与主要供应商建立起战略联盟，加强供应市场的分析和预测，如表18－23所示。

表18－23 供应商管理的策略

序号	主题	内容
1	现在	频繁地询价、选择供应商、签合同，单一产品的供应商数量多，供货的供应商不稳定，合同期比较短（如1个月）
2	未来	相对长期的合同，价格相对稳定（合同期内），集中于某些实力较强的供应商身上，并建立良好的长期伙伴关系

18.7.5 降低供应商数量的方法

◇推行标准化工程，减少专用件的数量，尽可能多地采取通用件，从而降低物料的品种；

◇剔除不必要的功能或寻找替代性的材料，或者通过创新实现简单化；

◇调整采购策略，采购风险越小的、可控性越强的产品供应商越少，详细分析供应商结构，确定“唯一供货”“独家供货”“两家供货”“多家供货”策略分别适合的产品；

◇有意识地培养、扶持有潜力的供应商作为A类供应商，删除其余的供应商；

◇与核心供应商建立战略联盟；

◇建立供应商业绩的评价体系，对供应商分级别，表现差的供应商出局。

18.7.6 量化考核指标

采购与供应商管理的量化考核指标包括：采购降低成本、供应商数量降低、交货期缩短、付款期延长、年/季平均库存水平的降低、齐套率等。

案例分析：丰田汽车供应商管理案例如表18-24所示。

表18-24 丰田汽车供应商管理

序号	主题	详细内容
1	清楚掌握供应商的情况	了解供应商的业务，实地考察供应商的运营，尊重供应商的业务能力，致力于共同发展
2	化解竞争，加强合作	建立匹配的生产理念和生产系统，与现有供应商创建合资企业，传授知识并监督控制
3	监督管理供应商	每月向核心供应商发送“成绩报告单”，持续地及时提供反馈信息，让高层管理者参与解决问题
4	发展匹配的技术能力	培养供应商解决问题的能力，建立一套通用术语，提高核心供应商的创新能力
5	有选择地加强信息共享	明确会议的时间、地点和议程，遵循严格的信息共享模式，确保数据收集的准确性，系统地进行信息共享
6	携手合作、共同提高	与供应商交流最佳实践经验，在供应商中开展“改善”项目，组建供应商学习团队

丰田通过三种方式实现各种层面的知识分享，帮助供应商的成长。

方式一：供应商协会。

丰田在日本的供应商协会——“协丰会”（kyohokai）；在美国，蓝草汽车制造商协会（BAMA）。定期或不定期组织各种会议和讨论，是供应商之间进行信息和知识共享的平台。

方式二：咨询小组。

公司成立运作管理咨询部门（OMCD），以获取、存储和传播丰田集团内有价值的生产知识。OMCD由6名具有丰富经验的资深经理人，以及约50名顾问组成。专家被派驻到供应商的公司，协助他们解决在实施TPS的过程中遇到的难题，有时长达好几个月。

方式三：自主研修小组。

自主研修小组是为了促使丰田和供应商共同学习，改进业务而成立。丰田和供应商的主管及工程师们会在一名丰田导师的率领下，一起走访各个工厂，帮助供应商改善生产流程。这些活动也加强了丰田供应商之间的联系。

丰田采取的是“金字塔结构”的“捆绑式”的“紧密供应商管理体系”，整车厂只与一级供应商有配套的关系，以达到丰田不断扩张下不断提高质量、降低成本、缩短交货时间的目标，如表18－25所示。

表18－25　丰田供应商管理体系的优劣势

序号	主题	内容
1	优势	丰田与零部件供应商相互持股，这种关系稳定且具有一定的排他性，能够迅速对变化的市场需求做出反应，这也是丰田在美国市场制胜的法宝之一
2	劣势	厂商与供应商之间形成一荣俱荣、一损俱损的比较封闭的关系，而且很多零件都是由唯一的供应商提供，致使风险加大。尤其在金融危机影响下，丰田削减产量，零部件供应商产量也随之锐减，但由于零部件供应商的设备投资已完全被丰田“绑定”，过剩的产能导致成本压力增大。在此情形下，成本压力有可能通过牺牲质量来缓解

18.8　研发过程知识管理

18.8.1　资料库

资料库如表18－26所示。

表18－26　资料库

序号	主题	内容
1	管理文件	如质量手册、流程/规程、操作指导书、文档模板、表格、查检表、标准/规范、工具等，以及组织文档。对部门内已有知识经验进行积累，或通过参考各类技术文档，整理出某一设计模块的设计规范（该规范必须由专业组的专家审核通过）
2	经验积累库	产品质量、测试问题的成功解决方案：主要是说明性文件（可能含原理文件），重大问题解决过程总结，项目开发过程中经验总结，例如对于某一开发细节，根据个人的长期思考，整理出的心得体会，能很好地给他人提供借鉴的经验、教训

续表

序号	主题	内容
3	专业技术培训课件库	◇硬件：典型应用电路、特色电路、特色芯片技术介绍、特色芯片的使用说明，驱动程序的流程图，源程序，相关硬件电路说明，PCB 布板注意事项，单板调试中出现的典型问题及解决方法，软硬件设计及调试技巧； ◇公用模块库：结构模块库（设计规范、通用件）、硬件模块库（设计规范、元器件库、功能电路模块知识库、典型整机电路）、软件模块库（设计规范、驱动程序、测试程序）、测试模块库（测试规范、测试模块、测试工具）、工艺模块库
4	研发技术资料库	◇利用各种信息渠道，提炼或简单整理出业界对本公司有很大参考价值的各类资料，并通过专业组专家审核； ◇各类自发完成的设计或操作指导书、各类培训文档，在专业组专家的审核和指导下，不断修改完整的并经过专业组专家审核通过，确认可以作为培训教材的； ◇开发人员对已有设计方案提出改进方案，并输出改进后的设计文档，并由专业组或项目组确认效果良好的，以及对别的开发人员的设计提出改进方案，经检验是有效的
5	公用基础模块资料库	说明性文件、原理图、PCB 文件、程序文件
6	产品证书、检验报告	专利证书、CCC 证书、EMC、UL 证书等
7	标准与规范	国家标准、国际标准
8	经验交流	学习、研讨报告、经验案例
9	市场信息	专利信息、竞争对手信息
10	其他	过程数据库：开发过程文档，过程度量数据；风险数据库，测试用例库，缺陷库

18.8.2 案例总结模板

案例总结模板如表 18－27 所示。

表 18－27 案例总结模板

序号	活动	内容
1	概述	作者、部门、产品、来源（如网上事故、网上返修、维护、生产问题、调测、检视、方案、需求分析、系统设计）、关键词、自己评价

续表

序号	活动	内容
2	现象、问题描述	简要描述现象及相关可见的数据信息，说明出现问题的应用环境、配置等
3	关键过程、根本原因分析	重点描述定位、验证、处理关键过程，分析问题出现的根本原因，写清楚问题机理，尽可能用时序图、原理图、结构图、示意图说明。所有附图在保证清晰、占用空间小的原则下进行剪裁、压缩
4	结论、解决方案及效果	明确给出案例的直接结论，对问题尚未改进的给出建议解决方法，已经更改的说明方法及效果
5	经验总结、预防措施和规范建议	反思并总结经验，提出预防措施，如对现有的设计规范、电路、技术立项等需求
6	备注	对案例有直接贡献的团队成员说明，相关参考文档、文献

18.9 产品创新

18.9.1 外部环境对产品创新的要求

外部环境对产品创新的要求如表 18－28 所示。

表 18－28 外部环境对产品创新的要求

序号	主题	内容
1	消费趋势	一二级市场产品升级换代加快，高品质、创新产品获得更多的关注。三四级消费市场的启动带来消费市场较长时间稳定的增长，“80 后”“90 后”年轻一代逐步成为消费的主体，智能化、参与式、便捷、专业的产品获得优势
2	技术趋势	随着产品成熟度的提高，技术创新变得日趋困难，中国厂商已经成为全球技术创新的领导者，颠覆式的技术可能改变行业竞争格局
3	要素趋势	劳动力向内地转移，劳动力成本面临持续增长。新生代职业群体知识和能力的增长，对职业发展、工作环境、人文关怀需求提升。原材料市场面临紧缺和价格提升的趋势

续表

序号	主题	内容
4	行业变革	产品平台化，JIT、柔性制造推动生产运营体系变革，加大内外需市场的开拓，培育国内外市场的竞争力
5	竞争对手	竞争对手以创新、对市场的快速反应来冲击行业领导者地位

考虑建立产品公司级战略规划委员会，将产品和技术规划纳入管理。明确产品规划流程、技术规划流程，提升产品和技术创新规划的前瞻性。提升产品平台化规划，开发重点由渐近性改善产品转化到加强全新产品的开发投入。

18.9.2 创新组织

创新组合管理组织架构如图 18－7、表 18－29 所示。

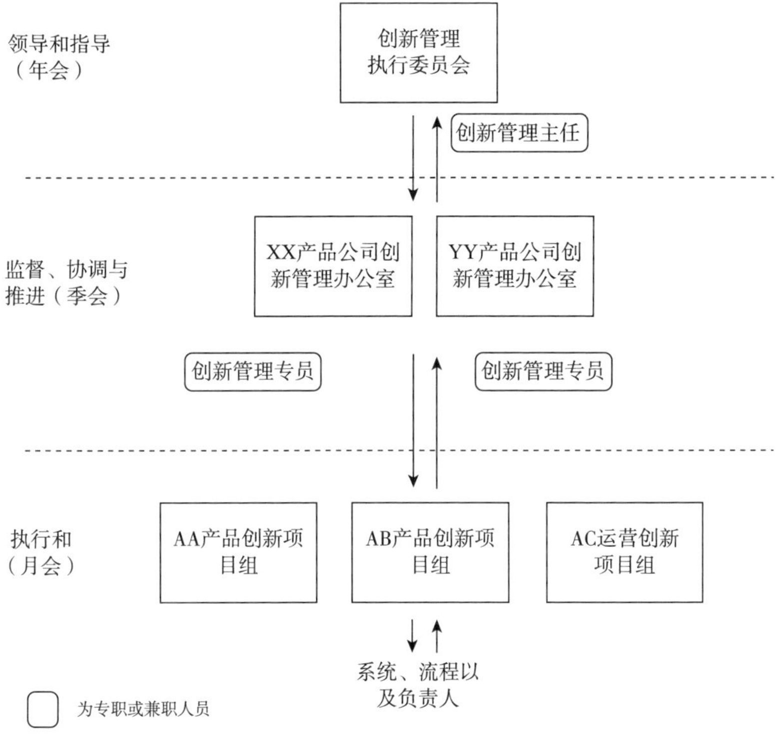

图 18－7 创新组合管理组织架构

表 18－29 创新组合管理组织架构

序号	名称	详细职能
1	创新管理执行委员会	设定事业部创新管理战略，确认事业部创新预算资金，各产品创新议题审核与确认，事业部层面的创新评价，作为疑难或重大问题的汇报终点
2	产品创新办公室	产品公司创新议题的讨论与确定，疑难问题的处理，创新预算的分配，产品公司层面创新监督与评价
3	创新项目组	问题整理，根源分析，计划制定，项目推进指标和监控，问题解决，实施标准

18.9.3 创新管理核心 8 步流程

创新管理核心 8 步流程如表 18－30 所示。

表 18－30 创新管理核心 8 步流程

序号	活动名称	详细内容
1	创新预算制定	创新管理委员会根据当年的整体财务预算制定创新预算
2	创新诊断	事业部根据过往业绩及未来发展，针对业务模式、运营及产品创新方面的问题进行创新需求的诊断
3	创新议题讨论与收集	事业部组织相关人员讨论所在组织本年度创新的主要议题，各组织的创新管理专员收集创新议题并交事业部创新管理委员会汇总
4	创新议题审核与立项	创新管理委员会对收集的年度创新项目进行综合评审，获批的创新项目正式立项
5	创新项目/活动的执行	各相关部门针对创新项目成立跨组织项目团队，项目团队制定项目执行计划，项目团队按照计划推进项目执行
6	创新监督与检查	创新管理专员对创新项目的推进进行监督和检查，了解项目执行中的问题并协调资源解决。创新管理专员在管理平台中对创新项目的进度进行维护
7	创新成效评价	根据不同组织和项目的成效评价的指标对项目结果进行评价，报相关部门存档或应用
8	创新激励	相关部门根据不同项目的执行及评估结果实施相应的激励

18.9.4 创新数据来源

针对员工日常工作中的挑战困惑，设立创新论坛，通过互动互助方式实现经验共享，促进创意产生。建议通过 OA 或者需求管理平台实现，全员参与，严格筛选、切实可行的提议定期由评审团输出至相关部门，最快速度调用资源实施，制定富有吸引力的奖励制度。创新数据来源如图 18 – 8、表 18 – 31 所示。

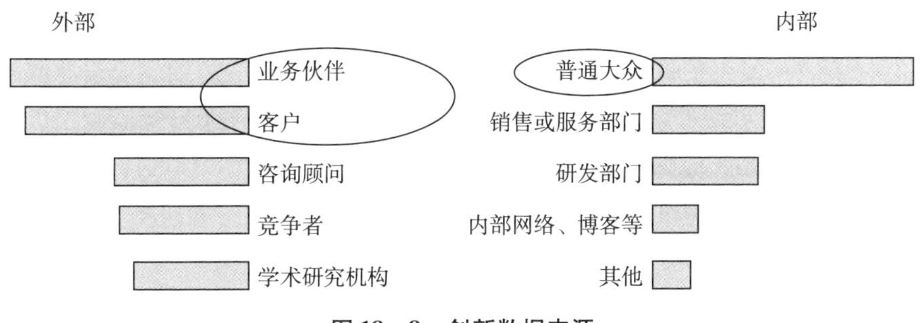

图 18 – 8　创新数据来源

表 18 – 31　创新数据来源

序号	角色	详细内容
1	员工	提出挑战问题，寻找问题解决建议，与同事讨论，归纳总结，关闭问题及发布解决方案
2	同事	浏览挑战问题，对挑战提出解决建议，提供资料支撑
3	产品经理	删除不符合公司价值观的数据，审查帖子分类准确性并调整，协助总结解决方案，发表与该版块内容有关的文章及回答相应的问题，协调员工间的争议，与员工、其他版主互动，讨论如何更好地管理板块，对创新管理办公室提出论坛改善建议

18.9.5 创新激励

创新激励如表 18 – 32 所示。

表 18－32　创新激励

序号	主题	详细内容
1	经济性激励	◇固定薪酬：工资＋补贴； ◇浮动薪酬：月度/季度/年度绩效奖金； ◇福利：法定＋补充福利； ◇长期激励：利润分享计划、员工储蓄计划等； ◇特殊奖励：创新之星、最佳创新员工、最佳创新团队的评选
2	非经济性激励	◇精神激励：荣誉与认可； ◇发展机会激励：晋升、轮岗、培训等； ◇工作环境激励：设施、标语、装饰等

◇允许研发人员腾出部分工作时间进行独立的创新研究，针对自身感兴趣的领域和方向完成“家庭作业”。（最佳实践：3M 公司的 15% 原则，以及 Google 公司的 20% 原则）；

◇以产品公司为单位成立专门的创新管理室；设置舒缓有利创新的巴洛克音乐、茶和咖啡、沙发，以及便于思考的白板、投影仪等；

◇对研发的员工实行弹性工作制：包括工作时间和工作地点的灵活性；

◇办公室张贴创新优秀企业案例、创新优秀人物及创新成就展览等，走廊增设供员工涂鸦和记录各种灵感的白板，洗手间张贴有关创新的漫画和卡通故事；

◇按创新活动大小制定荣誉奖励工具，如提案奖发奖状，设计开发奖发奖牌，项目奖发奖旗，凡获得创新奖励的员工均颁发荣誉勋章；

◇对获创新奖励金额满 1000 元及以上的员工要给家人发贺信，邀家人共享创新喜悦，能极大增强员工的创新动力及荣誉感；

◇利用网络平台对创新获奖者进行宣传，定期举办创新分享大会；对创新故事予以定期报道和宣扬。

18.9.6　评价体系

评价体系如表 18－33 所示。

表 18－33　评价体系

序号	主题	主要内容
1	创新规划	是否从市场、客户需求出发？是否体现独特优势？是否有详细的业务规划分析？是否有 ROI 的评估？项目计划、组织、资源配置是否合理？是否有风险预防机制

续表

序号	主题	主要内容
2	创新执行	项目的进度控制与管理如何？项目的质量管控如何？项目的财务管控（成本）如何？项目的风险管控如何？项目的阶段审核制度如何
3	创新成效	投资回报率，收益率，市场占有率、市场增长率，项目完成及时率，专利数量，项目研究成果档案化
4	创新平台	人员调配机制，项目绩效考核机制，资源分配机制，知识管理机制，信息平台

18.10　CMMI 体系介绍

CMMI（Capability Maturity Model Integration），能力成熟度集成模型。1993年美国卡内基·梅隆大学的软件工程研究所（SEI）在美国国防部的资助下推出软件开发过程模型 SW－CMM v1.1，成功地指导了一些企业进行过程改善，并取得了显著效果：开发成本降低、软件发布后错误减少、平均开发时间减少等，对全球的软件产业产生了非常深远的影响。

这个单一的软件工程成熟度模型并不能满足产品开发的所有业务领域，后来逐渐衍生出一些改善模型，如 SE－CMM（System Engineering CMM）系统工程 CMM、SA－CMM（Software Acquisition CMM）软件采购 CMM、IPPD－CMM 集成产品和过程开发 CMM、P－CMM（People CMM）人力资源 CMM，这些过程改进模型的术语、体系结构、框架和基本元素等方面都存在差异，容易引起冲突和混淆，SEI 整合并于 2003 年下半年推出了 CMMI。

CMMI 主要面向研发，特别是软件研发，一般在 IPD 的 TR2 ~ TR4 之间，倡导通过过程和活动来保证质量，强调质量，关注执行，如何把事情做正确，强调如何执行好开发活动，要求更规范、更细致。IPD 的范围则更广泛，在广度上比 CMMI 大。

18.10.1 CMMI 5级22个过程域

CMMI 5级22个过程域如表18－34所示

表18－34 CMMI 5级22个过程域

过程/级别	2级－已管理级（7个PA）	3级－已定义级（11个PA）	4级－量化管理级（2个PA）	5级－持续改进级（2个PA）
项目管理（6个）	项目计划（PP）	综合项目管理（IPM）	定量项目管理（QPM）	
	项目监督与控制（PMC）	风险管理（RSKM）		
	供应商协议管理（SAM）			
工程过程（6个）	需求管理（REQM/RM）	需求开发（RD）		
		技术方案（TS）		
		产品集成（PI）		
		验证（VER）		
		确认（VAL）		
支持过程（5个）	度量与分析（MA）	决策分析与决议（DAR）		原因分析与决议（CAR）
	过程与产品质量保证（PPQA）			
	配置管理（CM）			
过程管理（5个）		组织过程改善（OPF）	组织过程绩效（OPP）	组织创新和实施（OID）
		组织过程定义（OPD）		
		组织培训（OT）		

◇达到某个级别的要求，就要达到该级别所有PA的要求；

◇一个PA包含几个Goal（目标），如果要达到某个PA的要求，就意味着要达到该PA每个Goal的要求；

◇每个Goal又包含几个到十几个Practice（实践），如果这些Practice都做到了，就认为该Goal达到要求了。

18.10.2 CMMI 的评估过程

SEI 数据统计 L1 到 L2 需要 12 个月，L2 到 L3 需要 18 个月。中国经验统计是从 L1 到 L3 一般需要 12 个月。某企业通过了某某级别的评估，只代表评估小组认为参加评估的几个项目达到了 CMMI 某个级别的标准。通过评估，不代表这个企业其他项目也达到了要求，也不代表这个企业以后也会达到这个标准。CMMI 的评估过程如下：

◇成立 EPG 小组，客户方至少有一名成员；

◇包括基础培训及诊断、过程域培训及文件定义、项目试点、组织推广、预评估及正式评估；

◇企业准备选择几个评估项目，企业可以准备任意数量的评估项目，评估项目为企业自己指定；

◇对所评估的项目的几个过程域进行评估；

◇EPG 小组先进行预评估，先会对 PM、QA、CM 等人员进行交流，再查看文档是否符合要求，最后看是否有不符合的弱项；

◇使用 SCAMPI A 方法正式评估。

18.10.3 CMMI 导入容易存在的问题

◇管理层初始期望过高，对变革的认识不够；

◇术语、目标及标准过多，难以理解；

◇合理裁剪，活学活用非常重要；

◇CMMI 重视操作过程，忽视了市场交付压力和竞争对手的压力；

◇过程管理是一个体系，CMMI 把过程管理划分成一个一个的域，域之间容易出现断层；

◇获得证书后体系就放一边，或就对体系进行大调整；

◇交期和缺陷依然没有很大的改善；

◇文档非常多，但是没人看；

◇做完 CMMI 的收获是一堆 A4 纸和已经实施完的项目的问题，如何做得更好？

◇对未来的过程管理没有固化；

◇研发管理还需要关注数据物料 BOM 等，这一点上 CMMI 没有可比性。

第十九章

研发 IT 系统支撑（PLM）

19. 1　PLM 介绍

19. 1. 1　什么是 PLM

产品全生命周期管理（Product Lifecycle Management，PLM）是一个发展很快的信息化领域。PLM 是一种企业信息化的商业战略。它应用一致的业务解决方案以支持横跨多个企业的产品定义信息的系统建立、管理、分发和使用，从概念设计到产品生命结束——集人员、流程、业务系统和信息于一体。

PLM 是一种现代研发、制造和维护维修理念，也是一种管理方法。PLM 软件系统是 PLM 理念实现的工具和手段。PLM 管理产品信息、过程和资源，不但描述产品在生命周期内是如何定义的，同时也描述产品在生命周期内的过程和资源，即产品是如何被设计、制造、使用和服务的。实施 PLM 的目的是通过信息、计算机和管理等技术实现产品全生命周期过程中产品的设计、制造、管理和服务的协同。

案例分析：生活中的小卖部和超级卖场，如表 19－1 所示。

表 19－1　生活中的小卖部和超级卖场

序号	小卖部	超级卖场
1	小卖部的东西很少	超级卖场东西很多
2	按老板娘习惯摆放	按统一的规范摆放
3	一切都要靠老板娘	一切都离不开系统
4	老板娘什么都能干	员工只做分内工作
5	老板娘也卖不多	任意员工能卖很多
6	老板娘一走就关门	能够到处进行复制

值得思考的问题是：为什么小卖部做不赢超级市场？我们想开超级市场还是小卖部？能找出我们企业里的小卖部吗？我们企业里小卖部只有一个吗？

超级卖场的特点包括每样商品都有唯一条码（编码），每件商品都有很多信息（属性），每样商品都有陈列位置（分类），每个区域都有商品明细（结构），不同区域都有内在联系（关联），不同产品都有销售模式（流程），商品库存都有信息传递（集成）。

可以把 PLM 系统理解是超级卖场里的产品管理系统。

19.1.2 PLM 系统的核心功能

表 19－2 是常见的实施功能和实施顺序，企业可能因需求优先级不同而调整部分功能实施顺序。

表 19－2 PLM 常见的实施功能和实施顺序

序号	阶段	内容
1	第一期	图文档数据管理，物料分类管理，物料和 BOM 管理，结构设计工具集成，电子设计工具集成，软件管理（可选），产品工程变更，ERP 系统集成
2	第二期	项目管理一期，需求管理，测试管理
3	长远规划	项目管理二期，工艺管理，产品选配，供应商管理，服务信息管理，其他系统集成

19.2 PLM 项目选型及导入策略

19.2.1 PLM 选型过程

PLM 选型过程如表 19－3 所示。

表 19－3 PLM 选型过程

序号	主题	内容
1	项目前期调研	◇认识 PLM 系统的必要性和可行性； ◇收集内部需求，业务痛点

续表

序号	主题	内容
2	项目内部立项，形成立项报告	◇项目背景：现状描述、发起部门需求、IT 概况； ◇项目目标：短期和长期目标； ◇项目预算：参考同行和自身财务状况，预计费用； ◇项目资源、计划：组织架构、人员职责、预计启动时间点和上线时间点； ◇项目风险评估：项目技术风险、财务风险、人员风险
3	项目公开招标，挑选合作伙伴	◇寻找 PLM 产品和供应商：选择合适的产品，参考同行业应用，安排 2～3 家产品供应商现场介绍公司和 PLM 产品，介绍行业客户和经验； ◇明确企业的需求：请供应商或自行梳理企业的需求和痛点，请供应商提交需求分析文档和解决方案； ◇方案初步汇报：供应商上门讲解包含项目整体规划的解决方案，核心选型项目组和业务代表参加，提出修改意见。内部形成评分标准，方便议标时进行打分；进行产品演示，初步评分； ◇内部需求汇总：结合公司领导、项目组和供应商的建议，形成核心需求和项目实施初步规划； ◇初步报价调整预算：供应商根据需求汇总表对 PLM 项目进行初次报价，方便企业进行财务评估，有时会增加预算； ◇参观样板客户：供应商提供可供参观的客户名单，企业整理参观客户的问题清单和评分标准，供应商带领客户进行实地企业参观，加强客户与客户的沟通； ◇向公司高管进行汇报：安排意向供应商向公司高管汇报； ◇准备标书：设定招标的标准，如支持的用户人数、需要支持的产品模块、项目的规划等。在标书中罗列详细的需求清单； ◇发出招标邀请：发出招标邀请
4	项目议标，确定合作伙伴	◇项目开标和议标：对标书内容进行讲解，阐述是否满足需求、产品的支持、服务的支持、项目团队介绍、项目计划等内容；项目组人员对各投标公司进行打分，包括标书完整、产品适用性、项目规划是否合理、性价比、产品参考客户等内容进行打分，现场汇总结果； ◇项目定标：根据现场打分结果，综合考虑技术和商务两个方面确定供应商
5	签订合同，启动项目	讨论商务合同和技术协议，确定双方实施团队，确定项目计划，召开项目启动大会，项目正式启动

19.2.2 导入 PLM 的风险

导入 PLM 的风险如表 19－4 所示。

表 19-4　导入 PLM 的风险

序号	主题	内容
1	高层风险	◇目标和范围不明确，导致在实施过程中什么都想做； ◇把管理系统当成工具，过于看重局部的便利； ◇不能得到最高领导切实的重视； ◇应该认识到软件不能解决所有问题，管理才是最重要的； ◇选择合适的产品和供应商
2	供应商风险	顾问发挥的价值不大，只是把业务电子化，没有业务改善，系统最后只作为一个存储库
3	实施过程中的风险	◇项目目标不明确，项目范围（包括涉及的组织、部门、产品）过大，周期过短； ◇用户参与度不够，认为这是实施公司或推行部门的工作； ◇将 PLM 系统看成是一个工具，认为一学就会，一用就特别方便； ◇业务方案评审不细致； ◇系统测试不足，到测试时才知道系统如何运作，已经来不及调整； ◇数据整理得不到有效落实； ◇内部组织变更，关键人员退出； ◇缺乏持续有效的项目推广监督机制

19.2.3　如何选择 PLM 系统及实施商

如何选择 PLM 系统及实施商如表 19-5 所示。

表 19-5　如何选择 PLM 系统及实施商

序号	主题	内容
1	选择合适的产品和平台来支持企业发展	产品的适用性，行业应用情况（特别是行业领先企业应用情况），产品研发的投入情况，用户体验，系统扩展性，产品线稳定和可持续
2	选择可靠的合作伙伴与企业一起成长	供应商的实施经验，供应商行业的客户，实施服务团队资质，原厂的支持，自主研发能力，售后服务保障能力，供应商公司稳定发展

19.3　IPD 与 PLM

19.3.1　IPD 与 PLM 的关系

IPD 是针对企业产品开发的一种管理思想、方法、流程，需要通过 IT 系统来“固化”，以保证执行质量，同时需要通过 IT 系统来进行流程的效率统计。

PLM 系统的源头是 PDM（产品数据管理）。早年主要管理产品开发过程中产生的大量数据，随着多年的发展，逐渐演变成产品生命周期管理。PLM 除管理产品开发过程中的数据外，也涉及产品开发的生命周期管理、流程，是研发领域一直有的 IT 系统，所以 PLM 系统是 IPD 落地的天然平台。

IPD 与 PLM 两者既有耦合，又各有侧重，但不冲突。IPD 侧重于流程体系和市场管理；PLM 侧重于产品数据管理“落地”，核心流程，工具集成，物料和 BOM 管理，以及与其他 IT 系统集成。

IPD“落地”时，需要考虑哪些落、先后落、怎么落，建议先上“速赢”的模块和 PLM 成熟的模块，同时需要考虑手工和系统运作的模式不同，以及投入和产出的平衡点。

19.3.2　IPD 与 PLM 导入的先后顺序

IPD 与 PLM 导入的先后顺序如表 19－6 所示。

表 19－6　IPD 与 PLM 导入的先后顺序

序号	方案	适用条件
1	先 IPD 后 PLM	◇研发管理水平相对较低，或者希望学习业界先进的管理思想； ◇希望有体系性的变革； ◇需求和问题侧重于市场管理、需求管理、技术平台开发等方面
2	只实施 PLM	◇需求和问题侧重于数据管理、物料和 BOM 管理、变更管理等方面； ◇核心执行流程的固化和优化； ◇产品开发体系本身不需要变革性的变化
3	先 PLM 后 IPD	◇搭好研发管理基础，解决数据管理和核心流程的问题； ◇运行一段时间后找到更多的问题点，结合 IPD 进行有针对性的解决

推荐作者得新书！

博瑞森征稿启事

亲爱的读者朋友：

感谢您选择了博瑞森图书！希望您手中的这本书能给您带来实实在在的帮助！

博瑞森一直致力于发掘好作者、好内容，希望能把您最需要的思想、方法，一字一句地交到您手中，成为管理知识与管理实践的桥梁。

但是我们也知道，有很多深入企业一线、经验丰富、乐于分享的优秀专家，或者忙于实战没时间，或者缺少专业的写作指导和便捷的出版途径，只能茫然以待……

还有很多在竞争大潮中坚守的企业，有着异常宝贵的实践经验和独特的洞察，但缺少专业的记录和整理者，无法让企业的经验和故事被更多的人了解、学习……

对读者而言，这些都太遗憾了！

博瑞森非常希望能将这些埋藏的“宝藏”发掘出来，贡献给广大读者，让更多的人从中受益。

所以，我们真心地邀请您，我们的老读者，帮我们搜寻：

推荐作者

可以是您自己或您的朋友，只要对本土管理有实践、有思考；可以是您通过网络、杂志、书籍或其他途径了解的某位专家，不管名气大小，只要他的思想和方法曾让您深受启发。

可以是管理类作品，也可以超出管理，各类优秀的社科作品或学术作品。

推荐企业

可以是您自己所在的企业，或者是您熟悉的某家企业，其创业过程、运营经历、产品研发、机制创新，等等。无论企业大小，只要乐于分享、有值得借鉴书写之处。

总之，好内容就是一切！

博瑞森绝非“自费出书”，出版费用完全由我们承担。您推荐的作者或企业案例一经采用，我们会立刻向您赠送书币 1000 元，可直接换取任何博瑞森图书的纸书或电子书。

感谢您对本土管理原创、博瑞森图书的支持！

1120 本土管理实践与创新论坛

这是由100多位本土管理专家联合创立的企业管理实践学术交流组织，旨在孵化本土管理思想、促进企业管理实践、加强专家间交流与协作。

论坛每年集中力量办好两件大事：第一，**“出一本书”**，汇聚一年的思考和实践，把最原创、最前沿、最实战的内容集结成册，贡献给读者；第二，**“办一次会”**，每年11月20日本土管理专家们汇聚一堂，碰撞思想、研讨案例、交流切磋、回馈社会。

论坛理事名单（以年龄为序，以示传承之意）

企业案例·老板传记

	书名. 作者	内容/特色	读者价值
企业案例·老板传记	**你不知道的加多宝:原市场部高管讲述** 曲宗恺　牛玮娜　著	前加多宝高管解读加多宝	全景式解读,原汁原味
	借力咨询:德邦成长背后的秘密 官同良　王祥伍　著	讲述德邦是如何借助咨询公司的力量进行自身 与发展的	来自德邦内部的第一线资料,真实、珍贵,令人受益匪浅
	娃哈哈区域标杆:豫北市场营销实录 罗宏文　赵晓萌　等著	本书从区域的角度来写娃哈哈河南分公司豫北市场是怎么进行区域市场营销,成为娃哈哈全国第一大市场、全国增量第一高市场的一些操作方法	参考性、指导性,一线真实资料
	六个核桃凭什么:从0过100亿 张学军　著	首部全面揭秘养元六个核桃裂变式成长的巨著	学习优秀企业的成长路径,了解其背后的理论体系
	像六个核桃一样:打造畅销品的36个简明法则 王　超　范　萍　著	本书分上下两篇:包括"六个核桃"的营销战略历程和36条畅销法则	知名企业的战略历程极具参考价值,36条法则提供操作方法
	解决方案营销实战案例 刘祖轲　著	用10个真案例讲明白什么是工业品的解决方案式营销,实战、实用	有干货、真正操作过的才能写得出来
	招招见销量的营销常识 刘文新　著	如何让每一个营销动作都直指销量	适合中小企业,看了就能用
	我们的营销真案例 联纵智达研究院　著	五芳斋粽子从区域到全国/诺贝尔瓷砖门店销量提升/利豪家具出口转内销/汤臣倍健的营销模式	选择的案例都很有代表性,实在、实操!
	中国营销战实录:令人拍案叫绝的营销真案例 联纵智达　著	51个案例,42家企业,38万字,18年,累计2000余人次参与……	最真实的营销案例,全是一线记录,开阔眼界
	双剑破局:沈坤营销策划案例集 沈　坤　著	双剑公司多年来的精选案例解析集,阐述了项目策划中每一个营销策略的诞生过程,策划角度和方法	一线真实案例,与众不同的策划角度令人拍案叫绝、受益匪浅
	宗:一位制造业企业家的思考 杨　涛　著	1993年创业,引领企业平稳发展20多年,分享独到的心得体会	难得的一本老板分享经验的书
	简单思考:AMT咨询创始人自述 孔祥云　著	著名咨询公司(AMT)的CEO创业历程中点点滴滴的经验与思考	每一位咨询人,每一位创业者和管理经营者,都值得一读
	边干边学做老板 黄中强　著	创业20多年的老板,有经验、能写、又愿意分享,这样的书很少	处处共鸣,帮助中小企业老板少走弯路
	三四线城市超市如何快速成长:解密甘雨亭 IBMG国际商业管理集团　著	国内外标杆企业的经验+本土实践量化数据+操作步骤、方法	通俗易懂,行业经验丰富,宝贵的行业量化数据,关键思路和步骤
	中国首家未来超市:解密安徽乐城 IBMG国际商业管理集团　著	本书深入挖掘了安徽乐城超市的试验案例,为零售企业未来的发展提供了一条可借鉴之路	通俗易懂,行业经验丰富,宝贵的行业量化数据,关键思路和步骤
互联网+	**新营销** 刘春雄　著	新营销的新框架体系是场景是产品逻辑,IP是品牌逻辑,社群是连接逻辑,传播是营销逻辑	助力品牌商实现由传统营销到新营销的理念和行动的跨越,助力企业打赢升级转型之仗
	企业微信营销全指导 孙　巍　著	专门给企业看到的微信营销书,手把手教企业从小白到微信营销专家	企业想学微信营销现在还不晚,两眼一抹黑也不怕,有这本书就够
	企业网络营销这样做才对:B2B　大宗B2C 张　进　著	简单直白拿来就用,各种窍门信手拈来,企业网络营销不麻烦也不用再头疼,一般人不告诉他	B2B、大宗B2C企业有福了,看了就能学会网络营销

续表

互联网＋			
	书名、作者	内容/特色	读者价值
互联网＋	**互联网时代的银行转型** 韩友诚　著	以大量案例形式为读者全面展示和分析了银行的互联网金融转型应对之道	结合本土银行转型发展案例的书籍
	正在发生的转型升级·实践 本土管理实践与创新论坛　著	企业在快速变革期所展现出的管理变革新成果、新方法、新案例	重点突出对于未来企业管理相关领域的趋势研判
	触发需求：互联网新营销样本·水产 何足奇　著	传统产业都在苦闷中挣扎前行，本书通过鲜活的案例告诉你如何以需求链整合供应链，从而把大家熟知的传统行业打碎了重构、重做一遍	全是干货，值得细读学习，并且作者的理论已经经过了他亲自操刀的实践检验，效果惊人，就在书中全景展示
	移动互联新玩法：未来商业的格局和趋势 史贤龙　著	传统商业、电商、移动互联，三个世界并存，这种新格局的玩法一定要懂	看清热点的本质，把握行业先机，一本书搞定移动互联网
	微商生意经：真实再现 33 个成功案例操作全程 伏泓霖　罗晓慧　著	本书为 33 个真实案例，分享案例主人公在做微商过程中的经验教训	案例真实，有借鉴意义
	阿里巴巴实战运营——14 招玩转诚信通 聂志新　著	本书主要介绍阿里巴巴诚信通的十四个基本推广操作，从而帮助使用诚信通的用户及企业更好地提升业绩	基本操作，很多可以边学边用，简单易学
	互联网精准营销：创造爆发式的商业价值 蒋　军　著	怎么在互联网时代整体策划、包装品牌和产品，并在此基础上为企业设计商业模式，技术实现并运营落地	为有基础的小微企业（大企业的新项目）1 年实现销售额过亿，2 年对接资本，3 年左右准 IPO
	今后这样做品牌：移动互联时代的品牌营销策略 蒋　军　著	与移动互联紧密结合，告诉你老方法还能不能用，新方法怎么用	今后这样做品牌就对了
	互联网＋"变"与"不变"：本土管理实践与创新论坛集萃·2016 本土管理实践与创新论坛　著	本土管理领域正在产生自己独特的理论和模式，尤其在移动互联时代，有很多新课题需要本土专家们一起研究	帮助读者拓宽眼界、突破思维
	创造增量市场：传统企业互联网转型之道 刘红明　著	传统企业需要用互联网思维去创造增量，而不是用电子商务去转移传统业务的存量	教你怎么在"互联网＋"的海洋中创造实实在在的增量
	重生战略：移动互联网和大数据时代的转型法则 沈　拓　著	在移动互联网和大数据时代，传统企业转型如同生命体打算与再造，称之为"重生战略"	帮助企业认清移动互联网环境下的变化和应对之道
	画出公司的互联网进化路线图：用互联网思维重塑产品、客户和价值 李　蓓　著	18 个问题帮助企业一步步梳理出互联网转型思路	思路清晰、案例丰富，非常有启发性
	7 个转变，让公司 3 年胜出 李　蓓　著	消费者主权时代，企业该怎么办	这就是互联网思维，老板有能这样想，肯定倒不了
	跳出同质思维，从跟随到领先 郭　剑　著	66 个精彩案例剖析，帮助老板突破行业长期思维惯性	做企业竟然有这么多玩法，开眼界

续表

<table>
<tr><th colspan="4">行业类:零售、白酒、食品/快消品、农业、医药、建材家居等</th></tr>
<tr><th colspan="2">书名.作者</th><th>内容/特色</th><th>读者价值</th></tr>
<tr><td rowspan="13">零售·超市·餐饮·服装</td><td>总部有多强大,门店就能走多远
IBMG 国际商业管理集团　著</td><td>如何把总部做强,成为门店的坚实后盾</td><td>了解总部建设的方法与经验</td></tr>
<tr><td>超市卖场定价策略与品类管理
IBMG 国际商业管理集团　著</td><td>超市定价策略与品类管理实操案例和方法</td><td>拿来就能用的理论和工具</td></tr>
<tr><td>连锁零售企业招聘与培训破解之道
IBMG 国际商业管理集团　著</td><td>围绕零售企业组织架构、培训体系建设等内容进行深刻探讨</td><td>破解人才发现和培养瓶颈的关键点</td></tr>
<tr><td>中国首家未来超市:解密安徽乐城
IBMG 国际商业管理集团　著</td><td>介绍了乐城作为中国首家未来超市从无到有的传奇经历</td><td>了解新型零售超市的运作方式及管理特色</td></tr>
<tr><td>三四线城市超市如何快速成长:解密甘雨亭
IBMG 国际商业管理集团　著</td><td>揭秘一家三四线连锁超市的经验策略</td><td>不但可以欣赏它的优点,而且可以学会它成功的方法</td></tr>
<tr><td>涨价也能卖到翻
村松达夫　【日】</td><td>提升客单价的 15 种实用、有效的方法</td><td>日本企业在这方面非常值得学习和借鉴</td></tr>
<tr><td>移动互联下的超市升级
联商网专栏频道　著</td><td>深度解析超市转型升级重点</td><td>帮助零售企业把握全局、看清方向</td></tr>
<tr><td>手把手教你做专业督导:专卖店、连锁店
熊亚柱　著</td><td>从督导的职能、作用,在工作中需要的专业技能、方法,都提供了详细的解读和训练办法,同时附有大量的表单工具</td><td>无论是店铺需要统一培训,还是个人想成为优秀的督导,有这一本就够了</td></tr>
<tr><td>百货零售全渠道营销策略
陈继展　著</td><td>没有照本宣科、说教式的絮叨,只有笔者对行业的认知与理解,庖丁解牛式的逐项解析、展开</td><td>通俗易懂,花极少的时间快速掌握该领域的知识及趋势</td></tr>
<tr><td>零售:把客流变成购买力
丁　昀　著</td><td>如何通过不断升级产品和体验式服务来经营客流</td><td>如何进行体验营销,国外的好经营,这方面有启发</td></tr>
<tr><td>餐饮企业经营策略第一书
吴　坚　著</td><td>分别从产品、顾客、市场、盈利模式等几个方面,对现阶段餐饮企业的发展提出策略和思路</td><td>第一本专业的、高端的餐饮企业经营指导书</td></tr>
<tr><td>电影院的下一个黄金十年:开发·差异化·案例
李保煜　著</td><td>对目前电影院市场存大的问题及如何解决进行了探讨与解读</td><td>多角度了解电影院运营方式及代表性案例</td></tr>
<tr><td>赚不赚钱靠店长:从懂管理到会经营
孙彩军　著</td><td>通过生动的案例来进行剖析,注重门店管理细节方面的能力提升</td><td>帮助终端门店店长在管理门店的过程中实现经营思路的拓展与突破</td></tr>
<tr><td rowspan="3">耐消品</td><td>商用车经销商运营实战
杜建君　王朝阳　章晓青　等著</td><td>从管理到经营,从销售到服务,系统化运作全指导</td><td>为经销商经营开阔思路,掌握方法</td></tr>
<tr><td>汽车配件这样卖:汽车后市场销售秘诀 100 条
俞士耀　著</td><td>汽配销售业务员必读,手把手教授最实用的方法,轻松得来好业绩</td><td>快速上岗,专业实效,业绩无忧</td></tr>
<tr><td>跟行业老手学经销商开发与管理:家电、耐消品、建材家居
黄润霖　著</td><td>全部来源于经销商管理的一线问题,作者用丰富的经验将每一个问题落实到最便捷快速的操作方法上去</td><td>书中每一个问题都是普通营销人亲口提出的,这些问题你也会遇到,作者进行的解答则精彩实用</td></tr>
</table>

续表

白酒	**酒水饮料快消品餐饮渠道营销手册** 朱伟杰　著	主要针对快消品(酒水、饮料)的餐饮渠道,提供了区域、商圈、不同业态的规划和促销安排等多种工具,并提出了经销商、批发商等相关人员的管理方法	一本酒水饮料如何在餐饮渠道销售的全能手册,内容深入翔实,可以直接照搬套用,这样的便利简直千金不换
	白酒到底如何卖 赵海永　著	以市场实战为主,多层次、全方位、多角度地阐释了白酒一线市场操作的最新模式和方法,接地气	实操性强,37 个方法、6 大案例帮你成功卖酒
	变局下的白酒企业重构 杨永华　著	帮助白酒企业从产业视角看清趋势,找准位置,实现弯道超车的书	行业内企业要减少 90%,自己在什么位置,怎么做,都清楚了
	1. 白酒营销的第一本书(升级版) **2. 白酒经销商的第一本书** 唐江华　著	华泽集团湖南开口笑公司品牌部长,擅长酒类新品推广、新市场拓展	扎根一线,实战
	区域型白酒企业营销必胜法则 朱志明　著	为区域型白酒企业提供 35 条必胜法则,在竞争中赢销的葵花宝典	丰富的一线经验和深厚积累,实操实用
	10 步成功运作白酒区域市场 朱志明　著	白酒区域操盘者必备,掌握区域市场运作的战略、战术、兵法	在区域市场的攻伐防守中运筹帷幄,立于不败之地
	酒业转型大时代:微酒精选 2014 - 2015 微酒　主编	本书分为五个部分:当年大事件、那些酒业营销工具、微酒独立策划、业内大调查和十大经典案例	了解行业新动态、新观点,学习营销方法
快消品·食品	**中国快消品营销的这些年** 史贤龙　著	作者精华文章的合集,一本书浓缩了过去十五年,中国营销的实战历程与前沿思考	快消品营销行业的案例和方法都原汁原味呈现,在反映当时风貌的同时,展望与反思
	营销中国茶:2 小时读懂茶叶营销 史贤龙　著	从不同视角对中国的茶营销进行了思考,内容涉及中国茶产业战略困境、茶企规模化、茶品牌崛起、茶文化、茶营销、茶消费、茶零售、茶道等	内容丰富扎实,文字流畅,浓缩的都是精华,让你 2 小时读懂茶叶营销
	这样打造快消品标杆市场 罗宏文　著	帮助你解决如何成功打造标杆市场和进行持续增量管理两大问题	一套系统的方法论,通俗易懂,可以直接套用
	5 小时读懂快消品营销:中国快消品案例观察 陈海超　著	多年营销经验的一线老手把案例掰开了、揉碎了,从中得出的各种手段和方法给读者以帮助和启发	营销那些事儿的个中秘辛,求人还不一定告诉你,这本书里就有
	快消品招商的第一本书:从入门到精通 刘　雷　著	深入浅出,不说废话,有工具方法,通俗易懂	让零基础的招商新人快速学习书中最实用的招商技能,成长为骨干人才
	乳业营销第一书 侯军伟　著	对区域乳品企业生存发展关键性问题的梳理	唯一的区域乳业营销书,区域乳品企业一定要看
	食用油营销第一书 余　盛　著	10 多年油脂企业工作经验,从行业到具体实操	食用油行业第一书,当之无愧
	中国茶叶营销第一书 柏　龑　著	如何跳出茶行业"大文化小产业"的困境,作者给出了自己的观察和思考	不是传统做茶的思路,而是现在商业做茶的思路
	调味品营销第一书 陈小龙　著	国内唯一一本调味品营销的书	唯一的调味品营销的书,调味品的从业者一定要看
	快消品营销人的第一本书:从入门到精通 刘　雷　伯建新　著	快消行业必读书,从入门到专业	深入细致,易学易懂
	变局下的快消品营销实战策略 杨永华　著	通胀了,成本增加,如何从被动应战变成主动的"系统战"	作者对快消品行业非常熟悉、非常实战

续表

快消品·食品	**快消品经销商如何快速做大** 杨永华 著	本书完全从实战的角度，评述现象，解析误区，揭示原理，传授方法	为转型期的经销商提供了解决思路，指出了发展方向
	一位销售经理的工作心得 蒋 军 著	一线营销管理人员想提升业绩却无从下手时，可以看看这本书	一线的真实感悟
	快消品营销：一位销售经理的工作心得2 蒋 军 著	快消品、食品饮料营销的经验之谈，重点图书	来源与实战的精华总结
	快消品营销与渠道管理 谭长春 著	将快消品标杆企业渠道管理的经验和方法分享出来	可口可乐、华润的一些具体的渠道管理经验，实战
	成为优秀的快消品区域经理（升级版） 伯建新 著	用"怎么办"分析区域经理的工作关键点，增加30%全新内容，更贴近环境变化	可以作为区域经理的"速成催化器"
	销售轨迹：一位快消品营销总监的拼搏之路 秦国伟 著	本书讲述了一个普通销售员打拼成为跨国企业营销总监的真实奋斗历程	激励人心，给广大销售员以力量和鼓舞
	快消老手都在这样做：区域经理操盘锦囊 方 刚 著	非常接地气，全是多年沉淀下来的干货，丰富的一线经验和实操方法不可多得	在市场摸爬滚打的"老油条"，那些独家绝招妙招一般你问都是问不来的
	动销四维：全程辅导与新品上市 高继中 著	从产品、渠道、促销和新品上市详细讲解提高动销的具体方法，总结作者18年的快消品行业经验，方法实操	内容全面系统，方法实操
农业	**新农资如何换道超车** 刘祖轲 等著	从农业产业化、互联网转型、行业营销与经营突破四个方面阐述如何让农资企业占领先机、提前布局	南方略专家告诉你如何应对资源浪费、生产效率低下、产能严重过剩、价格与价值严重扭曲等
	中国牧场管理实战：畜牧业、乳业必读 黄剑黎 著	本书不仅提供了来自一线的实际经验，还收入了丰富的工具文档与表单	填补空白的行业必读作品
	中小农业企业品牌战法 韩 旭 著	将中小农业企业品牌建设的方法，从理论讲到实践，具有指导性	全面把握品牌规划，传播推广，落地执行的具体措施
	农资营销实战全指导 张 博 著	农资如何向"深度营销"转型，从理论到实践进行系统剖析，经验资深	朴实、使用！不可多得的农资营销实战指导
	农产品营销第一书 胡浪球 著	从农业企业战略到市场开拓、营销、品牌、模式等	来源于实践中的思考，有启发
	变局下的农牧企业9大成长策略 彭志雄 著	食品安全、纵向延伸、横向联合、品牌建设……	唯一的农牧企业经营实操的书，农牧企业一定要看
医药	**在中国，医药营销这样做：时代方略精选文集** 段继东 主编	专注于医药营销咨询15年，将医药营销方法的精华文章合编，深入全面	可谓医药营销领域的顶尖著作，医药界读者的必读书
	医药新营销：制药企业、医药商业企业营销模式转型 史立臣 著	医药生产企业和商业企业在新环境下如何做营销？老方法还有没有用？如何寻找新方法？新方法怎么用？本书给你答案	内容非常现实接地气，踏实谈问题说方法
	医药企业转型升级战略 史立臣 著	药企转型升级有5大途径，并给出落地步骤及风险控制方法	实操性强，有作者个人经验总结及分析
	新医改下的医药营销与团队管理 史立臣 著	探讨新医改对医药行业的系列影响和医药团队管理	帮助理清思路，有一个框架
	医药营销与处方药学术推广 马宝琳 著	如何用医学策划把"平民产品"变成"明星产品"	有真货、讲真话的作者，堪称处方药营销的经典！
	医药行业大洗牌与药企创新 林延君 沈 斌 著	一方面，围绕着变革，多角度阐述药企的应对之道；另一方面，紧扣实践，介绍近百家医药企业创新实践案例	医改变革10年，医药企业如何应对大洗牌？重磅出击的药企人必读书
	新医改了，药店就要这样开 尚 锋 著	药店经营、管理、营销全攻略	有很强的实战性和可操作性

续表

医药	**电商来了,实体药店如何突围** 尚　锋　著	电商崛起,药店该如何突围?本书从促销、会员服务、专业性、客单价等多重角度给出了指导方向	实战攻略,拿来就能用
	OTC 医药代表药店销售 36 计 鄢圣安　著	以《三十六计》为线,写 OTC 医药代表向药店销售的一些技巧与策略	案例丰富,生动真实,实操性强
	OTC 医药代表药店开发与维护 鄢圣安　著	要做到一名专业的医药代表,需要做什么、准备什么、知识储备、操作技巧等	医药代表药店拜访的指导手册,手把手教你快速上手
	引爆药店成交率 1:店员导购实战 范月明　著	一本书解决药店导购所有难题	情景化、真实化、实战化
	引爆药店成交率 2:经营落地实战 范月明　著	最接地气的经营方法全指导	揭示了药店经营的几类关键问题
	引爆药店成交率:专业化销售解决方案 范月明　著	药品搭配分析与关联销售	为药店人专业化助力
	处方药零售这样做 田　军　著	阐述了处方药零售的重要性,以及做处方药零售市场的具体措施和方法	系统性了解和掌握处方药零售方法
建材家居	**成为最赚钱的家具建材经销商** 李治江　著	从销售模式、产品、门店等老板们最关注和最需要的方面解决问题、提供方法	只要你是建材、家具、家居用品的经销商老板,这就是一本必读的书
	家具行业操盘手 王献永　著	家具行业问题的终结者	解决了干家具还有没有前途?为什么同城多店的家具经销商很难做大做强等问题
	建材家居营销:除了促销还能做什么 孙嘉晖　著	一线老手的深度思考,告诉你在建材家居营销模式基本停滞的今天,除了促销,营销还能怎么做	给你的想法一场革命
	建材家居营销实务 程绍珊　杨鸿贵　主编	价值营销运用到建材家居,每一步都让客户增值	有自己的系统、实战
	家居建材门店 6 力爆破 贾同领　著	合盘道出一线品牌销量秘籍	6 力招招见血,既有招数,又有策略
	建材家居门店销量提升 贾同领　著	店面选址、广告投放、推广助销、空间布局、生动展示、店面运营等	门店销量提升是一个系统工程,非常系统、实战
	10 步成为最棒的建材家居门店店长 徐伟泽　著	实际方法易学易用,让员工能够迅速成长,成为独当一面的好店长	只要坚持这样干,一定能成为好店长
	手把手帮建材家居导购业绩倍增:成为顶尖的门店店员 熊亚柱　著	生动的表现形式,让普通人也能成为优秀的导购员,让门店业绩长红	读着有趣,用着简单,一本在手、业绩无忧
	建材家居经销商实战 42 章经 王庆云　著	告诉经销商:老板怎么当、团队怎么带、生意怎么做	忠言逆耳,看着不舒服就对了,实战总结,用一招半式就值了
工业品	**销售是门专业活:B2B 、工业品** 陆和平　著	销售流程就应该跟着客户的采购流程和关注点的变化向前推进,将一个完整的销售过程分成十个阶段,提供具体方法	销售不是请客吃饭拉关系,是个专业的活计!方法在手,走遍天下不愁
	解决方案营销实战案例 刘祖轲　著	用 10 个真案例讲明白什么是工业品的解决方案式营销,实战、实用	有干货、真正操作过的才能写得出来
	变局下的工业品企业 7 大机遇 叶敦明　著	产业链条的整合机会、盈利模式的复制机会、营销红利的机会、工业服务商转型机会……	工业品企业还可以这样做,思维大突破
	工业品市场部实战全指导 杜　忠　著	工业品市场部经理工作内容全指导	系统、全面、有理论、有方法,帮助工业品市场部经理更快提升专业能力

续表

工业品	工业品营销管理实务 李洪道　著	中国特色工业品营销体系的全面深化、工业品营销管理体系优化升级	工具更实战,案例更鲜活,内容更深化
	工业品企业如何做品牌 张东利　著	为工业品企业提供最全面的品牌建设思路	有策略、有方法、有思路、有工具
	丁兴良讲工业 4.0 丁兴良　著	没有枯燥的理论和说教,用朴实直白的语言告诉你工业 4.0 的全貌	工业 4.0 是什么?本书告诉你答案
	资深大客户经理:策略准,执行狠 叶敦明　著	从业务开发、发起攻势、关系培育、职业成长四个方面,详述了大客户营销的精髓	满满的全是干货
	一切为了订单:订单驱动下的工业品营销实战 唐道明　著	其实,所有的企业都在围绕着两个字在开展全部的经营和管理工作,那就是“订单”	开发订单、满足订单、扩大订单。本书全是实操方法,字字珠玑、句句干货,教你获得营销的胜利
金融	交易心理分析 (美)马克·道格拉斯　著 刘真如　译	作者一语道破赢家的思考方式,并提供了具体的训练方法	不愧是投资心理的第一书,绝对经典
	精品银行管理之道 崔海鹏　何　屹　主编	中小银行转型的实战经验总结	中小银行的教材很多,实战类的书很少,可以看看
	支付战争 Eric M. Jackson　著 徐　彬　王　晓　译	PayPal 创业期营销官,亲身讲述 PayPal 从诞生到壮大到成功出售的整个历史	激烈、有趣的内幕商战故事!了解美国支付市场的风云巨变
	中外并购名著专业阅读指南 叶兴平　等著	在 5000 多本并购类图书中精选的 200 著作,在阅读的基础上写的读书评价	精挑细选 200 本并一一评介,省去读者挑选的烦恼,快捷、高效
	互联网时代的银行转型 韩友诚　著	以大量案例形式为读者全面展示和分析了银行的互联网金融转型应对之道	结合本土银行转型发展案例的书籍
房地产	产业园区/产业地产规划、招商、运营实战 阎立忠　著	目前中国第一本系统解读产业园区和产业地产建设运营的实战宝典	从认知、策划、招商到运营全面了解地产策划
	人文商业地产策划 戴欣明　著	城市与商业地产战略定位的关键是不可复制性,要发现独一无二的“味道”	突破千城一面的策划困局
	电影院的下一个黄金十年:开发·差异化·案例 李保煜　著	对目前电影院市场存大的问题及如何解决进行了探讨与解读	多角度了解电影院运营方式及代表性案例
能源	全能型班组:城市能源互联网与电力班组升级 国网天津市电力公司　编著	借鉴国内外优秀企业的转型升级思路,通过对于新型班组组织模式和运行机制的大胆设想,力图构建充分适应内外环境变化的全能型班组	看看庞大的国企在新环境下是如何顺应时代的
	国网天津电力全能型班组建设实务 国网天津市电力公司　编著	本书聚焦于天津电力公司在探索全能型班组转型升级时的优秀实践	电力行业的班组实践,具体、可操作性强

经营类:企业如何赚钱,如何抓机会,如何突破,如何“开源”

	书名．作者	内容/特色	读者价值
抓方向	让经营回归简单．升级版 宋新宇　著	化繁为简抓住经营本质:战略、客户、产品、员工、成长	经典,做企业就这几个关键点!
	混沌与秩序Ⅰ:变革时代企业领先之道 混沌与秩序Ⅱ:变革时代管理新思维 彭剑锋　尚艳玲　主编	汇集华夏基石专家团队 10 年来研究成果,集中选择了其中的精华文章编纂成册	作者都是既有深厚理论积淀又有实践经验的重磅专家,为中国企业和企业家的未来提出了高屋建瓴的观点
	活系统:跟任正非学当老板 孙行健　尹　贤　著	以任正非的独到视角,教企业老板如何经营公司	看透公司经营本质,激活企业活力

续表

抓方向	**重构:快消品企业重生之道** 杨永华　著	从7个角度,帮助企业实现系统性的改造	提供转型思想与方法,值得参考
抓方向	**公司由小到大要过哪些坎** 卢　强　著	老板手里的一张“企业成长路线图”	现在我在哪儿,未来还要走哪些路,都清楚了
抓方向	**企业二次创业成功路线图** 夏惊鸣　著	企业曾经抓住机会成功了,但下一步该怎么办?	企业怎样获得第二次成功,心里有个大框架了
抓方向	**老板经理人双赢之道** 陈　明　著	经理人怎养选平台、怎么开局,老板怎样选/育/用/留	老板生闷气,经理人牢骚大,这次知道该怎么办了
抓方向	**简单思考:AMT 咨询创始人自述** 孔祥云　著	著名咨询公司(AMT)的 CEO 创业历程中点点滴滴的经验与思考	每一位咨询人,每一位创业者和管理经营者,都值得一读
抓方向	**企业文化的逻辑** 王祥伍　黄健江　著	为什么企业绩效如此不同,解开绩效背后的文化密码	少有的深刻,有品质,读起来很流畅
抓方向	**使命驱动企业成长** 高可为　著	钱能让一个人今天努力,使命能让一群人长期努力	对于想做事业的人,‘使命’是绕不过去的
思维突破	**盈利原本就这么简单** 高可为　著	从财务的角度揭示企业盈利的秘密	多方面解读商业模式与盈利的关系,通俗易懂,受益匪浅
思维突破	**移动互联新玩法:未来商业的格局和趋势** 史贤龙　著	传统商业、电商、移动互联,三个世界并存,这种新格局的玩法一定要懂	看清热点的本质,把握行业先机,一本书搞定移动互联网
思维突破	**画出公司的互联网进化路线图:用互联网思维重塑产品、客户和价值** 李　蓓　著	18个问题帮助企业一步步梳理出互联网转型思路	思路清晰、案例丰富,非常有启发性
思维突破	**重生战略:移动互联网和大数据时代的转型法则** 沈　拓　著	在移动互联网和大数据时代,传统企业转型如同生命体打算与再造,称之为“重生战略”	帮助企业认清移动互联网环境下的变化和应对之道
思维突破	**创造增量市场:传统企业互联网转型之道** 刘红明　著	传统企业需要用互联网思维去创造增量,而不是用电子商务去转移传统业务的存量	教你怎么在“互联网+”的海洋中创造实实在在的增量
思维突破	**7个转变,让公司3年胜出** 李　蓓　著	消费者主权时代,企业该怎么办	这就是互联网思维,老板有能这样想,肯定倒不了
思维突破	**跳出同质思维,从跟随到领先** 郭　剑　著	66个精彩案例剖析,帮助老板突破行业长期思维惯性	做企业竟然有这么多玩法,开眼界
思维突破	**麻烦就是需求　难题就是商机** 卢根鑫　著	如何借助客户的眼睛发现商机	什么是真商机,怎么判断、怎么抓,有借鉴
思维突破	**互联网+“变”与“不变”:本土管理实践与创新论坛集萃·2016** 本土管理实践与创新论坛　著	加速本土管理思想的孕育诞生,促进本土管理创新成果更好地服务企业、贡献社会	各个作者本年度最新思想,帮助读者拓宽眼界、突破思维
思维突破	**消费升级:实践　研究(文集)** 本土管理实践与创新论坛　著	38位管理专家及7位学者的精华思想,从经营、管理、行业及思想研究四个方面阐述中国企业在消费升级下的实践与研究	思想启发,行业借鉴
财务	**写给企业家的公司与家庭财务规划——从创业成功到富足退休** 周荣辉　著	本书以企业的发展周期为主线,写各阶段企业与企业主家庭的财务规划	为读者处理人生各阶段企业与家庭的财务问题提供建议及方法,让家庭成员真正享受财富带来的益处
财务	**互联网时代的成本观** 程　翔　著	本书结合互联网时代提出了成本的多维观,揭示了多维组合成本的互联网精神和大数据特征,论述了其产生背景、实现思路和应用价值	在传统成本观下为盈利的业务,在新环境下也许就成为亏损业务。帮助管理者从新的角度来看待成本,进一步做好精益管理

续表

财务	财报背后的投资机会 蒋　豹　著	以具体的公司案例分析,教你迅速看出财务报表与企业经营的关系、所反映的企业经营现状,从而找到投资机会	前四大会计所员工为读者解密财报,发现投资机会
管理类:效率如何提升,如何实现经营目标,如何"节流"			
书名.作者		内容/特色	读者价值
通用管理	**让管理回归简单·升级版** 宋新宇　著	从目标、组织、决策、授权、人才和老板自己层面教你怎样做管理	帮助管理抓住管理的要害,让管理变得简单
	让经营回归简单·升级版 宋新宇　著	从战略、客户、产品、员工、成长、经营者自身等七个方面,归纳总结出简单有效的经营法则	总结出的真正优秀企业的成功之道:简单
	让用人回归简单 宋新宇　著	从用人的原则、用人的难题与误区、用人的方法和用人者的修炼四大方面,总结出适合中小企业做好人才管理工作的法则	帮助管理者抓住用人的要害,让用人变得简单
	历史深处的管理智慧1:组织建设与用人之道 刘文瑞　著	对历史之典故、政事、人事、政制进行管理解析,鉴照企业人才的选用育留	推动理论与实践的对接,实现理性与情感的渗透,用中国话语说明管理智慧
	历史深处的管理智慧2:战略决策与经营运作 刘文瑞 著	对历史之典故、政事、人事、政制进行管理解析,鉴照企业战略设计与经营实践	推动理论与实践的对接,实现理性与情感的渗透,用中国话语说明管理智慧
	历史深处的管理智慧3:领导修炼与文化素养 刘文瑞　著	对历史之典故、政事、人事、政制进行管理解析,鉴照企业领导职业能力提升与文化修养	推动理论与实践的对接,实现理性与情感的渗透,用中国话语说明管理智慧
	管理的尺度 刘文瑞　著	对管理中的种种普遍性问题进行了批评	提高把握管理尺度的能力
	管理学在中国 刘文瑞　著	系统性介绍了管理学在中国的发展和演变	了解管理学在中国的发展脉络,更清晰理解管理学的本质
	看电影,懂管理 刘文瑞　著	16部经典电影,带你感悟管理智慧	能够帮助读者放松身心,驰骋想象,在不知不觉中增长智慧
	管理:以规则驾驭人性 王春强　著	详细解读企业规则的制定方法	从人与人博弈角度提升管理的有效性
	员工心理学超级漫画版 邢　雷　著	以漫画的形式深度剖析员工心理	帮助管理者更了解员工,从而更轻松地管理员工
	老板有想法,高层有干法:企业中的将帅之道 王清华　著	深入剖析老板与高管的异同	各司其职,各行其是,相辅相成
	分股合心:股权激励这样做 段磊　周剑　著	通过丰富的案例,详细介绍了股权激励的知识和实行方法	内容丰富全面、易读易懂,了解股权激励,有这一本就够了
	边干边学做老板 黄中强　著	创业20多年的老板,有经验、能写、又愿意分享,这样的书很少	处处共鸣,帮助中小企业老板少走弯路
	成为敏感而体贴的公司 王　涛　著	本书为作者对企业的观察和冥想的随笔记录。从生活中的一个现象入手,进而探索现象背后的本质	从全新角度认识公司
	中国企业的觉醒:正直 善良 成长 王　涛　著	围绕着企业人如何发生转化展开,对中国人、中国文化及由此导致的企业现状的观察和思考	企业除了要利润,还需要道德
	有意识的思考:轻松化解问题的7个思考习惯 王　涛　著	本书是对思想、思考过程、思考方式进行的细致观察	养成好的思考习惯,更深刻地看问题
	中国式阿米巴落地实践之从交付到交易 胡八一　著	本书主要讲述阿米巴经营会计,"从交付到交易",这是成功实施了阿米巴的标志	阿米巴经营会计的工作是有逻辑关联的,一本书就能搞定

续表

通用管理	**中国式阿米巴落地实践之激活组织** 胡八一　著	重点讲解如何科学划分阿米巴单元，阐述划分的实操要领、思路、方法、技术与工具	最大限度减少“推行风险”和“摸索成本”，利于公司成功搭建适合自身的个性化阿米巴经营体系
	中国式阿米巴落地实践之持续盈利 胡八一　著	把企业做成平台，企业才能做大（格局）；把平台做成阿米巴，企业才能做强（专业）；把阿米巴做成合伙制，企业才能做久（机制）	中国式阿米巴落地实践三部曲的最后一部，告诉你企业如何做大做强做久
	集团化企业阿米巴实战案例 初勇钢　著	一家集团化企业阿米巴实施案例	指导集团化企业系统实施阿米巴
	阿米巴经营的中国模式 李志华　著	让员工从“要我干”到“我要干”，价值量化出来	阿米巴在企业如何落地，明白思路了
	欧博心法：好管理靠修行 曾　伟　著	用佛家的智慧，深刻剖析管理问题，见解独到	如果真的有‘中国式管理’，曾老师是其中标志性人物
	领导这样点燃你的下属 孟广桥　著	领导者如何才能让员工积极主动地工作？如何让你的员工和下属保持工作的热情，自动自发？看了这本书就知道	只要你希望手下的"兵将"永远充满工作的斗志，这本书将使你获益良多
流程管理	**1. 用流程解放管理者** **2. 用流程解放管理者 2** 张国祥　著	中小企业阅读的流程管理、企业规范化的书	通俗易懂，理论和实践的结合恰到好处
	跟我们学建流程体系 陈立云　著	畅销书《跟我们学做流程管理》系列，更实操，更细致，更深入	更多地分享实践，分享感悟，从实践总结出来的方法论
	人人都要懂流程 金国华　余雅丽　著	当前各企业流程管理方面最为典型的痛点现象及问题案例	通俗易懂，适合企业全员阅读
质量管理	**IATF16949 质量管理体系详解与案例文件汇编：TS16949 转版 IATF16949：2016** 谭洪华　著	针对 IATF 的新标准做了详细的解说，同时指出了一些推行中容易犯的错误，提供了大量的表单、案例	案例、表单丰富，拿来就用
	五大质量工具详解及运用案例：APQP/FMEA/PPAP/MSA/SPC 谭洪华　著	对制造业必备的五大质量工具中每个文件的制作要求、注意事项、制作流程、成功案例等进行了解读	通俗易懂、简便易行，能真正实现学以致用
	ISO9001：2015 新版质量管理体系详解与案例文件汇编 谭洪华　著	紧密围绕 2015 年新版质量管理体系文件逐条详细解读，并提供可以直接套用的案例工具，易学易上手	企业质量管理认证、内审必备
	ISO14001：2015 新版环境管理体系详解与案例文件汇编 谭洪华　著	紧密围绕 2015 年新版环境管理体系文件逐条详细解读，并提供可以直接套用的案例工具，易学易上手	企业环境管理认证、内审必备
	SA8000：2014 社会责任管理体系认证实战 吕　林　著	作者根据自己的操作经验，按认证的流程，以相关案例进行说明 SA8000 认证体系	简单，实操性强，拿来就能用
	精益质量管理实战工具 贺小林　著	制造类企业日常工作中所需要的精益管理工具的归纳整理，并进行案例操作的细致分析	可以直接参考，实际解决生产中的具体问题
战略落地	**重生——中国企业的战略转型** 施　炜　著	从前瞻和适用的角度，对中国企业战略转型的方向、路径及策略性举措提出了一些概要性的建议和意见	对企业有战略指导意义
	公司大了怎么管：从靠英雄到靠组织 AMT 金国华　著	第一次详尽阐释中国快速成长型企业的特点、问题及解决之道	帮助快速成长型企业领导及管理团队理清思路，突破瓶颈

续表

战略落地	**低效会议怎么改:每年节省一半会议成本的秘密** AMT 王玉荣　著	教你如何系统规划公司的各级会议,一本工具书	教会你科学管理会议的办法
	年初订计划,年尾有结果:战略落地七步成诗 AMT 郭晓　著	7 个步骤教会你怎么让公司制定的战略转变为行动	系统规划,有效指导计划实现
人力资源	**HRBP 是这样炼成的之"菜鸟起飞"** 新　海　著	以小说的形式,具体解析 HRBP 的职责,应该如何操作,如何为业务服务	实践者的经验分享,内容实务具体,形式有趣
	HRBP 是这样炼成的之中级修炼 新　海　著	本书以案例故事的方式,介绍了 HRBP 在实际工作中碰到的问题和挑战	书中的 HR 解决方案讲究因时因地制宜、简单有效的原则,重在启发读者思路,可供各类企业 HRBP 借鉴
	HRBP 是这样炼成的之高级修炼 新　海　著	以故事的形式,展现了 HRBP 工作者在职业发展路上的层层深入和递进	为读者提供 HRBP 在实际工作中遇到种种问题的解决方案
	把面试做到极致:首席面试官的人才甄选法 孟广桥　著	作者用自己几十年的人力资源经验总结出的一套实用的确定岗位招聘标准、提升面试官技能素质的简便方法	面试官必备,没有空泛理论,只有巧妙的实操技能
	人力资源体系与 e－HR 信息化建设 刘书生　陈　莹　王美佳　著	将作者经历的人力资源管理变革、人力资源管理信息化咨询项目方法论、工具和成果全面展现给读者,使大家能够将其快速应用到管理实践中	系统性非常强,没有废话,全部是浓缩的干货
	回归本源看绩效 孙　波　著	让绩效回顾"改进工具"的本源,真正为企业所用	确实是来源于实践的思考,有共鸣
	世界 500 强资深培训经理人教你做培训管理 陈　锐　著	从 7 大角度具体细致地讲解了培训管理的核心内容	专业、实用、接地气
	曹子祥教你做激励性薪酬设计 曹子祥　著	以激励性为指导,系统性地介绍了薪酬体系及关键岗位的薪酬设计模式	深入浅出,一本书学会薪酬设计
	曹子祥教你做绩效管理 曹子祥　著	复杂的理论通俗化,专业的知识简单化,企业绩效管理共性问题的解决方案	轻松掌握绩效管理
	把招聘做到极致 远　鸣　著	作为世界 500 强高级招聘经理,作者数十年招聘经验的总结分享	带来职场思考境界的提升和具体招聘方法的学习
	人才评价中心．超级漫画版 邢　雷　著	专业的主题,漫画的形式,只此一本	没想到一本专业的书,能写成这效果
	走出薪酬管理误区 全怀周　著	剖析薪酬管理的 8 大误区,真正发挥好枢纽作用	值得企业深读的实用教案
	集团化人力资源管理实践 李小勇　著	对搭建集团化的企业很有帮助,务实,实用	最大的亮点不是理论,而是结合实际的深入剖析
	我的人力资源咨询笔记 张　伟　著	管理咨询师的视角,思考企业的 HR 管理	通过咨询师的眼睛对比很多企业,有启发
	本土化人力资源管理 8 大思维 周　剑　著	成熟 HR 理论,在本土中小企业实践中的探索和思考	对企业的现实困境有真切体会,有启发

续表

企业文化	**36 个拿来就用的企业文化建设工具** 海融心胜　主编	数十个工具，为了方便拿来就用，每一个工具都严格按照工具属性、操作方法、案例解读划分，实用、好用	企业文化工作者的案头必备书，方法都在里面，简单易操作
	企业文化建设超级漫画版 邢　雷　著	以漫画的形式系统教你企业文化建设方法	轻松易懂好操作
	华夏基石方法：企业文化落地本土实践 王祥伍　谭俊峰　著	十年积累、原创方法、一线资料，和盘托出	在文化落地方面真正有洞察，有实操价值的书
	企业文化的逻辑 王祥伍　著	为什么企业之间如此不同，解开绩效背后的文化密码	少有的深刻，有品质，读起来很流畅
	企业文化激活沟通 宋杼宸　安　琪　著	透过新任 HR 总经理的眼睛，揭示出沟通与企业文化的关系	有实际指导作用的文化落地读本
	在组织中绽放自我：从专业化到职业化 朱仁健　王祥伍　著	个人如何融入组织，组织如何助力个人成长	帮助企业员工快速认同并投入到组织中去，为企业发展贡献力量
	企业文化定位·落地一本通 王明胤　著	把高深枯燥的专业理论创建成一套系统化、实操化、简单化的企业文化缔造方法	对企业文化不了解，不会做？有这一本从概念到实操，就够了
生产管理	**精益思维：中国精益如何落地** 刘承元　著	笔者二十余年企业经营和咨询管理的经验总结	中国企业需要灵活运用精益思维，推动经营要素与管理机制的有机结合，推动企业管理向前发展
	300 张现场图看懂精益 5S 管理 乐　涛　编著	5S 现场实操详解	案例图解，易懂易学
	高员工流失率下的精益生产 余伟辉　著	中国的精益生产必须面对和解决高员工流失率问题	确实来源于本土的工厂车间，很务实
	车间人员管理那些事儿 岑立聪　著	车间人员管理中处理各种"疑难杂症"的经验和方法	基层车间管理者最闹心、头疼的事，'打包'解决
	1. 欧博心法：好管理靠修行 **2. 欧博心法：好工厂这样管** 曾　伟　著	他是本土最大的制造业管理咨询机构创始人，他从 400 多个项目、上万家企业实践中锤炼出的欧博心法	中小制造型企业，一定会有很强的共鸣
	欧博工厂案例 1：生产计划管控对话录 **欧博工厂案例 2：品质技术改善对话录** **欧博工厂案例 3：员工执行力提升对话录** 曾　伟　著	最典型的问题、最详尽的解析，工厂管理 9 大问题 27 个经典案例	没想到说得这么细，超出想象，案例很典型，照搬都可以了
	工厂管理实战工具 欧博企管　编著	以传统文化为核心的管理工具	适合中国工厂
	苦中得乐：管理者的第一堂必修课 曾　伟　编著	曾伟与师傅大愿法师的对话，佛学与管理实践的碰撞，管理禅的修行之道	用佛学最高智慧看透管理
	比日本工厂更高效 1：管理提升无极限 刘承元　著	指出制造型企业管理的六大积弊；颠覆流行的错误认知；掌握精益管理的精髓	每一个企业都有自己不同的问题，管理没有一剑封喉的秘笈，要从现场、现物、现实出发
	比日本工厂更高效 2：超强经营力 刘承元　著	企业要获得持续盈利，就要开源和节流，即实现销售最大化，费用最小化	掌握提升工厂效率的全新方法

续表

生产管理	**比日本工厂更高效3:精益改善力的成功实践** 刘承元　著	工厂全面改善系统有其独特的目的取向特征,着眼于企业经营体质(持续竞争力)的建设与提升	用持续改善力来飞速提升工厂的效率,高效率能够带来意想不到的高效益
	3A顾问精益实践1:IE与效率提升 党新民　苏迎斌　蓝旭日　著	系统的阐述了IE技术的来龙去脉以及操作方法	使员工与企业持续获利
	3A顾问精益实践2:JIT与精益改善 肖志军　党新民　著	只在需要的时候,按需要的量,生产所需的产品	提升工厂效率
	手把手教你做专业的生产经理 黄　娜　著	物流、信息流、资金流,让生产经理管理有抓手	从菜鸟到能把控全局
员工素质提升	**TTT培训师精进三部曲(上):深度改善现场培训效果** 廖信琳　著	现场把控不用慌,这里有妙招一用就灵	课程现场无论遇到什么样的情况都能游刃有余
	TTT培训师精进三部曲(中):构建最有价值的课程内容 廖信琳　著	这样做课程内容,学员有收获培训师也有收获	优质的课程内容是树立个人品牌的保证
	TTT培训师精进三部曲(下):职业功力沉淀与修为提升 廖信琳　著	从内而外提升自己,职业的道路一帆风顺	走上职业TTT内训师的康庄大道
	培训师,如何让你的事业长青:自我管理的10项法则 廖信琳　著	建立了一套完整的培训师自我管理体系,为培训师的职业成长与发展提供有益的指引	培训师如何在自己的职业道路上越走越高,事业长青,一直有所收获与成长?本书将给你答案
	管理咨询师的第一本书:百万年薪 千万身价 熊亚柱　著	从问题出发,发现问题、分析问题、解决问题,让两眼一抹黑的新人快速成长	管理咨询师初入职场,让这本书开启百万年薪之路
	手把手教你做专业督导:专卖店、连锁店 熊亚柱　著	从督导的职能、作用,在工作中需要的专业技能、方法,都提供了详细的解读和训练办法,同时附有大量的表单工具	无论是店铺需要统一培训,还是个人想成为优秀的督导,有这一本就够了
	跟老板"偷师"学创业 吴江萍　余晓雷　著	边学边干,边观察边成长,你也可以当老板	不同于其他类型的创业书,让你在工作中积累创业经验,一举成功
	销售轨迹:一位快消品营销总监的拼搏之路 秦国伟　著	本书讲述了一个普通销售员打拼成为跨国企业营销总监的真实奋斗历程	激励人心,给广大销售员以力量和鼓舞
	在组织中绽放自我:从专业化到职业化 朱仁健　王祥伍　著	个人如何融入组织,组织如何助力个人成长	帮助企业员工快速认同并投入到组织中去,为企业发展贡献力量
	企业员工弟子规:用心做小事,成就大事业 贾同领　著	从传统文化《弟子规》中学习企业中为人处事的办法,从自身做起	点滴小事,修养自身,从自身的改善得到事业的提升
	手把手教你做顶尖企业内训师:TTT培训师宝典 熊亚柱　著	从课程研发到现场把控、个人提升都有涉及,易读易懂,内容丰富全面	想要做企业内训师的员工有福了,本书教你如何抓住关键,从入门到精通
	客诉处理金手指:客户投诉的应对与管理 孟广桥　著	立足于投诉处理的实践,剖析了不同投诉者投诉的特点和应对措施,并提供各种技巧方法、赢得客户信赖所需培养的品质修炼、处理投诉应掌握的法律法规等工具	是投诉处理人员适应岗位职能需要、提升工作技能的良师益友,是企业变诉为金、培养业务骨干的法宝

续表

营销类：把客户需求融入企业各环节，提供“客户认为”有价值的东西			
	书名．作者	内容/特色	读者价值
营销模式	**精品营销战略** 杜建君　著	以精品理念为核心的精益战略和营销策略	用精品思维赢得高端市场
	变局下的营销模式升级 程绍珊　叶　宁　著	客户驱动模式、技术驱动模式、资源驱动模式	很多行业的营销模式被颠覆，调整的思路有了！
	卖轮子 科克斯【美】	小说版的营销学！营销理念巧妙贯穿其中，贵在既有趣，又有深度	经典、有趣！一个故事读懂营销精髓
	动销操盘：节奏掌控与社群时代新战法 朱志明　著	在社群时代把握好产品生产销售的节奏，解析动销的症结，寻找动销的规律与方法	都是易读易懂的干货！对动销方法的全面解析和操盘
	弱势品牌如何做营销 李政权　著	中小企业虽有品牌但没名气，营销照样能做的有声有色	没有丰富的实操经验，写不出这么具体、详实的案例和步骤，很有启发
	老板如何管营销 史贤龙　著	高段位营销16招，好学好用	老板能看，营销人也能看
	洞察人性的营销战术：沈坤教你28式 沈　坤　著	28个匪夷所思的营销怪招令人拍案叫绝，涉及商业竞争的方方面面，大部分战术可以直接应用到企业营销中	各种谋略得益于作者的横向思维方式，将其操作过的案例结合其中，提供的战术对读者有参考价值
	动销：产品是如何畅销起来的 吴江萍　余晓雷　著	真真切切告诉你，产品究竟怎么才能卖出去	击中痛点，提供方法，你值得拥有
	1000铁杆女粉丝 张兵武　著	连接是女性与生俱来的特质。能善用连接的营销人员，就像拿到打开女性荷包的钥匙	重新认识女性的传播力量
	360°谈营销：一位营销咨询师20年实战洞察 王清华　古怀亮　著	各个角度，全方位，多视点剥营销	思路单一，此书帮你破
	营销按钮：扣动一触即发的力量 老　苗　著	提供各种奇形怪状的营销武器	一定会带给你不一样的思维震撼
销售	**资深大客户经理：策略准，执行狠** 叶敦明　著	从业务开发、发起攻势、关系培育、职业成长四个方面，详述了大客户营销的精髓	满满的全是干货
	成为资深的销售经理：B2B、工业品 陆和平　著	围绕“销售管理的六个关键控制点”一一展开，提供销售管理的专业、高效方法	方法和技术接地气，拿来就用，从销售员成长为经理不再犯难
	销售是门专业活：B2B、工业品 陆和平　著	销售流程就应该跟着客户的采购流程和关注点的变化向前推进，将一个完整的销售过程分成十个阶段，提供具体方法	销售不是请客吃饭拉关系，是个专业的活计！方法在手，走遍天下不愁
	向高层销售：与决策者有效打交道 贺兵一　著	一套完整有效的销售策略	有工具，有方法，有案例，通俗易懂
	卖轮子 科克斯　【美】	小说版的营销学！营销理念巧妙贯穿其中，贵在既有趣，又有深度	经典、有趣！一个故事读懂营销精髓
	学话术　卖产品 张小虎　著	分析常见的顾客异议，将优秀的话术模块化	让普通导购员也能成为销售精英
组织和团队	**升级你的营销组织** 程绍珊　吴越舟　著	用“有机性”的营销组织替代“营销能人”，营销团队变成“铁营盘”	营销队伍最难管，程老师不愧是营销第1操盘手，步骤方法都很成熟
	用数字解放营销人 黄润霖　著	通过量化帮助营销人员提高工作效率	作者很用心，很好的常备工具书

续表

组织和团队	成为优秀的快消品区域经理(升级版) 伯建新　著	用"怎么办"分析区域经理的工作关键点,增加30%全新内容,更贴近环境变化	可以作为区域经理的"速成催化器"
组织和团队	成为资深的销售经理:B2B、工业品 陆和平　著	围绕"销售管理的六个关键控制点"一一展开,提供销售管理的专业、高效方法	方法和技术接地气,拿来就用,从销售员成长为经理不再犯难
组织和团队	一位销售经理的工作心得 蒋　军　著	一线营销管理人员想提升业绩却无从下手时,可以看看这本书	一线的真实感悟
组织和团队	快消品营销:一位销售经理的工作心得2 蒋　军　著	快消品、食品饮料营销的经验之谈,重点突出	来源于实战的精华总结
组织和团队	销售轨迹:一位快消品营销总监的拼搏之路 秦国伟　著	本书讲述了一个普通销售员打拼成为跨国企业营销总监的真实奋斗历程	激励人心,给广大销售员以力量和鼓舞
组织和团队	用营销计划锁定胜局:用数字解放营销人2 黄润霖　著	全方位教你怎么做好营销计划,好学好用真简单	照搬套用就行,做营销计划再也不头痛
组织和团队	快消品营销人的第一本书:从入门到精通 刘　雷　伯建新　著	快消行业必读书,从入门到专业	深入细致,易学易懂
产品	产品开发管理方法·流程·工具:从作坊式到规范化 任彭枞　著	产品研发管理体系全指导	既有工具,又能开拓思路
产品	新产品开发管理,就用IPD(升级版) 郭富才　著	10年IPD研发管理咨询总结,国内首部IPD专业著作	一本书掌握IPD管理精髓
产品	这样打造大单品: 案例　策略　方法 迪智成咨询团队　著	囊括十三个不同行业、企业的实际案例,从不同角度详细剖析、总结了这些品牌厂家打造大单品的成功经验或者失败教训	厘清大单品打造的策划与路径,得出持续经营的思路与方法
产品	资深项目经理这样做新产品开发管理 秦海林　著	以IPD为思想,系统讲解新产品开管理的细节	提供管理思路和实用工具
产品	产品炼金术Ⅰ:如何打造畅销产品 史贤龙　著	满足不同阶段、不同体量、不同行业企业对产品的完整需求	必须具备的思维和方法,避免在产品问题上走弯路
产品	产品炼金术Ⅱ:如何用产品驱动企业成长 史贤龙　著	做好产品、关注产品的品质,就是企业成功的第一步	必须具备的思维和方法,避免在产品问题上走弯路
品牌	中小企业如何建品牌 梁小平　著	中小企业建品牌的入门读本,通俗、易懂	对建品牌有了一个整体框架
品牌	采纳方法:破解本土营销8大难题 朱玉童　编著	全面、系统、案例丰富、图文并茂	希望在品牌营销方面有所突破的人,应该看看
品牌	中国品牌营销十三战法 朱玉童　编著	采纳20年来的品牌策划方法,同时配有大量的案例	众包方式写作,丰富案例给人启发,极具价值
品牌	今后这样做品牌:移动互联时代的品牌营销策略 蒋　军　著	与移动互联紧密结合,告诉你老方法还能不能用,新方法怎么用	今后这样做品牌就对了
品牌	中小企业如何打造区域强势品牌 吴　之　著	帮助区域的中小企业打造自身品牌,如何在强壮自身的基础上往外拓展	梳理误区,系统思考品牌问题,切实符合中小区域品牌的自身特点进行阐述
渠道通路	深度分销:掌控渠道价值链 施　炜　著	制造商通过掌控渠道价值链,将管理触角延伸至零售层面及顾客现场,对市场根部精耕细作,从而挖掘需求,构筑区域市场尤其是三四级市场的竞争壁垒	深度分销是中国企业对世界营销的独特贡献。实践证明,互联网时代深度分销仍有生命力
渠道通路	快消品营销与渠道管理 谭长春　著	将快消品标杆企业渠道管理的经验和方法分享出来	可口可乐、华润的一些具体的渠道管理经验,实战

续表

渠道通路	传统行业如何用网络拿订单 张　进　著	给老板看的第一本网络营销书	适合不懂网络技术的经营决策者看
	采纳方法:化解渠道冲突 朱玉童　编著	系统剖析渠道冲突,21个渠道冲突案例、情景式讲解,37篇讲义	系统、全面
	学话术　卖产品 张小虎　著	分析常见的顾客异议,将优秀的话术模块化	让普通导购员也能成为销售精英
	向高层销售:与决策者有效打交道 贺兵一　著	一套完整有效的销售策略	有工具,有方法,有案例,通俗易懂
	通路精耕操作全解:快消品20年实战精华 周　俊　陈小龙　著	通路精耕的详细全解,每一步的具体操作方法和表单全部无保留提供	康师傅二十年的经验和精华,实践证明的最有效方法,教你如何主宰通路

管理者读的文史哲·生活

	书名.作者	内容/特色	读者价值
思想·文化	德鲁克管理思想解读 罗　珉　著	用独特视角和研究方法,对德鲁克的管理理论进行了深度解读与剖析	不仅是摘引和粗浅分析,还是作者多年深入研究的成果,非常可贵
	德鲁克与他的论敌们:马斯洛、戴明、彼得斯 罗　珉　著	几位大师之间的论战和思想碰撞令人受益匪浅	对大师们的观点和著作进行了大量的理论加工,去伪存真、去粗存精,同时有自己独特的体系深度
	德鲁克管理学 张远凤　著	本书以德鲁克管理思想的发展为线索,从一个侧面展示了20世纪管理学的发展历程	通俗易懂,脉络清晰
	王阳明"万物一体"论:从"身-体"的立场看(修订版) 陈立胜　著	以身体哲学分析王阳明思想中的"仁"与"乐"	进一步了解传统文化,了解王阳明的思想
	自我与世界:以问题为中心的现象学运动研究 陈立胜　著	以问题为中心,对现象学运动中的"意向性""自我""他人""身体"及"世界"各核心议题之思想史背景与内在发展理路进行深入细致的分析	深入了解现象学中的几个主要问题
	作为身体哲学的中国古代哲学 张再林　著	上篇为中国古代身体哲学理论体系奠基性部分,下篇对由"上篇"所开出的中国身体哲学理论体系的进一步的阐发和拓展	了解什么是真正原生态意义上的中国哲学,把中国传统哲学与西方传统哲学加以严格区别
	中西哲学的歧异与会通 张再林　著	本书以一种现代解释学的方法,对中国传统哲学内在本质尝试一种全新的和全方位的解读	发掘出掩埋在古老传统形式下的现代特质和活的生命,在此基础上揭示中西哲学"你中有我,我中有你"之旨
	治论:中国古代管理思想 张再林　著	本书主要从儒、法墨三家阐述中国古代管理思想	看人本主义的管理理论如何不留斧痕地克服似乎无法调解的存在于人类社会行为与社会组织中的种种两难和对立
	车过麻城 再晤李贽 张再林　著	系统全面而又简明扼要地展示了李贽独到的学术眼力和超拔的理论建树	帮助读者重新认识李贽的思想
	中国古代政治制度(修订版)上:皇帝制度与中央政府 刘文瑞　著	全面论证了古代皇帝制度的形成和演变的历程	有助于读者从政治制度角度了解中国国情的历史渊源
	中国古代政治制度(修订版)下:地方体制与官僚制度 刘文瑞　著	全面论证了古代地方政府的发展演变过程	有助于读者从政治制度角度了解中国国情的历史渊源
	中国思想文化十八讲(修订版) 张茂泽　著	中国古代的宗教思想文化,如对祖先崇拜、儒家天命观、中国古代关于"神"的讨论等	宗教文化和人生信仰或信念紧密相联,在文化转型时期学习和研究中国宗教文化就有特别的现实意义

续表

思想·文化	**史幼波《大学》讲记** 史幼波　著	用儒释道的观点阐释大学的深刻思想	一本书读懂传统文化经典
	史幼波《周子通书》《太极图说》讲记 史幼波　著	把形而上的宇宙、天地,与形而下的社会、人生、经济、文化等融合在一起	将儒家的一整套学修系统融合起来
	史幼波《中庸》讲记(上下册) 史幼波　著	全面、深入浅出地揭示儒家中庸文化的真谛	儒释道三家思想融会贯通
	梁涛讲《孟子》之万章篇 梁　涛　著	《万章》主要记录孟子与万章的对话,涉及孝道、亲情、友情、出仕为官等	作者的解读能帮助读者更好地理解孟子及儒学
	两晋南北朝十二讲(修订版) 李文才　著	作为一本普及性读物,作者尊重史实,运用“历史心理学”的叙事方法,分12个专题对两晋南北朝的历史进行阐述	让读者轻松了解两晋南北朝的历史
	每个中国人身上的春秋基因 史贤龙　著	春秋368年(公元前770－公元前403年),每一个中国人都可以在这段时期的历史中找到自己的祖先,看到真实发生的事件,同时也看到自己	长情商、识人心
	与《老子》一起思考:德篇 史贤龙　著	打通文史,回归哲慧,纵贯古今,放眼中外,妙语迭出,在当今的老子读本中别具一格	深读有深读的回味,浅尝有浅尝的机敏,可给读者不同的启发
	说服天下:《鬼谷子》的中国沟通术 翟玉忠　著	由内圣而外王,从心力的培育到具体的说服理论,再到生动的说服案例	从商业到军事再到日常生活,沟通说服已经变得越来越重要
	读《管子》,知天下财富:轻重术与中国古典经济思想 翟玉忠　著	中国农业社会规模庞大的市场产生了复杂发展的经济理论——以《管子》轻重十六篇为核心的轻重术	本书分为道、术两大部分,有思想、有谋略,相信你会从中有所收获
	中国商道:从古典商书说开去 翟玉忠　著	对中国先秦和明清两个商品经济大发展时期商业典籍的第一次系统整理和诠释	中华商道一脉相承,造就了无数商业奇迹,成就了无数商业巨子。今人读之,必能获益
	跟陈忠建学写名家书法Ⅰ **跟陈忠建学写名家书法Ⅱ** 陈忠建　著	中国台湾著名书法教育家,用视频手把手教你摹写历代名家笔触	用拟古千字文的形式,学习名家的技巧
	像美国人一样讲话:教你记住800句最地道的美语 马方旭　著	本书基本囊括了在美国最常用最地道的800习惯用语表达,包含中英双语翻译,以及清晰明了的注解帮助增强记忆,加入视频等流行的记忆方法	易读易懂,趣味十足
	郑子太极拳理拳法 杨竣雄　著	走进郑子太极拳完整训练体系的大门,随着书中另一主角——师父的课程安排与每日功课的练习	当您学完这套书后,在掌握拳架的同时具备诸多正确的太极理念与系统知识
	内功太极拳训练教程 王铁仁　编著	杨式(内功)太极拳(俗称老六路)的详细介绍及具体修炼方法,身心的一次升华	书中含有大量图解并有相关视频供读者同步学习
	中医治心脏病 马宝琳　著	引用众多真实案例,客观真实地讲述了中西医对于心脏病的认识及治疗方法	看完这本书,能为您节约10万元医药费